für die Geschichte des Widerstandes und der Arbeit

Redaktion: Wolfgang Braunschädel, Jörg Hausmann, Johannes Materna

Anschrift der Redaktion: Wolfgang Braunschädel
Oskar-Hoffmann-Str. 121
D-4630 Bochum 1
Tel.: 0234/330756

Umschlagentwurf: Renate Schürmann

Das ARCHIV kann abonniert werden; da die Herausgeber sich weder hinsichtlich des Umfangs noch der Erscheinungsweise bestimmten Regeln unterwerfen, werden die Hefte mit einer Preisermäßigung von 20 % einzeln berechnet.

©Germinal Verlag, Widumestr. 11, 4630 Bochum 1
1. Auflage 1989
Layout: Frank Schibilla, Köln
Druck: Montania-Druck, Dortmund
ISBN 3-88663-409-4
ISSN 0936-1014

Archiv für die Geschichte des Widerstandes und der Arbeit

Inhalt

Zu diesem Heft 4

Hans Schafranek
Hakenkreuz und rote Fahne. Die verdrängte Kooperation von Nationalsozialisten und Linken im illegalen Kampf gegen die Diktatur des 'Austrofaschismus'... 7

Ulrich Linse
Die "Schwarzen Scharen" - eine antifaschistische Kampforganisation deutscher Anarchisten 47

Ute Daniel
Frauen in der Kriegsgesellschaft 1914-1918: Staatliche Bewirtschaftungspolitik und die Überlebensstrategien der Arbeiterfrauen 67

Sabine Behn
"...und die Mädels verbengeln und verwildern!" Mädchen in der Jugendbewegung - Tradierungen und Abgrenzungen von weiblichen Rollenzuweisungen 77

Michael Buckmiller
Sozialer Mythos und Massenbewegung. Zur Problematik der Sorel-Rezeption in Deutschland 91

Martin Henkel
Jürgen Kocka - ein Historiker der Nationalen Identitäts-Stiftung 115

Peter Kröger
Die Zweite Reichsgründung zu Worms und ihr Sendbote Bahro 131

Ulrich Linse
Robert Bek-gran - ein Nachtrag 135

Rezensionen und Hinweise 137

Zu diesem Heft

Hans Schafranek beschäftigt sich in seinem einleitenden Beitrag mit einer Problematik, die sicherlich nicht nur im Kontext jener Ereignisse von Interesse ist, denen sein Augenmerk gilt. In Österreich war im Juni 1933 die NSDAP verboten worden, im Februar des darauffolgenden Jahres kam es zu einem Arbeiteraufstand gegen das autoritäre Dollfuß-Regime, der mit einer vernichtenden Niederlage endete und im Juli 1934 unternahmen gleichzeitig, aber unabhängig voneinander die österreichische SS und SA Putschversuche, wobei Bundeskanzler Dollfuß zwar erschossen, das Regime aber nicht gestürzt wurde. Im Kontext dieser Ereignisse, besonders des gescheiterten Aufstandsversuchs vom Februar 1934, so der Ausgangspunkt von Schafraneks Arbeit, kam es in Teilen der Arbeiterschaft zu einer Verlagerung des Feindbildes. Jetzt waren es vielfach nicht mehr in erster Linie die Nationalsozialisten, sondern das Dollfuß- bzw., nach dessen Tod, Schuschnigg-Regime, mit dem die Arbeiterschaft und ihre Organisationen sich auseinandersetzten. In dieser Situation, in der Nationalsozialisten und Linke gleichermaßen unterdrückt waren, ergaben sich im Widerstand gegen das verhaßte System mancherlei Annäherungen, die Schafranek skizziert und auf ihre Inhalte hin reflektiert. Es sei hier nur angemerkt, daß damit ein Problemfeld angesprochen ist, das gerade auch in bezug auf die letzten Jahre der Weimarer Republik noch seiner Aufarbeitung harrt.
In eben jene Phase deutscher Geschichte begibt sich **Ulrich Linse** mit seiner Skizzierung der Geschichte der "Schwarzen Scharen", einer in der bisherigen Forschung nicht berücksichtigten antifaschistischen Kampforganisation aus dem Umkreis des Anarchismus. Die Freie Arbeiter-Union Deutschlands (FAUD), die in den sozialen Auseinandersetzungen in den Anfangsjahren der Weimarer Republik eine nicht unbedeutende Rolle gespielt hatte, war ein gutes Jahrzehnt später zu einer eher unbedeutenden Organisation geworden, in der ein zwar reges Innenleben mit einer weitgehenden Einflußlosigkeit nach außen einherging. Ausgehend von Oberschlesien, bald aber auch in Berlin und in anderen Provinzen Fuß fassend, entwickelte sich mit den "Schwarzen Scharen" eine innerorganisatorische Oppositionsströmung, in der vorwiegend jugendliche Anarchisten bzw. Anarchosyndikalisten ein Betätigungsfeld für die zuehmend militanten Auseinandersetzungen in der Endphase der Weimarer Republik fanden.
Mit der Frage, ob und inwieweit die spezifischen Reaktionen der Arbeiterfrauen auf die sich zunehmend verschlechternden Lebensbedingungen während des Ersten Weltkrieges zur Delegitimierung der staatlichen Herrschaft beitrugen, beschäftigt sich **Ute Daniel** in ihrem Beitrag über "Frauen in der Kriegsgesellschaft 1914-1918". In dem Maße, so ihre These, in dem sich die staatlichen Bürokratien als unfähig erwiesen, eine adäquate Lebensmittelversorgung zu garantieren, sahen sich insbesondere Arbeiterfrauen, die in erster Linie und unmittelbar mit diesem Problem konfrontiert waren, genötigt, in direkten Aktionen ihre Interessen zum Ausdruck zu bringen und somit die bis dahin weitgehend anerkannte Autorität des Staates in Frage zu stellen. Mit dem Ende des Krieges und der gerade auch von sozialdemokratischer Seite gestützten Reetablierung des staatlichen Machtgefüges sahen sich die Frauen jedoch wieder in ihre traditionellen Rollen verwiesen.
Ähnlich widersprüchlich verlief der Emanzipationsprozeß der aus bürgerlichem Milieu kommenden Mädchen, die sich in der Jugendbewegung der Vorkriegszeit engagierten. Hin- und hergerissen zwischen den auch im Kontext der Jugendgruppen an sie herangetragenen traditionelle Rollenzuschreibungen und dem eigenen Bestreben, aus eben jenen Zuweisungen auszubrechen, erwiesen sich, so **Sabine Behn**, die neugewonnene Selbständigkeit und das entsprechende Selbstbewußtsein als erste Schritte zur Überwindung bürgerlicher Verhaltensnormen. Im Schnittpunkt zwischen der an traditionellen Weiblichkeitsnormen orientierten Ideologie der

Jugendbewegung und den konkreten Aktivitäten der Mädchen entwickelten sich Erfahrungen, die lebensgeschichtlich bedeutsam wurden.

Mit der Rezeption Georges Sorels - ein Theoretiker, der die unterschiedlichsten und widersprüchlichsten Reaktionen erfahren hat - im Kontext der "konservativen Revolutionäre" der zwanziger und dreißiger Jahre beschäftigt sich **Michael Buckmiller** in seinem Beitrag "Sozialer Mythos und Massenbewegung". Georges Sorel, für Buckmiller unzweifelhaft ein Theoretiker, der mit seiner Theorie des gewaltsamen sozialen Massenstreiks nur aus dem Kontext der Arbeiterbewegung heraus zu verstehen ist und auch in diese hinein wirken wollte, ist von den konservativen und rechten Intellektuellen ihren Zwecken und Zielsetzungen entsprechend uminterpretiert worden. In dieser Rezeption Sorels reduziert sich dessen Gedankenwelt auf eine ihren eigentlichen Absichten entgegengesetzte formalisierte Theorie, in der Sorels gegen die bürokratisierten Arbeiterorganisationen gerichtete positive Bezugnahme auf soziale Massenbewegungen wiederum für eigene politische Zielsetzungen verfälscht wird. Eine solche positive Bezugnahme auf den machbaren Mythos und die darin implizierte Instrumentalisierung von Massen gewinnt auch heute wieder zunehmend an Aktualität, insofern ein allgemein zunehmendes Bewußtsein einer Sinnkrise zu entsprechenden Bewältigungsstrategien, speziell auch von konservativer Seite, geradezu herausfordert.

Martin Henkel und **Peter Kröger** beschäftigen sich in polemischer Absicht mit zwei Autoren, die im gegenwärtigen öffentlichen Bewußtsein in unterschiedlicher Weise präsent sind. Jürgen Kocka, Bielefelder Modernisierungstheoretiker, hat sich in der Historikerdebatte der vergangenen Jahre des öfteren als Gegenspieler seiner konservativen und rechten Kollegen zu Wort gemeldet. Martin Henkel arbeitet heraus, daß Kockas Interventionen nichts anderes bezwecken, als die Etablierung einer alternativen, sozialdemokratischen Variante von zustimmungsfähiger Vergangenheit und historischer Identitätsstiftung. Rudolf Bahro, lange Zeit enfant terrible der "Grünen", hat sich mit seinem letzten Werk, der "Logik der Rettung", ins spirituelle Abseits begeben. Ein Werk, das jedoch, so Peter Kröger, allenfalls Ausdruck der Krise ist, als dessen Lösung es sich anbietet.

Bei dem abschließenden Text von **Ulrich Linse** handelt es sich um einen kurzen Nachtrag zu dem in Heft 8 des ARCHIV erschienenen Beitrag über Robert Bek-gran.

Bildnachweis:

Umschlag: Prolegomena. To a Study of the Return of the Repressed in History, Chicago, o.J.
zweite Umschlagseite/Seite 1: The Ex, The Spanish Revolution
S. 48/49: Archiv Ulrich Linse
S. 52: Archiv Ulrich Linse
S. 54: Archiv Ulrich Linse
S. 61/62: Archiv Ulrich Linse

160 S.   **DM 19,80**

Aus dem Inhalt:
Claudia Müller-Ebeling/Christian Rätsch: *Mentale Anarchie - Wild und heilig*
Thea A. Struchtemeier: *Betr.: Grabstelle Erich Mühsam oder Der zweite Tod eines heimatlosen Anarchisten*
Robert Bek-gran: *Vom Wesen der Anarchie*
Uli Bohnen: *Anarchismus und Avantgarde*
Bruce Lincoln: *Revolutionäre Exhumierungen in Spanien, Juli 1936*
Theodor Plievier: *Anarchie*

KARIN KRAMER VERLAG BERLIN - 1000 Berlin-Neukölln (44) - Braunschweiger Str. 26

Hans Schafranek

Hakenkreuz und rote Fahne.
Die verdrängte Kooperation von Nationalsozialisten und Linken im illegalen Kampf gegen die Diktatur des 'Austrofaschismus'*

1. Zäsur oder Kulminationspunkt?

Das propagandistische Trommelfeuer, mit dem die österreichische Arbeiterklasse im Gefolge des Februar 1934[1] von den Nationalsozialisten bestürmt wurde, die auch international Aufsehen erregende Flucht Richard Bernascheks und zweier weiterer Linzer Schutzbundführer (Schlagin, Huschka) ins Deutsche Reich und die beträchtliche Zahl der Übertritte von Sozialdemokraten zur NSDAP bzw. SA verführen leicht zu der naheliegenden Vermutung, mit der Niederlage im Februar 1934 sei zeitlich schlechthin **die Zäsur**, ein **qualitativer Sprung** im Verhältnis zwischen Sozialisten und Nazis gesetzt. So sehr dies zum Teil auch zutrifft, so ist auf der anderen Seite nicht zu verkennen, daß die zuvor angeführten Aspekte lediglich die spektakuläre Spitze eines Eisbergs sind, dessen weniger sichtbaren Teilen wir uns zunächst zuwenden wollen, um zumindest ansatzweise und exemplarisch eine Antwort auf die Frage zu finden, in welchem Ausmaß sich in der Nachfebruar-Periode lineare Entwicklungen, Kontinuitäten und qualitative Brüche aufweisen lassen.

Helmut Konrad hat zurecht gefordert, bei der Analyse der taktischen Bündnisse bzw. der Fluktuation zwischen "Revolutionären Sozialisten" (RS) und NSDAP den Blick für die regionalen Besonderheiten der österreichischen Arbeiterbewegung zu schärfen und klar zwischen Führungskadern, "Militanten" und einfachen Mitgliedern zu differenzieren, um den Ursachen für die **unterschiedlichen** Zeitpunkte von Übertritten nachzuspüren.[2]

Es scheint mir darüber hinaus auch vonnöten zu sein, "unterhalb" dieser politisch-organisatorischen Dimension auf ein Phänomen zu verweisen, das einem allgemeineren Kontext zugeordnet ist, jedoch auch für den hier behandelten Untersuchungsgegenstand eine gewisse Bedeutung erlangt: Mit dem Verbot der NSDAP (19. Juni 1933), zumindest aber seit dem Herbst 1933, dürfte sich in Teilen der Arbeiterschaft bewußtseinsmäßig und psychologisch eine "Hauptfeind"-Verlagerung (von den Nazis zur Heimwehr bzw. den "staatstragenden" Kräften insgesamt) angebahnt haben, die sich nach dem Februar 1934 wesentlich verstärkte. Dieser Befund, der sich auf zahlreiche lebensgeschichtliche Interviews mit ehemaligen sozialistischen und kommunistischen Militanten stützt,[3] ist freilich in einem noch stärkeren Ausmaß an "negative Prämissen" geknüpft, als dies für spätere Phasen der Fall ist; "negativ" sowohl im Hinblick auf die Quellenlage (d.h. die weitgehende Einengung auf **indirekte** Indizien) als auch hinsichtlich des Fehlens "positiver" inhaltlicher Berührungspunkte zwischen den "linken" und den nationalsozialistischen Regimegegnern. Häuften sich noch im Frühjahr 1933 die blutigen, mehrere Todesopfer fordernden Auseinandersetzungen zwischen sozialdemokratischen Arbeitern und SA-Formationen im "Kampf um die Straße", bei Versammlungssprengungen und dem Eindringen von Nazis in Gemeindebauten (Graz, Wien, Mattighofen, Altheim),[4] so fanden in der zweiten Jahreshälfte nur mehr ganz vereinzelt

Zusammenstöße zwischen diesen Gruppen statt, es dominierten eindeutig die gewalttätig ausgetragenen Konflikte zwischen der Heimwehr und den Nationalsozialisten.
Und als gleichsam "ungeschriebenes Gesetz" galt unter den Illegalen: *"Nie hätte ein Nazi einen Kommunisten verraten oder umgekehrt".*[5] Diese Aussage eines ehemaligen KP-Aktivisten, verknüpft mit der Feststellung, daß in einer solchen Haltung keineswegs eine "Sympathie" für die Nazis begründet lag, weist in erster Linie auf eine **Parallelität** unversöhnlicher Gegnerschaft zum Dollfuß-Regime hin;[6] eine Parallelität, die eine "objektive" potentielle Voraussetzung für eine auch subjektive Annäherung bildete, diese aber nicht zwangsläufig begründen mußte. Über bloße "Parallelität" und stillschweigende gegenseitige Nichtangriffsabkommen schon hinausgehend, aber in Kombination mit einem Verhalten wie dem zuvor geschilderten, läßt sich z.B. in Oberösterreich seit der Jahreswende 1933/34 bereits deutlich eine sukzessive Annäherung feststellen, wie etwa auch aus einem Bericht des Bundespolizeikommissariats Wels an den oberösterreichischen Sicherheitsdirektor Hammerstein hervorgeht:

*"Im hiesigen Amtsbereiche konnte **gleichfalls** seit einiger Zeit wahrgenommen werden, daß sozialdemokratische Jugendliche, insbesondere Mitglieder der sozialdemokratischen Arbeiter Jugend (S.A.J.) mit Anhängern der verbotenen nationalsozialistischen Partei freundschaftlich verkehren und auch auf der Strasse zusammengehen. Die noch vor einigen Monaten bestandenen Gegensätze zwischen den Jugendlichen der beiden gegnerischen Parteien, die bei jeder Gelegenheit zu stänkern und zu raufen pflegten, haben gänzlich aufgehört. Es hat sich bisher kein einziger Fall begeben, daß ein Sozialdemokrat einen Nationalsozialisten verraten hätte, im Gegenteil haben Sozialdemokraten, wenn sie über irgend einen Nationalsozialisten befragt worden sind, immer die Unwissenden gespielt. Auch die nationalsozialistischen Jugendlichen sagen nichts mehr gegenüber der S.A.J. im gegnerischen Sinne. Ein direktes Einverständnis zwischen nationalsozialistischen und sozialdemokratischen Führern konnte bisher nicht wahrgenommen werden."*[7]

Ab Januar 1934 häuften sich die Meldungen über erfolgreiche Verhandlungen, informelle Zusammenschlüsse und zunehmend auch Übertritte von Schutzbündlern zur NSDAP, insbesondere aus den Bezirken Wels und Eferding sowie aus der Gegend um Schwertberg (Steinindustrie).
In einem Bericht Hammersteins an die Generaldirektion für die öffentliche Sicherheit wird am 29. Januar 1934 zusammenfassend festgestellt:

"Während die sozialdemokratischen Führer sich bemühen, zu retten, was noch zu retten ist, läuft der jüngere Anhang ins braune Lager über. Namentlich die SAJ, in welcher ein Grossteil der führenden Resch-Mitglieder Unterschlupf fand und welcher auch die Wehrsportler nicht ferne stehen, haben im Geheimen einen Grossteil ihrer Mitglieder an die NSDAP abgetreten."[8]

Als Rekrutierungszentren, in denen sowohl die Sozialdemokraten als auch die Nazis eine lebhafte Agitation betreiben, galten insbesondere die Lager des "Freiwilligen Arbeitsdienstes".[9] Besonders empfänglich gegenüber der NS-Propaganda zeigten sich - gleichfalls schon vor dem Februar 1934 - nicht nur die Angestellten, sondern auch die Arbeiter der Bundesbetriebe, namentlich der Bundesbahnen, die sich dahingehend äußerten, *"dass sie das Fähnchen der vaterländischen Front nur der Sicherung ihrer Existenz wegen tragen und für den Fall, als es ihren Führern nicht im letzten Augenblick noch gelingen sollte, den sozialdemokratischen Kurs zu retten, sie sich nur den Nationalsozialisten zuwenden könnten, weil sie durch die gegenwärtigen Regierungsparteien alle Errungenschaften verloren hätten".*[10]
Über die verschiedenen zeitlichen Phasen und organisatorischen "Schienen" des Eindringens der NS-Bewegung in die Steyrer Arbeiterschaft vor 1934 sind wir durch die Dissertation von

Josef Stockinger recht gut informiert.[11]

Auch in Kärnten konnte der Nationalsozialismus seit Juni 1933 in Teile der sozialistisch organisierten Arbeiterschaft eindringen, insbesondere in Oberkärnten. Wir sind über diese Entwicklung, die durch den Februar 1934 kaum einen qualitativen Sprung, sondern "nur" eine - allerdings starke - quantitative Ausdehnung erfährt, durch zahlreiche, eher nüchtern wirkende und darum glaubwürdige Berichte des deutschen Konsuls in Klagenfurt (Freiherr von Hahn) an das Auswärtige Amt in Berlin informiert.[12] Im Gegensatz zu Oberösterreich tendierte hier aber weit weniger eine diffus-radikale, in dieser Ausprägung kaum existente Strömung, sondern der in Kärnten dominierende, stark "reformistische" Flügel der Landespartei zum Nationalsozialismus. Hahn betonte den breiten *"nationalen"* Grundkonsens und führte zum Verständnis des *"Abdriftens"* sozialdemokratischer wie bäuerlicher Kreise ein Argument ins Treffen, das in der neueren zeitgeschichtlichen Diskussion wieder stärkere Beachtung gefunden hat,[13] nämlich den Umstand, daß Kärnten bis zur Wende vom 16. zum 17. Jahrhundert ein fast geschlossen protestantisches Land war, das im Zuge der Gegenreformation teils gewaltsam, teils unter Gewährung starker Konzessionen, auf jeden Fall aber nur relativ oberflächlich der katholischen Kirche unterworfen wurde. Das starke Engagement des politischen Katholizismus - unter der Führung von Bischof Paulitsch - für den diktatorischen Kurs der Regierung führte zu einer "Revolte",[14] aus der die NS-Bewegung über den Umweg einer starken Kirchenaustrittsbewegung erheblichen Nutzen ziehen konnte. Andererseits wurde als Spezifikum in Rechnung gestellt, *"dass die sozialdemokratische Richtung hier in Kärnten nicht die der Wiener Zentrale ist, dass der radikale, dem Kommunismus so nahestehende Austro-Marxismus hier nicht zu Hause ist, dass der Kärntner Sozialdemokrat vielmehr im Untergrunde seiner Gesinnung stark völkisch, nicht international empfindet..."*[15]
Dürften demnach in Kärnten eher regionale Spezifika der Arbeiterbewegung bestimmte Dispositionen einer Entwicklung geschaffen haben, die im Februar 1934 einen Kulminationspunkt erreichte, so waren es in der Steiermark allem Anschein nach politisch-konjunkturelle Spezifika innerhalb der NS-Bewegung, die während der Februarkämpfe eine ganz andersgeartete, auf Anhieb paradox anmutende Konstellation schufen. Früher und vermutlich auch in größerem Umfang als in anderen Regionen konnten die Nationalsozialisten organisatorische Einbrüche in die Arbeiterschaft der Obersteiermark erzielen. Konnte die NSDAP bei den Aprilwahlen 1932 einen Großteil ihres Stimmenzuwachses auf Kosten des Landbundes, der Großdeutschen Volkspartei und (in geringerem Umfang) der Christlichsozialen erlangen,[16] so blieb auch die (steirische) Sozialdemokratie von diesem "Erdrutsch"-Sieg nicht verschont.[17] Ins gleiche Jahr fällt auch die Umorientierung der Alpinen Montangesellschaft (deren Aktienmehrheit in den Händen von Albert Vögler, einem rheinischen Großindustriellen und Generaldirektor des Deutschen Stahlverbandes lag) von der Heimwehr zum Nationalsozialismus, womit dieser sich - durch starken ökonomischen und sozialen Druck - eine beträchtliche organisatorische Basis in der Arbeiterschaft zu verschaffen vermochte. 1932/33 wurden in der Steiermark nicht nur "subproletarische", marginalisierte Gruppen aufgesogen,[18] sondern (erstmals?) auch in größerem Umfang Teile der Industriearbeiterschaft in NSBO- und SA-Zellen eingebunden. Trotz dieser organisatorischen Strukturen, die eigentlich einen - verglichen mit Westösterreich - noch wesentlich stärkeren Einbruch ins proletarische Milieu erwarten lassen würden, blieb dieser **zunächst** aus.[19] Der Grund dafür liegt wahrscheinlich in der sehr engen Anlehnung an den Steirischen Heimatschutz, mit dem die Nationalsozialisten seit Frühjahr 1933 ein Kampfbündnis unterhielten, das im Februar/März 1934 in die organisatorische Verschmelzung einmündete. Die Aussicht auf die großen Waffenbestände des Steirischen Heimatschutzes ließ **kurzfristig** vielleicht die "Umwerbung" der Arbeiterschaft als sekundär erscheinen. Vor allem aber unterschied sich der

Steirische Heimatschutz in seiner Sozialstruktur sehr deutlich vom plebejisch-populistischen Zuschnitt der SA; der NSDAP-Gauleiter der Steiermark (Oberhaidacher) habe, so weiß Bruce Pauley zu berichten, *"hauptsächlich die unteren Klassen und die Arbeitslosen angesprochen, die vom Heimatschutz (dem viele Akademiker und Geschäftsleute angehörten) als bloße Rowdys angesehen wurden".*[20] Und entsprechend seinem stärker "bürgerlichen" Charakter agierte der Heimatschutz während der Februarkämpfe teilweise zwar im Bunde mit der NSDAP, aber ohne deren taktische Zwänge (d.h. eine "arbeiterfreundliche" Drapierung oder auch nur "Neutralität") teilen zu müssen. Ein Bericht des Landesgendarmeriekommandos für die Steiermark enthält dazu aufschlußreiche Informationen:
"Die Anhänger des ehem. Steirischen Heimatschutzes (Kammerhoferrichtung) hielten ihre Kampfgemeinschaft mit den Nationalsozialisten zumeist wohl auch im Februar 1934 ein, ...entwickelten selbständig aber keine nennenswerte verbotswidrige Propagandatätigkeit... Aus Anlass der am 12. Februar 1934 im Lande ausgebrochenen Revolten der Rep. Schutzbündler und Sozialdemokraten unternahmen die Angehörigen des ehem. Steir. Hasch. nirgends etwas zugunsten der Revolutionäre und gegen die Exekutive, verhielten sich vielmehr ruhig und zeigten besonders in den Bezirken Leoben, Bruck a.d.M. und Mürzzuschlag Bereitwilligkeit, der Exekutive im Kampfe gegen die Aufständischen zu Hilfe zu kommen, ...bei der Fa. Felten in Bruck a.d.M. haben Angehörige des Steir. Hasch. die im Werksgebäude eingeschlossene Gendarmerieabteilung in der Weise unterstützt, dass sie diese vom Herannahen der Rep. Schutzbündler verständigten und Erkundigungen durchführten... Im Bezirke Bruck a.d.M. haben die Steir. Hasch.-Angehörigen sich in Bruck a.d.M., Thörl und Mixnitz der Gendarmerie zur Verfügung gestellt und sie durch Erkundigungen usw. auch wertvoll unterstützt... Während der Schutzbundunruhen haben die Steir. Hasch.-Angehörigen von Leoben und Kallwang Bereitwilligkeit gezeigt, im Notfalle der Exekutive zur Seite zu stehen. Die dieser Formation angehörenden Betriebsangestellten in Seegraben haben die Werksanlagen in diesen Tagen vor Sabotageakten der Schutzbündler gesichert... Nach der Niederschlagung des sozdem. Putschversuches wurden Gerüchte laut, dass sich Angehörige des Steir. Hasch. im Verein mit Nationalsozialisten vielfach bemühen, unter den gewesenen Schutzbündlern und Sozialdemokraten Anhänger zu werben; positive Fälle hierüber wurden jedoch nicht bekannt."[21]

2. Die Nationalsozialisten und der Aufstand des Republikanischen Schutzbundes

Während der "Völkische Beobachter" an den österreichischen *"Parteigenossen"* besonders die *"Disziplin"*[22] lobte, die sie, *"Gewehr bei Fuß"*[23] stehend, während der Februarkämpfe von Anfang an unter Beweis gestellt hätten, war das tatsächliche Verhalten der NSDAP und ihrer Vorfeldorganisationen in diesen Tagen durchaus nicht einheitlich und widerspruchsfrei von einer strikten Neutralität diktiert.[24] Es umfaßte vielmehr ein breites Spektrum unterschiedlicher taktischer Pläne und Aktionsformen, die von Hilfsangeboten an die Regierungsseite, Indifferenz, wohlwollender Neutralität gegenüber den militanten Schutzbündlern bis zu deren aktiver Unterstützung reichten.
Sieht man von individuellen und deshalb schwer nachprüfbaren Beweggründen einmal ab,[25] so können zumindest vier - unterschiedlich zu gewichtende - Faktoren als Erklärungsansatz für diese Bandbreite herangezogen werden:
a) Regionale Besonderheiten;

b) Latente Basis-Führung-Konflikte innerhalb der SA;
c) Konkurrenzmechanismen zwischen Parteistellen, SA, SS und Auswärtigem Amt;
d) Generell: ein Lavieren und Taktieren, um sich - kurzfristig - verschiedene Optionen offenzuhalten.
Die beiden zuletzt genannten Faktoren sind besonders gut dokumentierbar, können an dieser Stelle jedoch nur kurz angedeutet werden.
Am 11. Oktober 1933 berichtete von Langen, der deutsche Konsul in Linz, an den "Landesinspekteur" der österreichischen NSDAP, Theo Habicht,[26] Dollfuß beabsichtige, *"in nächster Zeit energischer gegen den Marxismus in Österreich vorzugehen... Diese Bekämpfung des Marxismus ist für die NSDAP in Österreich sehr erwünscht, nicht nur aus allgemein parteipolitischen Gründen, sondern weil der Bundeskanzler zu diesem Kampf angesichts der starken Organisation und guten Bewaffnung der Sozialdemokraten unbedingt eine Unterstützung braucht"*. Auf die Heimwehr sei wegen ihrer mangelhaften Disziplin wenig Verlaß, *"sodaß er sich genötigt sieht, einen Ausgleich mit dem Nationalsozialismus zu erstreben"*.[27]
Dieser *"Ausgleich"* kam bekanntlich nicht zustande; Habichts spektakuläre Mission in Wien (8. Januar 1934) wurde in letzter Minute von der Heimwehr unterbunden, und als umgekehrt Dollfuß zwei Wochen später - am Höhepunkt der bis dahin größten, Ende Dezember 1933 einsetzenden nationalsozialistischen Terrorwelle - die Fühler ausstreckte, verlief diese kurzfristige Initiative im Sand.[28]
Durch einen Bericht des österreichischen SA-Offiziers Gilbert In der Maur sind wir über die Planspiele der österreichischen SA-Führung informiert. Am 12. Februar 1934 trafen sich in der Wohnung In der Maurs der Stabschef der österreichischen SA-Führung, Kirchbach, der Vertreter der SA in Österreich, Oskar Türk, Prinz Schönburg (der Sohn des Verteidigungsministers) und der Berichterstatter. Im Mittelpunkt ihrer Beratungen standen folgende Fragen:
"a) Kann ein Zusammenwirken der NSDAP mit der Regierung in Frage kommen und unter welchen Voraussetzungen?
b) Kann die NSDAP eine von beiden Streitteilen unabhängige Aktion einleiten?
c) Empfiehlt sich ein bloßes Abwarten und Zusehen?...
Ein direktes Zusammenwirken mit der Rotfront kam selbstverständlich nicht in Frage."[29]
Die erste Variante wurde verworfen, weil man von der Annahme eines militärischen Siegs der Regierungskräfte ausging und dementsprechend Dollfuß' Verhandlungsbereitschaft mit der NSDAP als denkbar gering einstufte. Eine selbständige bewaffnete Aktion - allerdings nur in den Bundesländern - erschien den SA-Führern *"unter Umständen rätlich"* (sic), doch gab es dabei Bedenken außenpolitischer Natur, vor allem im Hinblick auf Kärnten und Tirol. Möglicherweise beugte man sich damit auch dem Veto, das Hitler wenige Tage zuvor Hermann Reschny (SA-Obergruppenführer; Führer der SA in Österreich) erteilt hatte, als bekannt wurde, daß dieser einen für den 15. März geplanten SA-Putsch (unter Einschluß der "Österreichischen Legion") vorbereitete, der nicht zuletzt dazu dienen sollte, unter strengster Geheimhaltung gegenüber der österreichischen Landesleitung in München Reschnys Gegenspieler Habicht vor vollendete Tatsachen zu stellen und auszuschalten.[30] Somit wurde von den Wiener SA-Führern schließlich die dritte Möglichkeit favorisiert, von der man sich zwar in der *"Rolle eines Beobachters gewisse vorübergehende, rein taktische Nachteile"* für die NS-Bewegung erwartete, die aber durch die Vorteile bei weitem wettgemacht würden; denn durch diese Taktik bilde *"die NSDAP... das gegebene Reservoir, in welches die im Aufstand stehenden deutschen Arbeitermassen geleitet würden"*.[31] Diese Perspektive genügte aber den ehrgeizigen SA-Führern nicht. Trotz der eingeschlagenen Stoßrichtung wurde tags darauf vereinbart, eine "inoffizielle" Fühlungnahme mit der Bundesregierung anzuvisieren; zu diesem

Zweck sandte In der Maur an Glaise-Horstenau, der sich als Vermittler betätigte, ein als *"rein privat"* getarntes Schreiben, worin die Bitte unterbreitet wurde, an Dollfuß heranzutreten, um zu sondieren, *"ob und auf welche Weise der unheilvolle Kampf innerhalb unserer Volksgenossen beigelegt werden kann, um der sowjetistischen* (sic!) *Revolution mit allen positiven Kräften unseres Volkes entgegenzutreten"*.[32] Glaise-Horstenau leitete dieses Schreiben an Schuschnigg weiter. Dollfuß' Reaktion war negativ.[33]
Manche NS-nahen Organisationen gehorchten in den Februartagen wohl weniger einem wohlabgewogenen taktischen Kalkül als eher einem "Klasseninstinkt"; so stellte sich der "Deutsche Turnerbund" bereits am Nachmittag des 12. Februar 1934 zur *"Abwehr völkischer Gefahr"* den Sicherheitsbehörden zur Verfügung, die von diesem Angebot allerdings keinen Gebrauch machten.[34] Über eine ähnliche Vorgehensweise des Steirischen Heimatschutzes wurde schon berichtet.
Der "Deutsche Gewerkschaftsbund", Landesgruppe Oberösterreich, gab an sämtliche *"völkischen"* Gewerkschafter, deren Ortsgruppen und Vertrauensmänner die Weisung aus: *"Kein Mitglied der Deutschen Gewerkschaften darf sich an einem Streik beteiligen. Jedem Streikversuch ist schärfster Widerstand entgegenzusetzen. Jede Streikhetze von irgend welcher Seite ist sofort der nächsten Sicherheitsbehörde zu melden. Die Ordnungskräfte sind mit allen Mitteln zu unterstützen."*[35]
Eine zumindest "objektive" Unterstützung der Regierung ergab sich aus der NSDAP-Weisung, während der bewaffneten Auseinandersetzungen alle Aktionen einzustellen; bis zum Morgen des 16. Februar setzten (in Wien) die Bölleranschläge usw. aus.[36]
Daneben agierten die Nationalsozialisten zum Teil aber auch in einer zwiespältigen Weise, die manche Fragen offen läßt. In Steyr z.B. meldeten sie sich im Abschnitt *"Klein-aber-Mein"* beim Schutzbundkommandanten und ersuchten um Waffen, da sie sich - angeblich - am Kampf beteiligen wollten. In Linz-Urfahr hatten sie sich bereits bewaffnet, sammelten sich auf der Hauptstraße und knüpften fallweise Kontakte zu den postierenden Schutzbündlern; bei einer solchen Gelegenheit wurden ihnen in der Knabenseminarstraße von Schutzbündlern Walther-Pistolen *"abgenommen"*.[37]
Jenseits programmatischer Stellungnahmen dürften viele SA-ler den Kampf der Schutzbündler insgeheim mit einer gewissen Sympathie verfolgt haben; eine regionale Differenzierung ist hier um so schwieriger, als man sich bei der Rekonstruktion solch "atmosphärischer" Elemente in diesem Kontext **insgesamt** in einer "Grauzone" befindet. Über den diffusen Bereich gefühlsmäßiger Anteilnahme hinaus lassen sich jedoch einige markante Fälle aufweisen, die zu den bisher dargestellten Verhaltensmustern und Stellungnahmen von NS-Seite in teils krassem Widerspruch stehen.
Während z.B. in Wiener Gemeindebauten lebende, inmitten des proletarischen Milieus sozial völlig isolierte Heimwehr-Mitglieder in den Februartagen von lokalen Schutzbund-Unterführern vor der aufgebrachten Arbeiterschaft in Sicherheit gebracht werden mußten, um sie vor möglicher Lynchjustiz zu bewahren,[38] wurden Nationalsozialisten in denselben Gemeindebauten nicht in vergleichbarem Ausmaß als "Fremdkörper" empfunden. Am Beispiel der Verteidigung des Goethehofes in Kaismühlen, das damals zum 2. Bezirk gehörte, hat der Verfasser an anderer Stelle sowohl die aktive militärische Beteiligung vereinzelter SA-Leute - einer bediente ein MG - als auch die (wahrscheinliche) Teilnahme eines Nazis an Besprechungen der lokalen Schutzbundleitung dargestellt.[39]
Politisch weniger frappierend, aber dennoch bemerkenswert erscheinen Fälle individueller Unterstützung, die unterhalb der Schwelle bewaffneter Intervention angesiedelt sind.
So berichtete z.B. Alfred Billmaier, ein im Februar 1934 in Ottakring kämpfender Sozialist, der in der Illegalität einen wesentlichen Anteil am Transport der "Arbeiter-Zeitung" (AZ) von

der Tschechoslowakei nach Wien hatte, von den Erlebnissen mit Dr. Chlup, einem Arzt und späteren SA-Brigadeführer; angesichts der Aussichtslosigkeit einer Fortsetzung des bewaffneten Kampfes sollte zumindest ein Teil der Waffenbestände in Sicherheit gebracht werden: *"Die Waffen, die wir bei mir versteckt hatten, die hatten wir zu einem gewissen Seis Otto, einem Drechsler in der Wimbergergasse 31 zur Verwahrung gegeben; der hatte also die Gewehre, die Pistolen, die Schmiervasen usw... in seiner Werkstätte. Aber er hat zu meiner Mutter gesagt: 'Die Sachen müssen weg. Das könnt Ihr doch nicht machen.'... Er war ein guter Genosse. Aber der Kampf war verloren. Wir haben also noch diese Waffen weggetragen; und zwar so, daß wir drei Bündel gemacht haben, je acht Gewehre. Und damit sind wir die Neustiftgasse hinaufgegangen bis zum Gürtel, da ist ja die Stadtbahn. Dort sind wir ein bisserl ins Gebüsch hinein und haben einfach die Gewehrbündel über so eine kleine, niedere Mauer hinuntergeschmissen. Aber die Pistolen und die Handgranaten, also alles, was klein war, das haben wir diesem Arzt gegeben. Er hat auch unsere Verwundeten verbunden. Er hat sie nicht nur verbunden und wenn es notwendig war, in der Nacht bei sich gelassen, er hat ihnen auch in der Nacht Geld gegeben und hat sie begleitet. Wir haben sie fast alle über die Grenze gebracht."*
Am 19. Februar 1934 verhaftet, wurde Alfred Billmaier im Kommissariat und anschließend in der Hermanngasse verhört:
"Wir sind einer nach dem anderen vorgeführt worden und immer wieder dasselbe gefragt worden: 'Wo waren Sie zu der Zeit...?' 'Zu der Zeit war ich krank, ich bin im Bett gelegen' (waren unsere Antworten). 'Wer kann das bestätigen?' (hat es weiter geheißen). 'Die Nachbarin, die Mutter, die Schwester, und ein Arzt war auch bei mir' (war meine Antwort). 'Welcher Arzt?' - 'Der Doktor Chlup.' Und der hat das bestätigt."[40]

3. Werbung - Kooperation - Übertritte

a) Soziale Demagogie

"Praktisch ohne Schrecksekunde"[41] begannen die Nationalsozialisten in das politische und psychologische Vakuum vorzustoßen, das durch das vielfache Versagen sozialistischer Partei- und Gewerkschaftsfunktionäre entstanden war und bei tausenden Arbeitern große Orientierungslosigkeit hinterließ. Den - noch bescheidenen - Auftakt für die Vereinnahmungsbestrebungen der Nazis bildete am 13. Februar 1934 ein Artikel im "Völkischen Beobachter", der den Aufstand als Beweis wertete, daß die kämpfenden Arbeiter das Vertrauen zu ihrer Führung verloren hätten.[42]
Konnte jedoch **während** der Februarkämpfe aufgrund der zweideutigen Haltung namhafter SA-Funktionäre (trotz einer richtigen Prognose hinsichtlich eines großen Rekrutierungspotentials unter den sozialistischen Arbeitern) noch der Eindruck entstehen, daß einfach eine günstige und eher zufällige Augenblickskonstellation zu nützen sei, so zeigte die breitangelegte Propagandaoffensive, die etwa ab dem 16. Februar 1934 unter der Arbeiterschaft entfacht wurde, daß es den Nationalsozialisten jetzt darauf ankam, das ganze Repertoire an sozialer Demagogie, von dem man sich einen Zulauf der führerlos gewordenen Arbeiterschaft erhoffte, massiv einzusetzen. Als ständig wiederkehrendes Motiv in dieser Propagandawelle wurde das Bild der *"heroischen Barrikadenkämpfer"* strapaziert, die von der *"gewissenlosen"*, natürlich *"jüdischen"* Führung zuerst *"verhetzt"*, in ein aussichtsloses Abenteuer getrieben und dann schmählich im Stich gelassen worden seien. Um radikal klingende Phraseo-

logie war man dabei nicht verlegen, wie etwa das folgende Beispiel zeigt:
"*Arbeiterblut ist geflossen. Skrupellos und brutal hat das klerikal-faschistische System massenhaft deutsche Menschen hingemordet, um im Dienste fremder, kapitalistischer Mächte seine Herrschaft in Österreich zu retten. Arbeiter! Ihr habt zu den Waffen gegriffen, um Eure bedrohten letzten sozialen Rechte zu verteidigen. Euer Kampfgeist, Eure Tapferkeit ehren Euch! Aber: Ihr kämpft auf falschem Platze und mit untauglichen Mitteln... Eure Unterdrücker haben die Sympathien aller Ausbeuter der Welt für sich. Und der Marxismus, den Ihr verteidigen zu müssen glaubt, ist nur der Handlanger, der Steigbügelhalter des kapitalistischen Systems... Genossen! Ihr habt falschen Götzen gedient, die Euch verließen, die Euch dem Artillerie-Feuer, den Gewehrsalven und dem Galgen der kapitalistisch-faschistischen Reaktion auslieferten, als Ihr Eure Interessen verteidigen wolltet...*"[43] (Siehe auch Anhang, Dok. 1 - 3).

(Es entbehrt nicht einer makabren Ironie, daß die Propagandaaufrufe der "Revolutionären Sozialisten" an die Nazis nach dem Juli-Putsch fast dieselbe Diktion aufwiesen, wie noch zu zeigen sein wird - man braucht dabei häufig nur "Marxismus" mit "Hitler" auszutauschen, der subjektive Impetus für den als "revolutionär" apostrophierten Kampfgeist wird als gleich oder doch sehr ähnlich unterstellt.)

In hoher Auflage verbreitet,[44] verkündeten die an die Arbeiterschaft adressierten NS-Flugblätter nicht nur fortwährend den "*Tod*" des Marxismus, sondern behaupteten auch - über das Vehikel einer antisemitischen "Weltverschwörungs"-Ideologie - dessen Verschwisterung mit dem in Österreich herrschenden "*System*". Wie weit sich dieser Galimathias mit dem gleichzeitig demonstrativ hervorgekehrten "*Respekt*" vor der politischen "*Überzeugungstreue*" der marxistisch "*infizierten*" Arbeiter propagandistisch vermitteln ließ, sei dahingestellt.[45]

Nicht ungeschickt wurde aber an die Ressentiments angeknüpft, die ihrer Gesinnung treu bleibende Sozialisten gegen die "Überläufer" und "Versöhnler" hegten, d.h. jene Partei-, Genossenschafts- und Gewerkschaftsfunktionäre, die im Februar 1934 die Front wechselten und sich der Regierung andienten. Insbesondere gerieten Zeinitzer (Landeshauptmannstellvertreter von Kärnten), Pichler (Bürgermeister von Klagenfurt), Piesch und die Spittaler Schutzbundleitung ins Schußfeld, als "*Verräter*" und "*Salonproleten*".[46]

Die Anbiederungsversuche der Nazis waren teils aber auch positiv besetzt: Als die Regierung das Hanusch-Denkmal entfernte, widmete der "Nazi-Arbeiter", das Organ der NSBO (Gau Wien), Ferdinand Hanusch einen langen Artikel, der seine sozialpolitischen Leistungen mit überschwenglichen Worten pries und ihn als ein "*Vorbild*" für die Nationalsozialisten hinstellte.[47]

Ebenso zugkräftig wie die illegale Propaganda dürfte sich aber ein anderer Zweig der Werbetätigkeit erwiesen haben, nämlich die finanzielle Unterstützung mittelloser Schutzbündler bzw. der Familien von Inhaftierten. Ein illegaler Linzer RS-Aktivist klagte in einem Brief ans ALÖS[48] darüber, "*dass selbst in den ärgsten Fällen materielle Hilfe nicht gewährt werden kann, während von Naziseite u. K.P. geradezu grosszügige Hilfe gebracht wird. Nazis stellen Rechtsschutz, bringen den Familien Geld, zahlen ihnen Miete, bringen manche in Arbeitsstellen und treiben mit den sichersten Mitteln Seelenkauf. Das wirkt sehr auf die Menschen, viele Arbeiter glauben daran: Durch die Nazis zum - Sozialismus*".[49]

Im gleichen Bericht wird auch auf eine Unterstützungsaktion für entlassene Straßenbahner verwiesen. Ebenfalls aus einer RS-Quelle sind ähnliche Fälle aus der Steiermark überliefert.[50] Mochte es sich dabei auch nur um "Gesten" handeln, so verfehlten sie - in Kombination mit anderen Faktoren - doch keineswegs die beabsichtigte Wirkung, die in der NS-Propaganda etwa mit der pathetischen Aufforderung begleitet wurde: "*Rück näher, Bruder!*"[51]

b) Organisatorische Einbrüche

Die ideologischen und sozialen Penetrationsversuche des proletarischen Milieus wirkten auch in der Optik des Staatsapparates um so auffälliger, weil die illegale NS-Tätigkeit **insgesamt** in den Monaten Februar und März erheblich zurückging,[52] was teilweise auf Habichts "Waffenstillstandsangebot" (19. Februar 1934) an die Regierung - de facto ein Ultimatum[53] - zurückzuführen ist. In Oberösterreich enthielten sich die Nationalsozialisten während des betreffenden Zeitraums (fast) aller sonstiger Tätigkeiten und konzentrierten sich voll auf ihre (potentiellen) neuen Bundesgenossen.[54]

Überwogen in den ersten Wochen Meldungen, denen zufolge in den oberösterreichischen Industriegebieten vor allem die organisatorische Erfassung *"gemäßigter Elemente"* Erfolge zeitigte,[55] so verschob sich dieses Bild etwas später in Richtung auf Einbrüche in den radikalen Flügel der Arbeiterschaft, wobei nicht zuletzt der "Fall Bernaschek" als Katalysator wirken mußte. Allerdings liegt in dieser zeitlichen Differenzierung insofern ein stark verzerrendes Element, als schon seit Februar *"sehr viele Schutzbündler"* die bayrische Grenze überschritten und der "Österreichischen Legion" beitraten, wo sie *"größtenteils als besonders verwegene und geschätzte Kämpfer"* galten.[56] Besonders für das Hausrucker Braunkohlenrevier läßt sich dieser Aspekt gut belegen.[57] Gewiß waren **insgesamt** jene Arbeiterschichten für die NS-Propaganda anfälliger, die - zumeist in ländlichen Randgebieten - vor 1934 sowohl von der politischen Organisation als auch von einer sozialen Vernetzung im weiten Spektrum der "Arbeiterkultur" nur peripher erfaßt worden waren. Aber auch schon 1934 wurden einstige *"rote Hochburgen"* von den Nazis zerschlagen: Steyr sei eine *"Nazizentrale"*[58] geworden, meldete ein RS-Berichterstatter im Mai 1934 alarmiert nach Brünn.

Über alle ideologischen Barrieren hinweg kam der NSDAP neben den schon angeführten Motiven beim Eindringen ins Arbeitermilieu eine völlige Unfähigkeit des Regimes zustatten, sozialpolitische Integrations- und Pazifizierungsstrategien zu entwickeln. Gesinnungsschnüffelei und die Drangsalierung der Arbeiterbevölkerung durch die - häufig aus Kriminellen zusammengesetzten - Heimwehrformationen,[59] die sich als "Sieger" gebärdeten, obwohl sie an der militärischen Niederringung des Schutzbundes den geringsten Anteil hatten, trieben viele Arbeiter in die Arme der Nazis; eine Erkenntnis, der sich nicht einmal der oberösterreichische Sicherheitsdirektor entziehen konnte:

"In diesem Bestreben (die Arbeiterschaft zu gewinnen) *kommt den N.S.D.A.P-Anhängern das willkürliche Vorgehen einzelner H.W.-Formationen bei der Durchführung von aus eigenem Antriebe unternommenen Amtshandlungen als Aktivposten zu Gute, wodurch die an und für sich nicht immer günstige Einstellung des in Betracht kommenden Bevölkerungsteiles noch mehr gereizt wurde. Die Zahl der Übertritte zur N.S.D.A.P. macht aus diesem Grunde bedenkliche Fortschritte..."*[60]

Zweifellos war der NSDAP in Wien während des Frühjahrs 1934 bei weitem nicht jener Erfolg beschieden, den sie in einzelnen Bundesländern verbuchen konnte. Die in der zeitgeschichtlichen Forschung weitgehend vernachlässigte Untersuchung der Wiener Verhältnisse ist wohl dem Umstand geschuldet, daß hier die Arbeiterschaft weitgehend resistent blieb, gemessen an der Organisationsdichte vor dem Februar 1934 wie auch dem Umfang der Integration in die Reihen der RS bzw. KP. In **absoluten** Zahlen ausgedrückt, waren aber auch in Wien die Einbrüche nicht ganz bedeutungslos, wenn man sich vergegenwärtigt, daß im Sommer 1934 eine eigene Brigade (ca. 3.000 Mann) aufgestellt wurde, deren Hauptkontingent ehemalige Sozialdemokraten bildeten, die sich nach dem Februar der NSDAP angeschlossen hatten. Diese Formation ("SA-Brigade 5") wurde schon im Dezember mit der 6. SA-Brigade[61] vereinigt und zu einer "Spezialgruppe" umorganisiert, nicht nur mit der Zielsetzung, *"aus ihr ein wirksames Instrument der Nationalsozialisten zur Machtergreifung in Wien zu schaffen"*,[62] sondern wohl auch in der Überlegung, daß geschlossene Einheiten aus ehemaligen politischen Gegnern im NS-Sinn einen potentiellen Gefahrenherd darstellen mochten.

Beim Versuch, das tatsächliche Ausmaß des Eindringens in die organisierte Arbeiterbewegung zu ermitteln, stößt man in Interviews häufig auf eine "Grauzone", die in der vage bzw. nach gezieltem Nachfragen oft widersprüchliche Antworten (*"Einzelfälle"*, *"wenige"*, *"viele"*...) präsentiert werden. Der naheliegende Verdacht, hier könne möglicherweise ein Verdrängungsmechanismus oder ein bewußtes Herunterspielen der quantitativen Auswirkungen am Werke sein, muß durchaus nicht zutreffen: Sofern die ins Nazi-Lager abdriftenden Ex-Genossen nicht dem engeren Bekannten- oder Freundeskreis angehörten, mochte es in der Tat schwierig oder unmöglich sein, unter illegalen Arbeitsbedingungen genau zu differenzieren, welcher prozentuelle Anteil des vormaligen Organisationsaktivs resignierte und sich von jeder politischen Tätigkeit zurückzog, zu den Nazis abschwenkte oder der KP beitrat. Mit einigen Ausnahmen, auf die an anderer Stelle noch zu verweisen sein wird, sind mündlich überlieferte, namentlich bekannte **Einzelfälle** von Übertritten hinsichtlich der Motivationsstruktur und des "Sozialprofils" zumeist zu unspezifisch, um daraus soziotypologische Generalisierungen vornehmen zu können.

Dennoch lassen sich auch für Wien einige Gruppenstrukturen aus den in Befragungen gewonnenen empirischen Befunden herausdestillieren: So scheint im Gefolge des Februar 1934 ein Teil zumeist sehr junger, arbeitsloser, militant ausgerichteter Wehrsport-Aktivisten aufgrund eines "Rachegefühls" als wichtigster Triebfeder ihres Handelns zu den Nationalsozialisten übergegangen zu sein (Ottakring).[63] Erstaunlicherweise rekrutierten sich diese Einheiten aus den gleichen Formationen, die in den Jahren 1932/33 zahlreiche militante, häufig blutige Auseinandersetzungen mit Nazis (zumeist aus dem gleichen sozialen Milieu) bestritten. Bei aller Feindschaft, die sich dabei in handgreiflicher Weise entlud, (Saalschlachten, Straßenkämpfe, nächtliche Überfälle auf Klebekolonnen usw.),[64] sollte man bei der Bewertung des (vor 1934 zumeist zurückgeschlagenen) Versuchs, sich in diesen proletarischen Bezirken festzusetzen, ein markantes Detail nicht unbeachtet lassen: Ein Minimum an "Achtung", gleichsam eine stillschweigende Anerkennung als erbitterter Gegner der Arbeiterbewegung blieb den Nazis hier mitunter nicht versagt, während das **psychologische** Verhältnis zu Heimwehrfaschisten andersartig strukturiert war: In ihnen sah man nichts mehr als *"Gesinnungslumpen"*, *"Söldlinge"*, *"Fünfschillingmanderl"*.[65]

Anders stellte sich die Situation in Döbling dar, einem Bezirk, der geographisch eine starke klassenmäßige Scheidung aufwies (etwa mit den Gemeindebauten in der sogenannten "Krim") und dessen zumeist als "bürgerlich" apostrophierter Charakter einen starken proletarischen Hintergrund (Hausgehilfen!) mitunter aus dem Blickwinkel geraten läßt. Theodor Prager, 1934 Polleiter des Kommunistischen Jugendverbandes (KJV) Döbling, erwähnt nicht nur *"ganz große Einbrüche"*, die den Nazis in den Reihen hauptsächlich jugendlicher Arbeitsloser gelungen seien, sondern konkretisierte seine Eindrücke anhand langer Beobachtungen und politischer Agitationsversuche im "Dittes-Hof", der 1934 zu einer Hochburg illegaler Nazis proletarischer Herkunft wurde.[66]

Welche spezifischen Agitationsmuster verwendete die NSDAP 1934 in Döbling gegenüber dem proletarischen Teil der Bevölkerung? Die demagogische Ausnützung des Hasses gegen Dollfuß usw.[67] dürfte sich in Form und Inhalt kaum von entsprechenden Anknüpfungspunkten unterschieden haben, die z. B. in Ottakring[68] Verwendung fanden. Hingegen kam in

Döbling ein agitatorisches Element von entscheidender Bedeutung hinzu, das in rassistisch und demagogisch verzerrter Weise auf die Döblinger Sozialstruktur bezogen wurde, nämlich eine vulgärökonomische Dimension des Antisemitismus. Auch in dieser Hinsicht bieten die Erinnerungen Theodor Pragers wertvolle Aufschlüsse:
"*Na ja, in Döbling ist natürlich gerannt die 'Walze' von den reichen Juden, die dort in ihren Villen sitzen... Und das habe ich auch immer zu hören bekommen von den Jungen. Die haben aber nicht gewußt, daß ich Jude bin... Wenn ich gesagt hätte, daß ich Jude bin, hätte ich keine Chance gehabt; sie hätten mir gar nicht zugehört... Die waren schon sehr vergiftet. Und so ein Obernazi hat mir einmal in einem Gespräch gesagt - er hieß Krk oder so ähnlich; wie wird er schon geheißen haben? Ich meine, ich bin wirklich ein Freund der Tschechen und bitte, daraus keine tschechenfeindliche (Äußerung zu machen). Aber das sind so die Überangepaßten gewesen, die dann die Obergermanen waren...: 'Paß auf - er war gar nicht unfreundlich - 'bilde Dir nicht ein, daß Ihr' - gemeint waren die 'Kummerln' (Kommunisten) - 'aufkommen könnt gegen uns, weil mit der Judenfrage schlagen wir alles!' Damit haben sie gemeint, daß ein Hinweis darauf genügt, daß irgendwelche Villen in Währing und Döbling... jüdischen Familien gehören und das hat schon genügt. Daß es also auch ein jüdisches Proletariat und Kleinbürgertum gibt, das haben sie nicht zur Kenntnis nehmen wollen... In dieser ungeheuerlichen Verzerrung und Mißachtung des Umstandes, daß ja auch in Döbling immer noch viel mehr nichtjüdische Villenbesitzer waren, hat aber dieses Nazigesindel ganz zynisch damit operiert und Erfolg gehabt. Bitte schön, im Dittes-Hof hat es halt keine armen Juden gegeben. Dagegen hat man 'gewußt', die Familie Soundso in Döbling - aha (reiche Juden)!*"[69]

Aufschlußreich, aber möglicherweise auch irreführend ist eine Liste der NS-Aktivisten (vermutlich in erster Linie SA-Mitglieder), die in Niederösterreich 1934 im Zusammenhang mit illegalen Aktivitäten (Streu- und Schmieraktionen) anläßlich Hitlers Geburtstages festgenommen wurden. Unter ihnen befanden sich 37% (!) Hilfsarbeiter, ebensoviele (!) qualifizierte Arbeiter, 11% Bauern und jeweils knapp 3% Angestellte und selbständige Gewerbetreibende.[70] Da kaum anzunehmen ist, daß die Nazis selbst in ihren stärksten Ballungszentren (innerhalb Niederösterreichs) einen derartig hohen Prozentsatz von Anhängern aus der Arbeiterschaft rekrutierten, wäre die soziale Aufgliederung m.E. eher im Hinblick auf eine Analyse differenzierter Militanz und Aktionsbereitschaft verschiedener sozialer Segmente der nationalsozialistischen Bewegung von Interesse. Unter diesem Gesichtspunkt wäre etwa auch der überdurchschnittlich hohe Arbeiteranteil bei den nationalsozialistischen Häftlingen im Anhaltelager Wöllersdorf zu interpretieren.[71]

c) Organisationsspezifische, "parallele" und gemeinsame Propagandaformen

Der Einfallsreichtum und die Vielfalt, den sowohl die sozialistische bzw. kommunistische als auch die nationalsozialistische Bewegung in der Illegalität nach 1933 entwickelten, sind hinlänglich bekannt[72] und bedürfen deshalb keiner detaillierten Darstellung. Soweit die organisatorische Herkunft nicht ohnedies aus dem Inhalt und der Form eindeutig hervorging - also durch illegale Zeitungen, Flugschriften, Streuzettel usw. bzw. durch die entsprechenden Symbole (Drei Pfeile, Hammer und Sichel, Hakenkreuze in allen nur denkbaren Varianten) - konnten 1933/34 auch aus bestimmten illegalen Tätigkeitsbereichen, die stärker auf die "Propaganda der Tat" abzielten, relativ leicht Rückschlüsse auf die organisationsspezifische Herkunft gezogen werden: Papierböller galten als eine Domäne der Nazis, während z.B. das Entrollen von Transparenten über Stromleitungen eher auf RS- oder KP-(bzw. KJV) Aktivisten hindeutete.

Als neue Methoden der NS-Propaganda registrierte die Generaldirektion für die öffentliche Sicherheit Anfang April 1934:
"Streuen von Kunstdünger auf Wiesenflächen, um üppigen Graswuchs in Hakenkreuzform zu bewirken (s. auch Anhang)*; Malen von Hakenkreuzen auf dem Rücken von Hunden, die heimattreuen Personen gehören; demonstratives Leisten des Hitlergrusses, gleichzeitig durch zahlreiche Personen, so dass die Exekutive schwer einschreiten kann; Raucherstreik (Steiermark); Böller mit besonderer Schallwirkung (Salzburg)."*[73]
Einen starken propagandistischen Effekt erzielten alle Mittel und Methoden, die zur Irreführung und Verwirrung der "staatstragenden" Kräfte beitragen konnten; wohl zu keiner Zeit sonst wurden so viele Anordnungen und Erlasse der Behörden fingiert und publik gemacht, gefälschte Einladungen verschickt, Fahrkarten nachgemacht und unsinnige Gerüchte planmäßig ausgestreut (etwa über die Einführung einer Hühner- und Nähmaschinensteuer). Daß sie **geglaubt** wurden, bis der Schwindel aufflog, sagt vielleicht mehr über den Charakter des Regimes aus als über die Leichtgläubigkeit der Bevölkerung. Beliebt waren auch Täuschungsmanöver, dazu angetan, die latenten oder manifesten Konflikte und Konkurrenzmechanismen **innerhalb** der Regierung bzw. der Wehrverbände zu schüren (s. Anhang, Dok. 4).
All diese (und viele andere) Aspekte zeugten von einer Parallelität sozialistischer und nationalsozialistischer Propagandaformen, ohne daß daraus zwangsläufig schon eine Kooperation abzuleiten gewesen wäre.
Mit dem Februar 1934 verwischten sich die Fronten auch in dieser Hinsicht. Es wurde jetzt für die Polizei zusehends schwieriger, bei Bölleranschlägen die organisationsspezifische Herkunft zu eruieren.[74] Deutlicher manifestierte sich das Zusammenrücken der "Braunen" und "Roten" etwa darin, daß Hakenkreuze und Drei-Pfeile-Zeichen von denselben Personen gleichzeitig gestreut wurden, sozialdemokratische Jugendliche "Vaterländische" unter "Heil-Hitler"-Rufen attackierten usw.[75] In manchen Fällen wurde gemeinsam das "Lied der Arbeit" und das "Horst-Wessel-Lied" gesungen.[76] Den vielleicht sichtbarsten Ausdruck erlangte diese Annäherung durch die Gemeinsamkeit von Symbolen: Beschlagnahmte Fahnen trugen auf der einen Seite das Hakenkreuz, auf der anderen sozialdemokratische Embleme.[77] In Trauneck bei Ebensee schließlich versammelten sich am Abend des 13. April 1934 etwa 100 bis 150 "Deutsche Turner" und Sozialdemokraten und veranstalteten einen gemeinsamen Demonstrationsbummel.[78]

d) Klandestine taktische Kooperation

Vorweg sei festgestellt: Weder auf regionaler noch gar auf nationaler Ebene erreichte die taktische Kooperation zwischen den "linken" und "rechten" Regimegegnern 1934 die Qualität eines "Kampfbündnisses", wie es von Bernaschek angestrebt, jedoch bald wieder verworfen worden war. Auch existieren meines Wissens keine historischen Zeugnisse, die eine formalisierte Zusammenarbeit - von Organisation zu Organisation, nach bestimmten Direktiven und Parteibeschlüssen sanktioniert - belegen könnten. "Unterhalb" dieser Ebene existierten jedoch verschiedene lokale Kommunikationskanäle, die - regional wohl sehr unterschiedliche - Formen vereinzelter taktischer Zusammenarbeit begünstigten.
In diesem Kontext lassen sich Beispiele aus Oberösterreich, Wien und Niederösterreich anführen. Der schon öfter zitierte Sicherheitsdirektor von Oberösterreich, Hammerstein, mußte am 5. März 1934 feststellen:
"Die behördlich angeordnete Waffensuche sowie die freiwillige Abgabe derselben führt nicht

zu den erwarteten Resultaten, was seine Begründung darin finden dürfte, dass N.S.D.A.P. Anhänger Waffen von gewesenen Schutzbündlern zu kaufen suchen."[79]
Das NS-Organ "Donaufront" bestätigte dies mit hämischer Freude.[80] In vielen Fällen dürften kleinere Waffenbestände nicht verkauft, sondern an SA-Leute aus dem persönlichen Bekanntenkreis auch verschenkt worden sein. Die Anbahnung solcher Kontakte und die Übergabemodalitäten lassen sich mitunter (anhand von Einvernahmen bei der Gendarmerie, Bezirksgerichtsakten usw.) recht genau nachzeichnen, etwa im Fall des in Thalheim bei Wels wohnhaften evangelischen Landarbeiters Franz Eichhorn (NSDAP-Mitglied und vor dem Parteiverbot provisorischer SA-Führer in Thalheim), der von zwei Welser Schutzbündlern am 21. Februar 1934 einige Gewehre nebst Munition erhielt und deshalb zusammen mit einer Reihe weiterer Personen vom Bezirksgericht Wels verurteilt wurde.[81] Adam Wandruszka, 1934 ein illegaler Nationalsozialist, erwähnte auf einem Symposion folgende Episode: *"Wir haben von den Schutzbündlern die Schmiervasen damals übernommen, etwa 800 Stück, die sind dann von der Polizei im Juli auf der Zweierlinie* (gemeint ist die Straßenbahnlinie 2) *beschlagnahmt worden, weil inzwischen der Befehl aus München kam, alle Aktionen einzustellen. Es hat da Kontakte nach dem Februar natürlich gegeben."*[82]
Mitunter entbehrten die Erscheinungsformen getarnter gemeinsamer Aktionen nicht einer gewissen Skurrilität, wie anhand der folgenden Begebenheit, die sich 1934 in einem kleinen niederösterreichischen Ort nächst St. Pölten zutrug, gezeigt werden kann. Im Rahmen einer lokalen Propagandaaktion sorgten die ortsbekannten Nazis für Ablenkung, indem sie die Gendarmen mit Kartenspiel und Freibier im Wirtshaus festhielten oder sich auf andere unverfängliche Weise in der Öffentlichkeit präsentierten. Währenddessen unternahmen die illegalen sozialistischen Jugendlichen ausgedehnte Schmier-, Klebe- und Streuaktionen - aber mit **NS-Propagandamaterial!!** Einige Tage später wiederholte sich das Spektakel, diesmal **unter umgekehrtem Vorzeichen**. Da bei den zwei Aktionen niemand festgenommen wurde und beide Gruppen für die jeweilige Tatzeit ein absolut unanfechtbares Alibi vorweisen konnten, wähnten die Behörden ortsfremde Aktivisten am Werk.[83]

e) Zum Problem des sogenannten "individuellen Terrors"

Es unterliegt keinem Zweifel, daß die seit dem Februar 1934 auch auf Seite der Linken stärkere Neigung, den Widerstand gegen den Staatsapparat mittels individueller Gewalttaten zu forcieren, durchaus eigenständige Wurzeln aufwies. Die Illegalisierung sämtlicher Arbeiterorganisationen und die mit polizeistaatlicher Willkür unterdrückten politischen und sozialen Artikulationsformen der Arbeiterklasse waren als vorgegebene Faktoren anzusehen, per se dazu angetan, dem proletarischen Widerstand eine gewaltförmige (damit jedoch noch keineswegs "revolutionäre") Struktur zu verleihen. Hinzu kam, daß die sowohl von der KP als auch den "Revolutionären Sozialisten" eingeschlagene strategische Richtung der *"kurzen Perspektive"* militantere Kampfformen begünstigte. Die Hoffnung, das Regime werde durch eine Kombination aus immanenten Schwächen (fehlende soziale Basis, innere Widersprüche des Blocks an der Macht, Unfähigkeit einer Realisierung oder auch nur Konzipierung gesellschaftlicher Integrationsstrategien) und einer breiten Palette von Widerstandsformen (Massenboykott aller staatlichen und kommunalen Einrichtungen, Propaganda, Streik, bewaffneter Kampf) zusammenbrechen, so daß ihm eigentlich nur noch der Todesstoß zu versetzen wäre, wurde auf sozialistischer Seite erst im Herbst 1934 zu Grabe getragen.
Es wäre absurd, aus der partiellen Übernahme von **Kampfformen**, die bis dahin ausschließlich oder in erster Linie von den Nazis angewendet wurden, **a priori** eine ideologische oder

sonstige Affinität konstruieren zu wollen. Um eine solche zu begründen, mußten gewiß noch andere und gewichtigere Faktoren hinzukommen.
Auch organisatorisch, politisch und sozial gegen nationalsozialistische Einflüsse immunisierte Arbeiter sahen in der tendenziellen Gleichartigkeit der illegalen Kampfmethoden (z.B. Sprengstoffattentate, Böller) von Nazis und einem kleinen Teil der RS keinerlei irritierende Momente:
"...da ist dann die Zeit angegangen, wo es überall gekracht hat, die Böller und das. Wenn sie, die Nazis, geschossen haben, habe ich ja nichts dagegen gehabt. Und sie haben auch nichts dagegen gehabt, wenn ein Böller explodiert ist, den nicht sie haben explodieren lassen. Einer, der auf eine andere Firma gegangen ist. Also da war ein ziemlicher Gleichklang."[84]
Eine andere Problematik eröffnet der Fall Gerl. Ob Gerls in der Verhandlung geäußerte Bemerkung, er hätte in der letzten Zeit mit den Nazis sympathisiert, den Tatsachen entsprach, oder ob er damit, wie die illegale "Arbeiter-Zeitung" vermutete, den Polizeiterror von seinen Freunden ablenken und die RS entlasten wollte,[85] ist wohl kaum noch zu klären, für unsere Fragestellung aber auch von zweitrangiger Bedeutung: Im einen wie im anderen Fall läßt sich ein relativer Bedeutungsschwund ideologischer und politischer Barrieren angesichts eines gemeinsamen Feindes feststellen.
Um so ärgerlicher wirkt eine nachträgliche, erst vor kurzem wieder zu registrierende Tendenz reklamehafter Aneignung, in der aus der politischen Optik des Jahres 1984 den illegalen, militanten RS-Kadern in ihrer Gesamtheit ein demokratisch-pazifistischer Lorbeerkranz gewunden werden soll. Es ist schlicht eine Geschichtsfälschung, zu behaupten: *"Und er (Gerl) wußte auch, daß **die** Revolutionären Sozialisten gegen Terroranschläge sind, daß sie alle Formen des Terrorismus, wie sie damals vor allem von den illegalen Nazis angewendet wurden, entschieden ablehnten."*[86]
Ein interessanter Fund im Archiv des "Vereins für Geschichte der Arbeiterbewegung" gibt uns Einblick in die Mentalität eines - gewiß recht kleinen - Flügels von RS-Aktivisten; einer von ihnen berichtete am 10. Juni 1934 - in deutlicher Abgrenzung von den Nazis - über die Verhältnisse in Steyr:
"Wir sind bestrebt unsere Waffen zu ergänzen. Wir haben dazu bekommen 1 M.G. und ca. 60 Gewehre. Es fehlt uns an Munition. Vor allem aber an Sprengmitteln, die wir uns hier nicht beschaffen können. Wir brauchen solche dringend notwendig, wenn wir arbeiten sollen... Für Terrorakte besteht eine eigene Gruppe unter meinem Kommando. Solche Akte gehen regelmässig auf Kosten der Nazi... Aus dem Kinderheim Ennsleithen wird eine Notkapelle. Geschieht dies, wird die Kapelle gesprengt werden."[87]
Abschließend soll auf einen Fall hingewiesen werden, der im Gegensatz zu dem zuvor angeführten als eklatantes Beispiel einer Verwischung der ideologischen Demarkationslinien gelten darf.
Der aus Bad Ischl stammende nationalsozialistische Landarbeiter Saureis übergab dem Schutzbündler Unterberger ein Paket mit Sprengstoff zur Aufbewahrung. Unterberger übernahm das Paket aus *"Gefälligkeit"* für einen Arbeitskollegen, da Saureis versprochen hatte, daß es abgeholt werden sollte. Die Polizei entdeckte das Paket, und im August 1934 wurden beide Landarbeiter gehenkt, da Bundespräsident Miklas von seinem Begnadigungsrecht keinen Gebrauch machte.[88] Die Nazis reklamierten Unterberger in der Folge für sich[89] als einen der 13 *"Blutzeugen"*, die nach dem Juliputsch hingerichtet wurden. Diese zu korrigierende Zahl hat auch in die wissenschaftliche Literatur Eingang gefunden.[90]

4. Die "Revolutionären Sozialisten" und der 25. Juli 1934[91]

In der "offiziellen" Haltung der RS-**Führung** gegenüber den Nationalsozialisten zeichnete sich im Laufe des Jahres 1934 ein bemerkenswerter Wandel ab.
Schon in der ersten Nummer der illegalen "AZ" klang in der Feststellung, die Nazis seien nunmehr viel stärker als zur Zeit ihres Parteiverbots (Juni 1933) zugleich die Sorge mit, sie könnten nunmehr Einbrüche in die Reihen der Arbeiterschaft erzielen. Otto Bauer erhob mahnend seine Stimme:
"Lasset Euch nicht aus Haß gegen Fey und Dollfuß von den Nazis einfangen! Hitler ist der Todfeind der deutschen Arbeiter und darum auch unser Todfeind. Eine Naziherrschaft in Österreich könnte dauerhafter, innerlich fester und darum gefährlicher sein als die Diktatur des blutigen Palawatsch des Austrofaschismus. Die österreichischen Arbeiter dürfen unter keinen faschistischen Einfluß kommen - weder unter austro- noch unter nazifaschistischen."[92]
Wenig später war in ähnlichen Stellungnahmen schon davon die Rede, die Nazis fänden bei manchen jungen Arbeitern Gehör. Junge Genossen seien der Auffassung, man müsse jetzt mit den Nazis gehen, um sich an den *"klerikofaschistischen Henkern"* zu rächen, ein *"begreiflicher, aber höchst gefährlicher Irrtum."*[93]
In ideologischer und politischer Hinsicht wurde in den kommenden Monaten seitens der RS-Führung die Position eines "Zweifrontenkrieges" vertreten, beide Gegner wurden als gleich bekämpfenswert hingestellt, bis am 25. Juli 1934 das Pendel nach der einen und kurze Zeit später nach der anderen Seite auszuschlagen begann.
An diesem Tag wankte nicht nur die "austrofaschistische" Staatsmacht, deren ganze "Autorität" sich auf die Spitzen der Bajonette gründete, sondern auch die Prinzipienfestigkeit des Zentralkomitees der "Revolutionären Sozialisten". Oscar Pollak vertrat die Auffassung, daß *"jetzt die Gelegenheit da sei, von der Regierung, die unsere Hilfe zur Niederwerfung des Naziputsches braucht, die Wiederzulassung der Sozialdemokratie zu erzwingen"*. Schon am Abend desselben Tages bereute er, der in Begleitung Holoubeks durch den "Überläufer" Hans Bujak die Verbindung mit Ernst Karl Winter angeknüpft hatte, den illusionsträchtigen Vorstoß, als sich abzeichnete, daß der neue Bundeskanzler Schuschnigg weder die ungebetenen Dienste in Anspruch zu nehmen noch das sozialistische "Ultimatum" anzunehmen gewillt war.[94] Tags darauf ließ das ZK der RS folgenden Aufruf *"in vielen tausend Exemplaren"* verbreiten:

"Dollfuß ist weg - sein Regime muß folgen!

Arbeiter! Genossen!

Der Putschversuch der Nazi hat aufs Neue die Schwäche des österreichischen Henkerregimes enthüllt. Dienstag hat Dollfuß unseren Genossen Gerl hinrichten lassen. Tags darauf ist der Massenmörder selbst dem Mord erlegen. Ohne die Tröstungen der Religion, die er geschändet hat, ist er hinübergegangen. Der Fluch unserer Witwen und Waisen, die Verwünschungen eines ganzen Volkes folgen ihm nach. Aber dieser Fluch gilt erst recht den Überlebenden, seinen Henkerkumpanen, seinen Helfershelfern, den Fey und Schuschnigg!
Dollfuß ist weg - das verbleibende Dollfußregime muß weggefegt werden! *Was in Österreich geschehen ist, gleicht im Wesen den Ereignissen des 30. Juni in Deutschland: Faschisten*

haben Faschisten ermordet. Hier wie dort bedeutet es den **Anfang vom Ende der faschistischen Herrschaft.** *Sein Sturz kann niemals im Bunde mit Nazi, die selber faschistische Henker sind, erreicht werden. Deshalb hat die Arbeiterklasse ruhig zugesehen, wie sich die Faschisten untereinander abschlachten.* **Unsere Stunde kommt!**
Unsere Forderungen bleiben:
Sturz der Henkerregierung!
Befreiung der gefangenen Klassenkämpfer!
Zertrümmerung des faschistischen Jochs!
Unsere Parolen bleiben:
Einigkeit der Arbeiter in diesen entscheidenden Tagen!
Höchste Aktionsbereitschaft!
Rücksichtsloser Kampf gegen jede Form des Faschismus!
In Österreich ist die Revolution(!) in Permanenz(!). Die Ereignisse der letzten Tage zeigen, wie rasch die Entwicklung für uns arbeitet, sie zeigen, daß jeden Tag neue, entscheidende Wendungen eintreten können!
Seid bereit! *Das Zentralkomitee der Revolutionären Sozialisten"*[95]

Den unermüdlichen Verfechtern der *"kurzen Perspektive"*, die in der Hoffnung, das Regime werde aufgrund seiner "inneren Widersprüche" zusammenbrechen, ähnliche Illusionen nährten wie die Komintern hinsichtlich des 30. Juni 1934 in Deutschland,[96] empfahl die sozialistische "Funke"-Gruppe einen Blick auf die tatsächliche soziale und politische Verfassung der Arbeiterklasse; zwar sei die Wiener Arbeiterschaft am 25. Juli 1934 abseits gestanden, man merkte in den Arbeiterbezirken nichts davon, *"dass das Regime sich in der kritischsten Stunde seit dem Februar befunden hat"*. Aber das war nicht die Ruhe vor dem Sturm, wie in der illegalen "Arbeiter-Zeitung" suggeriert wurde.[97] Das Interesse an den Ereignissen, soweit bei den Arbeitern vorhanden, war das des *"passiven Zuschauers"*.[98] Die "Funke"-Gruppe lenkte die Aufmerksamkeit der illegalen Kader auch auf einen markanten Unterschied, der den politischen Zweckoptimismus Lügen strafen sollte; während der Versuch der Regierung, zum 1. Mai 1934 die Arbeiterschaft betriebsweise zu Kundgebungen für das *"ständestaatliche"* Regime abzukommandieren, auf eine so geschlossene Ablehnung stieß, daß ihm ein klägliches Scheitern beschieden war, hätten sich an der Dollfußkundgebung der Regierung zehntausende Arbeiter beteiligt, wenn auch keineswegs freiwillig, sondern in der Furcht, andernfalls den Arbeitsplatz zu verlieren[99]. Die Niederschlagung des Naziputsches bedeutete gewiß auch eine relative Stabilisierung des Regimes. Man würde aber mit der Vermutung in die Irre gehen, diese partielle staatliche Machtausdehnung sei mit der Gewinnung einer *"Massenloyalität"* oder auch nur *"Neutralisierung"* breiter Arbeiterschichten einhergegangen. Ebenso trügerisch ist das von der Brünner Emigration gezeichnete Bild einer quasisymmetrischen Unversöhnlichkeit und *"gleichwertigen"* Feindschaft der Arbeiterbewegung gegenüber dem Nationalsozialismus und dem labilen Bündnis zwischen Heimwehrfaschismus und Klerikalkonservativen. Die Arbeiterschaft stand am 25. Juli überwiegend abseits. Vereinzelt kam es jedoch zu einer Unterstützung der Putschisten, vor allem in Donawitz. Hier wurden im Betriebsratssaal eines Werksgebäudes Arbeiter von den Ingenieuren der Alpine-Montan bewaffnet, worauf sie - was von der Direktion und den Betriebsleitern geduldet wurde - im Stahlwerk *"vaterländisch"* gesinnte Arbeiter und Angestellte festnahmen, um anschließend die Gendarmeriekaserne zu stürmen.[100] Ein Zusammenarbeiten von Sozialdemokraten bzw. Kommunisten mit den aufständischen Nazis konnte in einzelnen Orten der Bezirke Deutsch-Landsberg und Gröbming bemerkt werden.[101] In den übrigen Bundesländern verhielt sich die Arbeiterschaft passiv.[102] Interviews mit sozialistischen und kommunistischen

Arbeitern, die u.a. die stimmungsmäßige Atmosphäre in Teilen der Wiener Arbeiterschaft angesichts des Todes von Dollfuß beleuchten sollten, haben unterschiedliche Ergebnisse zustandegebracht, die aber dennoch, entfernt man lebensgeschichtliche und ideologisierte "Überlagerungen", bis zu einem gewissen Grad auf einen gemeinsamen, teils jedoch verschütteten Erfahrungskern zurückzuführen sind.[103]

Im Gefolge des mißglückten Juliputsches ließ die RS-Führung es an jener politischen Intransigenz gegenüber der NS-Bewegung fehlen, die sie gegenüber dem "Austrofaschismus" (von der Episode mit Oscar Pollak einmal abgesehen) wahrte. Es blieb keineswegs bei der häufig beschworenen *"Gleichförmigkeit"* des Kampfes gegen zwei Varianten faschistischen Terrors: Die helle Empörung über den Bruch des "Offiziersehrenwortes" durch Neustädter-Stürmer[104] und die zahlreichen Berichte über Mißhandlungen an nationalsozialistischen Gefangenen können bei weitherziger Auslegung als Ausdruck quasi "allgemein-humanistischer" Postulate angesehen werden. Eine solche Interpretation verbietet sich aber schon bei den Hinweisen, mit denen die illegale "Arbeiter-Zeitung" am **5. August** (eine "List der Geschichte"?) 1934 den aufständischen Nazis moralische Unterstützung angedeihen ließ: *"Wir sind Totfeinde* (sic!) *der Hakenkreuzler; aber auch als Gegner achten wir den Heldenmut, mit dem die SA-Jungen gegen überlegene Gewalt der Regierung gekämpft haben. Wir wollten, daß diese Tapferkeit und Todesverachtung für eine bessere Sache... eingesetzt worden wäre."*[105]

Derlei Töne wecken fatale Erinnerungen an die Schlageter-Taktik der KPD 1923 und - zeitlich näherliegend - an die NS-Propaganda nach dem Februar 1934.

Der Austrofaschismus könne, so Otto Bauer, *"nur gestürzt werden, wenn es gelingt, die Kluft zu überbrücken, die die revolutionären Arbeiter von den verelendeten, erbitterten, dem Austrofaschismus totfeind* (sic!) *gesinnten Intellektuellen, Kleinbürgern und Bauern trennt. Die Ereignisse der letzten Tage geben uns die Hoffnung, daß diese verhängnisvolle Kluft überbrückt werden wird. Hitler hat seine Getreuen in Österreich schmählich verraten... Los von Hitler! Hin zu den deutsch-österreichischen Arbeitern! An dem Tage, an dem die deutsche Intelligenz, die freiheitlich gesinnten Kleinbürger und Bauern Österreichs nach dieser Losung handeln werden, an **diesem** Tage wird das österreichische Volk aufstehen und **Rache** nehmen für die gemordeten Kämpfer des **Februar** und für die gemordeten Kämpfer des **Juli** zugleich!"*[106]

Diese merkwürdige Bündnisvision blieb nicht ohne Widerspruch unter den Führungskadern der sozialistischen Bewegung.[107] Daß es sich bei diesen und ähnlichen Stellungnahmen Otto Bauers und anderer[108] nicht um Einzelfälle einer ideologischen Kapitulation vor den Nazis handelte, demonstrierten nicht nur der penetrante Antisemitismus, der 1934/35 die Spalten der "Arbeiter-Zeitung" durchzog,[109] sondern auch geradezu grotesk anmutende Anbiederungsversuche der Revolutionär-Sozialistischen Jugend (RSJ). Noch im Jahr 1936 (!), nach dem Juli-Abkommen,[110] waren in einer gedruckten Flugschrift des ZK der RSJ folgende Perlen zu finden:

"Habt Ihr noch Blut in den Adern, Mark in den Knochen, Ehre im Leib...? Seid Ihr damit einverstanden, daß Hitler, der so viel von der Rassenschande und der Minderwertigkeit der Semiten spricht, Franco unterstützt, der semitische Truppen (gemeint sind die marokkanischen Fremdenlegionäre) auf arische Spanier losläßt? Hitler hat die Revolution in Österreich verraten und mit der verfluchten Regierung paktiert! Hitler hat Südtirol preisgegeben!... Rechnet ab mit den Verrätern Eurer heiligsten Ideale!"[111] (s. Anhang, Dok. 6)

5. In den Gefängnissen und Anhaltelagern des "Austrofaschismus"

Vielfältige Berührungspunkte ergaben sich zwischen nationalsozialistischen, sozialistischen und kommunistischen Militanten naturgemäß in den Anhaltelagern und Gefängnissen der Schuschnigg-Diktatur. Allerdings sind die Grenzlinien hier mitunter schwer zu ziehen, weil eine von außen diktierte Zwangssituation von vorneherein eine unfreiwillige Basis für bestimmte Formen einer alltäglichen Minimal-Solidarität unter den Gefangenen schuf, die nicht notwendigerweise politischen Charakter tragen mußte.

Die soziale Differenzierung unter den Nazi-Gefangenen und damit verbundene "Basis"-Konflikte scheinen von linken Inhaftierten mitunter geschickter (d.h. politisch nicht kompromittierend) ausgenützt worden zu sein, als im Rahmen der geschilderten Anpassungsstrategie der RS-Führung. In dieser Hinsicht ist der Bericht von Kurt Hahn, einem ehemaligen Ottakringer KJV-Funktionär (Ende Oktober 1936 verhaftet), recht aufschlußreich. Er schildert die Haftsituation, die er um die Jahreswende 1936/37 im Landesgericht II erlebte:

*"Da waren in meiner Gemeinschaftszelle auch einige Nazis, und zwischen ihnen hat es da auch Unterschiede gegeben... Da war ein gewisser **Polster**, der war Besitzer der Polstermühle in Großenzersdorf bei Schwechat, und dann hat es einen Friseur gegeben, der hat **Ehn** geheißen... Interessanterweise war dieser Ehn, der mehr von der proletarischen Seite gekommen ist, im Widerspruch zu diesem Polster, denn mit dem Ehn habe ich sehr viel diskutiert; und dieser Ehn hat mich dann gewarnt, nach der Machtübernahme; ich hatte ihm sogar meiner Adresse gegeben, wollte den Kontakt zu ihm aufrecht erhalten, und der hat meine Eltern gewarnt, daß ich gesucht werde, und das war auch insofern bezeichnend, denn es hat auch bestimmte Klassendifferenzen gegeben bei den Nazis... Und da hat es auch folgende Sache gegeben: Ich bin dann aufgrund meiner längeren Haft Stubenältester geworden, und der Stubenälteste hat veranlassen müssen, daß bestimmte Leute die Gemeinschaftszelle reinigen müssen, und dieser Polster ist an mich herangetreten und hat mir gesagt, 'wenn Du mich ausläßt, ich habe Pakete, da kann ich Dir schon etwas geben!' ; wenn er (also) nicht eingeteilt wird zur Reinigung der Zelle, dann wird er sich erkenntlich zeigen; ich habe aber abgelehnt; jedenfalls hat der Ehn das erfahren, ich weiß nicht mehr, ob ich es ihm gesagt habe, jedenfalls hat er das sehr gutgeheißen...; das hat auf ihn einen Eindruck gemacht, daß der Polster nicht sehr gut auf mich zu sprechen war... Eine Episode war auch interessant: In Wien ist es so gewesen, daß viele Nazis tschechische Namen gehabt haben, das war nicht sehr angenehm für sie, und manche wollten sich dann besonders hervortun, und da war einmal im Landesgericht II der Anlaß, daß Pakete verteilt worden sind, und da ist der Justizbeamte mit dem 'Fazi'... gekommen und hat die Pakete gebracht; in der Gemeinschaftszelle wurden sie dann auf einem Tisch aufgemacht, und da hat er die Namen vorgelesen: '**Kratochwil**, ein Paket' - und das war ein Nazi, '**Dobromysl**!' - das war ein Nazi, also, so ist das gegangen, drei oder vier tschechische Namen, und dann hat er gesagt, '**Hahn**!' - endlich ein deutscher Name, ein Kommunist und ein Jude, ja, das war eine Tatsache, die mich natürlich sehr erheitert hat, die anderen natürlich auch, das war frappant... Es waren ca. 18 bis 20 Leute drinnen (in der Zelle), und davon waren ungefähr 5 oder 6 Kommunisten dabei..."*[112]

Ein über die "normale" alltägliche Kommunikation hinausreichendes Zusammenwirken ergab sich z.B. bei der gemeinsamen Durchführung von Hungerstreiks. Während etwa ein solcher Streik im steirischen Anhaltelager Messendorf, an dem sich alle 220 Gefangenen (die Zahl der hier Inhaftierten nahm nach dem nationalsozialistischen Aufstand im Juli 1934 erheblich zu) beteiligten, um die schlechte Verpflegung und andere lagerinterne Probleme

kreiste,[113] begann am 10. Juli 1935 ein politisch motivierter Hungerstreik, der in allen Wiener Polizeigefängnissen, in den Wiener Landesgerichten, im Anhaltelager Wöllersdorf sowie in einzelnen Provinzorten gleichzeitig durchgeführt wurde.[114] An ihm beteiligten sich Kommunisten, Revolutionäre Sozialisten, Gewerkschaftler und Nazis. Der Streik gewann nicht nur durch die Geschlossenheit seiner Durchführung, die durch eine gute Kommunikationsstruktur und den Kollektivgeist der Inhaftierten gewährleistet wurde, eine über gefängnisinterne Dimensionen weit hinausgehende politische Bedeutung, sondern vor allem aufgrund der massiven Unterstützung, die ihm von außen zuteil wurde. Schon am ersten Streiktag fanden illegale Unterstützungsaktionen in einigen Bezirken statt, die sich in den folgenden Tagen vervielfachten und dem Kampf in den Gefängnissen eine erhebliche Publizität sicherten. Allein am 14. Juli verhaftete die Polizei in Wien 300 mutmaßliche Sympathisanten und Teilnehmer jener "Kampfwoche", die für die RS unter dem Motto stand:
"Schluß mit den Polizei- und Verwaltungsstrafen! Fort mit den Konzentrationslagern! Gegen Schuschnigg und seinen blutigen Lehrmeister Hitler! Heraus mit allen antifaschistischen Freiheitskämpfern aus den Gefängnissen, Polizeiarresten und Anhaltelagern! Für die allgemeine, bedingungslose, sofortige Amnestie aller antifaschistischen politischen Gefangenen!
Für die freie Betätigung der werktätigen Solidarität!"[115]
Trotz der eindeutig dominierenden "linken" Stoßrichtung dieser Streikaktion beteiligte sich, wie Friedrich Hexmann berichtet, im Wiener Landesgericht auch ein Nazi an der Streikführung.[116] Auch Hexmann, ein zentraler KP-Funktionär, bestätigt den Eindruck, daß das Verhältnis zu den Nazi-Gefangenen in dieser Phase unproblematisch gewesen sei:
"Da hat es keinen Streit gegeben. Entweder man hat ruhig diskutiert, oder man hat es (das Gespräch) *abgebrochen. Ich habe einmal einen Nazi* (in der Zelle) *gehabt, der hat mir seine ganze antisemitische Literatur geborgt. Sag ich: 'Was wollen's denn? Ich weiß eh, daß der Dostojewski ein Antisemit war und der und der...' Da haben wir ein bißchen über den Antisemitismus gesprochen, sag ich: 'Was soll das, ich habe die Meinung, Sie haben die Meinung. Sollen wir uns da überzeugen? Das wissen Sie doch eh, daß das nicht geht.'...(Gruppendiskussionen) haben sie abgelehnt, das haben wir auch nicht wollen. Auch in der Gemeinschaft haben die sich sehr anständig verhalten, die Nazi. Und beim Hungerstreik habe ich ihnen dann noch gesagt, wie man das macht: unbedingt schluckweise trinken".*[117]
Um etwaige Mißverständnisse zu vermeiden, ist vielleicht der Hinweis angebracht, daß diese "toleranten" Umgangsformen im Kontakt mit politischen Gegnern (die Beispiele ließen sich beliebig erweitern) als Spezifikum einer "Zwangsgemeinschaft" anzusehen sind. Illegale NS-Mitglieder im Polizeidienst standen an Brutalität gegen kommunistische und sozialistische Arbeiter den heimwehrfreundlichen bzw. klerikalkonservativen Polizeibeamten in nichts nach, übertrafen diese sogar manchmal noch. Als bekanntes, in Interviews mit ehemaligen RS- bzw. KP-Aktivisten immer wieder auftauchendes Beispiel wäre hier z.B. Dr. Auinger, der berüchtigte Leiter des Bezirkspolizeikommissariates Ottakring anzuführen.[118]
In ihren Resultaten und späteren Folgeerscheinungen (etwa beim "Anschluß" im März 1938!) sind die Kontakte zwischen linken und NS-Gefangenen **generell** kaum zu bewerten, da sich deren Stellenwert jeweils nur in der individuellen lebensgeschichtlichen Entwicklung lokalisieren läßt. Dennoch läßt sich mit ziemlicher Sicherheit feststellen: Während nach dem Februar 1934 Übertritte von inhaftierten Sozialisten zur KP belegbar sind,[119] zogen die unfreiwilligen Verbindungen zwischen RS/KP- und Nazi-Häftlingen keine organisatorische Fluktuation nach sich,[120] von einigen wenigen Einzelfällen im Anhaltelager Messendorf abgesehen.[121] Da außerhalb der Gefängnisse solche Übertritte auch von politisch sehr aktiven Illegalen sowohl der RS als auch der KP bzw. des KJV vollzogen wurden, ist man bei der Be-

gründung jener organisatorischen Undurchlässigkeit zu der Annahme genötigt, daß in der Haftsituation ideologische Barrieren nicht per se eine Garantie gegen organisatorische Übertritte boten, sondern diese zudem durch einen starken sozialen und moralischen Druck des jeweiligen politischen "Kollektivs" in den Zellen erschwert bzw. verunmöglicht wurden. Ein solcher Druck mußte vermutlich kaum deutlich artikuliert worden sein, er dürfte wohl eher als identitätsstiftendes Element in einer "internalisierten" Form auch individuell verankert gewesen sein.

Anmerkungen

*   Bei diesem Text handelt es sich um die erweiterte Fassung eines Referats, das auf dem wissenschaftlichen Symposium "Arbeiterschaft und Nationalsozialismus", veranstaltet vom Ludwig-Boltzmann-Institut für Geschichte der Arbeiterbewegung und dem Institut für Neuere Geschichte und Zeitgeschichte der Universität Linz vom 17. bis 19. März 1988 an der Universität Linz, vorgelegt wurde. Die für diese Arbeit erforderlichen Recherchen wurden durch ein Stipendium des Magistrats der Stadt Wien (Kulturamt) ermöglicht.

1   Vom 12. bis 15. Februar 1934 kämpften etwa 20.000 schlecht bewaffnete sozialistische Arbeiter (zumeist Schutzbündler) in Linz, Wien, Steyr, in der Obersteiermark und in anderen österreichischen Industrieregionen gegen eine militärisch vielfach überlegene Streitmacht (Bundesheer, faschistische Heimwehren, Bundespolizei, Gendarmerie), um die sich abzeichnende "Faschisierung", die unter dem Schirm der autoritären Herrschaft des Bundeskanzlers Dollfuß durch die Heimwehren stark forciert wurde, aufzuhalten. Der bewaffnete Arbeiterwiderstand, unmittelbar ausgelöst durch akute Putschvorbereitungen der Heimwehr und eine großangelegte Waffensuche der Polizei im Linzer Parteiheim der SP, konnte nur mit den brutalsten Mitteln gebrochen werden - in Wien setzte das Bundesheer schwere Artillerie ein, um die "Gemeindebauten" (d.h. die in den zwanziger Jahren errichteten großen kommunalen Wohnbauten der Arbeiterschaft) zu bombardieren.
Der **Schutzbund** war eine bewaffnete Selbstschutzorganisation der österreichischen Sozialdemokratie; 1923 gegründet, durchlief er verschiedene Entwicklungsetappen, bis ihm - entgegen einem zeitweilig verfochtenen Guerilla-Konzept - von seiner Führung eine stark "militaristische" Organisationsstruktur aufoktroyiert wurde, die ihn als "Avantgarde" partiell von den breiten Arbeitermassen isolierte; im März 1933 verboten, existierte der Schutzbund als halblegale "Ordnerorganisation" weiter; im Februar 1934 war er Hauptträger des bewaffneten Kampfes gegen die Regierungskräfte; nach seiner vollständigen Illegalisierung geriet er 1934 als "Autonomer Schutzbund" unter starken kommunistischen Einfluß.
Bei den **Heimwehren** handelte es sich um 1919/20 gegründete reaktionäre Wehrverbände, die in ihrer ersten Phase vor allem in den agrarischen Regionen starken Zulauf hatten, während sie in den industriellen Ballungszentren erst gegen Ende der zwanziger Jahre an Bedeutung gewannen; die regional sehr heterogene Massenbewegung (in der Steiermark und in Kärnten z.B. stark deutschnational und später nationalsozialistisch beeinflußt, in Tirol und Wien hingegen auf "austrofaschistischem" Kurs), wurde vom Großgrundbesitz, Klerus, Adel und von Teilen der Bourgeoisie in Österreich sowie von Italien und Ungarn erheblich unterstützt; 1930 einigten sich die Heimwehren auf ein faschistisches Programm, erlangten aber nie eine dem Nationalsozialismus vergleichbare Eigenständigkeit und Dynamik - vor allem fehlte ihnen vollständig das Element sozialer Demagogie, so daß ihnen auch fast nirgendwo Einbrüche in die Arbeiterklasse gelangen.

2   Helmut Konrad, Das Werben der NSDAP um die Sozialdemokraten 1933 - 1938 (Referat auf dem Symposium "Arbeiterschaft und Nationalsozialismus").
"Revolutionäre Sozialisten" (RS): illegale Nachfolgorganisation der österreichischen Sozialdemokratie (nach dem Februar 1934), jedoch von Anfang an als "revolutionäre Kaderorganisation" konzipiert, die partiell leninistische Auffassungen assimilierte; während der Diktatur des "Austrofaschismus" politisch sehr aktiv, stellten die RS nach dem "Anschluß" Österreichs im März 1938 fast jede

Tätigkeit ein.
3   Diese Interviews wurden vom Verfasser im Rahmen verschiedener "Oral-History"-Projekte zwischen 1984 und 1987 vor allem in Wien, zu einem kleineren Teil auch in Niederösterreich durchgeführt.
4   Vgl. Gerhard Botz, Gewalt in der Politik. Attentate, Zusammenstöße, Putschversuche, Unruhen in Österreich 1918 - 1938, München 1983, S. 360f.
5   Interview mit Ernst Epler, Teil 2, Transkript S. 32.
6   **Engelbert Dollfuß**: seit 1932 christlichsozialer österreichischer Bundeskanzler, schaltete im März 1933 das Parlament aus und etablierte ein diktatorisches "Notverordnungsregime"; unter seiner Herrschaft wurde am 1. Mai 1934 in Österreich eine "Ständeverfassung" nach italienischem Vorbild proklamiert; am 25. Juli 1934 von Mitgliedern der österreichischen SS ermordet.
7   Allgemeines Verwaltungsarchiv (im folgenden AVA), BKA Inneres, 22/OÖ, Karton 5105, Bundespolizeikommissariat Wels an den Sicherheitsdirektor für Oberösterreich, 15. 1. 1934, Zl. 106.961/34 (Hervorh. v. mir).
8   AVA, BKA Inneres, 22/OÖ, Karton 5105, Lagebericht Hammerstein, Linz, 29.1.1934, Zl. 113.970/34. - Über die Annäherung von Sozialdemokraten und Nazis siehe auch die entsprechenden Lageberichte des Sicherheitsdirektors v. 11.1.1934, 22.1.1934 und 5.2.1934.
9   AVA, BKA Inneres, 22/OÖ, Karton 5105, Zl. 118.108/34, Lagebericht Hammerstein, Linz, 5.2.1934.
10 Ebd. - Auf eine *"besonders gefährliche Werbetätigkeit"* in den Bundesbahnwerkstätten wird auch im Lagebericht vom 26.2.1934 hingewiesen.
11 Vgl. Josef Stockinger, Die Entwicklung der Arbeiterbewegung in der Stadt Steyr und ihrer Umgebung von 1918 bis 1934, phil. Diss., Salzburg 1986, S. 105-117; Ders., Die roten Nelken verblassen. Zur Entwicklung der sozialistischen Arbeiterbewegung in Steyr bis 1934, in: "Arbeit/Mensch/Maschine. Der Weg in die Industriegesellschaft" (Katalog zur Oberösterreichischen Landesausstellung 1987), Linz 1987, S. 265f.
12 Politisches Archiv des Auswärtigen Amtes, Bonn (im folgenden PAAA), Pol. Abt. II, Pol. 29, Österreich Nr. 10c, Konsulatsberichte Klagenfurt. - Für das Verhältnis NSDAP/Sozialdemokratie sind vor allem Hahns Berichte v. 10.6.1933, 3.7.1933, 21.8.1933, 13.9.1933, 9.11.1933, 16.2.1934 und 14.5.1934 aufschlußreich.
13 Siehe das Referat von Helmut Konrad; ferner: Margarethe Haydter/Johann Mayr, Relationships between the Main Areas of Resistance during the Counter-Reformation and the Nazi-Putsch in July 1934 in Upper Austria, in: Historische Sozialforschung, Nr. 21, 1982, S. 27-42.
14 PAAA, Konsulatsberichte Klagenfurt, v. Hahn an das AA, Klagenfurt, 9.11.1933.
15 PAAA, Konsulatsberichte Klagenfurt, v. Hahn an das AA, Klagenfurt, 13.9.1933.
16 Vgl. Gerhard Botz, The changing patterns of social support for Austrian National Socialism (1918-1945), in: "Who were the Fascists? Social Roots of European Fascism", Bergen 1980, S. 213; Ders., Die österreichischen NSDAP-Mitglieder. Probleme einer quantitativen Analyse aufgrund der NSDAP-Zentralkartei im Berlin Document Center, in: Reinhard Mann (Hrsg.), Die Nationalsozialisten. Analysen faschistischer Bewegungen, Stuttgart 1980, S. 108.
17 Vgl. Bruce Pauley, Hahnenschwanz und Hakenkreuz. Steirischer Heimatschutz und österreichischer Nationalsozialismus 1918-1934, Wien 1972, S. 140.
18 Hier sei etwa Erich Kernmayer erwähnt, ein politischer Abenteurer, Zuhälter und Organisator einer subproletarischen "Platte", der in den Jahren 1923-1932 in der SAJ, im KJV, in der (trotzkistischen) "KPÖ-Opposition", im Arbeiterkabarett "Roter Feuerreiter" und in der Arbeitersportsektion Eggenberg wirkte, bevor er (nach einem Zwischenspiel als mutmaßlicher Heimwehrspitzel) 1933 mit einem Teil seines Anhanges jugendlicher Arbeiter bei den Nazis landete. Unter dem Namen Erich Kern wurde er nach 1945 als rechtsextremer Schriftsteller bekannt. Zu seiner Biographie siehe das entsprechende Kapitel bei Hans Schafranek, Das kurze Leben des Kurt Landau. Ein österreichischer Kommunist als Opfer der stalinistischen Geheimpolizei, Wien 1988.
19 Dies geht aus einem Situationsbericht des Landesgendarmeriekommandos für Steiermark vom 15. März 1934 hervor; AVA, BKA Inneres, 22/Steiermark, Karton 4884, Zl. 138.632/34.
20 Pauley, Hahnenschwanz, S. 179.
21 Siehe Anm. 19.
22 "Völkischer Beobachter" (Süddeutsche Ausgabe), Nr. 44, 13.2.1934 (im folgenden VB) - Auch der

deutsche Konsul in Linz, von Langen, bescheinigte in einem Bericht an die deutsche Gesandtschaft der NSDAP, sie hätte sich *"den ihnen ausgegebenen Weisungen gemäß mustergültig ruhig verhalten"*. PAAA, Pol. Abt. II, Pol. 5 Österreich, Innere Politik, Parlaments- und Parteiwesen, Oberösterreich.

23 VB, Nr. 46, 15.2.1934.

24 Diese Widersprüchlichkeit zog sich schon durch die Spalten des VB. So zeichnete der "Wiener Vertreter" des VB von den **kämpfenden Schutzbündlern** ein Bild, das sie als blutrünstige Monstren darstellte, als *"marxistische Verbrecher"* und *"Terroristen, ...die vor nichts zurückschrecken, denen Menschenleben nichts bedeuten"* usw. (VB, Nr. 51, 20.2.1934). Eine gleichsam "mittlere", neutrale Linie vertrat Dr. Walther Schmitt in dem Kommentar "Der blutige Bankrott" (VB, Nr. 46, 15.2.1934): *"Einige Unbelehrbare werden erklären: Aber Ihr selbst fordert ja die Vernichtung des Marxismus - warum begrüßt Ihr nicht das Vorgehen der Regierung Dollfuß? Weil wir in diesen blutigen Kämpfen nur den Mißbrauch deutscher Menschen sehen, die sich auf **beiden** Seiten für falsche und überlebte, dem deutschen Volke fremde Ideen einsetzen... **In beiden Fällen wird für Mächte gekämpft, die ihre Feindseligkeit gegenüber dem jungen Deutschtum auch in Österreich tausendfach bewiesen haben... Hier reiben sich Mächte auf, deren Ende ein naturnotwendiger Prozeß ist."* Tendenziell überwog jedoch eine Schuldzuweisung, die schon aus den Artikelüberschriften ersichtlich wurde: "Dollfuß und Fey, die Schuldigen am Massenmorden in Österreich" (Nr. 45, 14.2.1934, S.1); "Standjustiz, der neue Dollfuß-Schrecken. Schwerverwundete Arbeiter zum Galgen verurteilt" (Nr. 46, 15.2.1934, S. 1); "Die Weltpresse gegen Dollfuß' Massenmorden" (Nr. 47, 16.2.1934, S. 1); "Schrekkensregiment in Österreich. Der Galgen - die letzte Dollfuß-Weisheit" (Nr. 49, 18.2.1934). Der Berliner "Angriff" nahm eher eindeutig zugunsten der *"verführten Arbeiter"* Stellung und bezeichnete die Dollfuß-Regierung als *"Verbrecher"*. - Die regimetreue österreichische Presse schäumte darüber geradezu vor Empörung und warf den Nationalsozialisten den schändlichsten Verrat am *"nationalen"*, **deutschen** Interesse vor (siehe z.b. die Kommentare in der Linzer "Tagespost", Nr. 37, 14.2.1934 und im "Linzer Volksblatt", Nr. 38, 15.2.1934). In einem Aufruf des Salzburger Heimatschutzverbandes hieß es gar, was die deutsche Presse und der deutsche Rundfunk während der Februarkämpfe *"am deutschen Gedanken gesündigt haben..., das muß jedem, der noch einen Funken unverdorbenen Nationalgefühls im Leibe hat, die Schamröte ins Gesicht treiben, das ist ein so undeutscher Dolchstoß von rückwärts - das ist Ausdruck eines so skrupellosen, engstirnigen Parteistandpunktes, daß jeder wahre Deutsche dafür nur mehr ein kräftiges 'Pfui Teufel' übrig haben kann! Nationale Salzburger! Macht Euch nicht mitschuldig an dieser Sünde gegen den deutschen Gedanken!... Beschmutzt Euer gesundes Volksempfinden nicht, indem Ihr diese Worte des Hasses, der Lüge und Verleumdung weiterträgt und damit obendrein noch den Roten Schützenhilfe leistet!"* ("Salzburger Chronik", Nr. 41, 19.2.1934).

25 Z.B. persönliche Animositäten oder aber freundschaftliche bzw. verwandtschaftliche Beziehungen zwischen Schutzbündlern und SA-Mitgliedern.

26 Theo Habicht hatte übrigens vor 1933 der KPD angehört, was er in der Öffentlichkeit jedoch heftig dementierte (vgl. VB, Nr. 69, 10.3.1934). Richard Bernaschek gegenüber antwortete er auf die entsprechende Frage ausweichend (vgl. Karl Stadler/Ines Kykal, Richard Bernaschek. Odyssee eines Rebellen, Wien 1976, S. 157).

27 PAAA, Pol. Abt. II, Konsulatsberichte Linz, Pol. 29, Österreich Nr. 10d, Bd. 1, Brief von Langen an Theo Habicht, 11.10.1933.

28 Vgl. dazu Dieter Ross, Hitler und Dollfuß. Die deutsche Österreich-Politik 1933-1934, Hamburg 1966, S. 145-157; 168.

29 PAAA, Pol. Abt. II, Konsulatsberichte Linz, Bericht In der Maur (Abschrift), 16.2.1934.

30 Zum geplanten Putsch Reschnys vgl. Ross, Hitler, S. 169f.

31 PAAA, Pol. Abt. II, Konsulatsberichte Linz, Bericht In der Maur.

32 PAAA, Pol. Abt. II, Konsulatsberichte Linz, Brief In der Maur an Glaise-Horstenau (Abschrift), 14.2.1934.

33 Bericht In der Maur. - Übrigens stellte In der Maur den Sachverhalt so dar, als ob Schuschnigg (unter der Regierung Dollfuß Justizminister, nach dessen Tod österreichischer Bundeskanzler bis März 1938), von der geplanten Fühlungnahme bereits informiert, verlangt hätte, Gilbert in der Maur solle seinen Brief an Glaise-Horstenau in eigenem Namen verfassen, nur unter dieser Voraussetzung sei er

bereit, ihn an Dollfuß weiterzuleiten. Am 16. Februar sei dieses schriftliche "Angebot" dann abgelehnt worden: *"...der Bundeskanzler stelle sich nach den Erfahrungen, die er gemacht habe, auf den Standpunkt, daß nur der klare amtliche Weg ohne jede Zwischenschaltung möglich sei"*. Mit anderen Worten also: Schuschnigg habe eine **Form** der Kontaktaufnahme gefordert, die es Dollfuß a priori erleichtert hätte, sie zurückzuweisen. Diese Version ist jedoch wenig plausibel. Es spricht viel mehr dafür, daß die angebliche "Privatinitiative" von der SA-Führung eingefädelt wurde: Aus dem Bericht In der Maurs gewinnt man nämlich den Eindruck, daß die SA-Führung durchaus nicht mit einer wirklichen Verhandlungsbereitschaft rechnete, sondern einfach einen "Versuchsballon" steigen lassen wollte, um Erkundigungen einzuziehen; vor allem aber hätte ein "offizielles" Angebot - noch dazu während der Kämpfe - just jene "Neutralitäts"-Position, mit der man die Schutzbündler zu gewinnen hoffte, aufs schwerste kompromittiert. Und dieser taktischen Variante wurde Priorität eingeräumt.

34 Peter Kammerstätter, Der Aufstand des Republikanischen Schutzbundes am 12. Februar 1934 in Oberösterreich. Eine Sammlung von Materialien, Dokumenten und Aussagen von Beteiligten, Bd. III, S. 1885, 1987.
35 Ebd., S. 1884.
36 "Donaufront", Rundbrief, Nr. 7/34, S. 4.
37 Kammerstätter, Aufstand, S. 1885f.
38 Beispiele für den Goethehof siehe bei Hans Schafranek, Zwischen Boykott und Anpassung. Sozialgeschichtliche Aspekte politischer Verhaltensmuster von Wiener Arbeitern nach 1934, in: Zeitgeschichte, Nr. 3, 1985, S. 102.
39 Vgl. Hans Schafranek, "Die Führung waren wir selber" - Militanz und Resignation im Februar 1934 am Beispiel Kaisermühlen, in: Helmut Konrad/Wolfgang Maderthaner (Hrsg.), Neuere Studien zur Arbeitergeschichte, Bd. II - Beiträge zur politischen Geschichte, Wien 1984, S. 458f., S. 467.
40 Interview mit Alfred Billmaier, Teil 2, Transkript S. 20ff.
41 Harry Slapnicka, Oberösterreich. Zwischen Bürgerkrieg und Anschluß (1927-1938), Linz 1975, S. 178.
42 Dieser erste Kommentar zu dem Kampf der Schutzbündler stand unter dem richtungsweisenden Motto: "Die Verführten" (VB, Nr. 44, 13.2.1934).
43 Der vollständige Text dieses gedruckten Flugblattes ist im Faksimile wiedergegeben bei Robert Schwarz, "Sozialismus" der Propaganda: Das Werben des "Völkischen Beobachters" um die österreichische Arbeiterschaft 1938/39, Wien 1975, S. 146. Eine leicht abgeänderte Fassung dieses Flugblattes fand sich im AVA, BKA Inneres, 22/Kärnten, Karton 5054; abgedruckt auch in "Der Freiheitskampf. Kampfblatt der N.S.D.A.P. für Kärnten und Osttirol", Nr. 9, 1.3.1934. Ferner wurden für diesen Aufsatz folgende illegale NS-Propagandaschriften, die sich die Werbung um die Arbeiterklasse angelegen sein ließen, herangezogen: "Nachrichtendienst", Nr. 20, 3.3.1934; "Der Nazi-Arbeiter" (NSBO - Gau Wien), Nr. 6, 16.4.1934; Nr. 7, 5.1934; Nr. 14, 19.6.1934; Nr. 17, 11.7.1934; "Der SA-Mann", Nr. 4, Mai 1934; "Donaufront. Stimme der jung-aktivistischen Kräfte Wiens", Rundbriefe Nr. 7, 9, 10-20 (alle 1934); "Kampfblatt der N.S.D.A.P., Bez. Linz" (Abschrift), AVA, BKA Inneres, 22/OÖ, Karton 5106, Zl. 159.299/34; "Rundschreiben an alle Volksgenossen", Eferding, Aschach und Umgebung (Abschrift, 19.2.1934), ebenda; weiter eine Reihe von Flugblättern in AVA, BKA Inneres, 22/Kärnten, Karton 5054; Institut für Zeitgeschichte (im folgenden IfZ) Wien, Mikrofilm A/66.
44 Vom Aufruf "Sozialisten, nicht verzagen" (ca. März 1934) wurden 50.000 Stück als Flugblatt kolportiert (IfZ, Mikrofilm A/66, U 595/34, Bezirksgericht Wels, 22.3.1934). Zentrale Flugblätter erreichten eine noch wesentlich höhere Auflage.
45 Aus Platzgründen kann hier keine eingehende Darstellung der gravierenden Brüche und Widersprüche erfolgen, von denen die soziale Demagogie der Nazis gegenüber der Arbeiterschaft begleitet war. Lediglich ein krasses Beispiel, dem viele zur Seite gestellt werden könnten, sei hier angeführt. So hieß es in der "Donaufront", Nr. 7/1934, die sozialdemokratischen Arbeiter seien durch das brutale Vorgehen der Regierung *"nicht überzeugt worden, aber dafür mit unauslöschlichem Hass gegen dieses System beseelt. Und das ist allerdings der einzige Sinn dieses unermesslichen Opfers"*. Mit welcher Heuchelei dieser Haß vereinnahmt wurde, enthüllt der folgende Absatz: *"...haben wir nicht seit Jahren gemahnt und auf die Gefahr hingewiesen? Sind doch die Vorfälle in Simmering noch nicht dem Gedächtnis des Volkes entschwunden, die die nationalsozialistische Presse neuerlich zum Anlass*

nahm, auf die in den Gemeindehäusern versteckten Waffen hinzuweisen. Gauleiter Frauenfeld überreichte damals der Bundespolizeidirektion eine umfangreiche Liste der roten Waffenlager. Aber nichts geschah, auch dann nicht, als die blutigen Überfälle auf unsere Flugzettelverteiler in den Gemeindehäusern erfolgten."

46 Vgl. "Der Freiheitskampf. Kampfblatt der N.S.D.A.P. für Kärnten und Osttirol", Nr. 9, 1.3.1934.
47 "Der Nazi-Arbeiter" (NSBO - Gau Wien), Nr. 9, 7.5.1934, S. 1-2 ("Ferdinand Hanusch. Ein Vorbild und eine Warnung für die österreichischen Arbeiter").
    Ferdinand Hanusch: sozialdemokratischer Politiker, mit dessen Wirken viele der in den Jahren 1918 - 1920 durchgeführten sozialpolitischen Reformen verknüpft sind.
48 ALÖS (= Auslandsbüro der österreichischen Sozialdemokraten) - nach dem Februar 1934 unter Führung von Otto Bauer und Julius Deutsch in Brünn errichtete Auslandsleitung.
49 Verein für Geschichte der Arbeiterbewegung (im folgenden VGA), Parteiarchiv, ALÖS Büro 1934 - Lageberichte aus Österreich (ohne Wien), Mappe 138, Bericht aus Linz vom 5.5.1934.
50 VGA, Parteiarchiv, ALÖS-Korrespondenz 1934, Mappe 148, Brief Rudolf Holowatij an Otto Bauer, Prag, 13.3.1934.
51 Vgl. Anm. 46.
52 Dies geht aus zahlreichen Berichten der Sicherheitsdirektoren aller Bundesländer hervor.
53 Zu Habichts Ultimatum - ein taktisch äußerst ungeschickter Alleingang, der Deutschlands Beteiligung am NS-Terror in Österreich ungewollt enthüllte, weshalb der Wortlaut der im Radio gesendeten Rede in der Deutschen Presse nicht gedruckt werden durfte - befinden sich zahlreiche Kommentare im PAAA, Pol. Abt. II, Pol. 29, Österreich, Nr. 3a, Rundfunkreden des Landesinspekteurs Habicht.
54 AVA, BKA Inneres, 22/OÖ, Karton 5106, Situationsberichte der Bundespolizeidirektion Linz vom 23.2.1934, Zl. 129.555/34; 1.3.1934, Zl. 130.160/34 und 14.3.1934, Zl. 137.305/34; Lagebericht des Sicherheitsdirektors vom 5.3.1934, Zl. 132.248/34.
55 AVA, BKA Inneres, 22/OÖ, Karton 5106; Lagebericht Hammerstein, 26.2.1934, Zl. 120.003/34; Situationsbericht der Bundespolizeidirektion Linz vom 14.3.1934, Zl. 137.305/34.
56 AVA, BKA Inneres, 22/OÖ, Karton 5106, Zl. 148.854/34, Bericht Hammerstein betr. Reinhold Sonnleithner, 5.4.1934.
57 Mitteilungen von Peter Kammerstädter; Referat Helmut Konrad; zur Situation im Hausruckviertel siehe auch Hubert Hummer, Der Widerstand auf dem Land, in: "Es wird nicht mehr verhandelt..." Der 12. Februar in Oberösterreich, Linz 1984, S. 75-81, bes. S. 80; zu erfolgreichen NS- Mitgliederwerbungen unter den Bergarbeitern des Hausrucker Kohlenreviers siehe die Erhebungen des Gendarmeriepostenkommandos Ampflwang, Bezirk Vöcklabruck v. 26.2.1934, IfZ, Mikrofilm A/66, Z 100/34.
58 VGA, Parteiarchiv, Mappe 138, Bericht ans ALÖS, 5.5.1934. Der Berichterstatter schwächte wenige Tage später seine alarmierenden Meldungen ab und verwies darauf, daß entgegen der ersten Informationen nur die Sportler zum Nationalsozialismus übergelaufen seien. Wir sind jedoch auch aus anderen Quellen (vgl. Anm. 11) über das starke Eindringen der NS-Bewegung in die Steyrer Arbeiterschaft unterrichtet. Der deutsche Konsul in Linz, von Langen, sandte am 17.1.1934 einen Bericht (über die innerbetriebliche Situation der Steyr-Werke) an das Auswärtige Amt, worin er - unter Berufung auf ein reichsdeutsches Direktionsmitglied - gar 60% (!) der Arbeiter und 90% der Angestellten der Steyr-Werke als Nationalsozialisten bezeichnete (PAAA, Pol. Abt. II, Pol. 29, Österreich Nr. 10d, Bd. 1). Dies scheint freilich übertrieben, wenngleich die zweite Zahl in einer bei Stockinger, Entwicklung, S. 115 zitierten Heimwehrquelle bestätigt wird.
59 Dieser schon in zeitgenössischen Quellen verschiedener Provenienz erwähnte Aspekt wird jetzt auch wieder - für Innsbruck - in der Darstellung von Harald Walser, Die illegale NSDAP in Tirol und Vorarlberg 1933-1938, Wien 1983, bestätigt.
60 AVA, BKA Inneres, 22/OÖ, Karton 5106, Zl. 132.248/34, Lagebericht Hammerstein vom 5.3.1934.
61 Siehe dazu einen undatierten Bericht (ca. 1946) über die organisatorische Entwicklung der österreichischen NSDAP nach dem Juli 1934, AVA, BKA Inneres, 22/Gen., Karton 4884, Zl. 135.119.
62 Ebd., S. 19f.
63 Vgl. Interview mit Alfred Billmaier, Teil 4, Transkript S. 25: "Gerade bei den Wehrturnern hatten wir ja einige Genossen, die gesagt haben: 'Rache jetzt. Und das können wir nur mit den Nazis machen.' Du kannst Dir das nicht vorstellen, das waren fürchterliche Diskussionen; das war nicht mehr

freundschaftlich. Wir haben total gestritten: 'Du kannst doch nicht zu den Arbeitermördern gehen.'..."
64 Eine anschauliche Schilderung des Kampfes um die Straße aus der Sicht eines ehemaligen Ottakringer Wehrsport-Aktivisten stammt von Karl Bauer, Interview, Teil 2, Transkript S. 17ff.
65 Dieser Unterschied wird z.b. deutlich sichtbar in dem o.a. Interview.
66 Interview mit Dr. Theodor Prager, Transkript S. 38 und S. 43.
67 Beispiele für Schwerpunkte der Nazi-Propaganda, die 1934 im Dittes-Hof auf fruchtbaren Boden fielen, im Interview mit Dr. Theodor Prager, Transkript S. 41.
68 Zu den propagandistischen Aktivitäten der SA und NSBO in Ottakring siehe "Der Nazi-Arbeiter" (NSBO - Gau Wien), Nr. 9, 7.5.1934.
69 Interview mit Dr. Theodor Prager, Transkript S. 41ff.
70 Vgl. Gerhard Botz, Faschismus und Lohnabhängige in der Ersten Republik. Zur "sozialen Basis" und propagandistischen Orientierung von Heimwehr und Nationalsozialismus, in: Österreich in Geschichte und Literatur (ÖGL), 2, 1977, S. 128, Anm. 55.
71 Siehe dazu die Statistiken bei Gerhard Jagschitz, Die Anhaltelager in Österreich, in: "Vom Justizpalast zum Heldenplatz. Studien und Dokumentationen 1927-1938", Wien 1975, S. 128-151. - Die stärkere Militanz von proletarischen NS-Mitgliedern bzw. den entsprechenden Verfolgungsdruck belegt auch ein Beispiel bei Stockinger, Entwicklung, S. 110.
72 Für die RS-Propaganda siehe Joseph Buttinger, Das Ende der Massenpartei. Am Beispiel Österreichs, Frankfurt 1972; einige besonders skurrile und erheiternde Aspekte schildert G.E.R. Gedye, Die Bastionen fielen. Wie der Faschismus Wien und Prag überrannte, Wien o.J. (1947), S. 162-175.
73 AVA, BKA Inneres, 22/Gen., Karton 4884, Zl. 135.119, Generaldirektion für die öffentliche Sicherheit, Lagebericht 1. Hälfte April 1934.
74 Ebd. - S. hingegen die stark relativierende Darstellung der Zuordnungsmöglichkeiten bei Botz, Gewalt, S. 278f.
75 PAAA, Pol. Abt. II, Pol. 29, Österreich Nr. 10c, Konsulatsberichte Klagenfurt, v. Hahn an das AA, 14. 5. 1934, AVA, BKA Inneres, 22/Gen., Karton 4884, Zl. 135.119, Lagebericht 2. Hälfte April 1934.
76 "Donaufront", Rundbrief, Nr. 9/34, S. 4.
77 AVA, BKA Inneres, 22 Gen. Karton 4884, Lagebericht 1. Hälfte April 1934.
78 AVA, BKA Inneres, 22/OÖ, Karton 5106, Zl. 161.615/34, Bericht Hammerstein, 21. 4. 1934.
79 AVA, BKA Inneres, 22/OÖ, Karton 5106, Zl. 132.248/34, Lagebericht Hammerstein, 5. 3. 1934.
80 "Donaufront", Rundbrief, Nr. 9/34, S. 4.
81 IfZ, Mikrofilm A/66, U 608/34, Bezirksgericht Wels.
82 Vgl. Diskussion zum Beitrag Neck, in: "Das Jahr 1934: 12. Februar", Wien 1975, S. 113.
83 Mündliche Mitteilung N.N. (die betreffende Person wollte nicht genannt werden) an den Verf.
84 Interview mit Karl Bauer, Teil 3, Transkript S. 3.
85 "Arbeiter-Zeitung" (im folgenden AZ), Nr. 25, 12. 8. 1934. - *"Über Befragen"* gab Gerl in der Hauptverhandlung vor dem Standgericht (24. 7. 1934) an: *"Die Nationalsozialisten sind mir sympathischer als die Regierung."* Dem Einwand des Verteidigers (*"Aber Ihre Partei war doch immer gegen solche Attentate!"*) entgegnete Gerl: *"Ich sympathisiere schon mit den Nationalsozialisten."* (vgl. Dokumentationsarchiv des Österreichichen Widerstandes, Akt 7000). Bei der Einvernahme durch das Sicherheitsbüro hatte Gerl am 21. 7. 1934 angegeben: *"Ich lernte den Kralicek vor dem 1. Mai 1934 zufällig im XX. Bezirk kennen, wir kamen auf die Politik zu sprechen; als ehemalige Schutzbündler waren wir Gesinnungsgenossen und stimmten darin überein, dass wir zum Sturz der Regierung dadurch beitragen müssten, dass wir die Exekutive, auf die allein sich die Regierung nach unserer Ansicht stütze, durch Terrorakte immer in Bewegung halten müssten, damit die Regierung im Kampf gegen die Terroraktionen sich nicht so sehr mit den sozialdemokratischen Organisationen befassen könne, und zwar hauptsächlich deshalb, dass die Regierung sich nicht mit den Nationalsozialisten aussöhne, die dann natürlich ihre Terrorakte einstellen würden, das wäre natürlich für die soz.demokratische Partei das schlechteste, wenn die Nationalsozialisten mit der Regierung wären, weil wir dann die einzigen Gegner wären, die Regierung viel stärker würde und wir dann umso weniger Aussichten hätten die Regierung zu beseitigen und selbst an die Macht zu kommen."*
86 Josef Hindels, So starb ein junger Sozialist. Josef Gerl: Hingerichtet am 24. Juli 1934, Wien o.J. (1984), S. 19 (Hervorheb. v. mir)

87 VGA, Parteiarchiv, Mappe 138, Bericht über Verhältnisse in Steyr, 10. 6. 1934.
88 Vgl. "Österreichischer Nachrichtendienst", Nr. 29, Bern, 28. 8. 1934; VB, Nr. 234, 22. 8. 1934; "Reichspost" (im folgenden RP), Nr. 232, 21. 8. 1934; "Neue Freie Presse", 21. 8. 1934.
89 S. z.B. "Der SA-Mann. Kampfblatt der SA für Wien und N.Ö.", Nr. 17, 1. Oktoberwoche 1934.
90 Etwa bei Botz, Gewalt, S. 274.
91 **25. Juli 1934**: An diesem Tag unternahm die österreichiche SS-Standarte 89 (hauptsächlich aus entlassenen Bundesheersoldaten und Polizisten bestehend) einen Putschversuch gegen die österreichische Regierung, in dessen Verlauf das Bundeskanzleramt, die RAVAG (d.h. der österreichische Rundfunk) usw. besetzt wurden. SS-Leute erschossen den österreichischen Bundeskanzler Dollfuß. Der von dem "reichsdeutschen" Landesinspekteur der österreichischen NSDAP, Theo Habicht, gesteuerte Putsch brach binnen weniger Stunden zusammen, nicht zuletzt deshalb, weil die Wiener SA, erbittert über die Massaker an der deutschen SA-Führung (30. Juni 1934), dieses militärische Unternehmen nicht unterstützte (der österreichische SA-Obergruppenführer Hermann Reschny hatte sogar kurz zuvor den Putschplan an die österreichischen Behörden verraten). Elf Rädelsführer des SS-Unternehmens wurden gehenkt. Hingegen brachen am 26. Juli in Kärnten, in der Steiermark und in Salzburg bewaffnete Aufstände von illegalen SA-Einheiten aus, die in den zwei erstgenannten Bundesländern von breiten Teilen der Bevölkerung unterstützt wurden (in manchen steirischen und kärntner Gemeinden betrug der Anteil an NS-Sympathisanten 80 - 90 %). Diese Aufstände wurden vom Bundesheer unter großen Verlusten auf beiden Seiten bis zum 29. Juli niedergerungen. Ungeachtet der dichten zeitlichen Abfolge handelte es sich bei dem Wiener SS-Putsch und den SA-Aufständen in der Provinz um zwei voneinander vollständig unabhängige Unternehmungen mit unterschiedlichen Zielsetzungen.
92 AZ, Nr. 1, 25. 2. 1934.
93 AZ, Nr. 2, 4. 3. 1934.
94 Vgl. Buttinger, Ende, S. 175.
95 Abgedr. in "Service de presse austrichien", Nr. 25, Bern, 1. 8. 1934.
96 S. z.B. "Rundschau über Politik, Wirtschaft und Arbeiterbewegung", Basel, Nr. 39, 5. 7. 1934.
97 AZ, Nr. 24, 5. 8. 1934.
98 "Der Funke. Diskussionsorgan des revolutionären Marxismus in Österreich", September/Oktober 1934, S. 4. Die **"Funke"-Gruppe** war eine von Leopold und Ilse Kulczar im Februar 1934 gegründete linkssozialistische Gruppe, die mit der deutschen Gruppe "Neu Beginnen" in engem Kontakt stand. Ein Teil der RS-Führung, insbesonders Joseph Buttinger, stand eine Zeitlang unter dem ideologischen Einfluß der "Funke"-Führer.
99 Ebd.
100 RP, Nr. 215, 4. 8. 1934.
101 AVA, BKA Inneres, 22/Gen., Karton 4884, Lagebericht der Generaldirektion für die öffentliche Sicherheit 2. Hälfte Juli 1934.
102 S. etwa den Art.ikel "Die Treue der Arbeiterschaft" in der RP, Nr. 212, 1. 9. 1934 sowie einen ans ALÖS gerichteten RS-Bericht (7. 8. 1934) über den 25. Juli 1934 in Oberösterreich, VGA, Parteiarchiv, Mappe 138.
103 Die Stellungnahme der illegalen KP-Presse unterschied sich bei der Bewertung des 25. Juli 1934 und der kurzfristigen Entwicklungsperspektiven nur in Nuancen, teils überhaupt nicht von den Einschätzungen der RS. Hier wie dort wurde unmittelbar nach dem Putsch der Sturz der Diktatur als "Nahziel" anngepeilt, ohne dem Nationalsozialismus irgendwelche Konzessionen zu machen. Während aber bei ehemaligen illegalen KP-Aktivisten, auch solchen, die 1968/69 mit dem Stalinismus brachen, in den Interviews eine Tendenz überwog, **retrospektiv** den Nationalsozialismus zumindest in der konkreten Situation des 25. Juli 1934 als "Hauptfeind" der Arbeiterbewegung zu lokalisieren, ließ sich sowohl bei biographischen Narrativ- als auch bei themenzentrierten Interviews mit ehemaligen sozialistischen Militanten eine Tendenz ausmachen, in der ein unversöhnlicher Haß gegen die Herrschaftsmethoden klerikaler und heimwehrfaschistischer Provenienz eher "ungefiltert" artikuliert wurde. Die Gründe für die differierende "Sedimentierung" einer ehedem wohl sehr ähnlich erlebten Genugtuung über den Tod Dollfuß' - einen Tag nach der Hinrichtung Gerls! - liegen deutlich auf der Hand: Sowohl die ultrapatriotische Stoßrichtung in der KP-Politik seit 1936/37 als auch die numerisch wesentlich größere

Dimension des Widerstandes und der Verfolgung von KP-Mitgliedern in den Jahren 1938-1945 haben sich dem Bewußtsein der befragten KP-Mitglieder so deutlich eingeprägt, dieses so "identitätsstiftend" determiniert, daß aus einem solchen Geschichtsbild die Frage nach der gefühlsmäßigen und politischen Wirkung des 25. Juli 1934 nur mehr in der historisch verzerrten und ein wenig zynisch anmutenden Polarisierung von "kleinerem" oder "größerem Übel" die Adressaten zu erreichen vermochte.

104 **Neustädter-Stürmer** war als Repräsentant der Heimwehr 1934/35 Sozialminister in der Regierung Dollfuß' bzw. Schuschniggs, 1936 Sicherheitsminister.

105 AZ, Nr. 24, 5. 8. 1934.

106 AZ, Nr. 24, 5. 8. 1934 ("Was nun?"). Die Urheberschaft Otto Bauers geht aus dem Beitrag von Georg Fuhrmann (pseud.): "Die Arbeiterklasse und ihre Bundesgenossen" in: "Der Funke", September/Oktober 1934, S. 17, hervor.

107 So hieß es z.B. im "Funke"! (s.w.o.): "*Gegen eine solche gefährliche Verwischung der Grenzlinien hat sich unter den revolutionären Sozialisten vielfach Widerspruch erhoben, der gewöhnlich Ausdruck in dem Urteil fand, dass die A.Z.-Artikel ein 'Bündnis mit den Nazi' vorschlügen. Das war sicherlich eine Missdeutung - aber, und das ist nun entscheidend, eine unvermeidliche und daher berechtigte Missdeutung. Denn die darin vorgeschlagene Politik müsste bei den österreichischen Verhältnissen tatsächlich praktisch zu einem Interessenbündnis mit den Nazi führen, da es von ihnen freigesetzte revolutionäre Massenkräfte, da es eine freiheitliche nationalrevolutionäre Schicht in der Wirklichkeit nicht gibt.*"

108 S. z.B. Otto Bauer, Voraussetzungen der Revolution, in: "Der Kampf", Nr. 5, September 1934. - Karl R. Stadler, Opfer verlorener Zeiten. Die Geschichte der Schutzbund-Emigration 1934, Wien 1974, S. 97-100, zit. in voller Länge ein Flugblatt, in dem ein Bündnis zwischen der "*deutsche(n) Intelligenz*", den "*freiheitlich gesinnte(n) Kleinbürger(n) und Bauern*" und der sozialistischen Arbeiterschaft beschworen wird. Stadler vermutete, dieser Text sei dem Schutzbund zuzuordnen. Da sich jedoch ganze Textpassagen teils inhaltlich, teils sogar wörtlich mit dem (unsignierten) Bauer-Artikel "Was nun?" in der AZ (vgl. Anm. 106) decken, steht dessen Urheberschaft außer Zweifel. - S. auch den Aufruf "Nationalsozialisten!" (undatiert, nach dem 25. Juli 1934) im VGA, Parteiarchiv, Mappe 138.

109 Eine kleine Blütenlese mag dies veranschaulichen: In einem Aufruf der AZ (15. 7. 1934) an die "*Arbeiter und Angestellte*(n) *unter den Nazi!*" (S. 1-2) heißt es u.a.: "*Ihr habt gehofft, Hitler werde die deutschen Arbeiter zum n a t i o n a l e n   S o z i a l i s m u s führen. Wie sieht dieser nationale Sozialismus aus? Die J u n k e r sind Herren ihres Bodens geblieben, die K a p i t a l i s t e n ,* **auch die jüdischen Kapitalisten** *Herren ihrer Banken, ihrer Industriewerke, ihrer Handelshäuser... Und sein* (Hitlers) *Arbeitsgesetz verkündet, daß jeder Unternehmer,* **auch der jüdische Unternehmer** *der "Führer" im Betriebe sei... Wollt Ihr das deutsche Volk von der M a c h t   d e s   j ü d i s c h e n   K a p i t a l s befreien?*"
In der AZ vom 17. 8. 1934 (S. 3): "*Die zum großen Teile j ü d i s c h e n Mitglieder des Hauptverbandes der Industriellen haben die Subsidien an die Heimwehr bezahlt, so lange sie überzeugt waren, daß die mit ihrem Gelde angeschafften Waffen gegen die Arbeiter gebraucht werden würden. Die mit dem* **jüdischen Kapitalistengeld** *angeschafften Waffen waren jetzt in den Händen der Nazi!*"
AZ vom 18. 11. 1934: "*Drei Regierungsjuden!*" (Artikelüberschrift). - Und anläßlich des Prozesses gegen Rintelen (AZ, 17. 3. 1935): "*Solange er mit ihnen ging, haben die Christlichsozialen seine Skandale, seine Korruptionsaffären gedeckt; erst als Dollfuß und er in Streit darum gerieten, wer von den beiden der Diktator sein soll, wandten sie sich gegen ihn! Den N a z i aber graust es vor gar nichts. Die haben gerade diesen Überkorruptionisten, der* **mit allen kapitalistischen Juden** *verbandelt war, zu ihrem Kanzler machen wollen!*" (Hervorh. v. mir, Sperrungen im Original)

110 **Juli-Abkommen**: Am 11. Juli 1936 wurde zwischen der deutschen und österreichischen Regierung ein Abkommen geschlossen, worin Deutschland zwar formal die "*volle Souveränität des österreichischen Bundesstaates*" anerkannte, gleichzeitig aber festgelegt wurde: "*Die österreichische Bundesregierung wird ihre Politik im allgemeinen, wie insbesondere gegenüber dem Deutschen Reich, stets auf jener grundsätzlichen Linie halten, die der Tatsache, daß Österreich sich als* **deutscher Staat** *bekennt, entspricht.*" Dieses Abkommen, eine politische Kapitulation Schuschniggs vor dem Dritten Reich, leitete eine "evolutionäre" Phase der Gleichschaltung und Infiltration des österreichischen Staatsapparates durch Vertreter des Nationalsozialismus ein. Als unmittelbare Folge des Abkommens wurden

tausende NS-Terroristen amnestiert; 1937 erhielten die österreichischen Nazis in den sogenannten "Volkspolitischen Referaten" innerhalb der "Vaterländischen Front" eine legales Betätigungsfeld.
111 VGA, Parteiarchiv, Mappe 134/2 (Korrespondenzstücke und Flugblätter, ZK der RSJ Österreichs 1936), Aufruf an *Junge Arbeiter, Arbeitslose, Studenten und Schüler*.
112 Interview mit Kurt Hahn, Teil 2, Transkript S. 53ff.
113 AVA, BKA Inneres, 22 Gen., Karton 4894, Bericht v. 14. 7. 1934.
114 AZ, Nr. 29, 21. 7. 1935.
115 Ebd.
116 Interview mit Friedrich Hexmann, Teil 10, Transkript S. 11.
117 Ebd., S. 21.
118 S. ferner Josef Meisel, "Jetzt haben wir Ihnen, Meisel!" Kampf, Widerstand und Verfolgung des österreichischen Antifaschisten Josef Meisel (1911 - 1945), Wien 1985, S. 55f., S. 62.
119 Interview mit Josef Meisel, Teil 6, Transkript S. 10.
120 Interview mit Ernst Epler, Teil 1, Transkript, S. 33.
121 Hierbei spielte der in Anm. 18 erwähnte Erich Kernmayer eine nicht unwesentliche Rolle.

Dokument 1:

Arbeiter! Genossen!

Arbeiterblut ist geflossen

Das kapitalistisch-faschistische System wollte Euch Eurer letzten Rechte berauben, Euch zu wehrlosen Lohnsklaven und Arbeitskulis einer internationalen Ausbeuter-Clique machen. Da griffet Ihr in höchster Verzweiflung zu den Waffen, um auf den Barrikaden Eure bedrohten Rechte, Eure Existenz zu verteidigen.

Eure Erhebung ist zusammengebrochen. In entscheidender Stunde haben Eure Führer Euch im Stiche gelassen, verraten, b e v o r noch der Kampf entschieden war. M u ß t e n Euch verraten, denn e i n e K r ä h e h a c k t der anderen kein Auge aus.

Kapitalismus und Marxismus sind nur verschiedene Formen ein und desselben Prinzips.

Arbeiter! Erkennt Euren Irrtum! Erkennt d i e f a l s c h e F r a t z e d. M a r x i s m u s, der das gleiche will wie der Kapitalismus: Euch zu ewigen Proletariern, zu rechtlosen Lohnsklaven einer dem Kapitalismus hörigen Bonzokratie machen. Als Ihr dagegen aufstandet, ließen Euch Eure Führer die das kapitalistisch-faschistische System bisher weitgehendst t o l e r i e r t hatten, schmählich im Stich, lieferten Euch dem unbarmherzigen Gegner aus. Ja, manche sind so ehrlos, „erkenntnisbeflissen" zum G e g n e r ü b e r z u l a u f e n, d e r s i c h j e t z t m i t E u r e n S p a r g r o s c h e n s a n i e r e n w i l l.

Darum fielen Eure Kameraden, darum mußten sogar Frauen und Kinder von Euch sterben.

Arbeiter! Euer Kampfgeist, Eure Tapferkeit und Unerschrockenheit ehren Euch — aber Ihr kämpftet a m f a l s c h e n P l a t z e u n d m i t u n t a u g l i c h e n M i t t e l n. Der Kapitalismus verfügt über mehr Waffen als Ihr.

Nicht Ihr a l l e i n, das g a n z e Volk muß geschlossen, geeint dem Kapitalismus den Kampf ansagen und sich zum wahren Sozialismus bekennen!

Führerlos — müßt Ihr in Eurem Kampfe erliegen.

Besinnt Euch! Tretet in unsere Reihen, kämpfet mit uns gegen dieses korrupte System und seine Träger!

Einer Eurer prominenten Führer, Dr. Karl Renner, mußte vor nicht langer Zeit einem holländischen Journalisten gegenüber auf die Frage, ob er, vor die Wahl gestellt, klerikal-faschistisch oder nationalsozialistisch wählen würde, erklären:

„Ich würde nationalsozialistisch wählen, weil die Nationalsozialistische Arbeiterpartei eine sozialistische Partei ist, und weil die sozialen Errungenschaften der deutschen Arbeiter auch im sozialen Dritten Reich in keiner Weise geschmälert wurden."

Und der ehemalige sozialdemokratische Reichstagspräsident Paul Löbe hat vor wenigen Tagen einem belgischen Journalisten erklärt:

„Ich bin objektiv genug, zuzugeben, die neuen Führer Deutschlands haben mit einem schönen Ungestüm Probleme in Angriff genommen, die wir nicht haben lösen können. Ich denke an die Reichsreform, an die Beschaffung von Arbeit für die Arbeitslosen und die Winterhilfe, ein Werk, das von einem großen sozialistischen Geist erfüllt ist."

Löbe erklärt auch, daß er seine politische Tätigkeit und diejenige der anderen früheren sozialdemokratischen Führer im Reich als endgültig abgeschlossen betrachte, denn: „Zu glauben, daß wir in fünf oder zehn Jahren wiederkommen könnten, ist ein Mythos."

Arbeiter! Der Marxismus ist tot!

Das müssen selbst Eure Führer zugeben, soferne sie ehrlich genug sind, ihre wahre Meinung kundzutun.

Der Sozialismus aber lebt — durch uns Nationalsozialisten!

Wir sind es, die Eure sozialen Rechte verteidigen, wir sind es, die den Kapitalismus niederzwingen, wir sind es, die das klerikofaschistisch-reaktionäre Regime beseitigen und auch in Österreich die Herrschaft des deutschen Arbeitsmenschen errichten werden.

Sozialdemokraten! Deutsche Arbeiter! Wir wollen nicht Euer Sterben — wir wollen Euer Leben zum Wohle und zum Heile des deutschen Volkes, dem auch Ihr angehört.

Das System aber, dessen Träger Euch zusammenkartätscht haben, will Euch jetzt mit vaterländischen Phrasen ködern. Gebt ihnen, die Euch für dumm und ehrlos halten, die richtige Antwort:

Werdet Nationalsozialisten!

Vertraut unseren Führern! Sie führen uns zum Sieg! Sie werden Euch geben, was Euch weder der Marxismus, noch der klerikale Faschismus zu geben vermochte und zu geben vermag:

„Freiheit, Arbeit und Brot!"

Arbeiter, Genossen!

Kämpft an unserer Seite!

Eure Toten rufen!

(Quelle: AVA, BKA Inneres, 22/Kärnten, Karton 5054)

Dokument 2:

Auflage: 50.000

L e s e n - W e i t e r g e b e n - A n s c h l a g e n -

S o z i a l i s t e n   n i c h t   v e r z a g e n !

Verbrecherische Führer haben euch auf die Barrikaden gehetzt!
Marxistische Juden haben euch um den Sozialismus betrogen!
Feiglinge haben euch im S t i c h gelassen!
E i n   S o z i a l i s t   k ä m p f t - u n d   s t i r b t !
E i n   M a r x i s t   h e t z t - u n d   f l i e h t !
Hitler marschierte 1923 an der Spitze seiner Getreuen in den Kugelregen - eure Führer liessen euch allein auf den Barrikaden!
Arbeiter, erkennst du den Unterschied?
Die Sache von Deserteuren kann nicht eure sein!
Der Marxismus ist an seinen Deserteuren gestorben,
Der Sozialismus lebt in den Herzen der Arbeiter weiter!
Es liegt an euch, deutsche Arbeiter, dass er nicht sterbe! Das harte Schicksal hat euch für immer die Augen geöffnet und euch für immer vom jüdischen Marxismus getrennt!
S o z i a l i s m u s   i s t   M u t !
M a r x i s m u s   i s t   F e i g h e i t !
Beide können sich nicht paaren.
Eure Toten haben die Sache des Arbeitertums in eure Hände gelegt. Ihr habt nun dieses teure und heilige Ver - mächtnis zu verwalten. Nicht umsonst soll sich Grab an Grab reihen. Sie mahnen euch ihren Weg zu Ende zu gehen.
U n d   i h r   s t e h t   n i c h t   a l l e i n e !
Jahr um Jahr rangen wir Nationalsozialisten um eure Herzen. Wir wussten es, einmal wird die Stimme eures Blutes euch in unsere Reihen führen.
N u n   i s t   e s   s o w e i t !
So steigt aus der Tragödie des Marxismus das Morgenrot des deutschen Sozialismus auf!
Kameraden der Arbeit, wir reichen euch die Hände, wir haben nichts mehr zu verlieren, als unsere K e t t e n ! —
Es gilt Schulter an Schulter die Freiheit zu erkämpfen!
Blutleere Dogmen sind tot.
Das Leben ruft zu neuer Tat!
Sozialisten an die Front! Hitler allein führt uns zum Licht!

Melde dich beim nächsten Nationalsozialisten!

Bezirksleitung
der N.S.D.A.P.

(Quelle: IfZ, MF-A/66, Abschrift)

Dokument 3:

Arbeiter Oesterreichs!

Die Kanonen und Maschinengewehre schweigen wieder. Die Erhebung der Sozialdemokratie, deren Führer ihre Anhänger schmählich im Stiche gelassen haben, ist blutig niedergeschlagen worden. Nun rühren diejenigen umsolauter die Werbetrommel, die die Kanonen in den Kampf befohlen haben.
Eine Clique von Massenmördern, von Italien gedungen und beschützt, regiert unser armes Österreich seit Jahr und Tag in Grund und Boden. Mörder sind es, die die von ihnen beschworene Verfassung eidbrüchig verletzt haben, denen das Volk kein Recht gab, Notverordnungen zu erlassen, deren Tätigkeit von Staatsrechtslehrern als rechtsungültig erklärt wird. Das Blutbad, das diese allerchristlichsten, sozialsten Herren angerichtet haben hatte seinesgleichen seit mehr als 400 Jahren nicht mehr. Auch zu jener traurigen Zeit in der österreichischen Geschichte waren es just wie heute verirrte Pfaffendiener, die Söhne des Volkes gegen ihre eigenen Brüder in den Kampf schickten.
Entgegen den lügenhaften offiziellen Berichten geht die Wirtschaft Oesterreichs mit Riesenschritten bergab. Bauer, Arbeiter und Bürger leiden gleich schwer unter den Regierungskünsten eines Dollfuss, Fey und Genossen. Die Industrie führt, mit wenigen Ausnahmen, einen letzten verzweifelten Kampf ums Dasein. Der Handel liegt fast darnieder. Trotzdem führt diese rechtswidrige Regierung im Auftrage Italiens weiter einen aussichtslosen Kampf gegen das eigene Volk und damit gegen unser deutsches Mutterland.
Die Peitsche wurde mit der Lockpfeife vertauscht; wollt Ihr Arbeiter diesen Leuten folgen? Wollt Ihr weiter das System der letzten 14 Jahre, diesmal aber nicht, wie bisher versteckt hinter der demokratischen Larve, sondern offen als Tyrannenherrschaft?

Dieser Front der Heuchler und Unterdrücker steht heute numehr noch eine starke Front gegenüber, es ist die des Nationalsozialismus. Der Marxismus, der nun tot ist, hat Euch in langen Jahren und Jahrzehnten den Himmel auf Erden versprochen. Arbeitslosigkeit, Not und Elend in den Reihen der Arbeiter und eine düstere Zukunft haben sie Euch gegeben, die irdischen Führer, die Euch nur zu ihren dunklen Geschäften missbraucht haben. Nach ähnlichen Gesichtspunkten, würdet Ihr von der jetzt so fest um Euch werbenden "Vaterländischen Front" regiert werden. Zu Eurem Schaden zum Nutzen einer Clique von Korruptionisten und Mördern. Sie beide huldigen ja dem Wahlspruch, der erst vor Wochenfrist so klar zutage trat: "Und willst Du nicht mein Bruder sein, dann hau ich Dir den Schädel ein" (mit Maschinengewehr und Kanone)
Der Nationalsozialismus dagegen ist wahrer Sozialismus der Tat. Für uns gilt: Volkswohl geht vor Eigennutz. Wir versprechen Euch Arbeitern nicht eine bevorzugte Stellung im Volksganzen. Das wäre ein Unrecht an den anderen Volksgenossen. Wir versprechen Euch aber, dass Ihr wirklich zu gleichberechtigten Teilen des Volkes gemacht werdet. Hitler, unser Führer, ein Mann aus Euren Reihen, der einfache Malergehilfe und unbekannte Gefreite des Weltkrieges redet wenig und verspricht nur Mögliches. Was er aber verspricht, das hält er.
Unser Brudervolk im Reich, dessen Not die unsere noch vor Jahresfrist überstiegen hat, erlebt unter Führung Hitlers eine Wiedergeburt, einen Aufstieg, wie ihn Niemand erwartet und geahnt hat. Alle Räder laufen wieder. Der Bauer ist durch das Erbhofgesetz vor der Zinsknechtschaft gegen den Kapitalismus geschützt, Grund und Boden sind jedem jüdischen Schacher entzogen. Das neue deutsche Arbeitsrecht ist wohl das beste sozialste Gesetz für den

Arbeiter in der ganzen Welt. Nun ist der Arbeiter wirklich aus dem Lohnsklaven zum Mitarbeiter gemacht worden. Nun wacht der Staat darüber, ob auch der Unternehmer seine sozialen Pflichten einwandfrei erfülle und Ehrengerichte sind in der Lage, unsoziale Unternehmer zu massregeln. Nun erst wird jedem Staatsbürger sein Recht auf Arbeit und Brot und damit sein Recht auf auskömmliches Leben innerhalb wahrer Volksgemeinschaft. Darum Arbeiter Oesterreichs, hinein in unsere Reihen, auf zum Kampfe gegen die Reaktion für wahre Freiheit und Gerechtigkeit. Es gibt für Euch keine Wahl mehr. Die Fahne hoch, die Reihen fest geschlossen, marschiert mit uns in ruhig festem Schritt!

(Quelle: IfZ, MF -A66; Abschrift)

Dokument 4:

Der Sicherheitsdirektor
des Bundes für das Bundesland Kärnten.   Abschrift.

B e f e h l der NSDAP-Leitung Kärnten vom März 1934.

I. Allgemeine Aktionen:

Malaktionen mit grösster Intensität durchführen. Hiezu sind 2 Gruppen aufzustellen; <u>Gruppe A malt:</u> Hakenkreuze, "Heil Hitler" u.s.w. <u>Gruppe B malt:</u> "Heil Dollfuss",Pfui Starhemberg" oder "Dollfuss regiert, Starhemberg krepiert"u.s.w.
Gruppe A darf auf keinen Fall Anschriften aus der Gruppe B malen. Für Gruppe B müssen besonders verlässliche Leute ausgesucht werden, die als Nazi nicht bekannt sind und sich bei Anhaltung als Anhänger der vaterländischen Front, bezw.allgemein als Dollfuss Anhänger ausgeben. Die beiden Gruppen dürfen nie dasselbe Malzeug (speziell Farbe !) verwenden.
Die Existenz der Gruppe B und ihre Tätigkeit ist auch vor den Parteigenossen streng geheim zu halten. Diese Malaktionen haben von nun an fortlaufend stattzufinden bis Gegenordre gegeben wird.

II. Klebe-Aktionen:

Diese werden in nächster Zeit in grösserem Umfange durchgeführt. Neben den bisher verwendeten runden Hakenkreuzmarken gelangen auch in nächster Zeit solche zur Verwendung, welche zwar regierungs- freundliche Anschriften tragen, in ihrer speziellen Verwendung aber geeignet sind, regierungsfreundliche Gruppen gegen einander zu treiben. Zum Kleben des entsprechenden Materials kommen natür- lich auch nur Leute der Gruppe B in Betracht. Klebemarken mit der Anschrift "Hinein in die vaterländische Front", hinein in die Sturmscharen " oder ähnliche selbstverständlich auf Heimatschutz Plakate zu kleben. Klebemarken mit der Anschrift "Hinein in die Heimwehr" oder ähnliche selbstverständlich nur auf Plakate der Vaterländi- schen Front, der Sturmscharen etc. Diese Aktionen sollen immer schlagartig und in möglichst grossem Umfange durchgeführt werden.

III. Streuen gestanzter Hakenkreuze:
Dieses ist fortlaufend durchzuführen. Besondere Anlässe wie Aufmärsche und Kundgebungen der Regierungsanhänger sind hervorragend geeignet, um auf den hiezu benötigten Plätzen u. Strassen grössere Streuaktionen durchzuführen. Sehr wichtig raschestens durchzuführen ist folgende Aktion: Auf schrägen Hängen ist durch Aufstreuen von Kunstdünger (Stickstoffdünger) in Hackenkreuzform der Graswuchs zu beschleunigen, bezw. zu intensivieren. Die dicht bewachsenen Hakenkreuze sind sehr schwer zu zerstören u. wirken auf lange Zeit. Auch auf ebenen Feldern soll dies in möglichst grosser Form durchgeführt werden, da es von Erhöhungen und Flugzeugen aus gut sichtbar ist. Es wird besonders darauf hingewiesen, dass in Anbetracht der vorgeschrittenen Jahreszeit keine Zeit zu verlieren ist.

IV. Besondere Aktionen für den Sonntag nach Ostern:
Am Samstag den 7. April l.J. müssen in ganz Kärnten unzählige Hakenkreuzfeuer von den Hängen leuchten. Die Kreisleiter haben die entsprechenden Weisungen hiezu ehestens an die Ortsgruppen und

Stützpunkte hinauszugeben, so dass die Aktion auch im letzten Gebirgstal durchgeführt wird.
Am Sonntag, den 8. April: Wo irgend möglich sind am Vormittag Hakenkreuzfahnen zu hissen. Es sind dazu Plätze auszusuchen, wo sich am Vormittag grössere Menschenmengen versammeln. Die Fahnen werden an Stellen, an denen sie nicht rasch entfernt werden können, bereits in der Nacht gehisst. An anderen Stellen in geschlossenem Zustand montiert und durch geeignete Vorrichtungen am Vormittag zum Entrollen gebracht. Desgleichen sind möglichst viele Wurfwimpel in grösseren Ansiedlungen in Anwendung zu bringen.

P ö l l e r - A k t i o n e n   h a b e n   z u   u n t e r b l e i b e

Für Sammlungen zum Pulverankauf für das Osterschiessen darf grundsätzlich keine Unterstützung gegeben werden.
Die Organisation ist noch straffer auszubauen.
Auf die Verbindungen zwischen Ortsgruppen und Kreisleiter, Kreisleiter und Bezirksleitung ist besonders zu achten; diese müssen klappen.

(Quelle: AVA, BKA Inneres, 22/Kärnten, Karton 5054)

Dokument 5:

Nationalsozialisten!
Euer Versuch, mit bewaffneter Faust die todverhasste und bluttriefende Dollfuss-Diktatur zu stürzen, ist gescheitert! Dollfuss, dessen Politik unser Land in namenloses Unglück führte; Dollfuss, der schuld ist an dem Tode hunderter, ja tausender Menschen, ist t o t - aber sein System lebt noch!
Fassungslos, zutiefst erschüttert und enttäuscht, steht Ihr den Ereignissen der letzten Tage gegenüber. Ihr seid erfüllt von wildem Hass und brennendem Rachegefühl! Eure Gehirne quälen zwei Fragen:
Wie konnte es so kommen?
Was soll nun geschehen?

Die Antwort ist eindeutig: Ihr seid unterlegen, all Eure Opfer an Blut und Leben wurden vergeblich gebracht, weil Ihr verraten und verkauft worden seid! Adolf Hitler, der in Deutschland seine eigene Parteiarmee, die S.A., schändlich verriet und seine engsten Mitarbeiter ermorden liess, - Adolf Hitler hat auch Euch österreichische Nationalsozialisten schmählich verraten und im Stiche gelassen! Die ersehnte und erwartete Hilfe aus Deutschland blieb aus! Die österreichische Legion durfte im entscheidenden Augenblicke nicht nach Oesterreich! Hitler hat schon vor Wochen in seinen Verhandlungen mit Mussolini die "Unabhängigkeit" Oesterreichs anerkannt. Damit war der Kampf um den Anschluss Oesterreichs an Deutschland aufgegeben! Damit ist die Hoffnung, dass in Oesterreich jemals der Nationalsozialismus zur Macht kommen werde, für immer verschwunden! Hitlers Verrat hat den österreichischen Nationalsozialismus zerstört! Er, er allein ist daran schuld, dass in Oesterreich soviel Märtyrerblut umsonst geflossen ist!
Was nun ?
Ist mit dieser Niederlage der Kampf gegen den Austrofaschismus aussichtslos geworden? Nein und dreimal nein! Die Tage der blut- und schmutztriefenden Diktatur sind gezählt! Die blutigen Julitage haben die Diktatur der Eidbrecher moralisch, politisch und wirtschaftlich ungeheuer geschwächt! Alle denkenden und fühlenden Menschen wenden sich mit Grauen und Ekel von diesen lumpigen Diktatoren ab, die sich gegenseitig todfeind sind, sich gegenseitig belügen und betrügen und zu stürzen suchen! Die Oesterreicher haben genug von der "Ordnung" und den wirtschaftlichen "Segnungen" des Faschismus! Sie stehen diesem Blutregime mit tiefster Verachtung und leidenschaftlichstem Hasse gegenüber. Der Sturz dieses Schandsystems ist nahe! Dieser Sturz kann aber nur durch eine revolutionäre Erhebung der grossen Massen des ganzen Volkes herbeigeführt werden! Es gibt nur e i n e Macht, die diese Volkserhebung vorbereiten und siegreich durchführen kann: die sozialistische Arbeiterschaft!
Nationalsozialisten! Die Sozialdemokraten, die durch die Erfahrungen der Feberkämpfe viel gelernt haben, rüsten fieberhaft zu neuem Kampfe Schliesst Euch, soweit Ihr wahrhafte Sozialisten seid, dem grossen, mächtigen Heere revolutionärer Sozialisten an! Kommt zu uns! Kämpft und siegt mit uns unter der Parole:
Hass und Verachtung, Tod und Verderben dem Austrofaschismus!
Es lebe die Revolution!
Es lebe der Sozialismus!

(Quelle: VGA, Parteiarchiv, Mappe 138; Abschrift)

Dokument 6:

Junge Arbeiter, Arbeitslose, Soldaten, Studenten und Schüler,

die ihr im braunen Lager steht, wollt ebenso, wie wir, eine schöne Zukunft bauen. Auch ihr wollt nicht, daß euch länger Hunger und Krieg, Kerker und Galgen drohen. Auch ihr wollt frei sein von Ausbeutung und Knechtschaft, wollt euren rechtmäßigen Anteil an den Gütern der Erde, am Glück des Lebens.

Als ausgebeutete Arbeiter habt ihr nur, gleich uns, e i n   Z i e l:

Sturz des ausbeuterischen, profitgierigen, an Lebenden und Toten sich bereichernden, die ganze Welt mit Sklavenfesseln umspannenden Kapitalismus!

Glaubt ihr dieses Ziel als Nationalsozialisten erreichen zu können?

Besinnt euch!

Denkt einen Augenblick nach, welche Rolle der Nationalsozialismus in Deutschland als herrschende Macht, in Österreich als mächtige Opposition spielt!

Überlegt, was euch der Nationalsozialismus zu geben hat, was ihr von ihm zu erwarten habt!

Überprüft, wer die Führer sind, denen ihr euer Vertrauen geschenkt habt!

*

Noch nie hat eine herrschende Klasse freiwillig der Revolution den Platz geräumt. Denn eine wirkliche Revolution muß diese herrschende Klasse vernichten, um deren Macht wirklich beseitigen zu können. Die »revolutionäre« nationalsozialistische Partei Deutschlands aber hat nicht durch eine blutige Revolution die Macht errungen: sie hat auch nicht auf dem Wege der legalen Wahl die Herrschenden überrannt. Im November 1932, drei Monate vor Hitlers Ernennung zum Reichskanzler, haben die Nationalsozialisten **2,000.000 Stimmen verloren.** Trotzdem hat H i n d e n b u r g, der Repräsentant des Adels, des Militärs und der Großgrundbesitzer — sein bester Freund und Berater war Oldenburg-Januschau, der mächtigste Großgrundbesitzer Pommerns —, mit Z u s t i m m u n g   P a p e n s, des Vertreters des katholischen Zentrums, und H u g e n b e r g s, des Bevollmächtigten der Großindustrie, die »revolutionären« Nationalsozialisten regierungsfähig gemacht.

Junge Arbeiter, habt ihr schon je gehört, daß das reaktionäre Bürgertum revolutionären Sozialisten f r e i w i l l i g die Macht übertragen hätte? Nein, denn das würde Selbstmord der Ausbeuter bedeuten.

Aber die Vertreter des G r o ß g r u n d b e s i t z e s, der A r i s t o k r a t i e, des M i l i t ä r s, der Kirche und der G r o ß i n d u s t r i e haben den »revolutionären« Nationalsozialisten, trotzdem sie sich laut Aussage des verdienten Mitbegründers der Partei, Gregor Strassers, bereits auf dem absteigenden Ast der Entwicklung befanden, die Macht über Deutschlands und über ihr eigenes Geschick übertragen. — Handelt man so Männern gegenüber, vor denen man sich zu fürchten hat?

Hitler mußte den Inhalt des als »unabänderlich« bezeichneten Parteiprogramms verleugnen, sich zu einem Komplizen der Blutsauger des deutschen Volkes machen, um regieren zu dürfen! — Am 25. Februar 1920 verlangt Hitler im 17. Punkt des Parteiprogramms die »Schaffung eines G e s e t z e s   z u r   u n e n t g e l t l i c h e n E n t e i g n u n g von Boden«. Auch wir fordern dies, denn ohne Enteignung kann die Ausbeutung und die Not des Landproletariats nicht verhindert, kann das Volk nicht von der Sklaverei befreit werden.

Aber Hitler will ja gar nicht der Sklaverei und der Not für immer ein Ende machen, er will bloß um jeden Preis regieren. — Die Herrschenden empörten sich über die revolutionäre Forderung der Enteignung. Alle Kapitalisten, arische und jüdische, bodenständige und zugereiste, alle bürgerlichen Zeitungen, katholische, arische und jüdische, fielen über Hitler her. Doch er will ja gar nicht Revolutionär sein, Befreier der Unterdrückten. Er will bloß regieren. Daneben braucht er viel Geld für die riesige Parteibürokratie, die die alten Kämpfer der Partei verdrängt hat. Darum macht er »gegenüber den verlogenen Auslegungen des Punktes 17« folgende Feststellung: »Da die N S D A P. auf dem Boden des Privateigentums steht, ergibt sich von selbst, daß der Passus »unentgeltliche Enteignung« nur auf die Schaffung gesetzlicher Möglichkeiten Bezug hat.«

Der »Revolutionär« Hitler, der sich über Gesetze, die der kapitalistischen Ausbeutung dienen, einen Moment lang hinweggesetzt hatte, beschränkte seine grandiose »Revolution« wieder auf die gesetzlichen Möglichkeiten.

Revolutionär von Kapitalismus Gnaden.

Aber nicht nur dem Kapitalismus gegenüber muß er Rechenschaft ablegen. Er ist ja auch Führer einer »Arbeiter«-Partei. Irgendwie müssen ja die wirklich revolutionären Arbeiter über den Verrat an der Revolution hinweggetäuscht werden. Darum schränkt er jetzt die Enteignung »demgemäß in erster Linie auf die jüdischen Grundspekulationsgesellschaften« ein. Die richtige Parole »K a m p f d e m K a p i t a l i s m u s« wird daher umgewandelt in die Losung vom »Kampf gegen den jüdischen Kapitalismus«.

Ihr Arbeiter dürft weiter von der wirklichen Revolution träumen. Denn man erzählt euch, daß mit der Vernichtung des jüdischen »raffenden« Kapitals die Ausbeutung beseitigt sein wird. Aber was werden die arischen Kapitalisten machen? Sie werden euch, von der jüdischen Konkurrenz befreit, weiter ausbeuten. Der Profit kennt nicht Rasse und Erbmasse. Für ihn existiert nur Maschinenfutter. Und ihr wollt Unterschiede machen?

Weg mit allen Ausbeutern!

muß eure Losung sein, wenn ihr w i r k l i c h die Freiheit erkämpfen wollt!

Ihr habt gesehen, wie der Nationalsozialismus an die Macht gekommen ist. Seine Führer haben sich zu Spießgesellen der Ausbeuter gemacht.

W a s h a t d e r N a t i o n a l s o z i a l i s m u s g e l e i s t e t in den vier Jahren, in denen er nun schon bald in Deutschland regiert? Wir wollen uns nicht von der »Judenpresse« und »Greuelpropaganda« beeinflussen lassen. Wir halten uns an die Berichte der offiziellen Parteipresse.

Ist es richtig, daß die A r b e i t s l o s i g k e i t nur durch den Zwang der Arbeitsdienstlager, in denen die Hauptnahrung fast ausschließich aus einer unzureichenden Menge von Brot und Kartoffeln besteht, und durch die Einführung der allgemeinen Wehrpflicht, der ihr in Österreich mit Haß begegnet, eingeschränkt werden konnte?

Ist es richtig, daß die A r b e i t s l o s i g k e i t nicht durch Herabsetzung der Arbeitszeit und Steigerung der Massenkaufkraft vermindert wurde?

Ist es richtig, daß die deutschen Arbeiter genau wie in der Monarchie und in der demokratischen Republik Hunger leiden, daß sie ausgebeutet werden, daß die Unternehmer Profite einstecken, daß in den Nachtlokalen deutsche, arische Kapitalisten prassen und saufen, während deutsche, arische Arbeiter nicht das Notwendigste haben?

Ist es richtig, daß die Not und die Ausbeutung der Arbeiter nicht durch die Enteignung der Fabriken und des Bodens beseitigt, daß die Ausbeutung deutscher Arbeiter durch deutsche Unternehmer im Dritten Reich nicht abgeschafft wurde?

Ist es richtig, daß die notwendigsten Lebensmittel in Deutschland fehlen, weil eine irrsinnige Wirtschaftspolitik Deutschland von der Welt isolieren will, weil die deutsche Regierung **Volksvermögen** nicht für **Volksgesundheit**, sondern für die **Vorbereitung** des größten **Volkssterbens**, den **Krieg**, verwendet?

Junge Menschen, ihr wollt gegen das österreichische Regime kämpfen, weil es euch nur Hunger oder Krieg zu bescheren weiß. Ihr kommt aber vom Regen in die Traufe, wenn ihr euch in diesem Kampfe den Nationalsozialisten zuwendet. Denn auch sie haben für den jungen Arbeiter nur Kasernen, Zwang, Ausbeutung und Hunger übrig. **H u n g e r t   i h r   e t w a   l e i c h t e r,   w e n n   i h r   w i ß t,   d a ß   e u e r,   v o n   d e n   U n t e r n e h m e r n   g e s t o h l e n e r   L o h n   v o n   a r i s c h e n   D i e b e n   v e r p r a ß t   w i r d ? !**

In Deutschland herrscht noch immer — das leugnet niemand — der Kapitalismus. Und ihr junge, von revolutionärem Wollen beseelte Menschen bekennt euch zu diesem Deutschland?

E u r e   F ü h r e r haben euch in den illegalen Zeitungen immer wieder gesagt, daß sie einen **k o m p r o m i ß l o s e n   K a m p f** gegen die **ö s t e r r e i c h i s c h e   R e g i e r u n g** führen wollen, die eure **Kameraden** henken, **eure Kampfgefährten in ganz Österreich niederschießen ließ, die euch verfolgt und in die Kerker wirft.**

Sie haben euch zum Kampfe gerufen gegen die christlichen Volksverräter, die Österreich an Mussolini verkauft, an Italiens bankrotte, abenteuerische Politik gekettet haben. Ihr habt diesem Rufe Folge geleistet. Unter Einsatz eures Lebens habt ihr die illegale Arbeit geleistet. Ihr habt in den Kerkern nicht den Mut verloren, in der Hoffnung, daß ihr unter jenen sein werdet, die das reaktionäre Pack, das Österreich zugrunde richtet, verjagen und ein sozialistisches Vaterland bauen werden.

Aber während ihr eure Haut zu Markte trugt, hat der »Revolutionär« Hitler, der schon vor seinem Machtantritt der Revolution abgeschworen hat, euch wieder **verraten**. Verkauft und verraten durch seinen Vertrauensmann v. **P a p e n**, dem adeligen Vertreter des deutschen katholischen Zentrums, der seit Oktober 1935 mit dem »Todfeind« v. Schuschnigg, dem adeligen Vertreter des österreichischen Katholizismus, verhandelt hat. Diese Verhandlungen zwischen dem »revolutionären« Dritten Reich und dem von euch unter schweren Opfern bekämpften Ständeösterreich hat **M u s s o l i n i** geleitet und kontrolliert. In seiner Rede vom 1. November 1936 hat er zugegeben, daß das Abkommen zwischen Österreich und Deutschland nach seiner »beifälligen Kenntnisnahme« abgeschlossen wurde. In diesem Abkommen erkennt das nationalsozialistische Deutschland ein unabhängiges Österreich an und **verzichtet somit auf den ersten Punkt des »unabänderlichen« Parteiprogramms,** der »den Zusammenschluß aller Deutschen zu einem Großdeutschland« fordert.

Habt ihr euren erbitterten Kampf geführt, habt ihr euch einsperren lassen, habt ihr eure Gesundheit und eure Stellungen geopfert, um neuerlich euer Recht auf ein freies Vaterland von euren Führern verschachern zu lassen?

Habt ihr noch Blut in den Adern, Mark in den Knochen, Ehre im Leib,

wenn ihr eure Zukunft weiter Männern anvertraut, die euch immer wieder im Stich lassen?

Hitler schwor, keinen Fußbreit deutschen Bodens je preiszugeben. Eure österreichischen Führer griffen die Regierung wegen des Verrats an **S ü d t i r o l** an. Und jetzt? **Nicht nur Schuschnigg, auch Hitler hat Südtirol an Italien verraten,** das Deutschen ihre Sprache verbietet, das deutsche Bauern nach Abessinien in den Tod geschickt hat, um dort für Italiens Ehr', des sich im Weltkrieg als »treu und ehrenhaft« erwiesenen Bundesgenossen, zu verbluten.

Könnt ihr noch, junge, ehrliche Arbeiter und Studenten, einem Südtiroler gerade ins Gesicht schauen? Fühlt nicht auch ihr euch als **Verräter**, wenn ihr euch weiter zu den verräterischen Führern bekennt?

Seid ihr damit einverstanden, daß **H i t l e r**, der so viel von der Rassenschande und der Minderwertigkeit der Semiten spricht, **Franco unterstützt, der semitische Truppen auf arische Spanier losläßt?**

H i t l e r   h a t   s e i n   P r o g r a m m   v e r r a t e n, um zur Macht zu kommen! **H i t l e r   h a t   d i e   R e v o l u t i o n   i n   Ö s t e r r e i c h   v e r r a t e n** und mit der **verfluchten Regierung** paktiert! **H i t l e r   h a t   S ü d t i r o l   p r e i s g e g e b e n!**

3

Und ihr glaubt noch immer an ihn? Seid noch immer Nationalsozialisten?
»Wir fordern die Verstaatlichung aller vergesellschafteten Betriebe.«
»Wir fordern die Ausbildung besonders veranlagter Kinder armer Eltern auf Staatskosten.«
So steht es im Parteiprogramm.

Auch wir fordern das!

Hat Hitler sein Programm verwirklicht? Nein! Er hat es verraten! Er hat eure Rechte um den Judaslohn der Regierungsmacht an den Kapitalismus verkauft, zu dem »der Nationalsozialismus in schärfster Opposition steht«.

Habt ihr vom Nationalsozialismus anderes als **Hunger- oder Schützengrabentod** zu erwarten?

Aber nicht nur Hitler, auch sein Stellvertreter in Österreich, L e o p o l d, verrät euch immer wieder!

Ihr alle, die ihr schon in den Gefängnissen für eure Gesinnung leiden mußtet, kennt die unbedingte Solidarität aller politischen Gefangenen. Ihr erinnert euch auch an den **großen Hungerstreik, der in allen Kerkern Österreichs von allen politischen Gefangenen**. Revolutionären Sozialisten, Nationalsozialisten und Kommunisten durchgeführt wurde. Ihr wißt, unter welchen Opfern, Qualen und Martern dieser Hungerstreik, das letzte Mittel der Gefangenen, durchgeführt wurde, um gegen Willkür und Terror zu protestieren. (Juli 1935.)

Welche Rolle hat euer oberster Führer in Österreich, Hauptmann L e o p o l d, in diesem Kampfe gespielt?

Eure Kameraden, die in der Zeit vom 10. bis 16. Juli 1935 in Wöllersdorf waren, werden euch bezeugen, daß sich **Leopold weigerte, am Hungerstreik teilzunehmen**, obwohl in allen Streikkomitees Nationalsozialisten vertreten waren. Erst unter dem Druck sämtlicher nationalsozialistischen Gefangenen mußte er sich fügen, erklärte aber in Anwesenheit Dr. Neubachers dem Regierungsvertreter, daß er gegen diesen Streik entschieden aufgetreten sei.

L e o p o l d war also im Gefängnis **S t r e i k b r e c h e r**!

Bei einem Konflikt mit der wachhabenden Gendarmerie erkärte Leopold Ende Juli 1935 in Anwesenheit aller Häftlinge des Objektes 141, daß er von der Regierung besondere Zusagen bezüglich seiner Behandlung habe. Ein »Revolutionär«, der die Regierung angeblich bis aufs Messer bekämpft und dem dafür **P r i v i l e g i e n** eingeräumt wurden?

Glaubt ihr noch an einen solchen Führer?

R e c h n e t a b mit den Verrätern eurer heiligsten Ideale!

E r k e n n t e n d l i c h, wer fähig und bereit ist, euch in den wirklich revolutionären, kompromißlosen Kampf gegen die verbrecherische österreichische Regierung, gegen die profitgierige Ausbeutung, gegen den internationalen, alle Völker versklavenden Kapitalismus zu führen!

I h r h a b t z u w ä h l e n zwischen dem siegessicheren, klassenbewußten, völkerbefreienden **Proletariat** und dem todgeweihten, lebenvernichtenden **Bürgertum!** Zwischen **revolutionärem Sozialismus** und verräterischem, **reaktionärem Nationalsozialismus!**

Noch ist es Zeit!

Das Proletariat wird siegen!

Mit oder ohne euch!

Aber nur wer im Kampfe unser Genosse war, wird es auch im Siege sein!

Die Revolutionäre Sozialistische Jugend.

RSJ. führt!   **RSJ. wird siegen!**

(Quelle: VGA, Parteiarchiv, Mappe 134/2)

Schwarzer Faden
Vierteljahresschrift für Lust und Freiheit

Der Schwarze Faden will durch Diskussion und Information die Theorie und Praxis der anarchistischen Bewegung fördern und verbreiten. Er tritt für die Belebung eines libertären Gegenmilieus (Libertäre Zentren, Foren, Föderationen, Kulturinitiativen etc.) ein und versucht Geschichte und Kultur von unten lebendig zu halten.

Inhalt von Nr.29:
★ **Anti-IWF-Kampagne** von Jutta Hackland
★ **Shell-Boykott** von der Antifa Gruppe Nijmegen
★ **Revolution und Putsch in Birma** von Wolfgang Haug
★ **Kubat-Dreieck** von Ralf G. Landmesser
★ **Filmkritik** von Herby Sachs
★ **Medizinkritk** von Ulli Mamat
★ **Interview mit Michel Foucault zu Machtbeziehungen (1984)**
★ **Ökonomie und Herrschaft** von Luciano Lanza
★ **Mythos Kibbuzim** von Syma Popper
Story: Was passierte wirklich beim **Stromausfall?** (New York in den 60er Jahren)
Diskussion: Vergewaltigung (SRKK-Artikel contra Pulverfass-Frauen)
Außerdem: Berichte von Veranstaltungen, Nachrufe, Anarcho-Szenenachrichten (CNT, Flora, Libertäre Zentren), Strobl/ Penselin, WRI-Kongreß, Anarchisten in der DDR, Rezensionen, LeserInnenbriefe etc.

Einzelnummer: 6.-DM
Sondernr. Feminismus: 6.-DM
Sondernummer ARBEIT: 5.-DM
Förderabo (8Nrn.): 50.-DM
Sondernr. SF-0 bis 12: 10.-DM

★
Redaktion Schwarzer Faden
Postfach 1159
7043 Grafenau-1
Tel. 07033/44273

schwarzer faden

Vierteljahresschrift für Lust und Freiheit

Der Schwarze Faden will durch Diskussion und Information die Theorie und Praxis der anarchistischen Bewegung fördern und verbreiten. Er tritt für die Belebung eines libertären Gegenmilieus (Libertäre Zentren, Plenen, Föderationen, Kulturinitiativen etc.) ein und versucht Geschichte und Kultur von unten lebendig zu halten.

Inhalt von Nr.30
★ **Gentechnologie-Kongreß** von Jutta Hackland
★ **Antifa-Kongreß** - Nov.88 in Berlin v. Anarch. Forum Wiesb.
★ **Generalstreik in Spanien** - zwei Erfahrungsberichte
★ **Euopäische Medien** von Herby Sachs
★ **Schwerpunkt Zeitschriften** - zu Knipselkrant/frontline, zur AKTION, Interview mit INTERIM, BGH-Urteil zu Buchläden
★ **Räterepublik 1919** von Michael Seligmann
★ **Über den italo-ameri-.kanischen Anarchisten Tresca** von Jörg Auberg
Außerdem: Ein kritisch kommentiertes Interview mit einem israelischen Anarchisten; Brief Ingrid Strobls, Kulturbeiträge über Gerd Arntz und Else Lasker-Schüler, Bericht vom letzten FLI-Treffen, Veranstaltungsbericht von Deserteuren, neue Bücher und Videos LeserInnenbriefe etc.

Einzelnummer: 6.-DM
Sondernr. Feminismus: 6.-DM
Sondernummer Arbeit: 5.-DM
Sonderdruck: Nr.0-12: 10.-DM
ABO: 20.-DM
Förderabo: 50.-DM

★
Redaktion Schwarzer Faden
Postfach 1159
7043 Grafenau-1
07033/44273

PERSPEKTIVEN
ZEITSCHRIFT FÜR SOZIALISTISCHE THEORIE

Ausgabe 4
Feminismus - Marxismus

Grundlagen zum Zusammenhang von Marxismus und Feminismus - Frauen in der Automationsarbeit - Der umstrittene 'Bielefelder Ansatz' - Die Familie als Garantin von Unterdrückung und Ausbeutung - Rezensionen
Mit Beiträgen von: Frigga Haug, Urte Sperling, Sünne Andresen, Ellen Woll, Frank Rentschler u.a.

sowie
Marxismus in Peru: Mariátegui
Vorgestellt: José Carlos Mariátegui - Interview mit Hugo Blanco über die Lage in Peru und den peruanischen Marxismus
Mit Beiträgen von: Albert Scharenberg, Carl Wechselberg, Jörg Reinowski

Noch erhältlich:
Nr. 2: 'Die Modernisierung des Konservatismus' und 'Die kommunistischen "Erneuerer" in Frankreich'. 60 S./5,-
Nr. 3: 'Die Entwicklung der realsozialistischen Staaten'. 68 S./5,-
Sonderheft 1: Antonio Gramsci - Politische Theorie des Marxismus. 68 S./5,-

In Vorbereitung:
Nr. 5: 'Probleme der Politischen Ökonomie'. Vorauss. März 1989, 70 S./5,-

Die Perspektiven erscheinen als unabhängiges Theorieorgan zur Weiterentwicklung linker Politik in der BRD. Umfang jeweils 60-70 Seiten. Das Einzelheft kostet 5,- DM, im Abo 4,- DM. Bestellungen an: Ralf Tertilt, Wehrdaer Weg 34, 3550 Marburg, 06421/66628

O Hiermit bestelle ich die Perspektiven, Heft/e _____
O Hiermit bestelle ich das Sonderheft Antonio Gramsci.
O Ich abonniere die Perspektiven ab Heft _____ fortlaufend zum Preis von 8,- DM im Jahr (zwei reguläre Hefte zzgl. Sonderausgaben). Das Abo verlängert sich, wenn ich nicht schriftlich einen Monat vor Ablauf gekündigt habe.
O Sendet mir eine Probehaft (Mängel- oder älteres Exemplar).

Name, Anschrift, Datum, Unterschrift:

Ulrich Linse

Die "Schwarzen Scharen" - eine antifaschistische Kampforganisation deutscher Anarchisten

1. Die Lage des deutschen Anarcho-Syndikalismus während der Weltwirtschaftskrise

Die "Freie Arbeiter-Union Deutschlands" (FAUD), die Organisation der deutschen Anarcho-Syndikalisten, erreichte ihren Höhepunkt in den politischen und wirtschaftlichen Kämpfen nach dem Ersten Weltkrieg und der Novemberrevolution von 1918: Ende 1921 besaß sie etwa 150.000 Mitglieder und spielte in der Generalstreikbewegung jener Jahre im Bergbau und in der Schwerindustrie in vielen Orten Rheinland-Westfalens eine führende Rolle.[1] Ebenso schnell, wie ihr in der revolutionären Situation nach Kriegsende die Mitglieder, vor allem junge Genossen, zugelaufen waren - Rocker spricht von einer Verzehnfachung allein in den paar Monaten zwischen dem Waffenstillstand und der Jahresmitte 1919[2] - fielen diese mit dem Abflauen der revolutionären Situation wieder ab. So wurde seit 1923 aus der revolutionären Massenbewegung *"eine - allerdings außerordentlich rührige - politische Sekte"*.[3] Zwischen 1930 und 1933, in den Jahren der Weltwirtschaftskrise und der Präsidialkabinette, schmolz die Mitgliederzahl nochmals drastisch von anfänglich fast 10.000 auf 4.000 im Jahre 1931 und knapp 3.000 ein Jahr später.[4] Rudolf Rocker charakterisierte in einem Brief an Max Nettlau die hoffnungslose Lage der FAUD im Jahre 1932 mit den Worten: *"Wenn man bedenkt, daß hier in Deutschland dreiviertel der gesamten Bewegung gänzlich arbeitslos sind und unter den schwersten physischen und seelischen Depressionen zu leiden hat, so ist es geradezu ein Wunder, daß noch eine Wochenzeitung ("Der Syndikalist", 1933 als Fortsetzung "Arbeiter-Echo"), eine Monatsrevue ("Die Internationale"; sie erschien ebenfalls im Verlag 'Der Syndikalist') und andere Dinge erscheinen können, dazu noch große Versammlungen in allen Teilen des Landes abgehalten werden"*.[5] Bemerkenswert erscheint es im Rückblick auch, daß die Anarcho-Syndikalisten in diesen Jahren der Arbeitslosigkeit die Kraft zum Aufbau einer Buchgemeinschaft ("Gilde freiheitlicher Bücherfreunde", 1929 - 1933) mit Monats-Zeitschrift ("Besinnung und Aufbruch", 1929 - 1933) fanden. Sie dokumentierten damit, daß sie sich nicht nur als wirtschaftliche Kampfgemeinschaft, sondern auch als "Kulturbewegung" verstanden und es ihnen deshalb in diesen Jahren der materiellen Not auch um das *"geistige Brot"* ging.[6]

Die FAUD beurteilte frühzeitig den Nationalsozialismus als eine Hauptgefahr für den Frieden und das Wohlergehen der Arbeiterschaft. Ihre Analyse des Faschismus war aber sehr einseitig; sie sah in ihm *"lediglich eine auf die Spitze getriebene Form des politischen Terrorismus, wie er in graduellen Abstufungen jeder Form der staatlichen Herrschaft eigentümlich und dessen totalitäre Ausprägung sogar von der etatistisch ausgerichteten Arbeiterbewegung begünstigt worden sei"*.[7]

Insbesondere die Jugendorganisation der FAUD, die "Syndikalistisch-anarchistische Jugend Deutschlands" (SAJD)[8] mit ihrer Zeitschrift "Junge Anarchisten" (1923 - 1931), engagierte sich aktiv im Kampf gegen den Autoritarismus der Präsidialkabinette und den heraufziehenden Faschismus und forderte die jungproletarische Einheitsfront gegen die braune Gefahr. So verabschiedete ihr 8. Reichskongreß in Erfurt im Dezember 1930 Resolutionen gegen den Fa-

15. Mai 1930

An die proletar. Jugend!

Jungarbeiter u. Jungarbeiterinnen!

In einer Zeit, in welcher der Fortschritt der Technik es ermöglicht, mit Hilfe der modernsten Maschinen und Werkzeuge die Warenmengen so zu fördern, daß der Wohlstand aller gesichert wäre, steigt die Not der proletarischen Jugend ins Unerträgliche.
Mit tariflichen Hungerlöhnen von 3 und 5 Mark in der Woche wird ein großer Teil der Jungarbeiterschaft von den Industriebaronen abgespeist. Diese Löhne sind in Wahrheit zum Leben zu wenig — zum sterben zu viel. Und nicht genug damit — bei einer unmenschlichen Akkordarbeit, in der Stinkluft der Fabriken, verlangt der Kapitalismus von dem Jungproletariat, mit Hilfe einer raffinierten, rationalisierten Produktionsmethode eine Arbeitsleistung, welche die Kraft der Jugend bei weitem übersteigt, und in keinem Verhältnis zu den gezahlten Hungerlöhnen steht. Diese schändliche Ausbeutung ist ein
Raubbau an Leben und Gesundheit der Jugend.
Die proletarische Jugend hat ein Recht zum Leben, sie hat ein Recht auf den Ertrag ihrer Arbeit. Deshalb kann es nur eine Forderung geben.
Höheren Lohn und kürzere Arbeitszeit für die proletarische Jugend!
Von Seiten der Parteien und Zentralgewerkschaften ist in jüngster Zeit oft die Forderung erhoben worden, daß der Staat durch sogenannte Jugendschutzgesetze die Ausbeutung der arbeitenden Jugend eindämme.
Helfen die Jugendschutzgesetze der Not der proletarischen Jugend ab?
Es scheint uns, daß man mit dieser Forderung an den Staat, den Bock zum Gärtner machen will. Der Staat ist es ja gerade, der ein Interesse an der Ausbeutung und Unterdrückung der Jugend hat. Betrachten wir all diese Jugendschutzgesetze, die bis heute in Kraft getreten sind, und wir müssen feststellen:

Die Jugendschutzgesetze stützen die Ausbeutung der Jugend.

Hat nicht das berüchtigte Gesetz zum Schutze der Jugend vor Schmutz und Schund, seine Hauptspitze gegen die Aufklärung der Jugend gewandt? und die freiheitliche Literatur und Kunst unter die Willkür der staatlichen Zensur gestellt? Und ist nicht gerade durch die Jugendschutzgesetze der Weg geebnet worden, um die Jugend, die sich gegen ihre Unterdrückung auflehnte, hinter die Mauern der staatlichen Gefängnisse und Zwangserziehungsanstalten zu bringen?
Der Staat will die Unterordnung und nicht die Befreiung der Jugend.
Der Staat will die Militarisierung der Jugend.
Sagen wir nicht in der Republik ist es anders geworden; zeigen nicht gerade die Bestrebungen der Reichsregierung, die Jugend von der Erwerbslosenunterstützung auszuschließen, daß man gewillt ist, sie dem Hunger auszuliefern, um sie nachher leichter zwingen zu können, sich der staatlichen Pflichtarbeit für ein paar Wohlfahrtsgroschen zu unterwerfen.
Die Einführung der Arbeitsdienstpflicht für die werktätige Jugend
als Ersatz für die verloren gegangene Militärdienstpflicht, ist schon lange das Ideal unserer republikanischen Regierung und dieses Ideal kann heute oder morgen Wirklichkeit werden wenn die proletarische Jugend nicht in letzter Minute den entscheidenden Kampf aufnimmt. So sieht in Wahrheit der Schutz der Jugend durch den Staat aus, von dem die Parteien und Zentralgewerkschaften träumen. Wo ist heute der staatliche Schlichter geblieben, der durch Erhöhung der Löhne für die Jugendlichen ihre Lebensexistenz gebessert hätte? Wo sind die gesetzlich festgelegten Kollektivverträge in denen eine kürzere Arbeitszeit und ein annehmbarer Urlaub festgelegt wäre? Hoffen wir nicht länger, sondern erkennen wir, daß uns von dieser Seite keine Hilfe winkt.
Es ist aber nicht allein der Staat der sich als Beschützer der Jugend aufspielt, auch von Seiten der sogenannten Jugendpflegeorganisationen wird eifrig die Werbetrommel gerührt.

Ein Wort deshalb noch zu den Jugendpflegeorganisationen.
Auf diese Parteien von links bis rechts, die christlichen Jugendbünde, die roten und weißen Wehrverbände, die zentralgewerkschaftlichen Jugendorganisationen mit samt den tausend Sportverbänden haben nur ein Interesse, nämlich die Jugend auszubeuten, und dem politischen Bonzentum den Pfaffen und Sportbehörden eine gute Pfründe zu sichern.

Darum Jugend heraus aus den roten und weißen Jugendverbänden!

Warum bist du noch in der Sozialistischen Arbeiterjugend? Du deckst damit die Politik einer Partei, die Millionen für den Panzerkreuzerbau bewilligt und die ebenso einer Arbeitsdienstpflicht zustimmen wird, die dich trifft.

Warum zahlst du von deinem Hungergroschen den Beitrag an die Zentralgewerkschaften, die durch ihre staatsgläubige Schlichtungspolitik deine Notlage verschulden.

Warum setzt du deine Hoffnungen auf die weißen und roten Wehrverbände? den Stahlhelm das Reichsbanner und die Rote Front bezw. Antifaschistenwehr. Weißt du was ein weißer, ein republikanischer, oder ein bolschewistischer Faschismus für die Arbeiterschaft bedeutet? Willst du wirklich die Waffen gegen deine Arbeitsbrüder wenden und sie im Namen des Faschismus morden?

Warum bist du noch nicht aus der Kirche ausgetreten? Glaubst du immer noch an die Pfaffen die dich auf ein besseres Jenseits vertrösten?

Und du Jungproletarier der du einem Sportverein angehörst und dich bei Sport und Spiel begeisterst, wie lange willst du noch deinem Schicksal als Proletarier gleichgültig gegenüber stehen und dich damit zufrieden geben, daß dir deine Unterdrücker Spiele statt Brot vorsetzen?

Für die proletarische Jugend kann es nur eines geben, daß sie den Kampf aufnimmt gegen ihre Unterdrücker.

In diesem Sinne wendet sich die Syndikalistisch-Anarchistische Jugend an euch. Wir vertreten keine Parteiinteressen, wir wollen euch nicht für sie gebrauchen. Unser Ziel ist die revolutionäre Einheitsfront des Jungproletariats.

Die Syndikalistisch-Anarchistische Jugend fordert euch auf mit ihr den Kampf zu führen

Gegen Kapitalismus, Staat und Kirche.
Gegen den roten und weißen Faschismus.
Gegen die Zentralverbände und ihre Schlichtungsdiktatur.
Gegen die Jugendpflegeorganisationen.

Die Syndikalistisch-Anarchistische Jugend kämpft

Für den Sechsstundentag u. höheren Lohn.
Für die Einreihung der Erwerbslosen in den Produktionsprozeß.
Für den Selbstschutz der proletarischen Jugend im Betriebe.

Darum Jugend heraus!
Zum Kampf für Freiheit und Brot!
Für die Anarchie!

Syndikalistisch-Anarchistische Jugend Deutschlands

Druck: Heinrich Gillner, Düsseldorf, Mindenerstr. 17.

schismus (Aufforderung zur Organisation des Widerstandes *"gegen Kapitalismus, Faschismus und Staatstyrannei"*) und die drohende Arbeitsdienstpflicht (*"Es lebe die Einheitsfront des Jungproletariats gegen Krieg, Militarismus und staatliche Zwangsarbeit!"*).[9] Die in der SAJD organisierten Lehrlinge und Jungarbeiter forderten eine Bekämpfung der Massenarbeitslosigkeit nicht durch Arbeitsdienstverpflichtung, sondern durch Arbeitszeitverkürzung (6-Stundentag!). Aktivisten der SAJD wie Gustav Doster aus Darmstadt gingen noch weiter und forderten die *"direkte Aktion"*, also die revolutionäre Selbsthilfe der Erwerbslosen:[10] Er verteilte im September 1929 vor dem Darmstädter Arbeitsamt ein Flugblatt, in dem es u.a. hieß: *"Soll dieser Raub hinfällig werden, so heißt es für die Erwerbslosen unverzüglich den außerparlamentarischen Kampf aufnehmen, sich frei machen von dem Geschwätz der Partei- und Gewerkschaftspfaffen jeder Schattierung, sich frei machen von parlamentarischen Bittgängen, Aufnahme der anarcho-syndikalistischen Kampfparolen der direkten Aktion gesteigert bis zum sozialen Generalstreik, schließt euch in Trupps zusammen. Stadt und Staat haben landwirtschaftliche Güter, beschlagnahmt und enteignet die dort lagernden Vorräte und bringt sie unter den Erwerbslosen der betreffenden Orte durch die zu schaffenden Erwerbslosen-Räte zur Verteilung. Aufnahme der direkten Aktion auf der ganzen Front, Zusammenschluß der Erwerbslosen mit den Betriebsarbeitern, Besetzung und Enteignung der Betriebe und der großen Güter und die Durchführung der anarchosyndikalistischen Prinzipien bedeuten Brot für alle."* Die Anklageschrift des Staatsanwalts bemerkt dazu, Doster habe damit zur Begehung einer strafbaren Handlung *"ohne Erfolg"* aufgefordert.

Es fehlte in der FAUD und SAJD nicht an Selbstkritik angesichts der Wirkungslosigkeit und des eigenen organisatorischen Niedergangs im Vergleich zu dem erfolgreichen Aufstieg der NSDAP in den Jahren der Weltwirtschaftskrise. Die interessanteste Reaktion auf diese Einsicht war die Gründung der "Schwarzen Scharen".

2. Die Gründung der "Schwarzen Scharen" in Oberschlesien

Die "Schwarzen Scharen" nahmen ihren Ausgang nicht von den Zentren des deutschen Anarcho-Syndikalismus an Rhein und Ruhr oder an der Spree, sondern von der organisationsmäßig eher unbedeutenden preußischen Provinz Oberschlesien: *"Vor einiger Zeit"*, so rühmt ein Berliner Flugblatt 1930, *"wurde in Ober-Schlesien von FAUD-Genossen eine 'Antifaschistische Vereinigung' gegründet. Diese Organisation, die sich 'Schwarze Schar' nennt, hat es verstanden, in kurzer Zeit einen weit größeren Kreis aktiver Arbeiter zu erfassen, als wie es der dortigen FAUD möglich war."*

Die Ursache für Entstehung und Erfolg der "Schwarzen Scharen" gerade in Oberschlesien scheint auf der Hand zu liegen: Die praktische Anwendung des Prinzips der nationalen Selbstbestimmung war hier nach dem Ersten Weltkrieg besonders umstritten gewesen; polnische Freischaren hatten nach der Volksabstimmung und dem Teilungsbeschluß der Alliierten 1921 versucht, ein fait accompli zu schaffen; sie wurden schließlich durch Selbstschutzverbände der ansässigen deutschen Bevölkerung und Freikorps aus dem übrigen Reich zurückgeschlagen (Höhepunkt: Erstürmung des Annabergs). Nationale Selbstbehauptung und antipolnischer Volkstumskampf hatten in Oberschlesien den militärischen Selbstschutz legitimiert; die Anarcho-Syndikalisten übernahmen 1929 dieses Prinzip des Selbstschutzes von der nationalen Rechten, nachdem auch andere Parteien im Reich zur Bildung paramilitärischer Verbände übergegangen waren.

Ausgangspunkt der "Schwarzen Scharen" war Ratibor:[11] *"Der Mittelpunkt der anarcho-*

syndikalistischen Bewegung in der Provinz Oberschlesien ist Ratibor. Dort wohnt auch ihr geistiger Führer Pilarski". Alfons Pilarski, geboren am 6. Juli 1902 in Leschnitz, Kreis Groß-Strehlitz, war Schriftleiter der "Freiheit"[12] und stand mit führenden deutschen Anarcho-Syndikalisten wie Augustin Souchy und Reinhold Busch, dem Reichsleiter der FAUD, in Briefkontakt.[13] Die Ortsgruppe Ratibor der FAUD trat erst 1928 in Erscheinung und hatte 1930 etwa 45 Mitglieder. Im Oktober 1929 gründete sie eine "Schwarze Schar". Ihr Führer war zunächst ein Theodor Bennek aus Ratibor, zuerst Schriftleiter der "Freiheit" und darauf der "Ostdeutschen Rundschau",[14] dann der mit ihm nicht verwandte Georg Bennek, geboren am 14. August 1895 in Ratibor, der Schriftführer der dortigen Ortsgruppe der FAUD. Als weitere Funktionäre hatte die Ratiborer "Schwarze Schar" einen Verantwortlichen für den Zeitungsvertrieb (Konrad Saballa, geboren am 13. Februar 1901 in Ratibor), einen Schriftführer (Theodor Siegmund, geboren am 25. Februar 1889 in Ratibor) und einen Kassierer (Emanuel Leibnitz, geboren am 1. Januar 1893 in Meinberg in Sachsen). Das Alter dieser leitenden Personen lag über 30 Jahren, so daß zumindest in Ratibor die "Schwarze Schar" keine ausgesprochene Organisation des Jungproletariats war. Im Herbst 1930 zählte sie etwa 40 Mitglieder.

Es ist anzunehmen, daß von ihr auch die Gründung weiterer "Schwarzer Scharen" in Oberschlesien ausging. Am 16. November 1929 wurde eine solche in Beuthen ins Leben gerufen; im August 1930 besaß sie etwa 45 Mitglieder. Am gleichen Tag - ein zusätzlicher Beleg für eine zentrale Initiative Ratibors - entstand auch in Rosenberg eine "Schwarze Schar"; sie zählte im August 1930 12 Mitglieder. 1930 oder später gab es "Schwarze Scharen" auch noch in Katscher, Gleiwitz und Bobrek-Karf.

Leider hat sich bisher keine programmatische Äußerung der ersten "Schwarzen Scharen" gefunden.[15] Aus den Polizeiberichten sind aber einige Charakteristika der neuen, neben und außerhalb der FAUD geschaffenen oberschlesischen Formationen zu erkennen:

(1) Sie sind uniformiert, übernehmen also bewußt die paramilitärische Erscheinungsform bestehender rechts- und linksradikaler Kampfverbände: *"Die Mitglieder der 'Schwarzen Schar' sind einheitlich gekleidet. Zu ihrer Uniform gehören schwarze Bluse, schwarze Baskenmütze, Koppel und Schulterriemen. Das anarchistische Symbol der Gegnerschaft gegen Rechtsordnung und Staatsgewalt, die Darstellung eines zerbrochenen Gewehrs, findet sich auf den Koppelschlössern sowie auf den Mützenkokarden der 'Schwarzen Schar'."*

(2) Sie treiben aktive Propaganda-Arbeit. Diese reicht von Propagandaumzügen, öffentlichen Versammlungen bis zu Sommernachtsvergnügen am Ort. Dazu kommt die sogenannte *"Landpropaganda"* außerhalb der genannten Städte auf dem flachen Land wie in benachbarten Kleinstädten. Die Zuwendung zum Land ist bemerkenswert, da die FAUD ja in der städtischen Arbeiterschaft verwurzelt war. Zwar fand bei den Anarcho-Syndikalisten, gefördert vor allem durch Fritz Köster und seine Düsseldorfer Tageszeitung "Die Schöpfung. Sozialrevolutionäres Organ für das sozialistische Neuland", in den Nachkriegs-Inflationsjahren ein Experimentieren mit Landkommunen und Siedlungsgenossenschaften statt; die Geschäftskommission der FAUD lehnte aber gerade diesen neuen Weg nach Utopia als mit den Grundprinzipien des Syndikalismus unvereinbar ab.[16] Allgemein ist erst ab 1928 in der Presse und auf den Kongressen der FAUD ein ihrer Praxis vorauslaufende stärkere Hinwendung zur Frage der Agitation unter den Landarbeitern[17] und Kleinbauern[18] festzustellen. Die "Schwarzen Scharen" müssen in diesem von der Bewegung vernachlässigten Gebiet ein geeignetes Arbeitsfeld gesehen haben. Vielleicht wurden sie dabei besonders durch die Schuldner-Revolte der bald auch gewalttätig werdenden "Landvolkbewegung" angeregt, die sich ab 1928 von Schleswig-Holstein aus auf Oldenburg, Sachsen, Thüringen, Pommern, Ostpreußen, Hannover und Schlesien ausbreitete; sie trug zwar ebenfalls die Schwarze Fahne,

Agitation an der Bergstraße, Bensheim 1932 (Darmstädter, Offenbacher, Frankfurter)

bereitete aber in der Landbevölkerung den Boden für die NSDAP vor.
(3) Die verstärkte Propaganda-Arbeit der "Schwarzen Scharen" galt in besonderem Maße der Warnung vor dem Nationalsozialismus. Dabei wurde offenbar als wesentlich für den Erfolg die Zusammenarbeit zwischen den einander bisher bekämpfenden linksradikalen Parteien und sonstigen sektiererischen Kleinorganisationen der Linken betrachtet. So hielt am 2. April 1930 die "Schwarze Schar" in Ratibor zusammen mit der KPD eine *"Versammlung gegen den Youngplan und Faschismus"* ab. Sie wurde geleitet von dem Führer der Ratiborer Kommunisten; es erschienen dazu 70 Kommunisten und 80 Anhänger der "Schwarzen Schar". *"Die Schwarze Schar hat in der Berichtszeit im Verein mit der KPD eine rege Werbetätigkeit entfaltet"*, heißt es in einem weiteren Polizeibericht vom Oktober 1930. So hielten am 3. August 1930 Anarcho-Syndikalisten und KPD in Ratibor eine Antikriegskundgebung ab. Es nahmen etwa 300 Personen daran teil, darunter 47 uniformierte Syndikalisten (also die "Schwarze Schar") und etwa 100 Mitglieder der kommunistischen "Arbeiterwehr" und der KPD. In Vorbereitung dieser Antikriegskundgebung hatten die Ratiborer Anarcho-Syndikalisten in einem Propaganda-Umzug einen Wagen mit antimilitärischen Aufschriften und Karrikaturen mitgeführt: *"U(nter) a(nderen) Bildnissen enthielt eine Wagenseite die Karrikatur einer Christusgestalt mit einer Gasmaske und das Bildnis des Reichspräsidenten in Schlafrock, Pantoffeln und einer langen Tabakspfeife."*

3. Berlin zieht nach: "Die Schwarze Schar. Antifaschistische Vereinigung revolutionärer Arbeiter"

Es dauerte vermutlich bis zum Sommer 1930, ehe der Funke aus Oberschlesien auf Berlin, das Reichs-Zentrum der FAUD, übergriff. Nach einem Polizeibericht[19] gründeten in diesem Jahr die Kommunisten den "Kampfbund gegen den Faschismus". Die Berliner anarchosyndikalistische Bewegung habe deshalb versucht, *"ebenfalls aus den Reihen ihrer jugendlichen Mitglieder eine ähnliche Organisation unter dem Namen 'Schwarze Schar' aufzuziehen"*. Im Juni 1930 jedenfalls wandte sich "Die Schwarze Schar. Antifaschistische Vereinigung revolutionärer Arbeiter" mit einem ersten Aufruf an die Berliner Arbeiterschaft. Er begann mit den Sätzen:
"Wie stehst Du zur Abwehrfront gegen Faschismus und Feinde des Anarcho-Syndikalismus? Wir als junge Revolutionäre sind nicht mit der Stagnation in unserer Bewegung einverstanden. Wir hatten uns deshalb zusammengefunden, um über die Mittel und Wege zu beraten, die aus dieser Stagnation herausführen.
Unser Entschluß ist folgender:
dem Beispiel der Oberschlesischen Genossen folgend, für Berlin die 'Schwarzen Scharen', die Abwehrformation gegen den Faschismus, und Kampforganisation für den Anarcho-Syndikalismus sind, zu begründen."
Als Träger der Berliner "Schwarzen Schar" ist hier vor allem die SAJD auszumachen: *"Wir haben die Stagnation der* (anarcho-syndikalistischen) *Jugend und auch der alten Bewegung* (der FAUD) *schon vor längerer Zeit gekennzeichnet und daraus bestimmte Schlüsse gezogen. Wir sind zur Gründung der 'Schwarzen Schar' übergegangen."* Die Bewegung sei durch jahrelange Stagnation gelähmt und inaktiv geworden. Statt *"verknöcherte Pessimisten"* mit passiver und abwartender Haltung heranzuziehen, gelte es, wieder gute und fruchtbringende Arbeit unter den Massen zu leisten.
Im Unterschied zu Oberschlesien sind wir durch die Veröffentlichungen der Berliner "Schwarzen Schar"[20] genauer über deren Kritik an SAJD bzw. FAUD und über die Absichten der neuen antifaschistischen Vereinigung orientiert:
(1) Die FAUD stagniere, weil sie sich zu sehr als gewerkschaftliche Organisation auffasse und die politische Auseinandersetzung vernachlässige. Deshalb müßten sich die "Schwarzen Scharen" als *"Ergänzungsorganisation der FAUD"* insbesondere des politischen Kampfes annehmen. Eine solche *"Kampforganisation"* sei *"gerade jetzt, wo der Nationalsozialismus auf dem Vormarsch ist"*, dringend erforderlich: *"Wir als FAUD sind noch nicht imstande gewesen, an größere Massen von Arbeitern heranzukommen, weil wir keinen festzusammengefügten Kern aktiver Genossen haben, die tagespolitisch geschult, planmäßig... propagandistisch arbeiten* (können)."
(2) Die Stagnation der anarcho-syndikalistischen Bewegung wurde auch mit deren latenter oder offener individual-anarchistischen und elitären Organisationsfeindlichkeit in Zusammenhang gebracht: *"Wir hatten uns eingekapselt und dünkten uns besser als die Masse. Und gerade die antiautoritäre Jugend trifft ein großer Teil Schuld an dieser ungesunden Tätigkeit. Wir erinnern an die Ablehnung der festen Organisationsform und an die damit verbundene individuelle Einstellung der Kameraden, die all dieses als einen Eingriff in ihre individuelle Freiheit ablehnten. Wir erinnern an das Prinzip der Freiwilligkeit, das es mit sich brachte, daß jede Tätigkeit und* (die) *finanziellen Leistungen auf die Schultern der wenigen verantwortlichen Kameraden abgewälzt wurden."* Um aber die Welt zu verändern, könne man nicht

Darmstädter FAUD, Landagitation 1932

"Sekte" nach dem bisherigen Motto *"klein aber rein"* bleiben, sondern müsse sich umstellen und wieder *"Volksbewegung"*, *"Massenbewegung"* werden.
Diese Umstellung sei mit der "Schwarzen Schar" vollzogen: sie habe sich eine straffe Organisationsform gegeben und ein festes Programm als Voraussetzung zielbewußter Propaganda-Arbeit geschaffen. Es gehe ihr nicht um *"militärische Spielereien"*, sondern um ihre Pflichterfüllung als *"Soldaten der Revolution"*.
(3) Die "Schwarzen Scharen" sollten künftig die gesamte Agitations- und Propagandaarbeit für die FAUD leisten. Gedacht sei an Propagandafahrten auf das flache Land und entlang der Wasser-Kanäle, an Agitation unter den Landarbeitern und Binnenschiffern. Es gelte auch, planmäßige *"Haus- und Hofagitation"* zu betreiben.
Diese Propaganda dürfe nicht mehr nach veralteten Methoden, die niemand mehr ansprechen, sondern müsse auf moderne Weise geschehen, d.h. mit eigenen Musikkapellen, Theatergruppen, wirksamen Plakaten, Häuserblockzeitungen und Lastautotouren aufs Land: *"Wir dürfen uns nicht scheuen, mit großem 'Tam-Tam' unsere Propaganda zu betreiben; durch Massensuggestion die Menschen zu beeinflussen, um sie für unsere Idee zu gewinnen. Man wird uns zwar vorwerfen, daß wir dann als Bewegung verflachen und reformistisch werden, Konzessionen machen. Wir aber sagen: eine Organisation, die nicht in der Lage ist, durch ihren Ideengehalt die Neueingetretenen zu erziehen und zu bilden, wird auch niemals tätig sein, die Revolution durchzuführen."*
(4) *"Auf neuer* (organisatorischer und programmatischer) *Basis und mit neuen Methoden"* wollten die "Schwarzen Scharen" für den Anarcho-Syndikalismus eine *"größere Organisationsbasis"* schaffen. Gleichzeitig sollte aber angesichts der *"faschistischen Gefahr"* die

Einheit der Arbeiterklasse jenseits der parteipolitischen Spaltungen angeregt werden. Mit der *"überparteilichen Formation"* der "Schwarzen Schar" will das anarcho-syndikalistische Berliner Jungproletariat *"die Schaffung einer wirklichen antifaschistischen Kampffront"* einleiten, ja bereits die Einheitsfront der *"direkten proletarischen Aktion"* repräsentieren. *"Die 'Schwarze Schar' arbeitet zusammen mit allen antiautoritären Organisationen des Proletariats, die den direkten Kampf gegen Kapitalismus und Staat auf ihre Fahnen geschrieben haben, und vor allen Dingen mit der Freien Arbeiter-Union Deutschlands".* Diese Formel scheint eine Kooperation mit den Kommunisten, wie sie in Oberschlesien betrieben wurde, eher auszuschließen.

Was wurde nun von diesen angestrebten Zielen in Berlin verwirklicht? Es wurde zunächst eine "Schwarze Schar" für Berlin gebildet; Treffpunkt war das Lokal von Otto Karwe, Ecke Wolliner und Demminer Straße im Berliner Norden zwischen den Stadtteilen Wedding und Prenzlauer Berg. Später erfolgte eine Zweiteilung durch die Gründung einer "Schwarzen Schar" im Berliner Süden. Über die tatsächliche Struktur der Leitung (Schriftführer, Kassierer, Beisitzer usw.) ist nichts bekannt; unklar ist ferner, inwieweit die vorgesehene straffe Unter-Organisation in Gruppen, Abteilungen, Hundertschaften mit ihren Gruppen-, Abteilungs- und Hundertschaftsführern wirklich zustandekam. Auch die zahlenmäßige Stärke der Berliner "Schwarzen Scharen" ist unklar.

Einer der Leiter der Berliner "Schwarzen Schar", so die Polizei, sei *"der bekannte Jugendführer"* Walter Kaps. Von Kaps wissen wir, daß er die Berliner SAJD - nach deren Spaltung und Auflösung im Jahre 1927[21] - im folgenden Jahr neu mitbegründete. Als Kontaktanschrift der "Ortsföderation Großberlin" der SAJD wird Kaps genannt; gleichzeitig ist er der Leiter der Untergruppe "Prenzlauer Berg" im Berliner Norden[22] - also dort, wo später auch die Berliner "Schwarze Schar" ins Leben trat.

Für diese wurde ein programmatisches Organisationsstatut geschaffen ("Richtlinien der Schwarzen Schar, Bezirk Berlin-Brandenburg") (s. Anhang), dazu als Kommunikationsorgan das hektographierte "Mitteilungsblatt der Schwarzen Schar. Antifaschistische Vereinigung revolutionärer Arbeiter".[23] Flugblätter und Zettel zur Beitrittswerbung wurden verteilt[24], Haus- und Hofpropaganda in und um Berlin betrieben. Auch die Uniformierung wurde durchgeführt: *"Als Kopfbedeckung sind hier breite Zimmermannshüte und dunkelblaue Schirmmützen beobachtet worden, während in Oberschlesien die Baskenmütze getragen wird."* Neben dem Symbol des zerbrochenen Gewehrs werde auch der Sowjetstern mit Hammer und Sichel auf schwarzem Felde - ein schon bekanntes Symbol der SAJD[25] - angesteckt.

Wie in Ratibor fand auch in Berlin zur Erinnerung an den Beginn des Ersten Weltkriegs am Sonntag, den 3. August 1930 eine Antikriegskundgebung statt. Ihr Programm: Treffpunkt zur Hofpropaganda 8 Uhr Bülowplatz, 11 Uhr Kundgebung auf dem Bülowplatz mit Ansprachen von Rudolf Rocker und Fritz Linow. 12 Uhr Abmarsch des Demonstrationszuges nach dem Brunnenplatz unter Beteiligung der Schwarzen Schar, des Arbeiter-Schalmeienchors, der FAUD (Kreis-Arbeitsbörse Groß-Berlin) und der SAJD (Ortsföderation Groß-Berlin). Eine begrenzte Zusammenarbeit mit den Kommunisten scheint es in Berlin ebenfalls gegeben zu haben; ein Polizeibericht spricht davon, daß dort *"das Auftreten der 'Schwarzen Scharen' im Straßenbild, besonders bei Kundgebungen der Kommunisten, aber getrennt von diesen in besonderen Abteilungen, beobachtet worden ist".*

4. "Schwarze Scharen" in Mitteldeutschland und im Rheinland

Soweit noch an anderen Orten "Schwarze Scharen" nachzuweisen sind, fällt ihre Gründung offenbar erst ins Jahr 1931.
So bildete sich 1931 in Kassel eine "Schwarze Schar". In einem Polizeibericht vom Februar 1931 heißt es, sie sei erst im Aufbau begriffen und 20 Mann stark; nach einem weiteren Bericht war sie im August desselben Jahres auf 40 Mann angewachsen (zum Vergleich: der kommunistische Kasseler "Kampfbund gegen den Faschismus" zählte damals 800 Köpfe!). Initiator war der Tischler Willy Paul, am 1. 7. 1887 in Göttingen geboren, Mitbegründer und Vorsitzender der Kasseler Ortsgruppe der FAUD.[26] Er gab in Kassel auch in einer Auflage von je 500 Stück "Die Proletarische Front. Organ der antifaschistischen Wehrorganisation" heraus.[27] Als weiteres Mitteilungsblatt der Kasseler "Schwarzen Schar" erschien "Die schwarze Horde".[28] Nach einem Polizeibericht schlug deren Oktobernummer 1931 als gemeinsamen künftigen Führer der "Schwarzen Scharen" Erich Mühsam vor und begründete dies damit, der Dichter des revolutionären Proletariats und sogenannte "Rädelsführer" der Münchner Räterepublik sei reich an Erfahrung und im proletarischen Klassenkampf bewährt. Weitere "Schwarze Scharen" existierten in Mitteldeutschland wohl in Suhl und vielleicht auch in Erfurt.
Im FAUD-Bezirk Rhein-Maingau gab es in Darmstadt eine "Schwarze Schar. Antifaschistische Vereinigung revolutionärer Jungarbeiter". Treibende Kraft in Darmstadt dürfte dabei Gustav (Gustl) Doster gewesen sein,[29] der 1930 einen Aufsatz in den "Jungen Anarchisten" mit dem Aufruf schloß: *"Auf! Die schwarzen Sturmbanner voran!"*[30]
Eine "Schwarze Schar" wurde 1931 auch im Bezirk Rheinland-Westfalen in Wuppertal gebildet.[31] Ihr gehörten etwa 20 Mitglieder an, überwiegend Jugendgenossen aus der SAJD, dazu noch einige jüngere Mitglieder der FAUD. Die einheitliche Uniformierung war aus finanziellen Gründen nicht ganz zu verwirklichen: *"Wir trugen schwarze Hemden, schwarze Hose und Stiefel und 'n Gürtel. Mancher hat mit Schuhwichse etwas nachgeholfen - wir hatten ja kein Geld."* Bei zentralen, antifaschistischen Demonstrationen der Anarcho-Syndikalisten ging die "Schwarze Schar" mit ihrer Fahne (Aufschrift: *"Tod dem Faschismus"*) voran, dahinter die Schalmeienkapelle der FAUD aus Duisburg, der einzigen des Bezirks.
Während wir bei anderen "Schwarzen Scharen" die Bewaffnung nur vermuten können, ist von der Wuppertaler Gruppe belegt, daß sie mit mehreren Revolvern ausgerüstet war und auch einen Karabiner besaß, in dessen Gebrauch sie von einem erfahrenen Genossen in einem verlassenen Schleifkotten in der Nähe Solingens eingeführt wurde. In den Straßenschlachten und sonstigen brachialen Auseinandersetzungen mit der nationalsozialistischen SA wurde auch mehrmals Waffengewalt angewandt. Uniformierung und entschlossenes, gewalttätiges Auftreten wurden dabei als psychologischer Vorteil gesehen: *"Die SA hat uns für stärker gehalten als wir waren und Angst vor uns gehabt."*
In Wuppertal kam es zur politischen Zusammenarbeit mit der "Sozialistischen Arbeiter-Partei Deutschlands" (SAPD), der "Kommunistischen Partei-Opposition" (KPO) und einer Abspaltung des kommunistischen "Rotfrontkämpferbundes" in einer überparteilichen "Kampfgemeinschaft gegen Faschismus und Reaktion". Dagegen fehlte eine Beteiligung am kommunistischen "Kampfbund gegen Faschismus".

5. Anarcho-syndikalistische Kritik an den "Schwarzen Scharen"

Die Einrichtung "Schwarzer Scharen" war innerhalb der FAUD und SAJD umstritten. Folgende Gründe wurden gegen die Bildung solcher paramilitärischen Formationen ins Feld geführt:[32]
(1) Der Faschismus sei keine primär politische Erscheinung, sondern eine ökonomische; seine Wurzeln lägen im *"bestehenden Wirtschafts- und Ausbeutungssystem"*. Zu dessen Erhaltung bediene sich die *"herrschende Klasse"* der staatlichen und in für sie kritischen Zeiten (ergänze: wie der Weltwirtschaftskrise) auch außerstaatlicher Machtmittel wie der SA. An den wirtschaftlichen Wurzeln allein könnten *"Lohnknechtschaft und Tyrannei"* erfolgreich bekämpft werden; die Auseinandersetzung dürfe sich nicht an bloßen Begleiterscheinungen wie den militärischen Formationen der SA festbeißen. Der Anarcho-Syndikalismus sei eine *"wirtschaftliche Kampfesorganisation"* und *"revolutionäre Gewerkschaft"*; *"direkte Aktion"* könne für sie nur die Anwendung ökonomischer Machtmittel bis hin zum *"sozialen Generalstreik"* bedeuten (letzterer, so ist zu ergänzen, wird aus den Betrieben und Industrien heraus organisiert). Alles andere sei ein Rückfall in die Gedankengänge der *"parteipolitischen Illusionisten"* und eine Ablenkung der Arbeiterschaft von dem einzig wahren Weg ihrer Befreiung durch den ökonomischen *"Klassenkampf"*.
(2) Die Geschichte der Weimarer Republik, insbesondere der Kapp-Putsch, zeige, daß allein der Generalstreik ein wirksames Mittel zur Bekämpfung des Faschismus sei. Wann immer sich aber die Arbeiter zur Roten Armee bewaffneten und zum offenen Kampfe antraten, dann hätten *"Noskiden und Baltikumer"* (also Reichswehr und Freikorps) *gemeinsam die Arbeiter niederkartätscht"*. Diese Erfahrung spreche gegen die Bildung paramilitärischer Formationen durch die Anarchisten: *"Den Kampf gegen den Faschismus durch 'Schwarze Scharen' führen zu wollen, bedeutet daher dasselbe, als wenn wir dem Militarismus eine offene Feldschlacht liefern wollten, um ihn zu besiegen... Die Zeiten eines 'Florian Geyer' sind vorbei, wo man sich noch mit Sensen und Dreschflegeln bewaffnet dem Gegner zum Kampfe stellen konnte; und dennoch unterlag auch er der militärischen Macht seiner Zeit."*
(3) Auch andere Parteien hätten sich ja militärische Formationen geschaffen - SPD und Zentrum das "Reichsbanner Schwarz-Rot-Gold", die Kommunisten den "Rotfrontkämpferbund". *"Die Tatsache, daß durch derartige Formationen im Laufe der Zeit nichts an der Lage der Arbeiterschaft gebessert werden konnte, dürfte uns Syndikalisten Lehre genug sein... Welchen Wert haben diese Formationen für die Arbeiterschaft? Auf wirtschaftlichem Kampfgebiete gar keinen! Oder besteht der Wert dieser Organisationen darin, indem (sic!) sie sich gegenseitig auf der Straße verprügeln?"* So seien "Schwarze Scharen" ohne praktische Bedeutung, eine bloße modische *"Spielerei"*.
(4) *"Selbstschutz"* sei auch ohne Uniformierung möglich: *"Müssen wir denn, um unsere Versammlungen zu schützen, uns ein schwarzes Kostüm zulegen, würden wir uns darin kräftig fühlen, oder glaubt man, dem Gegner dadurch einen Schreck einzujagen, indem man sich 'Schwarze Schar' nennt? Wer sich als Mann und überzeugter Mensch fühlt, wird auch seiner Überzeugung verstehen Geltung zu verschaffen, ohne daß er in einer schwarzen Uniform zu stecken braucht."*
(5) Die "Schwarzen Scharen" (Abkürzung S.S.!) seien auch im speziellen Sinne eine *"Nachäffung dessen, was wir bisher bekämpft haben"*: *"Nebenbei gesagt, Mussolini hatte ja auch die bekannten 'Schwarzhemden'!"* Es mußte wohl auch manchem Anarcho-Syndikalisten merkwürdig klingen, wenn die Berliner "Schwarze Schar" zur Antikriegskundgebung am 3. August 1930 mit dem *"Marsch der Linken Sozialrevolutionäre in Litauen"* warb[33]:

Auf denn zum Kampfe, auf Kameraden!
Auf denn zum Kampf, schließt fester die Reih'n.
Vorwärts! Errichtet kühn Barrikaden.
Kampf bis zum Sieg muß Losung jetzt sein.
: Drauf und dran, Mann für Mann!
Nachtschwarz flattert unsere Kampfesfahn';
Die schwarze, stolze Kampfesfahn'! :

Herren und Junker knechten und schinden;
Bürger und Pfaffen stehlen den Lohn.
Arbeiter, Bauern! Ihr müßt euch finden;
Auf stürzt den Geldsack, auf stürzt den Thron.
: Drauf und dran... :

Baut Barrikaden. Hißt die Paniere!
Dengelt die Sensen. Fällt das Gewehr!
Schlagt sie zu Boden; die Henker, die Tiere;
Brecht euch die Bahn durchs feindliche Heer.
: Drauf und dran... :

Hört ihr es dröhnen? Drauf Kameraden,
Gebt euer Blut dem Volke zum Kauf!
Hinter den Kaunaser Blutbarrikaden
Flammt unseres Sieges Morgenrot auf.
: Drauf und dran... :

Vermutlich war der Antimilitarismus das wirksamste Mittel der Kritik an den "Schwarzen Scharen" aus den Reihen der SAJD. Führende Köpfe der damaligen Jugendorganisation wie Georg Hepp (Frankfurt/Main), der Leiter des Bildungsressorts der SAJD, oder Karl Gültig (Offenbach), eine Zeitlang der 1. Vorsitzende der Reichsinformationsstelle der SAJD, setzten Faschismus und Militarismus gleich. 1927 etwa hatte Hepp in einem Artikel *"Der Militarismus in der Arbeiterbewegung"*[34] den Militarismus wegen seiner autoritären Strukturen für die anti-autoritäre Jugend verworfen: *"Wir lehnen den Militarismus ab, weil er im tiefsten unserem Ideal von der Freiheit zuwiderläuft... Das Kennzeichen eines jeden Militarismus ist die Entpersönlichung seiner Anhänger, die Ausschaltung des eigenen Willens, der blinde Glaube an die höhere Sendung seiner Vorgesetzten und die bedingungslose Ausführung ihrer Befehle."* Auch für Gültig heißt im gleichen Jahr *"Kampf dem Faschismus"*:[35] *"Der Kampf gegen den Faschismus ist der Kampf gegen Staat, Militarismus und alle finsteren Mächte."* Das Reichstreffen der SAJD zu Pfingsten 1929 in Kassel formulierte als sein Programm:[36] *"Gegen die Militarisierung der Jugend! Gegen Faschismus und Diktatur!"* Und auf dem von Hepp und Gültig geleiteten 1. Reichsferienlager der SAJD im Juni 1930 in der Bakuninhütte bei Meiningen sprach Hepp ausdrücklich mit Bezug auf SA, Reichsbanner und Rote Jungfront *"Gegen* (die) *Militarisierung der Jugenderziehung"*.[37] *"Er ging davon aus",* schrieb er in dem von ihm selbst verfaßten Protokoll einer auf dem 2. Reichsferienlager im Mai 1931 zu Heidersbach/Thüringen abgehaltenen Arbeitsgemeinschaft über Erziehungsfragen,[38] *"daß die Erziehungsfrage innerhalb der SAJD soweit geklärt sei, daß gegenüber der reinen Erziehungsgemeinschaft von früher und den militärischen Erziehungsmethoden der gegnerischen Jugend, die SAJD mehr und mehr die Methode anwendet, im Rahmen des Klassenkampfes die Erziehung durchzuführen."* Nicht den Kampf auf der Straße konnte deshalb Gültig als Mittel gegen den modernen *"industriellen"* Militarismus empfehlen, sondern den *"industriellen Antimilitarismus gegen den Krieg"*[39] (was in der Praxis entweder auf Generalstreik oder Industriesabotage hinauslief). So ist es sehr unwahrscheinlich, daß sich die SAJD als Gesamtorganisation zugunsten der eigenen Militarisierung durch "Schwarze Scharen" aussprach.[40] Einheitskleidung und Bewaffnung, so hieß es auf der Bezirkskonferenz des Rhein-Maingaus im Juli 1930 in Darmstadt, würden zu einer Militarisierung gerade der anarcho-syndikalistischen Jugend führen, *"wodurch unser jahrelanger Kampf gegen Krieg und Militarisierung der Jugend zur Farce werden. Es wurde gesagt, daß Mangel an Geist sich nicht durch Schablonisierung und Mechanisierung ersetzen läßt. Wir dürfen nicht in den Fehler der politischen Parteien verfallen, welche ihrem inneren Wesen nach außerparlamentarische Kämpfe nicht anders als auf militärischer Grundlage führen können. Als* **syndikalistisch**-*anarchistische Jugend müssen wir unser Augenmerk viel mehr als bisher auf wirtschaftliche Kämpfe richten"*.[41]

(6) Die Tatsache, daß auf der 12. Geschäftskommissions-Sitzung der FAUD in Berlin im Februar 1931 der Beschluß gefaßt wurde,[42] *"daß die 'Schwarzen Scharen' nur in Verbindung mit der FAUD und den Betrieben entstehen dürfen"*, weist auf Ängste der FAUD vor organisatorischer Verselbständigung und möglichen Abspaltungstendenzen hin. Die Kontrolle der "Schwarzen Scharen" durch die FAUD hatte auch praktische Gründe: *"Außerdem besteht die Gefahr, daß in derartigen Organisationen* (den militärischen Formationen) *sich jedes beliebige Individuum einschleichen kann, worüber die Arbeiterschaft keine Kontrolle ausüben kann. Haben wir doch bei den 'Rotfrontkämpfern' zu verzeichnen, daß ganze Gruppen zu den Faschisten übergegangen sind, einzelne sogar zu Verräter*(n) *und Mörder*(n) *ihrer ehemaligen Kameraden geworden sind."*[43]

Deshalb sei die weltanschauliche Bindung an die FAUD ein wichtiges Korrektiv gegenüber bloßem Aktionismus.

6. Die Bedeutung der "Schwarzen Scharen"

(1) Die "Schwarzen Scharen" sind ein sprechender Beleg für die mentale und faktische Militarisierung gerade der radikalen Jugend in der Schlußphase der Weimarer Republik. Im Organ der SAJD, den "Jungen Anarchisten", fällt dies schon am Wortschatz auf: *"Kampf"* und *"kämpfen"* sind nun beliebte Worte, dazu Zusammensetzungen wie *"Kampfschrift"*, *"Kampffondsmarken"*, *"Kampffront"* und *"Kampflieder"*. Neben der Uniform, der schwarzen Fahne (dem *"schwarzen Sturmbanner"*) und den Schalmeienkapellen müssen gerade diese "Marsch- und Kampflieder" - die freilich in einer langen Tradition anarchistischer Marsch- und Kampfgesänge stehen[44] - als wichtiges Indiz für diesen neuen militanten Geist der anarcho-syndikalistischen Jugend gesehen werden:[45] Mit dem *"Russischen Anarchisten-Marsch"* singen sie *"Schwarz unsre Fahn, die mit Blut wir bespritzen"*;[46] schließlich erhalten sie von Hermann Ritter (er war außerdem Verfasser und wohl auch Vertoner des *"Syndikalistenmarsches"*[47]) ihr eigenes kämpferisches *"Lied der schwarzen Scharen"*: *"Sturm und Revolte/Wir schwarze Scharen!"* (s. Anhang). Der Unterschied zwischen der "zivilen" Phase bis 1929 und der neuen Militarisierung der anarcho-syndikalistischen Jugend wird selbst in der Bildgestaltung ihrer Publikationsorgane überdeutlich (s. Abb. S 60-61).

(2) Schon vor der "Machtergreifung" der Nationalsozialisten im Januar 1933 waren vermutlich die "Schwarzen Scharen" wieder verschwunden. In einem Berliner Polizeibericht vom November 1932[48] werden als Gründe dafür genannt: der Tod eines am Ort besonders

JUGENDWILLE
Blatt der anarcho-syndikalistischen Jugend
Nummer 2 — Beilage des „Syndikalist" — **Oktober 1927**

Militarisierung der Jugend.

Die Jugend besitzt schon immer — und das ist auch gut so — eine besondere Fähigkeit, sich zu begeistern. Sie steht überall in vorderster Linie, aber leider nicht nur dort, wo es sich um die guten und großen Angelegenheiten der Menschheit handelt, sondern auch da, wo man es versteht, die Massen für irgendwelche Wahnideen schädlicher Natur aufzupeitschen. Wer denkt nicht an 1914, wo sich Tausende von jungen Menschen, darunter sehr viele Arbeiter, freiwillig als Soldaten für den großen Krieg zur Verfügung stellten! Sehr bald allerdings erwachte damals im Bewußtsein des arbeitenden Volkes das Gefühl, daß hier irgendetwas nicht in Ordnung war. Und je länger der Krieg dauerte, um so mehr stieg die Unzufriedenheit, die Enttäuschung, bis alles endete im großen Zusammenbruch, weil die Soldaten müde geworden waren und einfach nicht mehr konnten. Mehr als Müdigkeit war es damals nicht, was die uniformierten Massen zurück in die Heimat trieb; ein Wille, etwas Neues aufzubauen, ein schöneres und würdigeres Leben zu schaffen, in dem solche Kriege nicht mehr möglich sein würden — solch ein Wille lebte nur in ganz wenigen. Sie wurden während der Revolutionszeit gemordet, sie wurden in Gefängnismauern begraben oder wurden auch müde und gleichgültig, als sie sahen, daß die großen Ideen von Freiheit und Brüderlichkeit, für die sie gekämpft hatten in der Revolution, von den verantwortlichen Führern verschandelt, verhandelt, verraten wurden.

So stehen wir heute wieder in Verhältnissen, die in vieler Beziehung schlechter sind als vor dem Kriege. Vor allen Dingen wirtschaftlich. Das merken die jugendlichen Arbeiter und Arbeiterinnen sehr genau an ihrem eigenen Leibe. Wir wollen aber hier vom Militarismus reden. Gibt es in Deutschland heute einen Militarismus? Besteht die Möglichkeit, besteht die Gefahr einer Militarisierung der Jugend? So fragen wir; und es wird genug geben, die uns sehr schnell darauf antworten und sagen: nein, es gibt ja keine Wehrpflicht mehr! Wir brauchen ja nicht mehr zu dienen als Soldaten, dazu gibt es jetzt Leute, die das von Berufs wegen tun!

Vielleicht gibt es auch Jungarbeiter, die sogar der Meinung sind, daß die Dienstjahre nützlich wären. Es werden nicht viele sein — aber manche denken doch sol Nun, da müssen wir schon einmal den Zweck der Wehrpflicht ins Auge fassen. Es handelt sich doch wohl darum, daß eines Tages Hunderttausende von jungen Menschen mit Waffen ausrücken, um nach

Möglichkeit Hunderttausende von eben solchen jungen Menschen (in anderer Uniform) das Leben auszulöschen. Wofür? Fürs „Vaterland" — — —. Der junge Arbeiter, der hier in Deutschland ein schweres Arbeitsleben führte, der junge Arbeiter in Frankreich, in England und überall, der genau so leidet und darbt — was können sie gegeneinander haben? Können sie Feinde sein? Nein! Sie sind Brüder, und ihre Feinde sind alle die, die sie zur Arbeit ohne Freude und ohne ausreichenden Lohn zwingen! Niemals kann doch ein junger Arbeiter der Feind eines anderen sein, so daß er glaubt, nur die Ermordung des Arbeitskameraden sichere ihm Arbeit und Leben! Hat nicht gerade der Krieg, der doch nur auf Grund der Wehrpflichtheere möglich war, in allen Ländern furchtbare Arbeitslosigkeit von Millionen gebracht?

Hier muß die werktätige Jugend den sozialistischen Grundsatz begreifen: **Proletarier aller Länder, vereinigt euch!** Und wer das eingesehen hat, der wird ein Gegner des Militarismus sein müssen, um jeden Preis! Der wird nie wieder Waffendienst verrichten fürs „Vaterland", der wird auch nie Granaten drehen, Kanonen, Bomben anfertigen und Eisenbahnzüge mit Soldaten befördern helfen! Er wird ein Bekämpfer des Krieges für alle Zeiten sein. Er wird ein Antimilitarist sein.

Aber die Jugend der Arbeiterklasse darf nicht denken, daß es keinen Militarismus und keine Gefahr der Militarisierung mehr gibt, weil wir in Deutschland augenblicklich keine Wehrpflicht haben!

Dem Deutschen liegt der Militarismus sozusagen schon im Blute. Er fühlt sich erst wohl, wenn er kommandiert wird und Paradenmarsch machen kann. Leider ist heute das Paradenmarschieren von den Arbeitern selber übernommen worden, und im Reichsbanner und im Roten Jungsturm haben wir Vereinigungen, die einen ganz proletarischen Charakter aufweisen und den schädlichen Militarismus in neuen Formen wiederaufleben lassen. In diesen Verbänden wird Frondienst, Exerzieren und Gehorchen erweckt und geübt, und es ist natürlich jedes jungen Menschen Wunsch, daß einmal aus der Spielerei Ernst wird. Aber können denn solche Soldatengruppen der Arbeiterschaft im Ernst wirklich einmal nützen? Nein! Nicht im geringsten. Im Gegenteil. Unter irgendeinem Schlagwort: „Für die Republik", „Für Sowjetrußland" wird eines Tages ein Krieg ausbrechen und von neuem werden die jet-

Junge Anarchisten

Preis 10 Pfennig

Organ der Syndikalistisch-Anarchistischen Jugend Deutschlands

JAHRGANG 9 — 1931 — NUMMER 3

Aufruf an das Jungproletariat
Jungarbeiter! Jungarbeiterinnen!

Die gegenwärtige furchtbare Krise, die das kapitalistische Raubrittertum selbst verschuldet, deren Folgen aber das Proletariat tragen muß, hat auch die soziale Lage der Proletarierjugend fürchterlich verschärft.

Ihr, von jeher der Rechtlosigkeit und unverschämtesten Ausbeutung ausgeliefert, in Familie, Schule und Erziehungsanstalten an willigen Objekten der Ausbeutung und Bedarfsmahlung abgerichtet, mit jungen Jahren bereits in Fabrik und Werkstatt, in Schacht und auf dem Lande aufs schändlichste ausgepreßt, ihr sollt jetzt dem statistischen Henker und der absoluten Verelendung ausgeliefert werden. Nach besonderer Lehrzeit, in der ihr mit einigen Hungerpfennigen abfinden sich mußtet, fliegt ihr nun Strasse. Doch ihr habt noch nicht einmal mehr Anrecht auf die Almosen der Sozialversicherung. Jeglicher Rechtsschutz ist euch mit Unterstützungsgesuche berauht, sold ihr der Verachtung und der Vagabundage überliefert.

Das Unternehmertum aber im Bunde werden den Militaristen und Reaktionären sphaltieren auf euer Elend und eure Notlage, um ihre Pläne der Arbeitsdienstpflicht zu verwirklichen. Arbeiterjungen und Mädels, ihr sollt wieder dem Kasernenhofdrill und der Unteroffizierwillkür nach dem merikalischen preuss.Muster ausgeliefert werden. Für Groschenabfindung sollt man euch im militärischen organisierten Arbeitsjoch zwingen. Als Streikbrecher und Lohndrücker sollt ihr gegen eure Väter und gegen die erwachsenen Arbeiter ins Feld geführt werden. Nebenbei beabsichtigt man, euch einer unmenschlichen Pfaffenherrschaft auszuliefern. Um hier von Arbeitsrekruten zu schaffen, die willfährig der Unternehmerwillkür und den Launen der Reaktionäre ausgeliefert ist und an dem Grundgedanken, die man mit der Einführung der Arbeitsdienstpflicht zu verwirklichen gedenkt.

Der freiwillige Arbeitsdienst, der heute überall durchgeführt wird, ist die Vorstufe zu einer allgemeinen Arbeitsdienstpflicht. Man ist dabei, die Proletarierjugend in einen Zustand finsterster Barbarei hinabzustoßen. Die Pläne der Reaktion müßten unverzüglich mit dem revolutionären Kampf der Arbeiterschaft beantwortet werden.

Aber schon erscheinen die ruhmlosen Bankkrotteure der marxistischen Parteien und Zentralgewerkschaften auf der Bildfläche, um sich als Helfer in der Not zu offerieren. Mit denselben alten hohlen Phrasen, auf den schon eure Väter hineingefallen sind, wollen sie nun auch euch das Fell über die Ohren ziehen. U.d da haben sie besondere Jugendpflegeorganisationen ins Leben gerufen, mit denen sie euch besser auf ihre Leimruten zu locken gedenken.

Wir aber warnen euch eindringlich vor allen Schaumschlägern und Seifensiedern der marxistischen Parteikonkurrenten, die euch in ihre bankrotten Laden-lockern wollen, um mit eurem jungen Blute das erlahmende Geschäft wieder in Gang zu bringen. Die sozialistischen Parteien und Zentralgewerkschaften haben in allen Kämpfen der Arbeiterschaft eine verräterische Rolle gespielt. Ihre revolutionäre Geste nimmt deshalb kein Arbeiter mehr für bare Münze. - Diese Organisationen tragen ein gerüttelten Maß Schuld an den gegenwärtigen Elendszuständen des Proletariats, welches die Proletarierjugend am Härtesten zu fühlen bekommt. Und auch in Zukunft können weder die pseudosozialistischen

noch die bolschewistischen Jahrmarktschreier etwas von ihren himmelblauen Versprechungen einlösen, mit denen sie euch in ihre Buden locken.

Denn obgleich diese Bewegungen bei jeder Gelegenheit die Sozialismus predigen, so sind sie in Wirklichkeit ohne jeden sozialistischen Inhalt. Ihre Organisat uren sind zentralistisch, autoritär und vom "staatspriensip zerfressen. Sozialdemokratie und Bolschewismus sind die Retter der ökonomischen Versklavung und der daraus entstehenden Beherrschung, so-wie der damit zusammengehärteten sozial-politischen und dem humanistischen Kultur. Aber alle politischen Scharlatane, die euch mit ihren revolutionären Phrasen ansprechen, stret en in Wirklichkeit den Preussen, Polstersesseln der Herrscherberlin liebstreben und wagen rot geblieben oder im altrutem Staate.

So sind auch alle Parteien marxistischer Herkunft im Grunde nicht gegen die Einführung der Arbeitsdienstpflicht, sie haben gegen die militärische Zwangsarbeit des Jungproletariats nichts einzuwenden und sie wünschen nur selbst die Herrn, nicht der Sache zu sein und ihren Posten anwerterneine Lebensstellung zu verschaffen.

Über diese Tatsachen soll uns keine noch so gut gem. revolutionäre Theatralik und sozialistische Harlikinsde hinwegtäuschen. Die politischen Parteien wollen der Arbeiterschaft nur neue Fesseln anlegen.

Jungproletariat! Willst du also deinen Rücken herhalten, damit eine gerissene Führerelique darauf emporklettert mit der löblichen Absicht, die Peitsche deiner früheren An-beuter nun selbst zu schwingen? Willst du den von elenden Phrasendreschern und grosmäuligen Schwadroneuren leitbeseelt und betrogen lassen und während ellen der Elendsbürde dieser Klasse eine Generation weiter durch die Geschichte schleppen?

Nein! Denn lasse dicse politischen Heilsprediger und Gimpelfänger, denen es an jedlichem sozialistischem Wesen mangelt, unter sich. Für die soziale Befreiung ist ihr staatssozialistischer Unfug ohne jede Bedeutung und bei allen einsichtigen Arbeitern und auch endlicher Befreiung bedürft der Menschen hat es ihre schimpfliche Rolle längst ausgespielt. Mögen sie in wütendes Gekreifer ausbrechen, weil ihnen nun die Felle davonschwimmen, die Vergangenheit soll sich ihrer erbarmen.

Unterdessen wollen wir uns der Direkten Kämpfe gegen das Ausbeutertum zuwenden und beginnen, die Reorganisation der Gesellschaft im sozialistischen Sinne vorzubereiten. Wir fordern die Aufklärung der Ausbeutertruppe und die Waffen der wirtschaftlichen Aktion abwehren. - Wir müssen die Arbeiter für die Übernahme der Betriebe und die Industrien vorbereiten, damit der Fluch der Ausbeutung und der Menschheitsgeschichte getilgt werde.

Diese wahrhaft sozialistische Aufgabe werden gegenwärtig von den föderalistischen Kampforganisationen, des revolutionären staatsfeindlichen, Anarcho-Syndikalismus erfüllt. Sie vereinigen unter dem schwarzen Banner alle Arbeiter, denen der Sozialismus keine hohle Phrase ist und sie erwarten alle ihre Brüder und Schwestern, die mit ihnen das gemeinsame Werk der sozialen Befreiung in Angriff zu nehmen bereit sind.

Das Jungproletariat, das sich für den revolutionären Klassenkampf entschieden hat, organisiert sich in der Syndikalistisch-Anarchistischen Jugend, die Seite an Seite mit der revolutionären Arbeiterschaft für eine bessere Lebenslage der arbeitenden Jugend kämpft.

Wir rufen alle Jungen und Mädels des Proletariats auf, mit uns den Kampf aufzunehmen gegen eine Gesellschaftsordnung, die uns der Ausbeutung Barbarei überläßt. Rafft wir uns endlich auf, um dem Zustande der ökonomischen Sklaverei ein endgültiges Ende zu bereiten. Lassen wir uns nicht von den Rattenfängern der Parteien und Zentralgewerkschaften narren und äffen! Zersprengen wir endlich alle Fesseln in gemeinsamer Aktion der Arbeiterschaft!

Wir kämpfen für 6-Stundentag und Einreihung der Erwerbslosen in den Produktionsprozess! Für soziale Enthebung der jugendlichen Arbeiter und Lehrlinge! Für sechswöchentlichen bezahlten Urlaub im Jahre! Gegen die Einführung der Arbeitsdienstpflicht! Gegen die Militarisierungsbestrebungen der Arbeiterjugend! Gegen die Reaktion in Berufsschulen.

Fort mit der kapitalistischen und staatlichen Barbarei!

Fort mit den politischen Parteien und Zentralverbänden!

Es lebe die anarcho-syndikalistische Einheits-front des revolutionären Proletariats!

Es lebe die soziale Revolution und die Anarchie!

Syndikalistisch-Anarchistische Jugend Deutschlands

engagierten Genossen (Walter Kaps), *"Mangel an Interesse"* und *"Mitgliederschwund"* von FAUD und SAJD. Angesichts einer Mitgliederstärke von vielleicht 250 im ganzen Reich[49] mag es verständlich erscheinen, wenn Georg Hepp rückerinnernd über die "Schwarzen Scharen" schreibt:[50] *"Ich glaube nicht, daß sie irgendwelche Bedeutung im antifaschistischen Kampf erlangt haben."* Dies kann aber nicht das letzte Wort über den historischen Stellenwert der "Schwarzen Scharen" im antifaschistischen Widerstand politischer Kleingruppen sein, sondern die Aussage müßte zumindest in zwei Punkten erweitert werden:

(3) Vor Ort konnte die "Schwarze Schar" sehr wohl eine begrenzte antifaschistische Wirkung erhalten: *"In Wuppertal war sie ein wichtiger Teil des proletarischen Selbstschutzes, glich ihre geringe Zahl durch um so größere Aktivität aus und trug in Arbeitsteilung mit dem Rotfrontkämpferbund, dem Reichsbanner und anderen Organisationen maßgeblich dazu bei, zahlreiche faschistische Übergriffe in Versammlungen und in den Straßen der Arbeiterviertel zu verhindern."*[51]

(4) Wir meinen zudem, daß die Gründung der "Schwarzen Scharen" ein Zeichen der Verzweiflung über die sektiererische Abkapselung der anarcho-syndikalistischen Bewegung und ein Ausdruck des Wunsches gerade der jungen Mitglieder nach aktiverem antifaschistischem Einsatz jenseits trennender ideologischer und organisatorischer Grenzen und jenseits bloßer gewerkschaftlicher Tätigkeit war. Die "Schwarzen Scharen" kündigen erstmals jenen Willen zur antifaschistischen "direkten Aktion", insbesondere auch zum politischen und militärischen Einsatz an, den dann Mitglieder der FAUD und SAJD während des Spanischen Bürgerkrieges bewiesen. Vermutlich waren es nicht zuletzt jene jugendlichen und aktivistischen Kräfte der ehemaligen "Schwarzen Scharen", die später in Spanien in der Gruppe "Deutsche Anarcho-Syndikalisten" (DAS) und bei der "Columna Durruti" hinter Barrikaden und im Schützengraben den Abwehrkampf gegen den Franco-Faschismus führten.[52]

Anhang

Richtlinien der Schwarzen Schar, Bezirk Berlin-Brandenburg.

1.) Die Schwarze Schar ist eine antifaschistische Vereinigung revolutionärer Arbeiter.
2.) Sie bekennt sich rückhaltlos zu der Prinzipienerklärung des Syndikalismus und zu deren Organisationen, der Freien Arbeiter Union Deutschlands (Anarcho-Syndikalisten) und der Syndikalistisch-anarchistischen Jugend Deutschlands.
3.) Sie betrachtet sich als eine Ergänzungsorganisation der beiden genannten Bewegungen und zugleich als eine Abwehrformation gegen Faschismus und Feinde des Anarcho-Syndikalismus.
4.) Sie erblickt somit ihre Aufgabe in erster Linie in der Propaganda durch Wort und Schrift gegen den Faschismus aller Schattierungen und für den freiheitlichen Sozialismus.
5.) Mitglied der Schwarzen Schar kann jeder Arbeiter und jede Arbeiterin werden.
6.) Der Aufbau der Schwarzen Schar ist ein föderalistischer. Die Grundlage bilden die Gruppen. Die Gruppen sind 8 Mann stark. Jede weiteren 4 Mitglieder bilden eine neue Gruppe. Funktionäre der Gruppen sind die Gruppen- und Untergruppenführer. 3 Gruppen bilden eine Abteilung (Abt.), die sich aus den Reihen der Mitgliedschaft einen Abteilungsführer wählen (Abtf.). 4 Abteilungen schließen sich zu einer Hundertschaft (Hs.) zusammen. Als Hundertschaftsführer (Hsf.) kann nur einer der Abtf. gewählt werden. Die Hsf. des Bezirks bilden die Geschäftsleitung (Gesch.Ltg.).

7.) Jeder Funktionär ist sofort zurückberufbar. Dazu ist nur eine einfache Majorität der betreffenden Gruppen-, Abt.- oder Hs.Versammlung notwendig.
8.) Der Beitrag ist auf 50 Pfg. pro Monat festgesetzt und ist in der 1. Woche jeden Monats an den Gruppenführer abzurechnen. Außerdem wird von jedem Neueintretenden ein Eintrittsgeld von 25 Pfg. erhoben.
9.) Der Ausschluß eines Mitgliedes kann von den Gruppen erfolgen, wenn dasselbe gegen die Prinzipien oder Richtlinien bzw. gefaßten Beschlüsse verstößt oder organisationsschädliches oder unkameradschaftliches Verhalten nachgewiesen wird.
10.) Die Auflösung der Vereinigung kann nur in einer Versammlung erfolgen, die 14 Tage vorher allen Mitgliedern bekanntgegeben ist und mit 2/3 Majorität beschlossen wird. Das Vermögen und sämtlicher Bestand fällt in diesem Falle der FAUD und SAJD zu.

(aus: Mitteilungsblatt der Schwarzen Schar. Antifaschistische Vereinigung revolutionärer Arbeiter, Nr. 3, 5. Juli 1930, in: Geheimes Staatsarchiv Berlin, Rep. 219, Nr. 72)

Als Ergänzung der *"Richtlinien"* und mit gleicher Verbindlichkeit wie diese wurden weitere 10 *"Beschlüsse"* gefaßt.

Hermann Ritter: Lied der Schwarzen Scharen

Freiheit und Brot,
Fluch und Tränen,
Stürmend und rot
Ist unser Sehnen.
: Wir schwarze Scharen
 Glüh'nder Freiheitsodem,
Sturm und Revolte,
Wir schwarze Schar.

Knechtschaft und Hohn
Unser Leben,
Revolution
Heiliges Streben.
: Wir schwarze Scharen...

Voll ist das Maß,
Kühn wie Falken,
Reißt unser Haß
Henker und Galgen.
: Wir schwarze Scharen...

In eure Hand,
Arbeitsbienen,
Werkstatt und Land,
Forst und Maschinen!
: Wir schwarze Scharen...

Rächer für die
Hungernd darben,
Ob Tyrannie
Kämpfen und starben.
: Wir schwarze Scharen...

Schwarz wie die Not
Uns're Fahnen,
Soll auch der Tod
Düster uns mahnen.
: Wir schwarze Scharen...

(Aus: Junge Anarchisten, 8. Jg., Nr. 3 , 1931; Noten für Refrain s. Klan/Nelles, "Es lebt noch eine Flamme", S. 258)

Anmerkungen

1 Rudolf Rocker, Aus den Memoiren eines deutschen Anarchisten, Frankfurt/Main 1974, S. 300. Dazu Hans Manfred Bock, Syndikalismus und Linkskommunismus von 1918-1923, Meisenheim am Glan 1969; Peter von Oertzen, Die Großen Streiks der Ruhrbergarbeiterschaft im Frühjahr 1919, in: Vierteljahrshefte für Zeitgeschichte, 6. Jg. (1958), S. 231-262; Klaus Tenfelde, Linksradikale Strömungen in der Ruhrbergarbeiterschaft 1905-1919, in: Hans Mommsen, Ulrich Borsdorf (Hrsg.), Glück auf, Kameraden! Köln 1979, S. 199-223.
2 Rocker, Memoiren, S. 299.
3 Bock, Syndikalismus, S. 174.
4 Dieter Nelles, Zur Soziologie und Geschichte des Anarcho-Syndikalismus im rheinisch-bergischen Raum unter besonderer Berücksichtigung des Wuppertales von 1918-1945, Diplomarbeit Gesamthochschule Wuppertal 1984 (Mschr.), S. 187; Peter Wienand, Der "geborene" Rebell. Rudolf Rocker - Leben und Werk, Berlin 1981, S. 338. Sehr viel höhere Zahlen nennt Jan Foitzik, Zwischen den Fronten. Zur Politik, Organisation und Funktion linker politischer Kleinorganisationen im Widerstand 1933 bis 1939/40 unter besonderer Berücksichtigung des Exils, Bonn 1986, S. 31, Anm. 38: *"Nach Schätzung der Gestapo hatte die FAUD am Ende der Weimarer Republik 10.000 - 12.000 Mitglieder"*. Dagegen heißt es in einem Schreiben des Berliner Polizeipräsidiums von Anfang Februar 1933: *"Es ist allerdings zu bemerken, daß der Bewegung, da sie schätzungsweise bis auf 4.000 Mitglieder im ganzen Reich gesunken ist, keine große politische Bedeutung beizumessen ist."* (Geheimes Staatsarchiv [GS] Berlin, Rep. 219, Nr. 72)
5 Zit. nach Nelles, S. 188.
6 Walter Fähnders/Martin Rector, Linksradikalismus und Literatur, Bd. 2, Reinbek 1974, S. 145-153.
7 Foitzik, Zwischen den Fronten, S. 37.
8 Vgl. Ulrich Linse, Die anarchistische und anarcho-syndikalistische Jugendbewegung 1919-1933, Frankfurt am Main 1976.
9 Die Resolutionen sind abgedruckt bei Linse, Jugendbewegung, S. 248f. und S. 281.
10 Junge Anarchisten, 6. Jg., Nr. 8 v. 1929.
11 Zum folgenden GS Berlin, Rep. 219, Nr. 72.
12 Vermutlich: Freiheit. Politische Wochenschrift für Schlesien und Oberschlesien, Breslau, 1. Jg. (1928) - 6. Jg. (1933).
13 Die Polizei gab als sein Schriftsteller-Pseudonym "Kompardt" an.
14 Ostdeutsche Rundschau. Wochenblatt für das schaffende Landvolk. Hrsg. v. Zentralverband der Landarbeiter für Ost- und Westpreußen, Königsberg, 1. Jg. (1923) - ?
15 Das Polizeipräsidium Oppeln meldete im September 1930 dem Berliner Polizeipräsidenten über die

Ratiborer "Schwarze Schar": *"Statuten sollen zwar vorhanden sein, befinden sich aber nicht in den Händen der Mitglieder. Es ist daher bis jetzt noch nicht gelungen, in die Statuten Einsicht zu bekommen oder ein Exemplar derselben zu beschaffen."* (GS Berlin, Rep. 219, Nr. 72).

16 Ulrich Linse, Barfüßige Propheten. Erlöser der zwanziger Jahre, Berlin 1983, S. 129ff.; Ulrich Klan, Der Anarcho-Syndikalismus im rheinisch- bergischen Raum zwischen 1918 und 1945 als Kulturbewegung, Staatsexamensarbeit Gesamthochschule Wuppertal 1984, S. 143ff.; Ulrich Klan/Dieter Nelles, "Es lebt noch eine Flamme". Rheinische Anarcho-Syndikalisten/-innen in der Weimarer Republik und im Faschismus, Grafenau-Döffingen 1986, S. 270ff.; Dieter Nelles/Ulrich Klan, Alternative Entwürfe im Rheinland - am Beispiel der anarcho-syndikalistischen Siedlung 'Freie Erde' bei Düsseldorf (1921), in: Heribert Baumann, Francis Bulhof und Gottfried Mergner (Hrsg.), Anarchismus in Kunst und Politik. Zum 85. Geburtstag von Arthur Lehning, Oldenburg 1984, S. 71ff., 2. Aufl. 1985, S. 79ff.; Ulrich Linse, Ökopax und Anarchie, München 1986, S. 76ff.

17 Ulrich Linse, Anarcho-syndikalistische Landarbeiteragitation in Deutschland (1910-1933): Über die soziale Kluft zwischen Stadt- und Landproletariat, in: Stefan Blankertz (Hrsg.), Auf dem Misthaufen der Geschichte, Münster/Wetzlar 1978, S. 97ff.

18 Klan/Nelles, "Es lebt noch eine Flamme", S. 150ff.

19 Zum folgenden GS Berlin, Rep. 219, Nr.72.

20 Vgl. Anm. 23 und 24.

21 Der Ausrufer. Mitteilungsblatt des Jungproletariats, Berlin, 2. Jg., Nr. 23 v. 1. 12. 1927. Ferner Linse, Jugendbewegung, S. 87.

22 Der Ausrufer, 3. Jg. (1928), Nr. 3 und Nr. 6.

23 Im Geheimen Staatsarchiv Berlin, Rep. 219, Nr. 72 haben sich folgende Nummern erhalten: Mitteilungsblatt Nr. 1 v. Juni 1930, Nr. 3 v. 5. Juli 1930, Nr. 4 v. 19. Juli 1930 (1. Teil auch als gesondertes Flugblatt erschienen).

24 Im GS Berlin, Rep. 219, Nr. 72 haben sich erhalten: *"Arbeiter und Arbeiterinnen! Jungarbeiter!"* und *"Genosse wie stehst DU zur S.S.?"*

25 Linse, Jugendbewegung, S. 313.

26 Kurzbiographie bei Foitzik, Zwischen den Fronten, S. 307.

27 Erwähnt wird eine Nr. 7 v. 1. 2. 1931. Das Blatt ist bibliographisch nicht zu ermitteln; der volle Titel bei Foitzik, S. 307 (auch Foitzik konnte in den Akten kein Exemplar der Zeitung entdecken: briefl. Mitteilung an Verf. v. 27. 1. 1988). Als Pauls Helfer bei der Herausgabe der "Proletarischen Front" vermutete die Polizei den Schmied Hermann Hannibal, geboren am 8. 10. 1898 in Kassel (GS Berlin, Rep. 219, Nr. 72).

28 Bibliographisch nicht zu ermitteln, Exemplar bisher nicht bekannt.

29 Kurzbiographie bei Foitzik, Zwischen den Fronten, S. 263f.

30 Junge Anarchisten, 7. Jg., Nr. 3, 1930.

31 Nelles, Zur Soziologie, S. 191ff.; Klan/Nelles, "Es lebt noch eine Flamme", S. 257ff.

32 Zum folgenden T., Zeichen der Zeit, in: Die Arbeits-Börse. Mitteilungsblatt der K.A.B. - (Kreis-Arbeits-Börse) Groß-Berlin, Jg. 10, Nr. 42 v. 18. 10. 1930; der Artikel ist eine Reaktion auf den Aufruf der "Schwarzen Schar": *"Rüstet gegen den Faschismus"*, ebd., 10. Jg., Nr. 40 v. 4. 10. 1930.

33 Mitteilungsblatt der "Schwarzen Schar". Antifaschistische Vereinigung revolutionärer Arbeiter, Nr. 4 v. 19. 7. 1930. Der ursprüngliche Wortlaut in: Junge Anarchisten, 7. Jg., Nr. 2 v. 1. 1930; die *"Kampfesfahn"* ist da noch *"blutrot"* und noch nicht schwarz!

34 Abgedruckt bei Linse, Jugendbewegung, S. 240ff.

35 Junge Anarchisten, 4. Jg., Nr. 3 v. Juli 1927.

36 Der Syndikalist, 11. Jg., Nr. 15 v. 13. 4. 1929.

37 Junge Anarchisten, 7. Jg., Nr. 4 v. 1930.

38 Junge Anarchisten, 8. Jg., Nr. 3 v. 1931.

39 Junge Anarchisten, 6. Jg., Nr. 5 v. 1929.

40 Der 8. Reichskongreß der SAJD im Dezember 1930 in Erfurt beschäftigte sich auch mit dem Thema *"Bildung von Wehrorganisationen"* (Junge Anarchisten, 8. Jg., Nr. 1 v. 1931); das Ergebnis ist leider nicht bekannt. In Vorbereitung des Kongresses hatte die Bezirkskonferenz der SAJ Sachsen in Dresden am 26. 10. 1930 zum Tagesordnungspunkt *"Aktions- und Propagandatruppen (Schwarze Scharen)"*

beschlossen: *"Der Bezirk Sachsen möchte diesen Punkt nicht als Reichsangelegenheit behandelt wissen, vielmehr soll es den einzelnen Orten im Reiche selbst überlassen bleiben, zur Gründung solcher oder ähnlicher Organisationen zu schreiten, insofern sich diese als nötig erweisen, da die Verhältnisse verschieden sind"* (Der Syndikalist, 12. Jg., Nr. 40 v. 4. 10. 1930 und Nr. 45 v. 8. 11. 1930). Die "Jungen Anarchisten", das Organ der SAJD, druckte lediglich einmal die vage Parole: *"Jungarbeiter, organisiert den Selbstschutz der proletarischen Jugend"* (Junge Anarchisten, 7. Jg., Nr. 3 v. 1930).

41 Der Syndikalist, 12. Jg., Nr. 30 v. 26. 7. 1930: Lediglich eine Schalmeien-Kapelle wurde mehrheitlich beschlossen, *"da dies mit Militarismus nichts zu tun habe und für Demonstrationen wünschenswert sei."*.

42 GS Berlin, Rep. 219, Nr. 72.

43 Wie Anm. 32.

44 Vgl. Walter Fähnders, Anarchismus und Literatur. Ein vergessenes Kapitel deutscher Literaturgeschichte zwischen 1890 und 1910, Stuttgart 1987, S. 75ff.

45 Ursprünglich war bei der SAJD offenbar besonders beliebt *"Wilde Gesellen, vom Sturmwind durchweht..."*; auf die Melodie dichtete dann 1925 Karl Buttke *"Jung-Anarchisten stürmen voran..."* 1929 wurde das Lied in einer neuen Version veröffentlicht (beide Texte bei Linse, Jugendbewegung, S. 173), Zeichen eines neuen Bedarfs. Ab 1929 folgen eine ganze Reihe solcher Kampflieder, so von Georg Pasche *"Rebellenlied"* (Junge Anarchisten, 6. Jg., Nr. 2 v. 1929), O. Kl. *"Drum flattern unsere Fahnen!"* (Junge Anarchisten, 6. Jg., Nr. 8 v. 1929), *"Russischer Anarchisten-Marsch. Kampflied der Narodnaja Wolja, 1887"* und *"Marsch der Linken Sozial-Revolutionäre in Litauen"* (Junge Anarchisten, 7. Jg., Nr. 2 v. 1930), schließlich das *"Lied der Schwarzen Scharen"* (s. Anhang!). Bei der Wuppertaler "Schwarzen Schar" wurde nicht nur letzteres, sondern auch noch ein anderes Kampflied benützt. Es begann mit den Worten *"Wenn Generalstreik tobt im ganzen Land"*, endete mit *"...und Schwarze Scharen führen letzte Hiebe gegen Hitlers Banden"* und wurde auf die Melodie des Horst-Wessel-Liedes gesungen (Klan/Nelles, "Es lebt noch eine Flamme", S. 258). Solche Kontrafrakturen gegnerischer Lieder waren in der Arbeiterbewegung nicht unüblich (vgl. Vernon Lidtke: Lieder der deutschen Arbeiterbewegung 1864-1914, in: Geschichte und Gesellschaft, 5. Jg. (1979), S. 54 - 82), und gerade hier war die Kontrafraktur angebracht, um die nationalsozialistische Enteignung fremden Liedgutes rückgängig zu machen: *"Das* (Lied) *haben die Nazis aber selbst geklaut: Ursprünglich war das ein bekanntes Seemannslied: 'Zum letzten Mal haben wir an Bord geschlafen' - warum sollten wir die Melodie den Faschisten überlassen?"* (zit. nach Klan/Nelles, "Es lebt noch eine Flamme", S. 258).

46 S. Anm. 45.

47 Hinweis: Junge Anarchisten, 8. Jg., Nr. 1 und 3 v. 1931.

48 GS Berlin, Rep. 219, Nr. 72.

49 Die Zahl ist geschätzt durch Verdoppelung der in einem Polizeibericht vom 30. 4. 1931 für Oberschlesien angegebenen Mitgliederstärke von 125: GS Berlin, Rep. 219, Nr. 72.

50 Brief an den Verf. v. 18. 1. 1975.

51 Klan/Nelles, "Es lebt noch eine Flamme", S. 258.

52 Bisher zeigen sich folgende personellen Zusammenhänge zwischen den "Schwarzen Scharen" und der DAS in Holland und Spanien: die "Oberschlesier" sollen in der DAS eine Rolle gespielt haben (Gustav Doster, Gruppe DAS, Manuskript); aus Berlin kamen: Johannes Noll, Mitglied der Geschäftskommission der SAJD, ferner Paul Brunn, Karl Liereck und Ernst Petri; aus Kassel Willy Paul, der Vorsitzende der dortigen Ortsgruppe der FAUD, und Fritz (Fred) Schröder (zu den Biographien vgl. Foitzik, Zwischen den Fronten, S. 307 und 321); aus Darmstadt Gustav (Gustl) Doster der Leiter des Rhein-Main-Bezirks der FAUD (Foitzik, Zwischen den Fronten, S. 263) und Helmut Thomas; aus Wuppertal Fritz Benner, Arnold Engels und Helmut Kirschey (R. Theissen/P. Walter/J. Wilhelms, Der Anarcho-Syndikalistische Widerstand an Rhein und Ruhr, Meppen/Ems 1980, S. 129; Nelles, Zur Soziologie, S. 211; Klan/Nelles, "Es lebt noch eine Flamme", S. 185f.).

Ute Daniel

Frauen in der Kriegsgesellschaft 1914-1918:

Staatliche Bewirtschaftungspolitik und die Überlebensstrategien der Arbeiterfrauen

Im Juni 1915 stellte eine Gruppe von Frauen dem Senat der Hansestadt Hamburg in einem anonymen Brief die rhetorische Frage: *"Wo ist eigentlich die Regierung von Hamburg?"*[1]. Es folgten Klagen über die hohen Preise und den Nahrungsmittelmangel - also über die zentralen Probleme, die von nun an Innenpolitik und Alltagsleben im kriegführenden Deutschland bestimmten.
Die Konzeption des Staates, die dieser rhetorischen Frage zugrundeliegt, macht eines der wichtigsten Elemente der Staatssoziologie aus, wie sie von Max Weber entwickelt wurde. In Webers theoretischem System hängt sowohl die Typologie der Staatsmacht als auch deren soziale und politische Durchsetzung von der Art der Legitimation ab, mit der Regierungen ihr Existenzrecht begründen. Webers Ansatz zufolge rechtfertigt legitime Herrschaft - das ist derjenige Staatstyp, zu dem die modernen europäischen Staaten zu rechnen sind - ihren Machtanspruch einzig durch die Tatsache, daß die jeweiligen Mitglieder der Gesellschaft in ihrem Handeln von der Überzeugung ausgehen, daß der Staat in der Lage ist, rationale und effiziente Normen aufzustellen und die Beachtung dieser Normen zu garantieren. Empirisch feststellbar ist dieses Verhältnis zwischen Staat und Bevölkerung, wenn gezeigt werden kann, daß das (sinnhafte) Handeln der Bevölkerung von diesem allgemeinen Glauben an den Staat als Initiator und Garant von Normsetzungen geprägt ist.
Dieser Webersche Entwurf einer Staatssoziologie, der den Charakter des Verhältnisses zwischen Staat und Bevölkerung zum Kriterium für den Charakter des Herrschaftssystems selbst macht, ist meiner Meinung nach wie kaum ein anderer theoretischer Ansatz dazu geeignet, Sozialgeschichte als Gesellschaftsgeschichte zu analysieren - und dies, wie ich zu zeigen versuchen will, "sogar" dann, wenn es um die am wenigsten an Politik im traditionellen Sinn beteiligte, am schlechtesten organisierte und nur unwesentlich an der gesellschaftlichen Symbolproduktion beteiligte Gruppe geht: die Frauen.
Zwei Thesen sind es, die ich im folgenden vertreten möchte:1. daß die schlechten Lebensbedingungen im Deutschland des Ersten Weltkriegs und die Art und Weise, in der der Staat versuchte, mit diesem Problem umzugehen, zu einer Situation führten, in der die Mehrheit der Bevölkerung den legitimen Charakter des Staats immer mehr in Zweifel zog; dies hatte schließlich zur Folge, daß der überwiegende Teil der Bevölkerung den Staat nicht mehr als normsetzende Autorität anerkannte - und zwar nicht nur im Sinn eines Einstellungswandels, sondern manifest in seinen Handlungen; 2. daß in diesem Prozeß der Delegitimisierung den Arbeiterfrauen, d.h. den Arbeiterinnen und den nicht selbst lohnarbeitenden Frauen aus Arbeiterfamilien, eine wesentliche Rolle zukam.
In einem ersten Schritt werde ich die staatliche Bewirtschaftungspolitik zwischen 1914 und 1918 kurz darstellen, um im Anschluß daran auf die Subsistenzstrategien einzugehen, die die lohnabhängigen Frauen und Familien neben der bzw. gegen die staatliche Rationierung entwickelten und durchsetzten; in diesem Zusammenhang werde ich nach den Konzeptionen von Staat und Gesellschaft fragen, die diese Frauen durch ihr Verhalten und durch ihr Handeln zum Ausdruck brachten.

Bewirtschaftungspolitik

Als es Ende 1914 deutlich wurde, daß der Krieg keineswegs, wie anfangs angenommen, Weihnachten beendet sein würde, wurden Aktivitäten der Regierung erforderlich, um dem sich abzeichnenden Nahrungsmittelmangel vorzubeugen. Die erste, noch vor Ende des Jahres 1914 getroffene Maßnahme bestand in der Einführung von Höchstpreisen. Die Höchstpreispolitik sollte von jetzt an bis zum Ende des Krieges den wichtigsten Aspekt der staatlichen Bewirtschaftungspolitik ausmachen. Diese Politik der Preisfestsetzung litt jedoch an einem Dilemma, von dem sie sich auch in den folgenden vier Jahren nicht befreien konnte. Dieses Dilemma bestand darin, daß die Höchstpreispolitik zwei verschiedenen Zwecken zu dienen hatte, die sich - unter den Bedingungen der deutschen Kriegsgesellschaft - als unvereinbar erwiesen: Einerseits mußten die Preise für Nahrungsmittel hoch genug sein, um die Bevölkerung zu einem möglichst sparsamen Verbrauch zu zwingen. Andererseits mußten die Nahrungsmittelpreise niedrig genug sein, um eben dieser Bevölkerung den Glauben zu erhalten, daß der Staat Sachwalter einer gerechten Verteilung knapper Güter sei - ein Glaube, der unerläßlich war für die Aufrechterhaltung des Konsenses zwischen Regierenden und Zivilbevölkerung; die Reichsregierung und die preußische Staatsregierung - d.h. die beiden wichtigsten innenpolitischen Entscheidungsgremien - gingen gleichermaßen davon aus, daß ein länger andauernder Kriegszustand ohne diesen Konsens zum Kollaps des Systems führen würde.

Noch im Winter 1914/15 stellte sich heraus, daß es angesichts der schwindenden Nahrungsmittelvorräte nicht möglich sein würde, über relativ hohe Preise die erforderliche Streckung der Vorräte zu bewerkstelligen, ohne der Bevölkerung entsprechende Härten zuzumuten und damit deren Loyalität zu gefährden: Es mußte eine Entscheidung gefällt werden, ob den hohen Preisen als Mittel der Verbrauchsbeschränkung Priorität gegeben werden sollte oder ob relativ niedrige Höchstpreisfestsetzungen getroffen werden sollten, um der Gefahr allgemeiner Unzufriedenheit vorzubeugen, die möglicherweise in sozialen Protest einmünden könnte. Die Regierung Bethmann Hollweg und die Regierungen der einzelnen deutschen Staaten entschlossen sich zu dem zweiten Weg und damit für Höchstpreise, die fürs erste niedrig genug waren, um keine Verbrauchseinschränkungen zu erzwingen. Diese Höchstpreise wurden immer jeweils für diejenigen Nahrungsmittel eingeführt, die knapp zu werden drohten. Das führte bald zu zwei Folgeproblemen: Erstens bewirkte die Preiskontrolle bestimmter Nahrungsmittel einen Preisanstieg für diejenigen Produkte, die bislang noch außerhalb der Preisfestsetzungen blieben; zweitens schmolzen die Reserven an Nahrungsmitteln, die zu den relativ niedrigen Höchstpreisen abgegeben werden mußten, schnell dahin. Daraufhin mußten die Behörden im Verlauf der Jahre 1915 und 1916 immer stärker in den Nahrungsmittelmarkt eingreifen. Für zahlreiche Produkte wurden Kriegsgesellschaften eingerichtet, die Aufkauf und Verteilung zu regeln hatten, und die von ihnen kontrollierten Nahrungsmittel wurden rationiert, also nurmehr in bestimmten Mengen an die Verbraucher abgegeben. Dieses Verfahren begann beim Brotgetreide und erstreckte sich schließlich auf Mehl, Hülsenfrüchte, Gemüse, Fett, Fleisch, Butter, Margarine, Milch, Eier, Kartoffeln, Seefische, Zucker, Marmelade u.a.m. Die Konsequenzen dieser Politik erwiesen sich in allen Fällen als fatal ähnlich: Immer wenn für ein bestimmtes Produkt Höchstpreise und Rationierung eingeführt worden waren, stiegen Verzehr und Preise von anderen, noch nicht kontrollierten Lebensmitteln an; dies führte zu Höchstpreisfestsetzungen und Rationierung auch für diese bislang freien Produkte, allerdings auf einem immer höheren Preisniveau. 1916 gab es Höchstpreise und Lebensmittelkarten für nahezu alles, was eßbar war, inklusive Eicheln und Roßkastanien, doch war das meiste davon mittlerweile sowohl teuer als auch knapp.

Bereits seit 1915/16 führte diese Situation zu Versorgungsproblemen breiter Bevölkerungskreise. Deren beginnende Unzufriedenheit mit ihren schlechten Lebensbedingungen richtete sich nicht nur gegen die Landwirte und Kriegsgewinnler, sondern zuallererst gegen die Behörden: Diese hatten ja von Anfang an ihre Verantwortlichkeit für die Versorgung mit Nahrungsmitteln zu gerechten Preisen proklamiert, ohne dieser Aufgabe jedoch auch nur annähernd gerecht zu werden - dies war zumindest die Art und Weise, in der immer mehr Menschen das Problem sahen. Dieser Überzeugung, daß die Regierungen und Behörden ihren sozialen Verpflichtungen nicht nachkamen, gaben als erste und am nachdrücklichsten die Arbeiterfrauen Ausdruck - diejenigen also, die für die Versorgung der Familien verantwortlich waren und sich außerstande sahen, dieser Verantwortung nachzukommen.

Doch die Frauen beschwerten sich nicht nur; sie entwickelten ihre eigenen Strategien des Überlebens unter Kriegsbedingungen, und diese Strategien erwiesen sich nicht nur als fatal für die staatliche Bewirtschaftungspolitik, sondern als äußerst gravierend für das Verhältnis zwischen Staat und Bevölkerung insgesamt.

Strategien der Selbstversorgung

Je mehr sich die Bewirtschaftung von Nahrungsmitteln und Preisen verallgemeinerte, desto schneller versickerten die begehrten Konsumgüter im illegalen Schwarzmarkt, auf dem sich bald eine umfangreiche Tauschwirtschaft entwickelte. Das Geld verlor zunehmend seine Funktion als allgemeines Tauschmittel: Die ländliche Bevölkerung strömte in die Städte, um Butter, Fleisch und anderes gegen die benötigten Waren und Dienstleistungen umzutauschen. Der Kleinhandel beschäftigte sich immer weniger damit, gegen Geld zu verkaufen, sondern konsumierte seine Waren - wo diese sich dazu eigneten - selbst oder ging ebenfalls zum Tauschhandel über. Darüber hinaus existierte eine dritte große Gruppe von Schwarzmarktaktivisten, die bald zum Inbegriff der illegalen Konsumgüterwirtschaft werden sollte: die Hamster oder Hamsterer, also die städtische Bevölkerung, die sich trotz Verbots in Eigeninitiative Nahrungsmittel zu beschaffen versuchte. Einzelpersonen, Familien und ganze Horden zogen von Hof zu Hof, tauschten und kauften in völliger Mißachtung der Rationierungsvorschriften oder ernteten nachts die Felder und Bäume selbst ab. Diese Hamsterfahrten waren keineswegs ein Privileg der Begüterten: Arbeiterfamilien konnten in vielen Fällen auf ländliche Verwandte und Bekannte zurückgreifen und so ihr geringeres Budget durch Familien- und Freundschaftsbeziehungen kompensieren. In einigen Städten gab es am Wochenende einen solchen Ansturm von Arbeiterfrauen mit großen Körben und Taschen auf die Bahnhöfe - die Ausfallstore der Städte ins ländliche Umfeld-, daß immer wieder Stationen vorübergehend geschlossen werden mußten; zum großen Mißvergnügen der Behörden wurden vielfach extra "Hamsterzüge" eingesetzt, um den Andrang zu bewältigen. In der zweiten Kriegshälfte verschwanden Arbeiterinnen und Arbeiter immer regelmäßiger von ihrem Arbeitsplatz oder kündigten diesen gleich ganz, um Zeit und Kraft für diese Form der Nahrungsmittelbeschaffung zu bekommen - nirgends zeigt sich deutlicher als in diesen Fällen, daß Lohnarbeit aufgehört hatte, die effektivste Weise der Subsistenzsicherung in den Städten zu sein.

Die Rationierungspolitik integrierte schließlich sogar die massenhafte illegale Selbstversorgung in ihre Kalkulationen: Einige kleinere Städte erhielten aufgrund ihrer ländlichen Einbindung geringere Zuteilungen und der Bevölkerung dieser Städte damit die implizite Aufforderung, für den Rest selbst zu sorgen. Zeitgenössische Beobachter schätzten, daß etwa 50% aller kontrollierten Nahrungsmittel den Verbraucher auf illegalen Wegen erreichten. Stichproben erwiesen das große Ausmaß der illegalen Selbstversorgung: Überprüfungen der

Haushalte von 8 000 Werftarbeitern im Oktober 1917 ergaben, daß 7 000 von ihnen unter Umgehung der Rationierungsvorschriften genügend Kartoffeln eingekellert hatten, um über den Winter zu kommen. Und eine Tageskontrolle des Eisenbahnverkehrs in einer kleinen westdeutschen Stadt im Juni 1917 erbrachte circa 36 Pfund Butter, 421 Eier, 500 Pfund Mehl, knapp 30 Pfund Erbsen, 80 Pfund Kartoffeln, 42 Pfund Kalbfleisch und 12 Pfund Schinken aus den Traglasten der Hamsterer.

Die Kriminalstatistik der Kriegszeit - trotz der Tatsache, daß die Massenhaftigkeit von Delikten in ihr nicht voll zum Ausdruck kommt, da sie deren vollen Umfang wegen der geringeren Erfassungsintensität der Kriegszeit nicht widerspiegelt - zeigt, in welchem Ausmaß Frauen Delikte als normalen Weg der Selbstversorgung betrachteten: Während 1913 ungefähr 33 000 Frauen wegen Eigentumsdelikten veurteilt worden waren, war diese Zahl bis 1917 auf fast 66 000 gestiegen - das bedeutet einen Anstieg um 100%. Nicht nur die absolute Zahl der verurteilten Frauen stieg deutlich an, sondern auch der Prozentsatz der erstmals Verurteilten nahm zu. Die meisten der wegen Eigentumsdelikten verurteilten Frauen hatten entweder in Geschäften oder auf dem Land Nahrungsmittel mitgehen lassen oder sie waren bei Schwarzmarktgeschäften bzw. der Fälschung von Lebensmittelkarten und Bezugsscheinen ertappt worden.

Die Behörden sahen sich dem Problem gegenüber, daß ein großer Teil der Nahrungsmittel, die sie benötigten, um das Rationierungssystem aufrecht zu erhalten, auf Nimmerwiedersehen verschwand. Im Umgang mit diesem Problem hatten sie die Wahl zwischen zwei gleichermaßen schwierigen Alternativen. Um zu verhindern, daß immer mehr rationierte Waren illegale Wege gingen, hätten sie vor allem anderen die "Familienhamster" bekämpfen müssen, also die Frauen, die mit ihren Kindern und anderen Verwandten die ländlichen Gegenden leerkauften, -tauschten oder leerstahlen; denn von allen illegalen Versorgungsaktivitäten war es vor allem diese Invasion von hungrigen Stadtbewohnern, die ganze Landstriche - insbesondere solche in der Nähe größerer Städte - unfähig zur Ablieferung derjenigen Nahrungsmittel machte, mit denen die Rationierung betrieben wurde. Das hieß aber, daß in solchen Fällen die offiziellen Rationen für städtische Verbraucher, die ohnehin schon unter dem Existenzminimum lagen, noch weiter reduziert werden mußten. Der Teufelskreis war geschlossen: Je geringer die offiziellen Rationen, desto ausufernder die illegalen Versorgungsaktivitäten; je umfangreicher die illegale Selbstversorgung, desto knapper die Zuteilungen auf den Lebensmittelkarten. Andererseits aber würde eine wirksame Bekämpfung der "Familienhamster" einen großen Teil der Bevölkerung zum langsamen Hungertod verurteilt haben, da von den zugeteilten Rationen allein niemand leben konnte.

Unter diesen Umständen wagten es die Behörden nicht, die illegalen Versorgungsaktivitäten ernsthaft zu verfolgen. Und abgesehen von der Tatsache, daß es den Behörden nicht tunlich erschien, ihre eigenen Anordnungen durchzusetzen, erschien ihnen die Unterbindung des Hamsterns und des Schleichhandels darüber hinaus als nicht durchführbar: Es gab zu wenig Polizisten und anderes Überwachungspersonal, und es gab statt dessen einen deutlichen Widerwillen der Bevölkerung gegen derartige Maßnahmen. Dies zeigte sich bereits bei den bis dahin relativ halbherzig durchgeführten Beschlagnahmeaktionen und ähnlichen Sanktionen, mit denen die illegale Selbstversorgung eingedämmt werden sollte - Aktionen, die unter den davon Betroffenen, vor allem den Frauen, stürmische Proteste hervorriefen. Zum Grundtenor dieser Proteste wurde mehr und mehr, daß die betroffene Bevölkerung den Staatsorganen das Recht absprach, sich in ihre Methoden der Überlebenssicherung einzumischen; dies bedeutete, daß die Frauen und Familien nicht mehr davon ausgingen, daß staatliche Verordnungen, Verbote etc. beachtet werden müßten. Je akuter der Nahrungsmittelmangel wurde, desto mehr Menschen betrachteten sich als moralisch legitimiert, die

Rationierungsvorschriften oder andere Gesetze zu übertreten, um sich selbst die erforderlichsten Dinge zu beschaffen.

In gewisser Hinsicht übernahmen die Regierungen und Behörden - und dies halte ich für einen besonders wichtigen Aspekt der Entwicklung der deutschen Kriegsgesellschaft - diese Sichtweise der Bevölkerung. Während sie zu Beginn des Kriegs mit Rücksicht auf die Stimmung der Zivilbevölkerung zugunsten von Rationierung und Höchstpreiskontrolle entschieden hatten, entschieden sie sich nun - in der zweiten Kriegshälfte - wiederum mit Rücksicht auf die Stimmung der Bevölkerung dagegen, diese Bewirtschaftungspolitik wirksam durchzusetzen.

In internen Stellungnahmen beriefen sich die politisch Verantwortlichen, wenn es um die Legitimation ihrer Maßnahmen bzw. ihrer Rolle in der Gesellschaft allgemein ging, immer seltener auf die ihnen qua Amt verliehene Befugnis, Normen zu setzen und deren Einhaltung zu gewährleisten; statt dessen legitimierten sie ihre Verfahrensweisen zunehmend mit dem *"gesunden Urteil der Bevölkerung"* oder ähnlichen Argumenten - ein für das deutsche Kaiserreich revolutionärer Stilbruch im bürokratisch-gouvernementalen Denken! Eine der zahlreichen Quellen für diesen Einstellungswandel der Obrigkeit soll hier zur Illustration zitiert werden:*"In der Kriegszeit, in der das Urteil der Bevölkerung namentlich über die Behörden rascher und erregter ist wie sonst,"* instruierte im September 1917 der bayerische Innenminister seine Distriktspolizeibehörden, *"würde ein... Vorgehen (gegen die Familienhamster) nur allgemeine Erbitterung und, was sich ja auch schon öfter gezeigt hat, erst recht Widerspenstigkeit zur Folge haben, zugleich aber auch eine gewaltige Schädigung des Ansehens der Behörden selbst und des ganzen derzeitigen Staatswesens mit sich bringen, ohne daß schließlich mehr erreicht worden wäre, als ein inhaltsloser buchstabenmäßiger Vollzug. Zu einem solchen Vorgehen ist unsere Zeit wirklich zu schwer und die Stimmung der Bevölkerung, die ohnehin einer starken Belastungsprobe ausgesetzt ist, ein viel zu wertvolles Gut, denn sie hat entscheidende Bedeutung für den allgemeinen Willen zum Durchhalten... Die ganze Ausübung der Polizei muß heute mehr denn je ihrem Inhalt und der Form des Vollzugs nach eine allgemein einleuchtende und vernünftige sein, sie muß getragen sein von dem gesunden Urteil der Bevölkerung".*[2]Diese und ähnliche Stellungnahmen verweisen auf eine entscheidende Wandlung im Verhältnis zwischen Obrigkeit und Bevölkerung: In der zweiten Hälfte des Kriegs mußten Politiker und Verwaltungsbeamte mentale Faktoren in ihre Überlegungen einbeziehen, welche von nun an in einem bislang unbekannten Ausmaß entscheidend für die soziale Stabilität wurden. Alle zu treffenden Maßnahmen und für die Öffentlichkeit bestimmten Verlautbarungen mußten ab jetzt unter dem Gesichtspunkt konzipiert werden, ob sie geeignet waren, den Menschen Vertrauen in den Staat als Garant einer effizienten und gerechten Gesellschaftsordnung einzuflößen; ein Mißlingen dieser Überzeugungsarbeit konnte - ja, mußte angesichts der seit 1916 sehr kritischen Einstellung der Bevölkerung zur Aufkündigung des "Burgfriedens", also des Konsenses zwischen Herrschenden und Beherrschten führen.

Die den Behörden und Regierungen gestellte Aufgabe, die "Durchhaltebereitschaft" der Bevölkerung zu fördern, erwies sich als unlösbar. Denn seit 1915/16, als sich die Unzufriedenheit mit den alltäglichen Lebensbedingungen zuzuspitzen begann und zu den ersten Unruhen führte, entwickelte sich aus dem Alltagshandeln der Menschen, vor allem der Frauen heraus ein in diesem Umfang neues Kommunikationsmedium, das, ungelenkt und unlenkbar, kriegs- und staatskritische Nachrichten, Gerüchte und Parolen im ganzen deutschen Reich verbreitete. Dieser subversiven Gegenöffentlichkeit schenkten die Menschen weitaus mehr Glauben als den offiziellen Wirklichkeitskonstruktionen, wie sie in den zensierten Zeitungen und Heeresberichten abgedruckt wurden. Dieses spontane und unkontrollierbare Kommunikationsnetz überspannte bald das ganze Reich bis hin zu den Fronten und transportierte in vielfältigen Formen (die von Meldungen unterschiedlichster Art über eine reichhaltige Legendenbildung bis hin zu einer volkseigenen Kleinkunst reichten) überallhin ihr äußerst kritisches Bild vom Krieg und der Kriegsgesellschaft - ein Bild, das geeignet war, auch noch den letzten Rest von Vertrauen in die Obrigkeit zu unterminieren.

Dabei lag das kritische Potential der hier verbreiteten Meldungen keineswegs unbedingt in ihrem Realitätsgehalt, sondern zum Teil gerade in ihrer Abstrusität, die besonders geeignet war, den alltäglichen Irrwitz, der das Leben der Bevölkerung im Krieg bestimmte, gerade noch um ein Kleines zu überdrehen. Um nur einige Bespiele zu geben: Unter den besonders zahlreichen Meldungen, die sich mit der Unfähigkeit der Behörden auseinandersetzten, wurde in ganz Deutschland eine weitererzählt, die sozusagen eine bewirtschaftungspolitische Variante der Legende vom fliegenden Holländer war. Gesichtet wurde nämlich angeblich überall ein ganzer Eisenbahnzug voll fauler Eier auf seiner geheimen Fahrt zu einem unbekannten Ort, an dem dieser Beweis behördlicher Unfähigkeit verscharrt werden könne. Ein ähnliches Gerücht veranlaßte im März 1917 sogar den bayerischen Innenminister zu einem persönlichen Anruf in einem Bezirksamt, um herauszufinden, ob dort tatsächlich, wie behauptet, zur Zeit 800 000 Eier gehortet würden, weil der Kommunalverband darauf warte, daß die Million voll würde. Sehr häufig waren natürlich auch Meldungen über die militärische Situation; hier wußten, um nur ein Beispiel zu nennen, viele Gerüchte von deutschen Angriffen auf verschiedenen Frontabschnitten, die alle daran gescheitert seien, daß die deutschen Soldaten beim ersten feindlichen Proviantamt halt gemacht hätten und nicht weiter vorwärts zu bringen gewesen seien. Neben im engeren Sinn politischen Meldungen - so kursierte in Bayern gegen Ende des Krieges das Gerücht, die USA hätten der bayerischen Regierung vier Milliarden Mark geboten für den Bruch mit Preußen - gab es auch Meldungen eher alltagspolitischer Art, die aber nicht minder geeignet waren, Empörung zu erregen; so gab es große Unruhe unter den bayerischen Hundebesitzern, als das informelle Kommunikationsnetz verbreitete, das Münchener Generalkommando wolle alle Hunde notschlachten lassen.

Die wichtigsten Umschlagspunkte dieser subversiven Wirklichkeitskonstruktion waren - neben dem Briefverkehr zwischen Familienangehörigen an der Front und im Heimatgebiet, besonders demjenigen zwischen Ehefrauen und ihren eingezogenen Männern - die Menschenansammlungen, die durch die Kriegsverhältnisse immer wieder neu entstanden: In den Schlangen vor Läden, Amtsstuben und Anschlagtafeln, in den Eisenbahnabteilen, in denen sich Fronturlauber mit Frauen auf Hamsterfahrt trafen, tauschten die Menschen ihre Sicht von der Lage der Dinge aus. Und es waren allen voran die Arbeiterfrauen, die - zusammen mit den Fronturlaubern, die infolge ihrer Fronterlebnisse ebenfalls einen sehr geschärften Blick für die Mißstände in der Heimat entwickelten - an diesen Orten von behördlichen Beobachtern und V-Leuten beobachtet wurden, wie sie Horrorgerüchte verbreiteten über Berge von Nahrungsmitteln, die durch behördliche Mißstände verdarben, über Offiziere in den Etappengebieten, die die für die Ernährung der Frontsoldaten bestimmten Gelder verpraßten, während die Soldaten vor Hunger nicht mehr zu Angriffen auf die gegnerischen Linien bereit waren; über große Städte wie München u.a., wo die Leichen der Verhungerten schon mit Möbelwagen und Straßenbahnen abtransportiert werden müßten. Besonders häufig erzählten die Frauen Gerüchte von deutschen Kriegsgefangenen aus England oder anderswo weiter, die berichtet hatten, sie hätten im feindlichen Ausland tonnenweise deutsches Mehl, Fleisch etc. angetroffen, das von devisengierigen deutschen Kommunalverbänden verschachert worden wäre. Über diese Kanäle subversiver Kommunikation - über deren Inhalte wir so gut unterrichtet sind, weil die Militär- und Zivilbehörden seit 1916 das ganze Land mit einem

Netz von Beobachtungsstationen, V-Leuten und berichtspflichtigen Unterbehörden überzogen, um über die Volksstimmung auf dem Laufenden zu sein - wurden nicht nur Gerüchte und Legenden transportiert, sondern ganze volkstümliche Theorien über den Krieg und seine Ursache. So wurde beispielsweise 1917/18 kolportiert, daß - obwohl der Krieg schon lange für Deutschland verloren sei - die Herrschenden kein Interesse daran hätten, ihn zu beenden, weil sie der Ansicht seien, daß nur eine weitere Dezimierung der Bevölkerung einer Revolution vorbeugen könne. Andere Gerüchte behaupteten, Deutschland hätte bereits 1916 einen Waffenstillstand haben können, wenn die Kapitalisten dem nicht widersprochen hätten, weil ihre Rüstungsinvestitionen sich noch nicht amortisiert hätten.

Die Behörden begannen die informelle Kommunikation als wichtigstes Medium der "Verhetzung" der Bevölkerung zu fürchten. Sie erwies sich nämlich als weitaus zersetzender für den "Durchhaltewillen" als die kriegskritische Propaganda der organisierten Linken (USPD und Spartacus). Die Flut von Gerüchten, Legenden und Witzen radikalisierte, indem sie die Kritik an den Kriegsverhältnissen unzensierbar zum Ausdruck brachte und damit gleichzeitig verstärkte, die Zivilbevölkerung bis zu einem Punkt, an dem die allgemeine Unzufriedenheit sich in kollektiven Aktionen Luft machte. Die subversive Gegenpropaganda gab nicht nur den mentalen Hintergrund für die spontanen Demonstrationen und Aufläufe ab, die in der zweiten Kriegshälfte die deutschen Städte zu Nebenkriegsschauplätzen machten, sondern dieses inoffizielle Kommunikationsnetz lieferte auch die jeweiligen Anlässe dafür. Häufig nämlich begannen solche kollektiven Aktionen, wenn sie nicht direkt durch ausbleibende Lebensmittelzuteilungen etc. verursacht wurden, mit einem kursierenden Gerücht, das behauptete, in dem und dem Laden gäbe es Brot oder anderes ohne Marken. Daraufhin versammelte sich dann eine Menschenmenge, in der Regel vor allem aus Frauen und ihren Kindern bestehend, in der Nähe dieses Ladens oder vor Lebensmittelämtern oder Rathäusern. Dort begannen dann, wenn die Erwartungen nicht erfüllt wurden, Plünderungsaktionen oder spontane Protestzüge durch die Straßen; behördliche Fenster wurden eingeworfen oder auch schon einmal der und jener Amtsmann körperlich attackiert. Es war meist eine ganze Kettenreaktion sozialen Protests, die so in Gang kam. Darüber hinaus gaben viele solcher spontanen Aktionen wiederum Anlaß für weitere Gerüchte am selben Ort und anderswo, Gerüchte, welche ihrerseits die Stimmung weiter aufheizten; die heftigste Empörung - mit den entsprechenden neuen Protestaktionen - riefen dabei mehr oder weniger realistische Berichte über die Zahl der Toten und Verletzten hervor, die beim Eingreifen von Militär und Polizei angeblich auf der Strecke geblieben seien.

Stellvertretend für viele anderen möchte ich einen längeren Bericht über eine solche spontane kollektive Aktion hier zitieren. Er stammt aus der Feder eines preußischen Verwaltungsbeamten und gibt in unnachahmlicher Weise sowohl den Ablauf der Protestaktion als auch die Hilflosigkeit der Behörden ihm gegenüber wieder: Nachdem sich im August 1916 in Tangermünde die Butterverteilung um einige Tage verzögert hatte, versammelten sich am 17. August um 11 Uhr vormittags vor dem Rathaus ca. 100 Frauen; es handelte sich in der Mehrzahl um Arbeiterinnen der lokalen Konservenfabrik. Eine Gruppe von Frauen betrat das Rathaus und wollte den zuständigen Zweiten Bürgermeister sprechen. Sie erhielten die Auskunft, am 19. August käme Butter zur Verteilung." *Diejenigen Frauen, die dem Zweiten Bürgermeister zunächst standen und mit ihm sprachen, waren von der ihnen gewordenen Auskunft befriedigt, während die ferner stehenden Zwischenrufe machten;* er (der Zweite Bürgermeister) *ersuchte die ersteren, diesen Frauen den Sachverhalt mitzuteilen und sie zu beruhigen, was sie versprachen. Die Menge entfernte sich hierauf, einzelne sollen geäußert haben: `Heute nachmittag werden wir wiederkommen!` Die Menge wußte, daß nachmittags um 5.00 Uhr eine Magistratssitzung stattfinden sollte und wollte anscheinend die ankommen-*

den Magistratsmitglieder belästigen. Da die Sitzung aber aus besonderen Gründen ausnahmsweise schon um 4 Uhr begonnen hatte, gelang dies nicht. Tatsächlich sammelten sich nämlich zwischen 4 und 5 Uhr Menschenmengen an, die sich immer mehr durch halbwüchsige Burschen und Mädchen, auch Schulkinder verstärkten und bei mäßiger Schätzung um 7 Uhr wohl auf 1 000 Personen anwuchsen. Es wurde fortwährend geschrien und gejohlt; auch wurden beleidigende und höhnische Rufe auf die Behörden ausgestoßen und es hatte den Anschein, als wenn nicht mehr die Butterversorgung, sondern vielmehr die Lust am Skandal und am Unfug die Hauptrolle spielte. Gegen 7 Uhr trat der Zweite Bürgermeister vor das Stadthaus und teilte den nächststehenden Frauen nochmals mit, daß die Butterverteilung aus Gründen, die er ihnen ebenfalls mitteilte, erst am Sonnabend stattfinden könne. Auch diese Frauen erklärten sich mit der ihnen gewordenen Auskunft einverstanden; da aber die dahinterstehende Menge fortgesetzt schrie und johlte, so bat er die Frauen, den andern diesen Bescheid mitzuteilen und sie zu beruhigen, was sie versprachen, und entfernte sich in das Stadthaus. Zwischen 7 und 8 Uhr verminderte sich die Menge etwas - vermutlich nahmen die Leute ihr Abendessen ein - um gegen 1/2 9 in erheblich größerer Zahl wieder zu erscheinen und dann das Haus eines Vorstandsmitgliedes der Tangermünder Molkerei anzugreifen, in dessen Keller angeblich 8 Zentner Butter lagerten. Es wurden große Steine aus dem Rinnstein herausgerissen, andere Steine aus anderen Straßen, wo sie lagerten, geholt und gegen das Haus geworfen; bis abends um 11 Uhr waren sämtliche Fenster des Hauses eingeworfen, auch hatte man schon versucht, mit großen Steinen die Tür einzuwerfen. Die Polizeibeamten waren demgegenüber machtlos, mehrere wurden durch Steinwürfe leicht verletzt. Als der Zweite Bürgermeister um 7 1/2 Uhr das Stadthaus verließ, wurde er durch Bewerfen mit Honig tätlich beleidigt."

Schließlich wurde Militär herangeholt, und auf die Gerüchte von dessen Ankunft hin "steigerte sich die Erregung der Menge und die Angriffe auf das Haus wurden heftiger, so daß es erst nach einer halben Stunde dem Eingreifen der Truppen gelang, die Scharen zu verdrängen; sobald sie aus einer Straße vertrieben waren und die Soldaten sich umwandten, folgte ihnen die Menge und es bedurfte des Eingreifens der Landsturm-Kompagnie, um die Menge zu zerstreuen. Eine Anzahl von Personen wurde wegen groben Unfuges sowie Landfriedensbruch festgenommen. Als die Truppen anwesend waren, wurden Rufe ausgestoßen, daß sich die Zusammenrottung an denselben Tage und später, wenn es wieder keine Butter gäbe, wiederholen würde. Die zuerst nur aus arbeitenden Frauen bestehende Menge setzte sich abends hauptsächlich aus Frauen sowie jungen Mädchen und halbwüchsigen Burschen zusammen und leider auch einer großen Anzahl Schulkinder. Es hatten sich ferner eine Anzahl lichtscheuer Elemente eingefunden, die die Gelegenheit zum Skandal benutzten. Wenn auch die Zusammenrottung anfangs durch den Buttermangel veranlaßt war, so nahm sie doch im Laufe der Zeit den Charakter einer Demonstration an".[3]

Demonstrationen, Plünderungen und auch die körperlichen Angriffe auf lokale Behördenvertreter wurden so nach und nach für die Frauen zu einer "normalen" Artikulationsform von Protest. Darüber hinaus erwiesen sich diese kollektiven Aktionen auch als ein recht geeignetes Mittel zur Erzwingung höherer Rationen: Die Bevölkerung hatte nämlich ziemlich schnell heraus, daß in mehreren Fällen die nervös gewordenen Stadtverwaltungen durch kollektive Aktionen dieser Art veranlaßt werden konnten, wenigstens vorübergehend die Lebensmittelzuteilungen zu erhöhen. Diese zusätzlichen Lebensmittel besorgten sich die Behörden entweder auf dem Schwarzmarkt oder zweigten sie aus anderen Regionen ab, wo die Protestbereitschaft der Bevölkerung noch nicht so ausgeprägt zu sein schien. Beides zeitigte nun wieder seine eigene Folgeproblematik: Wo die Behörden Schwarzmarktgeschäfte tätigten und dies nicht geheim halten konnten, bestätigten sie die weitverbreitete Meinung, daß die Obrigkeit selbst sich nicht an ihre eigenen Vorschriften hielt; wo die Behörden Zuteilungsmengen aus anderen Regionen abzogen, erfuhr die dortige Bevölkerung dies nicht selten über das informelle Kommunikationsnetz und schloß daraus, daß sie nicht rechtzeitig selbst randaliert hatte - ein Versäumnis, das dann umgehend nachgeholt wurde. Solcherart verbreitete das informelle Kommunikationsnetz nicht nur das Wissen um die enge Verbindung zwischen kollektiven Aktionen und höheren Zuteilungen, sondern nährte auch immer sogleich den Verdacht, daß Engpässe in der Versorgung der eigenen Stadt durch sozialen Protest in anderen Gegenden verursacht worden sein könnte - ein Verdacht, der nicht dazu geeignet war, das Vertrauen in die jeweils eigenen lokalen Behörden zu stärken.

Dieses höchst komplexe und folgenreiche Beziehungsgefüge zwischen Politik und Verwaltung einerseits und der Stimmung in der Bevölkerung, vor allem unter den Arbeiterfrauen andererseits ließe sich an anderen Beispielen noch weiter illustrieren - besonders schlagend etwa an der Institutionalisierung staatlicher Propaganda in Reaktion auf die subversive Gegenöffentlichkeit. An dieser Stelle sollen nur noch einmal kurz die wesentlichen Punkte zusammengefaßt werden. Ich habe versucht zu schildern, wie die Bewirtschaftungspolitik und die Überlebensstrategien der Frauen und Familien sich gegenseitig konterkarierten, und wie die Bewirtschaftung der Lebensmittelversorgung unter diesen Bedingungen weder durchgeführt noch aufgehoben werden konnte. Um so weniger die Rationierungsvorschriften beachtet wurden, um so geringer wurden die offiziellen Zuteilungen und um so größer die Kritik an der Bewirtschaftungspolitik, am Staat und an der Kriegsgesellschaft generell. Schließlich wagten nicht einmal mehr die Behörden, auf ihrer Befugnis, allgemein gültige Normen zu setzen, zu bestehen: Gegen Ende des Kriegs nahmen auch sie, wie schon der überwiegende Teil der Bevölkerung, den Staat als eine Institution wahr, die nicht imstande war, Regeln mit einer gewissen Chance der Durchsetzung aufzustellen, weil dieser Staat zu seiner Legitimation mittlerweile weder auf seine Effizienz noch auf seine Akzeptanz in der Bevölkerung pochen konnte.

Andererseits war die Renitenz und kritische Einstellung der Bevölkerung dem Staat gegenüber nicht in der Lage, die Kriegsgesellschaft zu transformieren bzw. den Krieg zu beenden. Die Fähigkeit der Bevölkerung, ihre soziale und ökonomische Umgebung zu strukturieren, beruhte auf ihren spontanen kollektiven Aktionen und war gleichzeitig auf diese beschränkt; und kollektive Aktionen allein führten nicht zu den auf Staatsebene organisierten politischen Alternativen, die für eine einschneidende Umorganisation der Gesamtgesellschaft erforderlich gewesen wären. Das Ende des Kriegs wurde durch den militärischen Zusammenbruch Deutschlands herbeigeführt. Die Frauen hatten, indem sie den Rückhalt des kriegführenden Staats in der Bevölkerung so nachhaltig unterminierten, eine wesentliche Voraussetzung dafür geschaffen, daß dieser Zusammenbruch - der zur sogenannten Novemberrevolution führte - seinen ohne diese Vorgeschichte unverständlich raschen Lauf nahm. Der Einfluß der Frauen fand jedoch sein Ende mit dem Ende des Kriegs. In und nach der Novemberrevolution wurde die Austragung von Interessenkonflikten wieder mediatisiert und institutionalisiert. Die Parteien, vor allem die Sozialdemokratie, meldeten sich aus ihrer mehr als vierjährigen Schattenexistenz zurück - während des Kriegs hatten sie ja bekanntlich entsprechend dem berühmten Kaiserwort de facto nicht existiert, und zumindest *dieser* obrigkeitlichen Definition hatte auch die Wahrnehmung der Bevölkerung durchaus entsprochen. In den Parteien und Arbeiter- und Soldatenräten als neuen politischen Handlungsträgern waren die Frauen kaum mehr beteiligt. Um es etwas pointiert auszudrücken: Hatten die Frauen sich zwischen 1914 und 1918 vom gesellschaftlichen System emanzipiert, so emanzipierte sich mit dem Ende des Kriegs das System wieder von ihnen.

Anmerkungen

1 Volker Ullrich, Kriegsalltag. Hamburg im Ersten Weltkrieg, Köln 1982, S. 40.
2 Zit. nach Ute Daniel, Frauen in der Kriegsgesellschaft 1914-1918: Arbeiterfrauen in Beruf, Familie und innerer Politik des Ersten Weltkriegs, Diss. Bielfeld 1986, S. 269f. (Buchausgabe vorauss. Göttingen 1989)
3 Zit. nach ebd., S. 292f.

Marxistische Kritik
Die Zeitschrift für einen anderen Fundamentalismus

Themen der Nummer 5:
(151 Seiten / 10 DM)

1968: GLANZ UND ELEND DES ANTIAUTORITARISMUS. Das Alte an der Neuen Linken: Von der Scheinrevolte zur „Heimkehr in die Demokratie".

DER UNSICHTBARE SOZIALISMUS. Georg Lukacs als Ahnherr neulinker Harmlosigkeit: Von der Kritik zur Umbenennung der Wirklichkeit.

ZUSAMMENBRUCHS-THEORIE. Krisen-Archäologie: Henryk Grossmann als Leiche im Keller des Marxismus.

DIE ILLUSION DER „ARBEITERDEMOKRATIE". Der lange Marsch von der Oktoberrevolution in den bürgerlichen Repräsentativstaat.

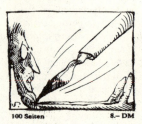

Initiative Marxistische Kritik, IMK (Hrsg.)

Robert Kurz

AUF DER SUCHE NACH DEM VERLORENEM SOZIALISTISCHEN ZIEL

Manifest für die Erneuerung revolutionärer Theorie

Verlag
Marxistische Kritik
Postfach 2111
8520 Erlangen

Sabine Behn

"...und die Mädels verbengeln und verwildern!"
Mädchen in der Jugendbewegung - Tradierungen und Abgrenzungen von weiblichen Rollenzuweisungen

Zu Beginn dieses Jahrhunderts schlossen sich erstmals Jugendliche in größeren Gruppen zusammen und begriffen sich als "Bewegung". Heute sind Jugendkulturen zu einer alltäglichen Erscheinung geworden - eine Tatsache, die leicht den Blick darauf versperren kann, daß die Jugendbewegung im deutschen Kaiserreich als etwas gänzlich Neues, Besonderes wahrgenommen wurde. Für die weibliche Jugendbewegung gilt dies in besonderem Maße. Mädchen lebten noch viel stärkeren Ansprüchen und Restriktionen unterworfen als die Jungen, so daß ihre Versuche, sich Freiräume zu verschaffen, stärkeres Aufsehen erregten. Die zentrale Fragestellung des folgenden Textes ist die nach Tradierungen überlieferter Weiblichkeitsbilder einerseits und Brüchen mit traditionellen Wertvorstellungen andererseits. Inwieweit übernahmen die Jugendbewegung im allgemeinen und die an ihr teilnehmenden Mädchen im besonderen die gesellschaftlich anerkannten Normen, an denen das Verhalten von Frauen gemessen wurde? Wo lehnten die Mädchen sich gegen diese oktroyierten Erwartungen auf, und wie erfolgreich waren sie bei ihren Versuchen, eigene Vorstellungen durchzusetzen?

In erster Linie beschäftigt sich der Beitrag mit den Mädchen in der bürgerlichen Jugendbewegung, da zu dieser sowohl Literatur[1] als auch Quellenmaterial[2] ergiebiger sind. Daneben gehe ich jedoch auch auf Mädchen ein, die sich in der Arbeiterbewegung engagierten, so daß Parallelen und Divergenzen sichtbar werden.

Der Untersuchungszeitraum umfaßt die Jahre von 1900 bis zum Beginn der Weimarer Republik. Die "Bündische Zeit" der Zwanziger Jahre, in der sich die Struktur der Jugendbewegung grundsätzlich änderte, wird im Rahmen dieses Textes nicht behandelt.

So selbstverständlich heute von der 'Jugend' - etwa als Lebensphase oder sozialer Gruppe - gesprochen wird, gilt es jedoch zu beachten, daß die Inhalte von 'Jugend' historischen Prozessen unterworfen und damit wandelbar sind. Unser Verständnis dieser Kategorie ist - geschichtlich gesehen - ein relativ neues.

'Jugend' in der vorindustriellen Gesellschaft läßt sich charakterisieren als eine länger ausgedehnte, in ihren Besonderheiten weniger hervorgehobene Lebensphase, die die meisten Heranwachsenden als Knechte oder Mägde in fremden Haushalten verbrachten. Sie endete im allgemeinen erst mit der Gründung eines eigenen Haushalts und der Heirat. Das tatsächliche Lebensalter wurde hingegen als zweitrangig betrachtet: Wer aufgrund fehlender ökonomischer Ressourcen sich nicht aus der hausrechtlichen Abhängigkeit lösen konnte, erreichte auch nicht den vollen Erwachsenenstatus.[3]

Im Laufe der Herausbildung der bürgerlichen Gesellschaft erfuhr die Lebensphase 'Jugend' eine neue Bewertung und Beachtung. In immer stärkerem Maße wurde sie als entscheidend für die Entwicklung der Persönlichkeit und für den späteren Lebensweg angesehen. Die Idee eines lebensgeschichtlichen "Schonraumes" für die Heranwachsenden begann sich durchzusetzen.[4] Galt die veränderte Definition und Sichtweise der Jugend zu Beginn nur in Teilen des Bürgertums im allgemeinen und nur für die männlichen bürgerlichen Jugendlichen im

besonderen, so setzte sie sich gegen Ende des 19. bzw. zu Beginn des 20. Jahrhunderts durch und erfuhr eine schichts- und geschlechtsübergreifende Ausdeutung.
Die Jugendbewegungen des deutschen Kaiserreiches konnten sich nur auf der Grundlage eines Bewußtseins von der Besonderheit der Lebensphase 'Jugend' entwickeln. Obwohl dieses Bewußtsein im Bürgertum stärker ausgeprägt war als in den Arbeiterschichten, setzte sich auch hier um die Jahrhundertwende das Konzept eines eigenständigen Jugendalters durch.[5]
Für Mädchen jedoch galten andere Voraussetzungen. Sie entwickelten in geringerem Maße als die Jungen außerhäusliche Handlungsräume, die als eine Basis des "Auslebens" der Jugendphase gesehen werden müssen. Die Bindung an Haus und Familie - die "Verhäuslichung" - stellte einen bedeutenden Faktor im Lebenslauf der Mädchen dar[6] und führte zu einem - im Vergleich zu den Jungen - eingeschränkten Erlebnisraum.
Die proletarische weibliche Jugend hatte in der Regel nur wenig freie Zeit zur Verfügung, da sie neben Berufstätigkeit meist noch stark in die Hausarbeit eingespannt war. Die bürgerlichen Mädchen hingegen lebten streng beaufsichtigt. Für sie stellte die Teilnahme an der Jugendbewegung oft die erste und einzige Möglichkeit dar, Erfahrungen in größeren Gruppen von Gleichaltrigen ohne Kontrolle von Seiten der Erwachsenen zu sammeln.[7] Die jungen Arbeiterinnen dagegen wuchsen längst nicht so behütet auf wie die "höheren Töchter", so daß die Jugendbewegung für sie nur eine Gelegenheit unter anderen darstellte, Gruppenerlebnisse zu erfahren.
Auch die Relationen zwischen Jungen und Mädchen deuten darauf hin, daß die Freizeitgestaltung 'Jugendbewegung' für die Mädchen des Bürgertums erheblich wichtiger war als für proletarische Mädchen. Während in der Arbeiterjugendbewegung 1908 nur 5 % der Teilnehmer weiblich waren,[8] machten die Mädchen im "Wandervogel, Deutscher Bund" einem der größten Bünde der bürgerlichen Jugendbewegung, 1911 schon über 27 % der Anhänger aus.[9]

Die bürgerliche und die Arbeiterjugendbewegung

Die bürgerliche Jugendbewegung des Kaiserreiches[10] entwickelte sich um die Jahrhundertwende aus den Kreisen Berliner Gymnasiasten. Erst kürzere, dann mehrtägige Wanderfahrten, mit denen man sich von den üblichen bürgerlichen Freizeitbeschäftigungen abheben wollte, bildeten den Rahmen und den wichtigsten Bestandteil der Kultur des so entstandenen "Wandervogel". Kochen am Holzfeuer, Übernachten im Heu, Wanderstiefel und "Regenhaut" stellten wichtige Rituale bzw. Requisiten dar, die die vermeintliche Absetzung von der Gesellschaft symbolisieren sollten. Dennoch ist die Jugendbewegung keinesfalls als Protestbewegung zu verstehen, sondern die sie gestaltenden Heranwachsenden verhielten sich in erster Linie eskapistisch: Sie begnügten sich mit der Flucht in Freiräume, in denen sie andere Lebensformen ausprobieren konnten. Die Suche nach einem "wahrhaftigen" Zugang zur Natur und nach "echter" Gemeinschaft resultierte aus der Wahrnehmung der modernen Zivilisation als materialistisches, technisiertes und individualisiertes Gesellschaftsgebilde. Rückgriffe auf vorindustrielle Kulturmuster wie Volkslieder und -tänze sind in diesem Kontext zu begreifen als Versuche zur imaginativen Rückgewinnung vergangener - idealisierter - gemeinschaftlicher Lebensformen.
Die verschiedenen Bünde des "Wandervogel"[11] bildeten den bedeutendsten und bekanntesten Teil der Jugendbewegung, es rechneten sich jedoch auch noch andere Organisationen dazu.[12]
Die Arbeiterjugendbewegung[13] entwickelte sich kurz nach 1900 an verschiedenen Orten

Deutschlands. Anlaß für die Gründung des "Vereins der Lehrlinge und jugendlichen Arbeiter Berlins und Umgebung" 1904 in Berlin bildete der Selbstmord eines Lehrlings, der von seinem Meister mißhandelt worden war. 1906 schloß der Verband sich mit anderen norddeutschen Arbeiterjugendvereinen zusammen. Die süddeutschen Organisationen vollzogen eine ähnliche Entwicklung.

Ziel der Arbeiterjugendbewegung war es, Bildungsmöglichkeiten zu offerieren und für die sozialen Interessen ihrer Anhänger einzutreten. Sie wandte sich u.a. energisch gegen körperliche Züchtigung von Lehrlingen, trat für die Herabsetzung der Arbeitszeit Jugendlicher ein und bemühte sich um die Einhaltung der gesetzlichen Schutzbestimmungen. Daneben machten Spiele und Wanderungen einen wichtigen Teil der Gemeinschaftsunternehmungen aus.

Die Arbeiterjugendbewegung sah sich ständig Angriffen von Seiten staatlicher Institutionen ausgesetzt. Aber auch die Sozialdemokraten kritisierten die Jugendorganisationen und versuchten erfolgreich, sie zu integrieren: 1908 beschlossen sie die Bildung einer zentralen Jugendkommission, der "Zentralstelle für die arbeitende Jugend Deutschlands", und von Jugendausschüssen. Eine selbständige zentrale Jugendorganisation stand ihrem Verständnis zufolge der Eingliederung des Nachwuchses in die Partei entgegen. Die Autonomie der Arbeiterjugendbewegung wich einer Organisierung durch Partei- und Gewerkschaftsfunktionäre. Erst nach dem Ersten Weltkrieg konstituierten sich Arbeiterjugendliche wieder zu selbständigen Organisationen.

Die bürgerliche und die proletarische Jugendbewegung gingen von verschiedenen sozialen Voraussetzungen aus und besaßen dementsprechend unterschiedliche ideologische Inhalte und Zielsetzungen. Während beispielsweise die bürgerlichen Heranwachsenden sich von jeglicher politischen Zielsetzung distanzierten, strebten die Arbeiterjugendvereine die Änderung der bestehenden sozio-ökonomischen Verhältnisse an. Dennoch lassen sich hinsichtlich der Lebensformen beider Bewegungen signifikante Gemeinsamkeiten feststellen.[14] Die von der Jugendbewegung vermittelten neuen Stile und Rituale waren für die Lebensgestaltung der Jugendlichen von großer Bedeutung. Von daher scheinen die Parallelen zwischen beiden Jugendbewegungen die ideologischen Differenzen zumindest verwischt zu haben: *"Stärker als durch gedankliche Inhalte wurde das jugendliche Bewußtsein durch die emotionalen Bezüge der Lebensformen beinflußt."*[15]

Die Mädchen

Obwohl ursprünglich sehr "jungenbetont", erwiesen sich die Bünde der Jugendbewegung auch für Mädchen attraktiv. Die Fahrten, die Naturerlebnisse und die neuen unbeaufsichtigen Gemeinschaftserfahrungen bildeten für viele Mädchen, oft Schwestern von begeisterten Wandervögeln, einen Anreiz, entweder in die jeweilige Ortsgruppe einzutreten oder eine eigene Gruppe zu bilden.[16] Als besonders bedeutsam empfanden sie neben den konkreten Aktivitäten die Möglichkeit, sich zeitweise von der strikten Kontrolle des Elternhauses zu lösen und den so gewonnenen Freiraum mit selbst entwickelten Lebensformen zu füllen. *"Wir protestierten alle gegen ein unausgefülltes, gegängeltes 'Höhere- Töchter-Dasein', strebten nach Eigengesetzlichkeit und Beruf"* (Hilde Sauerbier).[17] Die Fahrten galten daher als eine *"Brücke zum Selbständigwerden"* (Friederike Gehlhaar).[18]

Die Mädchen lernten durch die Teilnahme am Wandervogel selbständig zu agieren und erweiterten somit ihren Handlungsraum. In der Realität allerdings war die Entwicklung des

Mädchenwanderns mit erheblichen Schwierigkeiten verbunden. Viele der Jungen und jungen Männer wehrten sich gegen das "Eindringen" der Mädchen in "ihre" Bünde. In ihrem Selbstverständnis stellte der Wandervogel *"in allererster Linie eine Selbsthilfe der Jungen gegen die Gefahr der Verweichlichung und der Zerfahrenheit und der Blasiertheit..."* dar.[19] Anfangs bildeten die Mädchen meist reine Mädchengruppen, doch bald entstanden erste gemischte Wandergruppen. In dieser Frage kam es regelmäßig zu Auseinandersetzungen, die von der Furcht geprägt waren, daß *"...die Buben verweichlichen, ...die Mädchen dagegen verbengeln und verwildern"* könnten.[20]

Allgemein tendierten die Führer zur Trennung der Geschlechter auf den Fahrten, denn nur so war ihrer Meinung nach gewährleistet, daß Jungen und Mädchen ihrer Eigenart gemäß wandern konnten: Gewaltmärsche für die einen, leichte Wanderungen oder Spaziergänge für die anderen. Bei den übrigen Aktivitäten des "Wandervogel", z.B. Festen, Sing- und Tanzabenden, wurde das Zusammensein von Jungen und Mädchen dagegen befürwortet: Hier sollten sie ein *"ungezwungenes Miteinander"* lernen.

"Heute der Liederabend bei uns, wo die Buben und Mädel friedlich im Treppenflur zusammensaßen und sangen, war recht hübsch, neulich die gemeinsame Weihnachtsfeier im Walde, unsere Schifahrten, im Sommer das Johannisfeuer, wo Burschen und Mägdlein wacker durch die Flammen sprangen, das Waldtheater der Hanauer Ortsgruppe, kurz überall, wo gemeinsame Interessen vorliegen, da wäre es töricht zu trennen."[21]

Von den großen Wandervogel-Organisationen lehnte nur der "Wandervogel. Deutscher Bund für Jugendwanderungen" das gemeinsame Wandern nicht grundsätzlich ab, sondern überließ den Ortsgruppen die Entscheidung. Sowohl die offizielle Haltung der Bünde als auch die Mehrzahl der Beiträge in den Wandervogel-Zeitschriften richteten sich gegen gemischte Wanderungen. In der Regel bestanden die Bünde also aus getrennten Mädchen- und Jungengruppen. In mehreren Fahrtberichten ist jedoch von gemeinsamen Wanderungen oder Treffen von Mädchen- und Jungengruppen auf diesen Fahrten die Rede.[22] Offensichtlich hatten die Gegner der Koedukation zwar mehr Möglichkeiten, ihre Ansichten zu propagieren, konnten sich in der alltäglichen Praxis hingegen nicht in dem gewünschten Maße durchsetzen.

Die Jugendbewegung stellte eine signifikante Erweiterung der Aktionsmöglichkeiten der Mädchen dar. Erstmals traten sie in größerer Zahl aus ihrem traditionellen Handlungsraum, dem Elternhaus, heraus. Allerdings mußten sie häufig Widerstände in Schule und/oder Familie überwinden, wie aus vielen Berichten von Wandervogelmädchen hervorgeht:

"Natürlich erfuhr mein Vater sehr bald von unseren Wandervogelverrücktheiten, denn inzwischen gehörten auch meine beiden Schwestern zur Jugendbewegung. Es kostete jedesmal lange Kämpfe, bevor er uns die Erlaubnis gab, an einer Wanderung teilzunehmen, die länger als einen Tag dauerte. Übrigens leisteten die Väter der anderen Mädchen den gleichen Widerstand. Während mich früher jeder Zusammenstoß mit dem Vater schwer bedrückt hatte, fühlte ich mich jetzt durch die Auseinandersetzung in meiner eigenen Persönlichkeit bestätigt."[23]

Die ablehnenden Reaktionen verhinderten nicht, daß Mädchen weiterhin sich Räume zu schaffen suchten, in denen sie ohne Kontrolle durch die Erwachsenen eigene Lebens- und Umgangsweisen "ausprobieren" konnten. Dabei entwickelten sie z.T. eigene Vorstellungen, folgten also nicht nur den von den Jungen vorgegebenen Mustern. In einer Diskussion, die im August 1910 auf der Leserbriefseite einer Halleschen Zeitung geführt wurde,[24] kommt dies gut zum Ausdruck: Eine junge Frau, Charlotte II, schlug in der Ausgabe vom 17. August vor, eine *"Strandkompagnie"* in Halle zu gründen, womit sie *"eine Vereinigung von Mädchen* (meinte)..., *die in fröhlichem, lustigem Treiben am Strande umherschwärmen und sich auch vor ein wenig Wind und Regen nicht scheuen"* solle. Auf diese Anregung reagierte sofort der Ortsleiter des "Wandervogel" Halle mit väterlichem Ratschlag: *"Was Charlotte II vorschwebt, scheint uns sehr gut und nett werden zu können. Um Euch den Mut zu stärken, weisen wir Jungen von Halle Euch auf einen Bund hin, der unter der männlichen Jugend dasselbe bezweckt, was Ihr jetzt für Euch Mädel suchen wollt. Der Bund heißt 'Wandervogel'..."* In den folgenden Ausgaben finden sich weitere Leserbriefe von Mädchen, die sich gegen den "Wandervogel" aussprechen und betonen, eine *"Strand- bzw. Heidekompagnie"* gründen zu wollen: *"Wandern ist ja nicht zu verwerfen... Doch läßt sich Wandern eben nicht mit fröhlichem Spiel verbinden... Nun wählt, ihr Mädchen!"* Was sich aus der Auseinandersetzung heraus entwickelt hat, läßt sich leider nicht mehr feststellen.

Das Beispiel zeigt, daß auch Mädchen eigene Formen von Geselligkeit entwickelten. Diese Eigeninitiative stellte einen tiefgehenden Bruch mit den von Mädchen und Frauen erwarteten Verhaltensweisen dar.

Die Mehrzahl der an der Jugendbewegung teilnehmenden Mädchen übernahm jedoch den äußeren, von Jungen bzw. Männern geschaffenen Rahmen. Dabei fand eine latente Auseinandersetzung mit den gesellschaftlichen Vorstellungen von Frauenrollen und weiblichen Verhaltensnormen statt, die allerdings selten offen ausgetragen wurde. Sie wurde in den Zeitschriften der Bünde geführt, wobei zu beachten ist, daß sich hier größtenteils Führer/innen der Ortgruppen äußerten, deren Ansichten m.E. nicht als repräsentativ für die Gesamtheit der jugendbewegten Mädchen gelten können.

Weiblichkeitsbilder und Rollenzuschreibungen

Sobald die Mädchen begannen, sich an selbstbestimmte Freizeit heranzuwagen, fühlten sich die "Ideologen" des "Wandervogel" alarmiert. Bei aller Befürwortung des Mädchenwanderns sollte der durch die gesellschaftlich anerkannten Weiblichkeitsnormen vorgegebene Rahmen nicht verlassen werden. Das bedeutet, daß die jugendliche Autonomie, die die Wandervögel so überzeugend proklamierten, für die Mädchen nur mit Einschränkungen galt. Den Führern der Bewegung kam es darauf an, eine "mädchengerechte", weibliche Art des Wanderns zu entwerfen. Wurde solch ein spezielles Mädchenwanderwesen zwar in erster Linie von Männern gefordert, so ist dennoch nicht zu übersehen, daß auch Mädchen, insbesondere die - älteren - Führerinnen, entsprechende Argumentationen vertraten. Die Autoren der Artikel gingen im allgemeinen von einer angenommenen "natürlichen Andersartigkeit" der Frau aus, die als Grundlage eines dem weiblichen Wesen angemessenen Wanderkonzeptes angesehen und oft beschrieben wurde. Das liest sich folgendermaßen:

"Ein Junge will sich austoben, will springen, laufen, baden und schwimmen; - und es ist recht so! - Auf Mädchenfahrten geht es anders her. Das weibliche Gemüt ist viel empfänglicher für ein beschauliches Wandern. Man läuft nicht so weit, aber man wandert mit mehr Tiefe, mit mehr innerlichem Erleben. Landschaftliche Stimmungen, Sonnenuntergänge und vieles andere, wofür die Buben nicht die Auffassung haben, gestalten das Mädchenwandern so unendlich reich und schön. Dann das Tanzen, die Freude am Vorlesen; - das alles wirkt auf die zarter beseitete Mädchenseele viel reizvoller, als auf unsere wilden, stürmischen Buben. Stets wird man bemerken, wie die Mädchen, ihrer weicheren Gemütsveranlagung folgend, anders wandern und singen. Das Wort Stimmung muß bei ihren Fahrten immer wieder unterstrichen werden!" [25]

Hans Breuer, ein bekannter "Wandervogel"-Leiter, definierte 1911 in seinem richtungswei-

senden "Teegespräch", einer fiktiven Unterhaltung erwachsener "Wandervogel"-Führer, Eigenschaften wie Durchsetzungsvermögen, Unternehmungsgeist, Mut als eindeutig männlich und betonte bei den Mädchen neben den *"grazilen Körperformen"* ihre typischen Gefühle wie *"Eifersucht, ...Schwärmerei und Furchtsamkeit"* und ihr besonderes Interesse: *"Wer das seltene Glück hat, an ein Mädchentagebuch heranzukommen, der wird finden, daß sich ihr Interesse instinktiv um alles, was zur Häuslichkeit gehört, gruppiert!"*[26]
Anmut und Zierlichkeit, Empfindsamkeit und Affektivität sowie Irrationalität sollten Erscheinungsbild und Wesen der Frau im Gegensatz zum Mann auszeichnen. Die enge Verbindung von Charaktereigenschaften und biologischem Geschlecht in Breuers Traktat ist augenfällig. Allerdings klingt zwischen den Zeilen die Furcht durch, die angeblich doch mit der Frau untrennbar verbundenen weiblichen Eigenarten könnten sich im Zusammensein von Mädchen und Jungen verändern. Mit *"Mischgewächsen und Halbgeschöpfen"* als schrecklicher Folge eines zu engen Kontaktes der Geschlechter wäre zu rechnen.
Interessant ist, daß Breuer die Jungen als *"noch nicht Erwachsene"*, die Mädchen dagegen primär als Frauen betrachtete. Die Geschlechtszugehörigkeit prägte den - männlichen - Blick auf die Mädchen viel stärker als die Tatsache, daß sie ein Teil der Jugend waren. In ihnen sahen die jungen Männer in erster Linie ihre zukünftigen Gattinnen. So heiratete Breuer auch wenig später eine junge Frau, die er im Wandervogel kennengelernt hatte. Es erscheint nur logisch, daß bei den postulierten Geschlechtsunterschieden die *"rauhen Klotzfahrten"* der Jungen nicht das passende Konzept für Mädchenwanderungen sein konnten. Dieser Meinung waren auch viele der Führerinnen, die, von den bürgerlichen Weiblichkeitsvorstellungen und -idealen ausgehend, eine dem "natürlichen Wesen" entsprechende Art des Wanderns forderten:
"Das 'Klotzen' überläßt den Jungen. Wie unschön ist das Wort und wie schlecht paßt es zu uns. Beobachtet doch recht genau, wie viele von uns gehen. Der Blick ruht auf dem Boden, der Gang ist schwer. Sind nicht unsere anmutigsten Tänzerinnen diejenigen, die wenig tragen? So packt euren Rucksack leicht, nicht schwerer als 10 Pfund. Zieht euch leicht und schön an. Das gibt ein ganz anderes Gefühl beim Gehen... Wenn das geschieht, werden wir auch beim Wandern Mädchen sein."[27]
Diese Ratschläge machen deutlich, welche potentielle Gefahr in den Ansätzen von Selbstbestimmung und eigener Freizeitgestaltung, die die Wandervogelmädchen erreicht hatten, gesehen wurde. Die häufigen Ermahnungen deuten darauf hin, daß (zu) viele Mädchen sich nicht mehr den gesellschaftlichen Normen gemäß verhielten. Eltern, Schule, aber auch viele Führer/-innen übten eine starke soziale Kontrolle aus, die weitgehend sicherstellte, daß in der Jugendbewegung weibliche Tugenden wie Anmut und Emotionalität sowie die Bindung an Haus und Familie kultiviert wurden.
Die Wanderfahrten sollten in diesem Kontext nicht Freiräume zur Erprobung neuer Lebensformen darstellen, sondern der Entfaltung weiblicher Charaktereigenschaften und der Erlernung hausfraulicher Fähigkeiten dienen. Tätigkeiten wie Kochen oder Tanzen, Singen und Zeichnen wurden in Berichten von und Aufrufen zu Mädchenfahrten besonders betont: Sie stellten den Bezug zum späteren Bereich des Mädchens - Haus und Familie - dar. Die Wanderungen selbst sollten ein besonderes Gefühl zur Natur wecken und die Gesundheit der Mädchen fördern, denn *"der Staat braucht nicht nur kraftvolle Krieger, ...sondern auch gesunde Mütter und Erzieherinnen eines neuen Geschlechts."*[28]
So überrascht es nicht, daß die Landheime[29] hervorragend geeignet schienen, den Mädchenfahrten einen anderen Stil zu geben. Sie boten eine optimale Lösung, den Verzicht auf Gewaltmärsche und die Einübung häuslicher Tugenden zu verbinden:
"...da lernen die Mädchen alle die Tugenden, die gerade sie später im Leben brauchen, sie

lernen, ein Haus, ein Heim gemütlich zu machen, seine Mauern mit schöner Harmonie und Lebensfreude zu füllen, sie lernen Häuslichkeit, Verträglichkeit, Wirtschaftlichkeit und haben auch auf täglichen Streifzügen, auf denen kein schwerer Rucksack ihre Bewegungen hemmt, die Vorteile des Wanderns nach ihrer Art... Man wird ihre Sonderinteressen zu nähren haben, ihnen Einblick geben in die Haushaltungen in Stadt und Land, in deren wirtschaftliches Getriebe, in Kinderpflege und Erziehung auf dem Lande, Krankenwartung und manches andere!" [30]

Die Landheime, gedacht als Erweiterung der gesamten Wandervogelkultur, erwiesen sich u.a. als eine Möglichkeit, das Mädchenwandern in die gewünschten Bahnen zu lenken. Obwohl die meisten Fahrtberichte der Mädchen Wanderungen zum Inhalt hatten, war das Landheim augenscheinlich auch recht attraktiv. Hier stellt sich die Frage, ob sich die skizzierten Absichten Breuers und der übrigen Führer erfüllten oder ob noch andere Faktoren wirksam waren. Der aufschlußreiche Rückblick von Luise Riegger deutet sie an:

"...sie (die Mädchen) erlebten aber auch ihren eigenen Wert. Das Landheim gab Zeugnis von weiblicher Fürsorge, beim Fest wurde ihre Hilfe gesucht. Und bald begriffen sie verwundert, beglückt ihre Macht benutzend, daß ihr Wille den Ton und die Sitte in der Gruppe bestimmte." [31]

Das Landheim bot den Mädchen eine Art "eigenes Reich", das ihnen die Jungen gerne zugestanden, in dem sie also ohne ständige Kämpfe selbst bestimmen und kreativ sein konnten. Während die Wanderungen und die zugehörigen Rituale ursprünglich als Ausdruck einer Jungenkultur galten - und somit die Mädchen entweder zu Übernahme oder bewußter Ablehnung aufforderten -, konnten sie die Landheime ungestört gestalten, da sie damit innerhalb des der Frau zugewiesenen Bereiches blieben.

Die Mädchen sahen sich ständig gezwungen, ihre Begeisterung für den und die Teilnahme am "Wandervogel" zu verteidigen und zu demonstrieren, daß sie weder kindisch noch aufgeputzte junge Damen waren, die die Jugendbewegung verweiblichen würden. "Rechte Wandervogelart" mit "rechter Weiblichkeit" zu verbinden, war ein hoher Anspruch und gleichzeitig eine an männlichen Kategorien orientierte Forderung, die nicht von den Lebensbedingungen der Frauen ausging.[32]

Die Widersprüchlichkeit der an die Mädchen gestellten Erwartungen kommt in verschiedenen Aufsätzen zum Ausdruck:

"Das Gefühl für unser eigentliches, eigenstes Wesen ist uns verschandelt worden. Auf der einen Seite durch das ewige Zurechtstutzen und -putzen nach dem stereotypen Ideal 'zarte Weiblichkeit', darin alles eigene, kraftvolle Leben zu ersticken drohte. Auf der anderen Seite durch das wirtschaftlich oder überhaupt kulturell bedingte Hineingezogen werden in ausgesprochen männliche Bildung und männliche Arbeit." [33]

Einen Weg zu finden und durchzusetzen, der von den eigenen Interessen und Bedürfnissen ausging, erwies sich als äußerst schwierig.

Die "Kleiderkultur"

Die "Kleiderfrage", die über Jahre hinweg ein aktuelles Thema blieb, bildet ein gutes Beispiel zur Illustrierung des Umgangs der Mädchen mit den an sie gestellten Erwartungen.

In der Anfangsphase des Mädchenwanderns erwies sich die Entwicklung neuer Kleider als Notwendigkeit, denn *"mit einem Schleppenkleide, sowie mit Pariser Stiefelchen, die vorne spitz auslaufen und in der Mitte des Fußes einen langen, dünnen Absatz haben, kann man*

natürlich keine Wanderungen unternehmen."[34]
Die Ablehnung der üblichen einengenden Mode - Beispiel Korsettkleider - und die Entwürfe einer eigenen, den Bedürfnissen angemessenen Kleidung standen in engem Zusammenhang mit der Absetzung von Konventionen und bürgerlichen Verhaltensweisen. Die selbst geschaffenen Kleider galten als Symbol für die Abgrenzung von der Gesellschaft. Aber die Forderung, in Turnhosen zu wandern und höchstens in der Stadt, zur Beruhigung der Spießbürger ein Kleid darüber anzuziehen,[35] wurde innerhalb kurzer Zeit von der Ästhetik der Wandervogel-Kleidung verdrängt. Jeder Artikel zu dem Thema verband seine Ratschläge an die wandernden Mädchen mit der Aufforderung: *"Auch ihr habt die Pflicht, euch als Wandervögel zu schmücken"*.[36]

Die Kleiderfrage nahm einen hohen Stellenwert bei den Versuchen der Mädchen ein, sich mit den an sie gestellten Erwartungen auseinanderzusetzen und ihre eigene Position innerhalb der Jugendbewegung herauszuarbeiten. Zwei Komponenten bestimmten die Diskussion: Einerseits galt die Wandervogelzunft als sichtbares Zeichen der Befreiung von den Fesseln der zeitgenössischen Modeideale, andererseits unterlag auch sie schnell den Weiblichkeitsvorstellungen, die im "Wandervogel" übernommen wurden. Sowohl männliche als auch weibliche Führer ließen nicht nach in ihren Bemühungen, den wandernden Mädchen deutlich zu machen, daß die Teilnahme an der Jugendbewegung keinesfalls eine Loslösung von Rolle und Erscheinungsbild der Frau bedeutete. Zwar distanzierten sie sich von den in der Gesellschaft vorherrschenden Kleidungsrichtlinien, viele Frauen versprachen sich jedoch gleichzeitig mehr Anerkennung durch Anpassung an die gültigen Weiblichkeitsnormen, wie beispielsweise Elisabeth von Pustau:

"Macht es den Bäumen und Blüten nach, schmückt euch mit holder Zier, aber verunstaltet euch nicht und beleidigt eure Gastgeber nicht durch solche Derbheit... Noch ein Wort über unsere Kleider... Meintet ihr wirklich, solche Eigenkleider zu tragen, wenn mehr als die Hälfte von uns angetan war mit einem Gewande runden oder viereckigen Ausschnittes, irgendeiner Borte drum herum gestickt oder gehäkelt, sonst lose herunterhängend, höchstens durch irgendeine Schnur zusammengehalten? So kamen unzählige - der einzige Unterschied war, daß eine knallblauen, eine brandroten, eine leuchtend gelben oder grünen Stoff genommen hatte. Nur ganz wenige hatten feine, weiche, unaufdringliche Farben oder geblümte Stoffe, und die wirkten wahrhaft wohltuend unter all den schreienden Kleidern."[37]

Ein anziehendes Äußeres war weiterhin Voraussetzung für Bestätigung innerhalb der Bewegung. Auch die Kleiderreform blieb diesem Grundsatz verpflichtet. Nachdem die Bauernkleider als disharmonische Übernahme fremden Kulturgutes abgelehnt wurden, begann die Zeit der sogannnten 'Eigenkleider', die jedoch, wie der oben zitierte Aufruf verdeutlicht, strengen Richtlinien unterworfen waren. Unkonventionelle Stilelemente, die als nicht mädchenhaft galten, stießen auf Widerspruch. Die soziale Kontrolle, der die Äußerungen der Mädchen unterlagen, erwies sich als stark genug, um alle Experimente im Rahmen zu halten.

Die Anforderungen an die Mädchenkleidung waren hoch: Sie sollte *"Strapazen aushalten"* und *"bequem sitzen"*, aber dennoch ordentlich und hübsch anzusehen sein, auch nach mehrtägigen Fahrten. Vor allem mußte sie sich originell und abwechslungsreich zeigen: *"Wir wollen uns aber vor zu großer Einförmigkeit schützen, denn uniformiert sind wir lange genug gewesen."*[38]

Die starke Betonung der Eigenkleider bot den Mädchen die Möglichkeit, einen eigenen Stil zu kreieren, denn *"ein Kleid kann viel von dem Menschen erzählen, der darin steckt, nun gar das Aussehen einer ganzen Horde"*.[39] Wie schon bei den Landheimen, investierten die Mädchen auch bei der Kleiderfrage viel Energie und Kreativität in ein typisch weibliches

Gebiet. Hier konnten sie Neues schaffen, ihre Neigungen ausdrücken und auf diese Weise ihre Auseinandersetzungen mit den Konventionen führen, ohne einen Bruch mit gesellschaftlichen Institutionen zu riskieren.

Es sollte in diesem Kontext nicht übersehen werden, daß die von der Jugendbewegung entwickelten Kleider dennoch innovativen Charakter aufwiesen. Die Betonung des Praktischen, Natürlichen und Freien stand in direktem Gegensatz zu den anerkannten Modeidealen. Man sollte nicht die Protestwirkung unterschätzen, die von der selbstgeschaffenen Kleidung ausging. Das Gefühl, den eigenen Stil durchgesetzt zu haben, gab den Mädchen ein neues Selbstbewußtsein gegenüber ihrer Umwelt.

Die Wichtigkeit, die den Eigenkleidern beigemessen wurde, macht den Anspruch der jungen Frauen auf Individualität sichtbar. Es wird deutlich, daß sich ein stärkeres Bewußtsein individuellen Erscheinens und Handelns entwickelte.

Selbsteinschätzung der Mädchen

Die bisherige Untersuchung beruht in erster Linie auf Artikeln in den "Wandervogel"-Zeitschriften, die sich mit der "Mädchenfrage" auseinandersetzen. Als interessant und aufschlußreich erweist sich ein Vergleich dieser normativen Aufsätze mit den Fahrtbeschreibungen der Mädchen: Widersprüche zwischen den an sie gestellten Ansprüchen und der eigenen Lust an "unweiblichen" Aktivitäten werden sichtbar. Aus den Schilderungen ist herauszulesen, daß der subjektiv erlebte Freiraum größer war, als die Artikel der Wandervogel-Oberen vermuten lassen - die ständigen Ermahnungen sind von daher als Reaktion auf das Verhalten der Mädchen zu sehen, das offensichtlich zu "ausbrecherische" Züge annahm.

Ordentliche, hübsche Kleider scheinen auf den Wanderungen keine große Rolle gespielt zu haben. Eher klingt Stolz aus den Erzählungen, wenn man sich vom Bild des braven Mädchens entfernt hatte. *"Da liefen wir über Wiesen und jagten uns, sprangen über Bäche und gerieten in Sümpfe, daß das Wasser hoch aufspritzte, die Haare flogen und der Wind zerrte an allem. Zwei knallend rote Sweater leuchteten in der gelbgrünen Wiese..."*[40] Von Kleidern in weichen, feinen, unaufdringlichen Farben, wie Elisabeth von Pustau sie forderte, war die Autorin dieser Beschreibung offenbar nicht angetan.

Neben Tanzen und Singen, den allgemein für die Wandervogel-Mädchen geschätzten Aktivitäten, begeisterten sich viele für Toben und Herumtollen, ohne auf die möglichen negativen Reaktionen Rücksicht zu nehmen. So stand für die Verfasserin des Berichtes über das Jungwandervogel-Kreistreffen von 1918 der Völkerball im Mittelpunkt der gesamten Begegnung, und sie verband ihre Beschreibung mit der Aufforderung: *"Seid so froh und so wild auf Fahrten, wie ihr könnt!... Und laßt nur ruhig die Leute kommen, die da sagen: ihr seid ja verbengelt! Lacht und sagt: Na, wenn schon!"*[41]

Die Mädchen legten Wert auf ihre Robustheit und zeigten sich gekränkt, wenn sie aufgrund ihres Geschlechts von Unternehmungen ausgeschlossen wurden: *"Wir durften ja doch nicht an Kriegsspielen teilnehmen, es war uns nur erlaubt, Zuschauer zu sein... Wir Mädels wurden gnädigst von den Nachrückenden mitgenommen, so ungefähr als 'Bagage', wie der Deutsche sagt."*[42]

Aus den Schilderungen der Wanderfahrten geht hervor, daß viele Mädchen selbstbewußt zu ihrem auffallenden Aussehen standen und dem Unverständnis ihrer Kritiker mit Selbstvertrauen und Ironie begegneten. *"Zu bedauern ist nur, wie jemand, der in der Sache steht, es unerhört finden konnte, daß Mädel so allein ohne Geleitsmann in der Welt umherzogen. Es*

müßte dann wenigstens eine verheiratete Dame dabei sein, die die Verantwortung übernehme. Na, der 'Ehering' schützt uns auch nicht. Wir können ja auf der nächsten Fahrt solch' billiges Möbel mitnehmen. Wenn es nötig ist, steckt ihn die Würdigste an den Finger."[43]
Die Bezeichnungen, die sie zu hören bekamen - *"Amazonenweiber"*,[44] *"zivilisierte Zigeuner"*, *"Altejungfernklub"*[45] bestätigten ihr Bewußtsein, sich von den bürgerlichen Verhaltensnormen abgesetzt zu haben und wurden folglich nicht als Kränkung, sondern als Bekräftigung ihres Andersseins empfunden.
In vielen sie direkt betreffenden Bereichen bewiesen die Mädchen Selbständigkeit und Selbstvertrauen. Sie ließen sich ihr Verhalten nicht vorschreiben, sondern entwickelten eigene Vorstellungen. Sie bestimmten alleine, ob sie im Heu übernachten wollten oder im Landheim, wie lange und wohin sie wanderten, welche Kleidung ihnen passend erschien.
Die Mädchen nahmen die Auseinandersetzung mit den von den Männern vertretenen Weiblichkeitsbildern auf. Z.B. zeigt sich dieser Konflikt in den Reaktionen auf Breuers "Teegespräch": Selbstbewußt greift eine Bonner Mädchengruppe die Buben als *"stumpfsinnige Kilometerfresser"* an und reklamiert angeblich männliche Eigenschaften wie Tatkraft und Mut für die Mädchen.[46] Überhaupt setzten die Mädchen sich konkret mit der ihnen zugewiesenen Frauenrolle auseinander. Auch im Zusammensein mit den Jungen versuchten sie, sich durchzusetzen und sich den ihnen traditionell auferlegten Pflichten entgegenzustellen. Ein anschauliches Beispiel bieten die Konflikte im Nest[47] des Steglitzer "Wandervogel", das von den Jungen- und Mädchengruppen gemeinsam genutzt wurde. Im Nestbuch sind die Kämpfe um Aufgaben wie Putzen oder Aufräumen gut dokumentiert:
"Grosse Anklage! An die Jungens!
Ihr seid eine treulose Bande. Seit den Oktoberferien sind die Lampen noch nicht in Ordnung gebracht, so daß wir beim Stricken immer bei einer finsteren Ölfunzel sitzen müssen. Außerdem fegt Ihr nie aus, wenn Ihr fortgeht. Die Bank liegt auf der Erde und das Kissen daneben - die Kriegskarte hängt so hoch, daß die wenigsten sie sehen können.
Bessert Euch! Die Mädchen." [48]
Die Mädchen lehnten die klassische Rollenverteilung, die die Jungen für selbstverständlich hielten, in vielen Punkten ab.
Später stieß der den jungen Frauen auferlegte Auftrag, durch weibliches Wirken die Soldaten im Feld zu unterstützen, auch nicht überall auf begeisterte Zustimmung:
"Was Ihr denkt! Ihr habt doch Zeit dazu! (Zum Putzen)
Wir müssen stricken, stricken und nochmal stricken!"[49]

Schlußbetrachtungen

Die Mädchen waren stolz auf ihr Wandervogelleben und brachten dieses Gefühl in vielen Berichten und Aufsätzen zum Ausdruck. Daneben betonten sie die essentielle Bedeutung dieser Jugendorganisation für ihr Leben und ihre Entwicklung zu selbständigen, durchsetzungsfähigen Menschen. Für die Teilnahme am gesellschaftlichen Leben erschienen ihnen die durch den "Wandervogel" gesammelten Erfahrungen unerläßlich.
Margret Hahlo faßte ihren persönlichen Gewinn durch das Wandervogelsein wie folgt zusammen:
"Es weckte in uns, was weiter brach gelegen hätte, wie es nie vorher im Mädel geweckt war: Kühnheit und Wagemut, Verlassenkönnen auf eigene Kraft, Selbständigkeit, Treue gegen den Kameraden, objektiver urteilen zu lernen, weil wir reifer wurden durch Sehen und Verglei-

chen, weil wir andere Art sich bewähren sahen."[50]
Besonders die neugewonnene Selbständigkeit empfanden die Mädchen als bedeutenden subjektiven Gewinn. Die Ansätze zur Überwindung der festgelegten Frauenrollen und der starren Weiblichkeitsbilder erschienen vielen Frauen als weitere Leistung, die ihnen die Teilnahme am "Wandervogel" ermöglicht hatte. Ein neues Selbstbewußtsein aufgrund der Erfahrungen in Gruppenleben und autonomer Freizeitgestaltung gehörte zu den wichtigsten Errungenschaften der weiblichen Jugendbewegung.
Diese subjektiven Gewinne lassen sich als ein Bewußtsein der eigenen Möglichkeiten, das Leben zu gestalten, bezeichnen:
"Wir für uns wissen jetzt, wie wir Mädchen unsere Jugend frei und stark verleben können, wo die ersten Grundlagen dazu liegen."[51]
Im Selbstverständnis der Mädchen der Jugendbewegung war diese also ein Antrieb, der ihnen die Entfaltung einer eigenen Persönlichkeit ermöglichte. Im Freiraum Jugendbewegung lernten die Mädchen ihrer eigenen Einschätzung nach erstmals selbstverantwortliches Handeln.
Zusammenfassend läßt sich feststellen, daß, abseits von der an den traditionellen Weiblichkeitsnormen orientierten Ideologie der Jugendbewegung, die konkreten Erfahrungen der Mädchen oft nicht in den gesellschaftlichen Normenkatalog passende Eigenschaften wie Selbständigkeit und Selbstbewußtsein förderten.
Immerhin ähnelten sich die Aktivitäten von Jungen und Mädchen im "Wandervogel" weitgehend - in der Praxis fand also eine Angleichung statt. Die Propagierung des Landheimaufenthaltes für wandernde Mädchengruppen ist in diesem Kontext als ein Versuch zu werten, die ausbrechenden Mädchen zurückzuholen. Diese und andere Anstrengungen, Abweichungen von weiblicher Seite zu verhindern (die nicht völlig erfolglos blieben), veranschaulichen die Abwehrreaktionen auf die ihren traditionellen Rahmen verlassenden Mädchen.
Ideologie und reale Erscheinungsebene in der Jugendbewegung divergierten. Der Tradierung bürgerlicher Vorstellungen stand eine von Neuorientierungen geprägte Praxis gegenüber. Viele Mädchen lebten in einem dauernden Widerspruch: Konfrontiert mit den alten Ansprüchen und Erwartungen, lebten sie jedoch in einer veränderten Realität, in der ihnen größere Freiräume zur Verfügung standen als in früheren Zeiten. Sie waren die erste Mädchengeneration, die zwar der bürgerlichen Weiblichkeitsideologie nicht widersprach, ihr jedoch zum Teil andere Lebensformen entgegensetzte. Diese stellten eine Provokation für die Gesellschaft zu Beginn des Jahrhunderts dar. Obwohl sich die Absetzung vom traditionellen Lebensentwurf auf die Jugendphase beschränkte, sollte man die innovative Wirkung nicht unterschätzen, die von einer Gruppe alleine wandernder, zerzaust aussehender Mädchen ausging. Diese stellte ungefähr anderthalb Jahrzehnte später Luise Riegger heraus:
"Man hat oft verächtlich oder spottend über das Wandervogelmädel geredet und geschrieben, das plump, ungepflegt, ein wenig schlampig, mit schwerem Rucksack mit der Horde durch die Welt ziehe. Aber man hat dabei oft vergessen, daß diese Wandervogelmädel... eine Mauer von Vorurteilen weggeräumt und daß es der Frau ein reiches Land der Freiheit gewonnen hat."[52]

Die hier vorgelegte Untersuchung beruht primär auf Quellen und Aussagen aus dem Umkreis des "Wandervogel". Inwieweit die Ergebnisse auf die Mädchen in der Arbeiterjugendbewegung übertragbar sind, muß nach dem jetzigen Forschungsstand offen bleiben.[53] Neben den anfangs angeführten Gemeinsamkeiten beider Bewegungen sollte man die Unterschiede auf der ideologischen Ebene nicht unterschätzen. So waren z.B. Koedukation und Kameradschaft in der Arbeiterjugendbewegung Prinzipien, die sie gegen alle auftretenden Schwierigkeiten und Angriffe von außen vehement verteidigte.[54] Demgegenüber besaß das Dogma der Kameradschaft in der bürgerlichen Jugendbewegung einen anderen Stellenwert: Obwohl es als bedeutende Errungenschaft - im Vergleich zur bürgerlichen Ausprägung des Geschlechterverhältnisses - gefeiert wurde, blieben gemischte Gruppen bzw. Wanderfahrten ein heiß umstrittenes Thema.

Die Erwartungen an die proletarischen Mädchen waren sowohl in der Familie als auch in der Arbeiterjugendbewegung stark von den bürgerlichen Vorstellungen von Weiblichkeit und Frauenrolle geprägt,[55] wie ja überhaupt die Arbeiterbewegung Werte und Ideale des Bürgertums in nicht geringem Maße übernommen hatte. Ebenso wie in der Ober- und Mittelschicht wurden in der Arbeiterschaft die Mädchen zu geschlechtsspezifischen Verhaltensweisen - im Hinblick auf ihre zukünftigen Aufgaben in Haus und Familie - erzogen.

Die normativen Ansprüche an die Mädchen in der Arbeiterjugendbewegung gingen von diesen übernommenen Leitbildern aus. Ihre "weibliche Eigenart" sollte unangetastet bleiben, sie durften - wie im Wandervogel - keinesfalls verwildern: *"Ein allzu jungenhaftes Mädchen wird auf die Dauer keinem Jungen behagen..."*[56]

Auch die Erwartungen an das Erscheinungsbild der Mädchen ähnelten sich in der bürgerlichen und in der Arbeiterjugendbewegung: *"Im schlichten Reformkleid, bequeme Sandalen an den Füßen, eine Kette oder ein Band im Haar: das ist die sozialistische Jugendbündlerin, ein Bild natürlicher Schönheit."*[57]

Gutes Aussehen blieb für Mädchen ein wichtiger Maßstab.

Die Forderungen an die weibliche Arbeiterjugendbewegung zeigten sich geprägt von den gesellschaftlich anerkannten Normen. Genauere Untersuchungen zu den Reaktionen und Bewältigungsstrategien der Mädchen stehen noch aus.

Anmerkungen

1 Obwohl die Literatur zur Jugendbewegung allgemein sehr reichhaltig ist, bilden die Mädchen in der Jugendbewegung nur selten Thema eingehender Untersuchungen. Bis jetzt liegen an ausführlicheren neuen Darstellungen nur vor: die Dissertation von Magdalena Musial, Jugendbewegung und Emanzipation der Frau. Ein Beitrag zur Rolle der weiblichen Jugend in der Jugendbewegung bis 1933, phil. Diss. Essen 1982 und das Jahrbuch des Archivs der deutschen Jugendbewegung 15, 1984-85, mit dem Schwerpunktthema Mädchen in der Jugendbewegung.

2 Die Quellengrundlage dieser Untersuchung bilden in erster Linie die Zeitschriften des "Wandervogel" und anderer Bünde der Jugendbewegung. Daneben werden auch Nestbücher und autobiographische Quellen herangezogen. Leider ist jedoch biographisches Material von bzw. über Mädchen und Frauen aus der Jugendbewegung nur in geringem Maße vorhanden, so daß es meist nur ergänzenden Charakter hat.

3 Vgl. Michael Mitterauer, Sozialgeschichte der Jugend, Frankfurt/M. 1986, S. 41f.

4 Vgl. John R. Gillis, Geschichte der Jugend, Weinheim/Basel 1984, S. 141ff.

5 Ebd., S. 142; Ulrich Linse, "Geschlechtsnot der Jugend". Über Jugendbewegung und Sexualität, in: Thomas Koebner u.a. (Hg.), "Mit uns zieht die neue Zeit". Der Mythos Jugend, Frankfurt/M. 1985, S. 278.

6 Ilona Ostner, Die Entdeckung der Mädchen. Neue Perspektiven für die Jugendsoziologie, in: Kölner Zeitschrift für Soziologie und Sozialpsychologie 38, 1986, H. 2, S. 361ff.

7 Diese Bedeutung der Jugendbewegung beschrieb schon Luise Riegger, Die Frau in der Jugendbewegung, in: Ada Schmidt-Beil (Hg.), Die Kultur der Frau. Eine Lebenssymphonie der Frau des XX. Jahrhunderts, Berlin 1931, S. 239.

8   Martina Naujoks, Mädchen in der Arbeiterjugendbewegung in der Weimarer Republik, Hamburg 1984, S. 24.
9   Wandervogel, 7. Jg., 1912, H. 2, S. 47; Vom Lagerfeuer zur Musikbox. Jugendkulturen 1900 - 1960, hrsg. v. d. Berliner Geschichtswerkstatt, Berlin 1985, S. 12.
10 Die Literatur zur bürgerlichen Jugendbewegung ist inzwischen kaum mehr überschaubar. Ich beziehe mich hier in erster Linie auf Ulrich Aufmuth, Die deutsche Wandervogelbewegung unter soziologischem Aspekt, Göttingen 1979; Christoph Conti, Abschied vom Bürgertum. Alternative Bewegungen von 1900 bis heute, Reinbek 1984; Gerhard Ille/Günter Köhler (Hg.), Der Wandervogel, Berlin 1987.
11 Die Geschichte des 1896 gegründeten "Wandervogel" ist von Spaltungen geprägt. In dieser Reihenfolge bildeten sich der Altwandervogel (AWV), Wandervogel Steglitzer e.V., Wandervogel Deutscher Bund für Jugendwanderungen (WVDB), Jungwandervogel (JWV). Der Wandervogel - Bund für Deutsches Jugendwandern e.V. (WVEV), gegründet 1913, war ein Zusammenschluß von WVDB, WV Steglitzer e.V. und ca. 2/3 des AWV.
12 Beispielsweise der Bund Deutscher Wanderer oder die Freideutsche Jugend.
13 Zur Arbeiterjugendbewegung vgl. Karl Korn, Die Arbeiterjugendbewegung, Berlin 1922 (Reprint Münster 1982); Geschichte der deutschen Arbeiterjugendbewegung 1904 - 1945, Dortmund 1973.
14 Ulrich Linse, Lebensformen der bürgerlichen und der proletarischen Jugendbewegung, in: Jahrbuch des Archivs der deutschen Jugendbewegung 10, 1978, S. 24ff.
15 Ebd., S. 24.
16 Eine Grundlage der Aussagen zu Motivationen und Empfindungen der Mädchen in der Jugendbewegung bildet die Umfrage von Käthe Mancke und Elisabeth Wolf aus dem Jahre 1965. Sie ist einzusehen im Archiv der deutschen Jugendbewegung Burg Ludwigstein, Akte A2-10/11,12,13.
17 Archiv Burg Ludwigstein, Akte A2-10/11.
18 Archiv Burg Ludwigstein, Akte A2-10/13.
19 Otto Piper, Mädchenwandern, in: Jungwandervogel, 1. Jg., 1911, H. 4, S. 54.
20 Hans Breuer, Das Teegespräch, in: Wandervogel, 6. Jg., 1911, H. 2, S. 34.
21 Ebd., S. 36f.
22 Vgl. beispielsweise Trude Bez, Unsere Herbstfahrt, in: Jungwandervogel, 2. Jg., 1912, H. 11, S. 163 oder den Bericht von Katharina Klingsporn, Von unserer Teutoburger-Wald-Fahrt, als wir das Gruseln lernen sollten, Archiv Burg Ludwigstein, Akte A2-10/12.
23 Margarete Buber-Neumann, Von Potsdam nach Moskau, Stuttgart 1957, S. 26.
24 Die entsprechenden Seiten der Zeitung finden sich im Archiv Burg Ludwigstein, Akte A2-10/3, leider ohne Angaben zum Titel der Zeitung.
25 Fritz Klusmann, Mädchenwandern. Flugblatt (o. Datum), Archiv Burg Ludwigstein, Akte A2-10/10.
26 Hans Breuer, Das Teegespräch, S. 33f.
27 Käthe Mancke, Sollen Mädchen ebenso wandern wie Jungen? (1914), Archiv Burg Ludwigstein, Akte A2-10/10.
28 Arthur Vogel, Vom Wandern unserer Mädchen, in: Nachrichtenblatt des "Wandervogel" E.V. zu Steglitz bei Berlin, 8. Jg., 1911, H. 1, S. 10.
29 Die Landheime waren gemietete oder gekaufte Häuser auf dem Land, in denen die Wandervogelgruppen sich in den Ferien länger aufhalten konnten.
30 Breuer, Teegespräch, S. 37.
31 Riegger, S. 239f.
32 Irmgard Klönne, Mädchen, Mutter, Kameradin - Weiblichkeitsbilder der bürgerlichen Jugendbewegung, in: Jahrbuch des Archivs der deutschen Jugendbewegung 15, 1984-85, S. 85.
33 Trude Bez, Natur und Gemeinschaft, in: Unser Weg, 1. Jg., 1915, H. 1, S. 4.
34 Johannes Buchholz, Wanderkleidung der Mädchen, in: Wandervogel, 3. Jg., 1909, H. 12, S. 156.
35 Ebd.
36 Wenn Mädel daherkommen, in: Wandervogel, 8. Jg., 1913, H. 3, S. 88.
37 Elisabeth von Pustau, Einiges zum Nachdenken für die Mädchen, in: Wandervogel, 9. Jg., 1914, H. 4, S. 117.
38 Martha Friedenthal, Mädchenkleidung, in: Nachrichtenblatt des "Wandervogel" E.V. zu Steglitz bei Berlin, 9. Jg., 1912, H. 3, S. 41.

39　Margret Arends, Wandert noch schöner! in: Wandervogel, 11. Jg., 1916, H. 10/11, S. 216.
40　Trudel Christaller, Zwei Tage im Rimhorner Schlößchen, in: Wandervogel, 7. Jg., 1912, H. 1, S. 7.
41　Bille, Bericht über Kreis Brandenburg und Pommern, in: Jungwandervogel, 8. Jg., 1918, H. 5/6, S. 82.
42　Hanna Diehl, Kriegsspiel in der Davert, in: Wandervogel, 9. Jg., 1914, H. 8, S. 233f.
43　Rügen und Bornholm, in: Wandervogel, 7. Jg., 1912, H. 9, S. 275.
44　Ebd.
45　Beide Aussprüche aus: Elisabeth Knothe, Laßt sie reden, ich schweig still..., in: Wandervogel 13. Jg., 1918, H. 3., S. 48.
46　Hildegard Wegscheider, Zum Teegespräch, in: Wandervogel, 6. Jg., 1911, H. 4, S. 105.
47　Das Stadtnest konnte ein Zimmer oder ein Gartenhäuschen sein, das der Ortsgruppe zur Verfügung stand und von ihr eingerichtet wurde. Hier traf sich die Gruppe während der Woche, veranstaltete Lese- und Singabende und unternahm andere Aktivitäten. In den Nestbüchern wurden alltägliche und besondere Vorkommnisse festgehalten.
48　"Nestbuch für die Steglitzer Wandervögel - Mädchengruppe" (Mai 1913 - Dez. 1915), Nr. III 126, Archiv des Karl-Fischer-Bundes, Berlin-Steglitz, Eintragung vom 26. 10. 1914.
49　Ebd., Eintragung vom 17. 9. 1914.
50　Margret Hahlo, Fahrtenerinnerungen, in: Wandervogel, 13. Jg., 1918, H. 1/2, S. 12.
51　Trude Bez, Wir Mädchen und der Jung-Wandervogel, in: Der Führer, 3. Jg., 1916, H. 2, S. 20.
52　Riegger, Die Frau in der Jugendbewegung, a.a.O., S. 241.
53　Die unter Anm. 1 genannte Literatur beschäftigt sich fast ausschließlich mit den Mädchen der bürgerlichen Jugendbewegung. Die Arbeit von Naujoks, Mädchen in der Arbeiterjugendbewegung in der Weimarer Republik, a.a.O., bezieht sich schwerpunktmäßig auf die Weimarer Republik. Hinsichtlich der weiblichen Arbeiterjugendbewegung im Kaiserreich ist eine offensichtliche Forschungslücke zu konstatieren.
54　Naujoks, a.a.O., S. 70ff.
55　Ebd., S. 50, S. 76f.
56　Lisa Albrecht, in: Arbeiter-Jugend, 13. Jg., 1921, H. 12, S. 411.
57　Paul Schirrmeister, in: Arbeiter-Jugend, 14. Jg., 1922, H. 6, S. 178f.

Michael Buckmiller

Sozialer Mythos und Massenbewegung
Zur Problematik der Sorel-Rezeption in Deutschland

Ob die geistige Situation der Zeit nur unterspült ist vom schnellfließenden Strom modegerecht vermarkteter Unterhaltungsphilosophien der "Postmoderne" oder ob wir uns unwiderruflich in einer epochalen Grundlagenkrise befinden, die eine Zukunft der Menschheit per se in Frage stellt, wird kaum einer schlüssig beantworten können. Neue Epochen, sofern es noch welche geben sollte, pflegen sich einer historischen Erfahrung zufolge schleichend und diffus anzukündigen und ideologische Wiederbelebungsversuche einer vergangenen Gegenwart gleichen mehr dem hoffnungslosen Zustand auf Intensivstationen als einem genuinen Heilungsprozeß aus eigener Kraft.
Die Selbstdeutung der Gegenwart verliert jedes gesicherte Kriterium für eine Orientierung und tritt die Flucht nach rückwärts an in die geschützten Zonen vermeintlicher Identitätsstiftung aus der Geschichte oder in das "ganz Andere" der Vernunft. Hatte der französische Sozialist André Gorz schon vor Jahren seinen "Abschied vom Proletariat" (1980) genommen, so überholt ihn mittlerweile der bürgerliche Philosoph Odo Marquard gar mit einem "Abschied vom Prinzipiellen" (1981). Wer aber so entschieden sich verabschiedet, scheint zu wissen, wohin er geht. Und der Blick ins Kaleidoskop läßt aufs Neue alte Begriffe auffunkeln, die längst überwunden schienen und heute den Weg markieren sollen: Sinnlichkeit, Leben, Religion, Irrationalität - Mythos. Herrscht Einigkeit nur noch über die *"Einseitigkeit moderner Ratio"*?[1]
Mythos und Logos: Diese Antithetik, so scheint es, durchzieht aber die gesamte Geschichte und an ihr läßt sich ermessen, inwieweit der Menschheit ein Begriff von Freiheit im wechselhaften Prozeß der Auseinandersetzung mit Natur und Gesellschaft zuwächst. Kants transzendentaler Idealismus hatte im Primat der praktischen Vernunft den in der theoretischen Kritik nicht überwindbaren Dualismus zwischen Freiheit und Natur ethisch und ästhetisch in einer vereinheitlichenden Begründung aus der Vernunft auflösen wollen. Sein Begriff der Aufklärung als Weg der Menschheit aus der selbstverschuldeten Unmündigkeit läßt den Logos in strahlendem Licht erscheinen, der in der bürgerlichen Revolution ein geschichtliches Ereignis zustandegebracht habe, das die Menschheit nicht mehr vergessen werde. Hegel sah in der bürgerlichen Revolution die Menschheit zum erstenmal den Versuch unternehmen, die Welt aus dem Kopf, d.h. auf Vernunft begründet zu bauen und wähnte die Freiheit als Geist nach Deutschland ziehen. Der Dualismus von Freiheit und Natur wurde bei ihm aufgelöst in eine dialektische Bewegung, in die Rekonstruktion des Wissens der Menschheit von sich selbst als werdende Identität von Vernunft und Geschichte. Aber Hegels Gedanke der Einheit im System des absoluten Idealismus vermochte dem aufbrechenden Dualismus der Klassengesellschaft in der Wirklichkeit nicht mehr standzuhalten. Der rationalistischen Idee von Freiheit und Menschenwürde standen nun zwei Klassen gegenüber, von denen die eine das sittliche Subjekt, die andere das dingliche Objekt verkörpern sollte und zudem als Ware Arbeitskraft den Anforderungen der aufstrebenden Industriegesellschaft unterworfen war.
Wollte man die Idee der Einheit aufrechterhalten, so war sie jetzt nur noch um den Preis der Veränderung des Standorts der Betrachtung zu erreichen, d.h. dadurch, daß der Blick auf die wirkliche Produktion der menschlichen Gesellschaft mit ihren verschwiegenen materiellen Voraussetzungen gerichtet wurde. Marx hat zwar materialistisch im Wertgesetz die dialek-

tische Einheit des antagonistischen Widerspruchs von Kapital und Lohnarbeit in seiner inneren Dynamik analytisch zu bestimmen versucht und damit dem eigenen Anspruch nach Hegel wieder auf die Füße gestellt und den idealistischen Systemgeist aufgesprengt, aber seine gesamte Theorie bleibt dennoch im Bezugsrahmen der klassischen deutschen Philosophie.
Insofern ist tatsächlich, wie Engels sagt, die Arbeiterbewegung die Erbin des Rationalismus der Aufklärung,[2] gleich welche der beiden großen Richtungen des 19. Jahrhunderts man heranzieht, Marxismus oder Anarchismus. Die Forderung der Arbeiterbewegung nach einer vernunftgemäßen Gesellschaftsordnung stellte sich durchaus den Maximen einer rational-wissenschaftlichen Begründung, ja man wird sogar sagen können, daß die Konstitution der modernen bürgerlichen Sozialforschung als eigene Disziplin aus Opposition zu diesem Sozialismus resultierte mit dem Anspruch, diesem das Attribut der Wissenschaftlichkeit, und damit Tauglichkeit und moralische Legitimität, zu bestreiten.[3]
Aus der Übernahme des Marxismus als offizieller Ideologie der westlichen und zum Teil auch der östlichen Arbeiterbewegung sowie ihrer Festlegung auf die Strategie der Eroberung der politischen Macht durch die Partei des Sozialismus resultierte eine krisenhafte Ausgrenzung der spontanen und schöpferischen Kräfte der unterdrückten Klasse.
Die praktische Auflösung der Dialektik von sozialer und politischer Revolution zugunsten der politischen Revolution[4] hatte eine funktionalistische Einbindung handelnder Subjekte in ein rationalistisches Geschichtskonzept zur Folge, das freies Handeln nur gelten läßt, sofern es in die notwendige Entwicklung der Menschheit zur vernünftigen Gesellschaftsform des Sozialismus integrierbar erscheint.
"Politische Macht zu erobern", schrieb Marx 1864, sei jetzt die große Pflicht der wieder zur Massenbewegung erstarkenden Arbeiterklasse. Denn sie besitze als **ein** Element des Erfolges die **Zahl**. *"Aber"*, fuhr Marx fort, *"Zahlen fallen nur in die Waagschale, wenn Kombination sie vereint und Kenntnis sie leitet."*[5]
Das naive Vertrauen oder die zwanghafte Vorstellung, daß Massen unter wissenschaftlicher Anleitung zum Sozialismus gebracht werden könnten, führte am Ende des Jahrhunderts zu schweren Erschütterungen in Theorie und Praxis der Bewegung selbst: in Deutschland zur neukantianisch-ethisch begründeten Ergänzung und Revision der politischen und ökonomischen Theorie des Marxismus,[6] in Frankreich zum revolutionär syndikalistischen Angriff auf die sozialistischen und radikalen Parteien nach der Dreyfusaffäre.[7] Und hier kommt auch das Problem am schärfsten zu Tage: Zum erstenmal entsteht in der Arbeiterbewegung eine Theorie des proletarischen Handelns, die sich explizit gegen die Tradition des Rationalimus wendet und auf den Mythos als dem intuitiven Kraftzentrum der revolutionären Klasse rekurriert. Sorels Theorie des sozialen Mythos, des gewaltsamen Generalstreiks und seiner positiven Wirkung für die Massenbewegung und moralische Erneuerung der Gesellschaft problematisiert die im Fortschrittsoptimismus der technischen Rationalität des 19. Jahrhunderts auch in der Arbeiterbewegung überwunden geglaubte Antithetik von Mythos und Logos, deren innere Dialektik als Selbstzerstörungsprozeß erst nach Auschwitz und dem zweiten Weltkrieg von so unterschiedlichen Autoren wie Adorno/Horkheimer in "Dialektik der Aufklärung" (1947) und etwa Ernst Cassirer in "Vom Mythos des Staates" (1946) wieder reflektiert wurde - ohne freilich auf das Werk Sorels selbst Bezug zu nehmen.
Heute regt sich neues Interesse an Sorel;[8] ein Teil seiner Schriften ist nachgedruckt, eine kritische Gesamtausgabe geplant.[9] Die inzwischen angewachsene Literatur zu Sorel zeigt,[10] wie äußerst diffizil das facettenreiche Werk, durchzogen von Widersprüchen und Positionswechseln, einzuordnen ist. Man wird dabei indes häufig den Eindruck nicht los, daß individuelle politische Legitimationsbedürfnisse die wissenschaftliche Analyse gelegentlich stark überwuchern. So läßt sich bis heute die Wirkung von Sorels Werk schwer abschätzen. Sorel

war Zeit seines Lebens ein Einzelgänger, der, mit einer kleinen Rente ausgestattet, als unabhängiger Schriftsteller ohne akademische Ambitionen den Interessierten, als - wie er von sich sagte - Autodidakt die Aufzeichnungen vorlegte, die seiner eigenen Belehrung gedient hätten. Er hat kein System entwickelt und sich nicht der Disziplin einer systematischen Ordnung seiner Gedanken unterworfen. Dies hat ebensowenig wie seine mehrfach gewechselten politischen Positionen zu einer Stabilität in der Deutung seiner Ideen beigetragen.[11]
Ich will mich im folgenden auf zwei Punkte beschränken: I. auf die Darstellung und Problematisierung von Sorels Theorie des sozialen Mythos und der Gewalt und II. auf die Diskussionen und Eigenheiten der deutschen Sorel-Rezeption bis zum Faschismus/Nationalsozialismus, um schließlich am Ende eine geschichtliche Einschätzung des Problems zu versuchen.

I. Sozialer Mythos und Gewalt

Sorels Theorie des sozialen Mythos und der Gewalt, wie sie in seinem Hauptwerk "Über die Gewalt" von 1906 entwickelt ist, läßt sich sinnvoll nur im systematischen Kontext seiner verstreut dargelegten Geschichtstheorie interpretieren, die trotz aller Wandlungen sich um den unveränderlichen Kern der Suche nach dem Zusammenhang von Rationalismus und Krise zentriert. Tief geprägt von der geistigen und gesellschaftlichen Krise seiner Zeit, der fin-du-siècle-Stimmung, teilt Sorel von Anfang an mit Proudhon die geschichtsphilosophische Prämisse, daß die wahre Ursache aller Krisenerscheinungen im subjektiven Bereich des menschlichen Bewußtseins zu suchen sei und nicht etwa in der Objektivität ökonomischer Verhältnisse.[12]
Geht man aber vom moralischen Charakter aller Krisen aus und will aus dieser Prämisse auf allgemeingültige Ursachen des Verfalls zurückschließen, dann muß eine Vorstellung von einer nicht-krisenhaften Gesellschaftsordnung, an deren sittlichen Zerfall sich die dafür verantwortlichen Ursachen ablesen lassen, historisch verortet werden können. Einen solchen Gesellschaftszustand sieht Sorel in der vorsokratisch-mythischen Welt der griechischen Polis gegeben. Hier seien in langer Tradition Rechts- und Autoritätsverhältnisse gewachsen, die alle Lebensbereiche der Gesellschaft regelten. Erst durch das Auftreten der Philosophie und der Suche nach absoluter Wahrheit, wie Sorel es symbolisch an Sokrates demonstrieren will,[13] sei der einheitliche Zusammenhang von Wissen und schöpferischer Gestaltung der sozialen Arbeitsverhältnisse zerrissen und der nicht arbeitende, auf den eigenen Vorteil bedachte Typus des Schönredners und Demagogen geschaffen worden. Der Philosophie sei damit als ungewollte Konsequenz der innere Zerfall einer einheitlichen Gesellschaftsordnung anzulasten. Denken und Handeln, Wissenschaft und Moral, Theorie und Praxis entwickelten sich in der geistesgeschichtlichen Entwicklung immer weiter auseinander bis hin zu unversöhnlichen Gegensätzen in der Entfaltung naturwissenschaftlichen Denkens in der zweiten Hälfte des 19. Jahrhunderts, als sich Positivismus und Lebensphilosophie als verselbständigte Denkweisen der zerfallenden Vernunft etablierten. Der moderne Rationalismus sei deshalb die bürgerliche Ideologie schlechthin. Er habe Tradition, Glauben und jede Art von Sinnvertrauen und das Verlangen nach absoluter moralischer Gewißheit zerstört. Wenn aber die spontanen Kräfte unter den Zwang der Ratio und in die Abhängigkeit der menschlichen Triebnatur geraten, dann ist die Gesellschaft ihrer Grundlage, einer frei sich entfaltenden, Ordnung stiftenden Praxis, beraubt,[14] und ebenso vom Untergang bedroht wie die griechische Polis oder Rom.

Wie also läßt sich der Zerfall aufhalten? Welche Mittel sind dagegen anzuwenden und wie sind sie zu finden? Von einer empirisch-analytischen Sozialforschung etwa erwartet Sorel seiner antirationalistischen Grundhaltung folgend wenig Abhilfe; allein der kämpferische Elan irrational-spontaner Kräfte kann für Sorel die Gesellschaft vor dem Untergang bewahren.[15]

In Anlehnung an Vicos 'ricorso'-Theorie, wonach die Geschichte der Natur prinzipiell unerkennbar ist und die Gesellschaftsgeschichte weder Anfang noch Ende hat, sondern in zyklischen Aufstiegs- und Verfallsbewegungen verläuft, sucht Sorel in der Geschichte die großen spontanen Erneuerungsbewegungen und entdeckt als solche das Urchristentum in der Naherwartung Christi, die Reformation, die bürgerliche Revolution und als jüngste Erscheinung die nationale Einigungsbewegung unter Mazzini in Italien. In diesen geschichtlichen Bewegungen findet sich der systematische Ort, an dem Sorels Lehre vom sozialen Mythos und der schöpferischen Gewalt angesiedelt ist. Denn die Erfahrung dieser Bewegungen zeige, *"daß Konstruktionen einer in ihrem Verlauf unbestimmten Zukunft"*[16] eine große Wirkung hervorrufen können, die sich einer Vernunftbestimmung entziehen.

Sorel versteht die Geschichte eher als eine ewig sprunghafte und zufällige Bewegungsfolge von Größe und Dekadenz, wo alles Aufstrebende immer die Tendenz des Zerfalls in sich trage, die nur durch höchste Anstrengung, selbstlosen Kampf und Heroismus abgewehrt werden könne. Eine treibende Funktion in diesem Kampf übernimmt nach Sorel der Mythos.

Sorels allgemeine, konservative, pessimistisch-heroische Geschichtsauffassung lag im wesentlichen bereits vor seinem Engagement für den Sozialismus vor, so daß sich die Frage stellt, wie sich dieses Konzept mit einem herkömmlichen Begriff von proletarischer Revolution überhaupt in Verbindung bringen läßt. Das Schicksal der bisherigen sozialen Bewegungen und speziell der sich selbst als revolutionär verstehenden Arbeiterbewegung habe gezeigt, so argumentiert Sorel, daß sie zwangsläufig Gefahr laufen, zum Spielball der subjektiven Interessen der Intellektuellen, Politiker, Funktionäre oder Krämer und Händler zu werden und damit selbst in den Sog der allgemeinen Krisen- und Verfallstendenz gerissen zu werden. Der politische Verrat der Sozialisten in der Dreyfusaffäre ist für Sorel der unumstößliche Beweis dafür.[17] Jede Theorie der Revolution, so folgert er daraus, müsse diese parlamentarische Richtung des politischen Sozialismus wegen ihrer Verbürgerlichungstendenz ausschließen. Dieser Ausschluß sei nicht nur in Gedanken, sondern durch die Praxis des Generalstreiks der revolutionären Syndikalisten auch in der Wirklichkeit erfolgt. Nimmt man nun aber den Generalstreik in Idee und Wirklichkeit, so lassen sich nach Sorel paradigmatisch zwei gegensätzliche Modelle skizzieren: die Idee des politischen und die des proletarischen Generalstreiks. Um keine Verwirrung aufkommen zu lassen sei hinzugefügt, daß im Sinne der deutschen Terminologie der Massenstreikdebatte beide Modelle als politische Streiks zu bezeichnen wären.[18]

Der politische Generalstreik im Sorelschen Sinne läßt sich idealtypisch charakterisieren als der jakobinische Aufstand, wie er als Kampfmittel auch von den parlamentarischen Sozialisten noch taktisch anerkannt wird. Er ist das letzte Mittel zur Verwirklichung einer rationalistischen Utopie und steht nicht in grundsätzlichem Gegensatz zum bürgerlichen Staat, sondern ist Teilmoment einer Reformstrategie, die radikale Unzufriedenheit, Aufstandsgefahren usw. in die bestehende soziale und politische Ordnung auf erweiterter Stufenleiter zu integrieren in der Lage ist. Er hebt ab auf die Eroberung der politischen Macht: *"Der politische Generalstreik... zeigt uns, wie der Staat nichts von seiner Macht einbüßen würde, wie der Übergang sich von Bevorrechtigten zu anderen Bevorrechtigten vollziehen würde: wie derart das Volk der Produzenten am Ende nur seine Herren wechseln würde."*[19]

Ganz im Gegensatz dazu faßt der proletarische Generalstreik jene "Intuition des Sozialismus" zusammen, die sich auf die Vernichtung der Staatsgewalt schlechthin richtet und die durch Sprache gar nicht mehr zu fassen sei, sondern sich im Mythos ein Gesamtbild schaffe. Sorel vergleicht ihn mit der napoleonischen Schlacht und sagt, die revolutionären Syndikalisten urteilten über diesen Streik genauso wie die Militärschriftsteller über den Krieg: *"Sie fassen den gesamten Sozialismus im Generalstreik zusammen, sie sehen jede Kombination als notwendig darauf hinauslaufend an, sie sehen also in jedem Streik eine beschränkte Nachahmung, einen Versuch, eine Vorbereitung des großen Endumsturzes."*[20] Der Umsturz zielt aber nicht auf materiellen Gewinn ab, sondern die politische Gewalt soll ihre Existenzgrundlage verlieren.

Dieser Mythos des proletarischen Generalstreiks ruft nach Sorel in den kräftigsten Elementen eine Gesamtheit von Bildern auf, die imstande sind, als Ganzes und durch die bloße Intuition vor jeder wissenschaftlichen Analyse und Prognose die Masse der Gesinnungen wachzurufen, die die Kräfte für den unversöhnlichen Klassenkrieg gegen die moderne Gesellschaft mobilisieren.

Walter Benjamin hat sehr scharfsinnig die Differenz zwischen den beiden zugrundeliegenden Begriffen von Gewalt analysiert wenn er schreibt, daß der politische Generalstreik deshalb Gewalt sei, weil er nur eine äußere Modifikation der Arbeitsbedingungen veranlasse, der proletarische hingegen als reines Mittel gewaltlos sei. *"Denn"*, so argumentiert Benjamin, *"er geschieht nicht in der Bereitschaft, nach äußerlichen Konzessionen und irgendwelchen Modifikationen der Arbeitsbedingungen wieder die Arbeit aufzunehmen, sondern im Entschluß, nur eine gänzlich veränderte Arbeit, eine nicht staatlich erzwungene, wieder aufzunehmen, ein Umsturz, den diese Art des Streiks nicht sowohl veranlaßt als vielmehr vollzieht."*[21]

Sorel legte großen Wert darauf, seine neue Theorie des Mythos des proletarischen Generalstreiks mit der Marxschen Theorie in Einklang zu wissen und sah sich vor allem durch die Marxsche Katastrophentheorie, durch den von Marx behaupteten, aber nicht beweisbaren notwendigen Zusammenbruch der bürgerlichen Gesellschaft bestätigt. Es kann hier nicht darauf eingegangen werden, inwieweit Sorel tatsächlich mit Marx übereinstimmt;[22] ich denke, daß er in den wesentlichen Punkten nicht kongruent läuft. Aber Sorel hat Marx' Theorie vorwiegend unter dem praktischen Gesichtspunkt der ideologischen, also handlungstheoretischen Wirkung für die proletarische Bewegung und weniger unter den Anforderungen einer streng wissenschaftlichen Exegese betrachtet.

Ich möchte nur zwei grundsätzliche markante Unterschiede in der Gesamtkonzeption zwischen Marx und Sorel herausheben, weil sich darin die eingangs erwähnte grundsätzliche Problematik der Einheit gut zeigen läßt.

1. Sorels Vorstellung von sozialistischer Revolution richtet die durch den Mythos entfesselten Willenskräfte im proletarischen Generalstreik nur gegen den politischen Überbau, gegen die bürgerliche Demokratie und den Rationalismus. Sie richtet sich aber **nicht** gegen die kapitalistische Produktionsweise selbst, die sogar **ausdrücklich** im "revolutionären Konservatismus" bewahrt werden soll. Das Verhältnis von Ökonomie und Politik ist also bei Sorel völlig unbestimmt, die Ökonomie bleibt im technischen Sinne orientiert an einem hohen moralischen Arbeitsbegriff, unvermittelt im Gegensatz zur Politik, Moral usw.

2. Der zweite Punkt hängt damit eng zusammen und betrifft die zukünftige Gesellschaftsordnung. Bekanntlich ist Marx im Gegensatz zu den "utopischen Sozialisten" sehr zurückhaltend geblieben in der Beschreibung der nachrevolutionären Gesellschaftsordnung. Sorel sieht seine Auffassung darin bestätigt, weil kein wirklicher proletarischer Generalstreik ein Verbesserungsprogramm für die Fabrik aufstelle, wie etwa die parlamentarischen Sozialisten mit ihrer Forderung nach "industriellem Parlamentarismus", oder wie wir heute sagen

würden, nach gewerkschaftlicher Mitbestimmung. Zukunftsprogramme seien - so Sorel - deshalb nicht notwendig, weil sie bereits in der Fabrik verwirklicht seien. *"Die Idee der technischen Kontinuität beherrscht das gesamte Marxsche Denken".*[23] Vielmehr ermögliche die reinigende Kraft der proletarischen Aktion eine Rückkehr der Produzenten zu sich selbst und - wie bei Marx - zur Bewahrung und Entfaltung der Produktivkräfte mit einer neuen Produzentenmoral, die sich, im Gegensatz zur Konsumentenmoral der Politik, auf das gesamte soziale Leben ausbreite. Der revolutionäre Syndikalismus leiste damit direkte Vorbereitungsarbeit für die Arbeit der Zukunft, insofern die geheime Tugend des Fortschritts herangebildet werde, nämlich die Produktion um der Produktion willen zu betreiben. Erst jetzt werde, so Sorel, das Proletariat zum Subjekt der Wissenschaft. Doch dieser Zustand ist, in Marxscher Diktion, weiterhin das Reich der Notwendigkeit. Denn auch in der zukünftigen Gesellschaft gelten die Gesetze des Verfalls, die nur durch die Tugenden der Produzenten in unermüdlicher Arbeit abgewendet werden könnten. Auch im Sozialismus herrscht bei Sorel das, was Marx Entfremdung genannt hat.

Sorels Theorie des sozialen Mythos läßt sich m.E. auch nach dieser knappen Skizze als ein erster, aus dem bis dahin gültigen sozialistischen Koordinatensystem heraustretender Entwurf einer neuen Synthese des weit **tiefer** liegenden Fraktionskampfes der sozialen Bewegungen des 19. Jahrhunderts begreifen, die im ersten Anlauf mit dem gewaltsamen Ende der I. Internationale gescheitert waren. Der Kampf der Anarchisten und Anarcho-Syndikalisten für die Verwirklichung einer Konzeption, die von einem freien schöpferischen Willen in der Gestaltung einer gerechten, kollektiv und föderativ aufgebauten Produktion ausging, war u.a. auch an der wachsenden Ausbreitung der Großproduktion in der modernen Industrie gescheitert. Die Föderation der kleinen Produktionseinheiten ist der Zentralisation und Monopolisierung ganzer Industriezweige gewichen.

Marx optierte aufgrund seiner Einsicht in den Gang der kapitalistischen Produktion für eine positive politische Strategie zur endlichen Durchsetzung einer sozialistischen Ökonomie. Das Verhältnis von Ökonomie und Politik und die zunächst zu unternehmenden Schritte des Kampfes sollten sich durch den wissenschaftlichen Sozialismus bestimmen und angeben lassen. Die subjektive Spontaneität war selbst vermittelt in die Dialektik der Produktionsweise.

Wie wir heute wissen, sind in ihrer Absolutheit beide Linien gescheitert; die Krisen- und Zerfallssymptome zeigten sich im Werk von Sorel zu Beginn unseres Jahrhunderts mit erneuter Brisanz, aber die damalige organisierte Arbeiterbewegung ging den Weg der Verdrängung. Was ist das Problem? Sorel hat erkannt, daß eine Organisation der Produktion nicht aus sich selbst, d.h. aus den konkreten Zwecken hinreichend fundiert werden kann, sondern ein alle Konkretheit übersteigendes Prinzip benötigt, das die Gültigkeit oder Ungültigkeit der getroffenen Maßnahmen bestimmt. Die rationalistische Wissenschaft könne diese Aufgabe aber nicht übernehmen. Denn das Prinzip soll zugleich an die ökonomische Realität gebunden sein und sie transzendieren, ebenso wie die proletarische Bewegung in der konkreten Arbeitswelt verankert lebt und diese zugleich in der Idee der Revolution übersteigt. Sorel glaubt dieses Prinzip im sozialen Mythos gefunden zu haben, der den freien Willen der handelnden Subjekte in der Geschichte entfesseln soll. Die Vermittlung findet aber nicht wirklich statt, denn die theoretische Rückgewinnung der Freiheit erfolgt in Wahrheit um den Preis der Aufspaltung der Welt in zwei Wirklichkeiten: die durch die Zwecke des Alltags bestimmte Welt der sozial-ökonomischen Technik einerseits und die Welt des frei und intuitiv in die Zukunft hinauswachsenden Mythos andererseits. Der Dualismus von Freiheit und Natur, von Mythos und Logos, taucht unversöhnt wieder auf. Denn Sorel hat trotz seiner scharfen Kritik des Positivismus implizit dessen Rationalitätsbegriff übernommen. Rational ist für Sorel nur

- und hier kommt der Ingenieur Sorel zum Zuge -, was methodisch dem strengen Begriff der Naturwissenschaft gerecht werden kann, während der Begriff der **Wahrheit** in den Bereich der Innerlichkeit der reinen spontanen Subjektivität wie z.b. den ganzen Bereich der Moral fällt.
Damit sind Erkenntnis und Entscheidung selbst positivistisch auseinandergefallen und die Abwehr gegen den allumfassenden Herrschaftsanspruch des Positivismus läßt sich dann, wie Habermas gezeigt hat, nur noch durch Unterordnung unter den Dezisionismus leisten.[24] Die Vernunft wird nicht mehr als Reflexionsinstanz begriffen, sondern auf die bloße Verstandesfunktion reduziert. Damit gewinnt aber der Versuch der Rückgewinnung und Freisetzung von Spontaneität im Ergebnis starke Züge eines Voluntarismus, eines vernunftlosen Willens, der durch den Verlust der Reflexivität die Gefahr der willkürlichen Praxis mit einschließt. Die Vernunft wird implizit als unfähig zu irgendeiner sinnstiftenden Anleitung gesellschaftlicher Praxis erachtet. In diese Lücke, und damit zugleich in den Bereich des Machbaren, tritt quasi funktional der Mythos.
Marx hat in seiner Analyse des Fetischcharakters der Ware die Einheit noch zu denken vermocht: Die technische Rationalität ist gebunden an den Gebrauchswert, die mythologische Qualität sitzt im Tauschwert.[25] Aber damit befindet sich Marx selbst in dem Dilemma, die spontanen, kreativen Kräfte in eine Funktion zu weisen, in der sie bereits anderen Gesetzen unterworfen sind und als solche gar nicht mehr existieren können.[26] Diesen Kreis sprengt Sorel auf um den Preis, den Mythos nicht als Mythos im gemeinen Sinne[27] zu wissen, sondern nur in seiner sozialen Funktion.
Sorel ist diesem Mißverständnis seiner Lehre selbst nicht zum Opfer gefallen, wie man aufgrund seiner zuweilen schwankenden politischen Haltung annehmen könnte. Seine soziale Theorie folgt unmißverständlich einem antibürgerlichen, antistaatlichen und antiautoritären Emanzipationsstreben; es besteht, wie neuere Forschungen zeigen, ein vollständiger Gegensatz zwischen dem Totalitarismus und seinen Ideen. Dennoch waren sie großen Mißdeutungen ausgesetzt.

II. Die Sorel-Rezeption in Deutschland

Kaum ein bedeutender politisch-philosophischer Schriftsteller des 19. und 20. Jahrhunderts unterlag in Deutschland größeren Mißdeutungen und Verfälschungen als Georges Sorel. Von Anfang an überwucherte das ideologische und tagespolitische Legitimationsbedürfnis der Rezipienten die Intention und den Gehalt der Sorelschen Argumentationen. Noch heute sind in der politischen Publizistik Stereotypen wie *"Anbeter der Gewalt"* ebenso geläufig wie der schwächliche Versuch einer Abwehr jeglichen *"Totalitarismus ex negativo"* durch Stilisierung Sorels zum *"Vater Mussolinis und Lenins"*.[28] Dieses Ablenkungsmanöver soll nicht nur über die wahren Wurzeln des Faschismus und Stalinismus hinwegtäuschen, sondern auch über das historische Faktum, daß die Sorelsche Theorie von der deutschen Rechten zu einem *"revolutionären Konservatismus"* umgestaltet wurde und als wichtiges Bindeglied für die Integration der bürgerlichen Intelligenz in den deutschen Faschismus fungierte.

1. Sorel und die deutsche Linke

Welche Aufnahme aber fand Sorel in der sozialistischen und kommunistischen Linken in Deutschland,[29] die doch, ebenso wie in Frankreich, zu seinen eigentlichen Adressaten gehörte? Die Bilanz ist mager: Die Theoretiker der deutschen Arbeiterbewegung haben bis in die Periode des aufsteigenden Faschismus weder das Problem der Sorelschen theoretischen Bemühungen, nämlich die Reaktivierung des revolutionären Subjekts, noch diese selbst zum Gegenstand ihrer Auseinandersetzungen gemacht. In der "Neuen Zeit", dem von Karl Kautsky geleiteten theoretischen Organ der marxistischen Sozialdemokratie, betonten so unterschiedliche Autoren wie der linksradikale Anton Pannekoek und der austromarxistische Georg Eckstein durchweg den angeblich konfusen und bürgerlichen Ansatz der Sorelschen Schriften; für die offizielle Sozialdemokratie war Sorel niemals ein ernstzunehmender Diskussionspartner. Für den rechten, vom Bernsteinschen Revisionismus geprägten Flügel der SPD lag dies anders.[30] Sorel fühlte sich selbst von Bernsteins Marxkritik am Ende des Jahrhunderts beeindruckt und ging zunächst einen ähnlichen Weg. Kaum verwunderlich also, daß die Zeitschrift der Revisionisten, die "Sozialistischen Monatshefte" unter Joseph Bloch einige marxkritische Artikel von Sorel abdruckte, gleichwohl aber keine theoretische Auseinandersetzung mit der weiterreichenden Kritik und Ablösung vom Marxismus suchte. Selbst Rosa Luxemburg, wohl die einzige Theoretikerin von Format, die Marxismus und Spontaneität zur Synthese bringen wollte, verblieb hier im traditionellen Denkschema der SPD und hat sich mit Sorel nie beschäftigt.

Mit einer altmarxistischen Abwehr des revolutionären Syndikalismus als *"wildgewordenem Anarchismus"*, der sich gegen die großen Gewerkschaftsorganisationen deutscher Prägung richtete - man denke nur an die Verrenkungen der führenden Theoretiker während der Massenstreikdebatte mit ihrer Gleichsetzung von Generalstreik und Generalunsinn -, brach in der Sozialdemokratie vor dem I. Weltkrieg das schwache Interesse an Sorel ebenso ab, wie es für den deutschen Syndikalismus eigentlich nie erwacht gewesen war, weil, wie man vermuten darf, wegen dessen grundsätzlich pazifistischer Einstellung Sorels theoretisch positive Stellung zur Gewaltfrage Ablehnung hervorrief. Die akademische sozialwissenschaftliche Diskussion blieb auf wenige Ausnahmen beschränkt, wie Walter Benjamin, Werner Sombart und Robert Michels, dessen Soziologie des Parteiwesens Sorels Kritik am politischen Sozialismus zu einem umfassenden Gesetz der Oligarchisierung ausgebaut hat.[31]

Nach der Revolution von 1918/19 in Deutschland nimmt man nicht einmal den Tod Sorels 1922 zur Kenntnis. Die Sozialdemokratie löste sich nunmehr auch offiziell stärker vom Marxismus ab und fixierte sich vollends auf den "demokratischen Staat" von Weimar - was konnte Sorel hierzu noch beitragen, auch wenn er sich für Ebert ausgesprochen hat? Wie ein Irrläufer nimmt sich Maletzkis Nachruf von 1923 in der Zeitschrift der Komintern aus, in dem er zwar die Theorie des *"Konfusionsrats"* (Lenin) Sorel "widerlegt", jedoch seinen revolutionären Aktivismus gegen die Verbürgerlichung der Sozialdemokratie würdigt.[32]

Seit Anfang 1924 bemühte sich der Frankfurter Soziologe und Philosoph Gottfried Salomon, auch sonst mit der französischen Geistes- und Kulturgeschichte vertraut, um die Herausgabe von Sorels "Réflexions",[33] die mit erheblicher Verzögerung in der Übersetzung des Sohnes von Oppenheimer 1928 in einem unbekannten Verlag erscheinen. Obgleich Salomon den Sorelschüler Berth für ein Nachwort gewinnen konnte, blieb die Übersetzung bei der Linken ebenso ohne Resonanz wie Ernst H. Posses Aufsätze und seine Edition der "Décomposition" 1930. Posse sah in Sorel wesentlich den Anti-Politiker der revolutionären Arbeiterbewegung und wollte faktisch die Linke von ihrer parteipolitischen Fixierung und Selbstzerstörung befreien, da nur im Generalstreik die Arbeiterschaft ihr wahres Kampfbild erreichen könne.[34]

Noch im entscheidenden Jahr 1933 erwähnt der kritische Marxist Karl Korsch in einer über das Problem Objektivismus-Subjektivismus geführten Kontroverse zur Marxschen Krisentheorie eine dritte, *"wirklich materialistische Haltung"*: *"Diese Haltung erklärt die ganze Frage von der objektiven Notwendigkeit oder Vermeidbarkeit der kapitalistischen Krisen für eine im Rahmen einer praktischen Revolutionstheorie des Proletariats* **in dieser Allgemeinheit sinnlose Frage.** *Sie stimmt mit dem revolutionären Marxkritiker Georges Sorel überein, wenn dieser die von Marx in einer stark idealistisch-philosophisch gefärbten 'dialektischen' Sprechweise aufgezeigte allgemeine Tendenz des Kapitalismus zu der durch den Aufstand der Arbeiterklasse herbeigeführten Katastrophe überhaupt nicht mehr als eine wissenschaftliche Voraussage gelten lassen will, sondern lediglich als einen 'Mythos', dessen ganze Bedeutung sich darauf beschränkt, die* **gegenwärtige** *Aktion der Arbeiterklasse zu bestimmen."*[35] Freilich warnte der Materialist Korsch auch davor, die Funktion einer jeden zukünftigen sozialen Revolutionstheorie auf die Bildung eines solchen Mythos beschränken zu wollen; ihm kam es wesentlich darauf an, auf die theoretische Blindstelle des Marxismus, nämlich die Handlungstheorie, aufmerksam zu machen, um dadurch den Kampfwillen in der schier ausweglosen geschichtlichen Situation zu stärken - ohne Erfolg, wie man weiß.

2. Mythos, Gewalt und Massenbewegung - Sorel und die Rechte

Mit großem Erfolg und in eine ganz andere politische Richtung initiierte der vor kurzem verstorbene berüchtigte *"Theoretiker der Gegenrevolution"*[36] Carl Schmitt als erster eine Sorel-Rezeption in Deutschland. Auf dem Höhepunkt der revolutionären Krise im August 1923, als streikende Arbeiter in einer Einheitsfront die bürgerliche Regierung Cuno zu Fall brachten, in Sachsen und Thüringen sich Arbeiterregierungen bildeten und die proletarischen Aktivisten nicht ganz unberechtigt auf ihre deutsche "Oktoberrevolution" hoffen konnten, erschien eine kleine Abhandlung Schmitts über *"Die geistesgeschichtliche Lage des heutigen Parlamentarismus"*,[37] in der er die ideellen Grundlagen der politischen und staatsphilosophischen Tendenzen der parlamentarischen Demokratie mit deutlich antiliberalem und antibürgerlichem Affekt skizzierte und die neue geschichtliche Frontstellung zwischen Proletariat und Bourgeoisie ausschließlich unter dem Aspekt der faktischen Legitimation von Gewaltanwendung in der herannahenden Entscheidungsschlacht beurteilte.

Das Parlament, wie es sich im 19. Jahrhundert entwickelt hat, habe nach dem I. Weltkrieg in der neuen Konstellation von Politik seine bisherige Grundlage und seinen Sinn verloren (S. 63). Nicht eine *"diskutierende Öffentlichkeit"* bringe die *"wahre und richtige Gesetzgebung und Politik"* hervor, sondern die konkrete Gestalt der wirklich kämpfenden Parteien: die letztlich rationalistische Diktatur des marxistischen Bolschewismus und die irrationalistische unmittelbare Gewaltanwendung der direkten Aktion, die auf dem Mythos basierende Diktatur des Faschismus, wie ihn Mussolini 1922 in Italien errichtet hatte.

Will man nun die geistige Dimension dieses Gegensatzes voll erfassen, so Schmitt, dann muß man auch den geistesgeschichtlichen Zusammenhang der neuen, irrationalistischen Motive der unmittelbaren Gewaltanwendung betrachten, wie er am offensten in Sorels "Réflexions" ausgesprochen sei. Ohne Einschränkung identifiziert sich Schmitt mit Sorels allgemeiner Theorie des Mythos und ihrer Stoßrichtung gegen die verbürokratisierte marxistische Arbeiterbewegung mit ihren Berufspolitikern, die inzwischen jede Fähigkeit zum Handeln verloren hätten. *"Nur im Mythos liegt das Kriterium dafür, ob ein Volk oder eine andere soziale Gruppe eine historische Mission hat und sein historischer Moment gekommen ist. Aus den*

Tiefen echter Lebensinstinkte, nicht aus einem Räsonnement oder einer Zweckmäßigkeitserwägung, entspringt der große Enthusiasmus, die große moralische Dezision und der große Mythus. In unmittelbarer Intuition schafft eine begeisterte Masse das mythische Bild, das ihre Energie vorwärts treibt und ihr sowohl die Kraft zum Martyrium wie den Mut zur Gewaltanwendung gibt. Nur so wird ein Volk oder eine Klasse zum Motor der Weltgeschichte" (S. 80). Aber wird sich diese Weltgeschichte in überzeugender Weise auf eine sozialistische Gesellschaft mit proletarischer Produzentenmoral hinbewegen? Daran mag Schmitt nicht so recht glauben und stellt hier wiederum den Marxschen Rationalismus Sorel entgegen: *"Der vom kapitalistischen Zeitalter geschaffene Mechanismus der Produktion hat eine rationalistische Gesetzmäßigkeit in sich und aus einer Mythe kann man wohl den Mut schöpfen, ihn zu zerschlagen; soll er aber weitergeführt werden, soll die Produktion sich noch weiter steigern, was auch Sorel selbstverständlich will, so wird das Proletariat auf seinen Mythus verzichten müssen."* (S. 86)

Was aber bleibt von Sorels Theorie des sozialen Mythos für Schmitt noch übrig? Nicht die Intention, sondern nur ihre Funktion, die große psychologische und geschichtliche Bedeutung des Sorelschen moralischen Dezisionismus für die Aufteilung der Menschheit in zwei feindliche Lager, für die *"kriegerischen und heroischen Vorstellungen"*, die sich mit Kampf und Schlacht verbinden und von Sorel wieder ernst genommen worden seien als die *"wahren Impulse intensiven Lebens"* (S. 83). Denn für Schmitt wird implizit durch Sorel bestätigt, daß der *"stärkste Mythus im Nationalen"* und nicht im Sozialen liege.

Mit viel Bewunderung zitiert er Mussolinis berühmt gewordene Sätze: *"Wir haben einen Mythus geschaffen, der Mythus ist ein Glaube, ein edler Enthusiasmus, er braucht keine Realität zu sein, er ist ein Antrieb und eine Hoffnung, Glaube und Mut. Unser Mythus ist die Nation, die große Nation, die wir zu einer konkreten Realität machen wollen."* Und Mussolini hat für Schmitt das *"Prinzip der politischen Wirklichkeit"* ausgesprochen, als er hinzufügte, daß der Sozialismus eine *"inferiore Mythologie"* sei.

Wenn Sorel hingegen das Proletariat und die Bourgeoisie als zwei feindliche Kriegsparteien gegenüberstellt und jeden Kompromiß als den Anfang der abschüssigen Bahn in die Dekadenz beurteilt, dann muß die **antipolitische** Stoßrichtung seiner Argumentation immer mitgedacht und darf nicht von der sozialen Intention isoliert werden. Das aber macht Carl Schmitt in seiner wenige Jahre später getroffenen und berühmt gewordenen Bestimmung des Politischen selbst als Freund-Feind-Verhältnis. So wie in der Ökonomie die letzten Entscheidungen zwischen nützlich oder schädlich, in der Moral zwischen gut und böse, in der Ästhetik zwischen schön und häßlich liegen, so sei die spezifisch politische Unterscheidung, auf welche sich die politischen Handlungen und Motive zurückführen lassen, die Unterscheidung von Feind und Freund.[38] Es wird sofort deutlich, daß Schmitt den bei Sorel **gegen** die Politik gerichteten Begriff der **sozialen Aktion des proletarischen Generalstreiks** abwandelt und funktionalisiert zum **Begriff des Politischen** selbst.

Der *"Kampf als inneres Erlebnis"* der Generation *"in Stahlgewittern"*, die Ideologie der totalen Mobilmachung der enttäuschten jungen Frontkämpfer des I. Weltkriegs leuchtet hier im Kleide der Wissenschaft auf. So ist es wenig verwunderlich, daß Schmitts implizite Umwertung auch bald einen direkten politischen Resonanzboden findet, nämlich in Beckeraths erstem fundierten Versuch von 1927, den italienischen Faschismus in seinem *"Wesen und Werden"* zu erfassen. Seine sachlich durchaus bemerkenswerte Beurteilung des italienischen Faschismus als der gelungenen Synthese aus Mittelstand und sterbendem Sozialismus hatte auch die inzwischen in die politische Debatte geworfene Formel von *"Sorel als dem Vater Mussolinis und Lenins"* aufgenommen und bei aller Distanz und Differenzierung im einzelnen die Schlußfolgerung von einem durchaus nachahmenswerten, gelungenen Experiment nahegelegt, das die rechtsradikale, antidemokratische Intelligenz in der Phase der zerfallenden politischen Stabilität der Weimarer Republik hat aufhorchen lassen. Beckerath schreibt: Selbst wenn sich weder bei Lenin noch bei Mussolini eine unmittelbare Beschäftigung mit den Gedanken Sorels nachweisen ließe, *"so wäre gleichwohl die politische Methode, welche verfolgt wurde, nichts anderes als - unbewußte - Verwirklichung des Kernes jener Lehre. Es kann auch nicht anders sein: denn jede Minorität, die sich zur Herrschaft aufschwingt, wird Gewalt anwenden; jede Bewegung, welche sich in breiten Massen zu verankern sucht, muß irrationale Kräfte mobilisieren, also den Mythus an die Stelle des Programms setzen."*[39]

Die entscheidenden Begriffe aus Sorels Theorie waren genannt, deformiert und mit der neuen historischen Perspektive der "konservativen Revolution" verknüpft: Gewalt, Mythos und Massenbewegung. Und in dieser Situation erscheint die deutsche Übersetzung der "Réflexions" und wirkt als zusätzliches Ferment im Gärungsprozeß und Richtungskampf der intellektuellen Rechten am Rande und gegenüber dem aufsteigenden Nationalsozialismus. Zu Beginn des Jahres 1930 eröffnete der junge Soziologe E. W. Eschmann in Hans Zehrers jungkonservativer Zeitschrift "Die Tat" mit einem Artikel über Vilfredo Pareto eine Serie über *"moderne Soziologen"*, die allesamt *"unmittelbare Aktualität für die Bewegung im heutigen Deutschland"* besäßen und setzt sie im August mit einem Artikel über Georges Sorel fort - zu einem Zeitpunkt also, als Hitler kurz vor seinem ersten großen Wahlsieg stand und die Weimarer Republik in die parlamentarische Unregierbarkeit geriet.[40] Nicht nur als intimer Kenner, sondern auch Bewunderer des italienischen Faschismus hervorgetreten, hatte Eschmann Sorels syndikalistische Theorie in der ursprünglichen faschistischen Bewegung bestätigt gefunden, weil sie *"in ihren Gewerkschaften tatsächlich einen Staat aufbaute, der nachher den eigentlichen Staat überrannte."* (S. 370)

Und was könnte in Deutschland daraus gelernt werden? Nun, für Deutschland hält es Eschmann für nicht wahrscheinlich, daß der proletarische Mythos des *"Marsches der Befreiung"*, den er noch im Marxismus verankert sieht, mit seiner *"überwältigenden Suggestionskraft"* die übrigen Schichten in seinen Bann ziehen und wie in Rußland zum *"offiziellen Staatsmythos"* werden könnte. Die soziologische Schwerkraft der Mittelschichten sei in Deutschland zu stark. Die praktische Wirkung Sorels hingegen liege in der Erkenntnis einer Massenerscheinung als eines echten Mythos, die die erkenntniskritische Kraft des Marxismus auf Dauer zunichte mache. *"Denn eine von einem Mythos gelenkte Bewegung hat sich von ihren ursprünglichen Anlässen längst abgelöst und ein Eigenschicksal gewonnen, das man verstehen muß. In diesem Eigenschicksal, in der Ausdehnung, Zusammenballung, Umformung des Mythus finden wir eine Möglichkeit zur praktischen Stellungnahme."* (S. 376) Eschmann ahnt, daß unter der Oberfläche der altnationalen Ideen des Konservatismus *"verborgene Realitäten"* liegen, *"welche von dem bisher allein bedeutsamen Mythos überdeckt, ihrerseits neue Bewegungen entzünden können."* (ebd.) Welche Bewegung Eschmann damit meint, wird sofort deutlich, wenn er über den Sinn der nationalsozialistischen *"Revolution"* philosophiert: Sie müsse erst auf die Stufe der *"völligen Vernichtung des Marxismus"* gelangen, um die *"im Wesen des Volkes und in der Geschichte des Staates gegebene Überlieferung des deutschen Sozialismus"* zur politischen Kraft werden zu lassen.

Eine gründliche Auseinandersetzung mit Sorel, wie Eschmann sie aktuell vielleicht noch erhofft hatte, bleibt jedoch aus. Nicht Sorels Schriften selbst, auch die bis 1930 ins Deutsche übersetzten, sondern die derart aufbereiteten sekundärliterarischen Produkte werden zum schier unerschöpflichen, weil unkontrollierbaren Reservoir von Identifikation mit tagesjournalistisch aufbereiteten Halbwahrheiten und Anspielungen: Für den Katholiken den katholischen Sorel, für den Nationalisten den Sorel der "Action française" usw. - jeder schneidet sich im Halbdunkel ein Lendenstück für seine politischen Zwecke heraus. Der Typus des freischwebenden Intellektuellen sieht im hektisch orientierungslosen Getriebe die Gunst der Stunde für seine individuelle Karriere - ob politisch, literarisch oder wissenschaftlich spielt hier kaum eine Rolle.

So ist es nicht mehr ganz unbegreiflich, daß die erste große 'biographie intellectuelle' nicht - wie man vermuten sollte - in Frankreich oder Italien entsteht, sondern im geistig-politischen Zwielicht des Deutschland von 1932 durch die nicht weniger zwielichtige, gleichwohl aber hochintelligente Gestalt des Michael Freund mit seinem Buch "Georges Sorel. Der revolutionäre Konservatismus".

Freund will mit seinem Buch auf dem *"unzerstörbaren Untergrund der Lebenshaltung und wesentlichen Vorstellungen"* gegenüber den jagenden Überzeugungen ein *"mächtiges Plädoyer"* ausbreiten im *"Prozeß der Demokratie"*, der 1932 als ein Ringen zwischen Faschismus und Bolschewismus stattfinde und dessen Urteil noch nicht gesprochen sei, aber der Politik *"unserer Tage"* wieder eine dramatische Größe verleihe. So kenntnisreich diese erste Gesamtdarstellung Sorels im einzelnen auch ist und grosso modo noch heute dem wissenschaftlichen Urteil in seiner Gesamtheit stellen kann, verbleibt sie doch als Ganzes im Nebel einer wissenschaftlich kaum überprüfbaren Zitatenmontage mit dubioser Sinnunterlegung, die, der bunten Fülle und schillernden Gestalt Sorels folgend, am Ende des Buches als *"Widerspruch"* im Urteil wieder zurückgenommen wird. Zurück bleibt ein dunkles Buch, das nicht zur wissenschaftlich fundierten Erkenntnis geistes- und kulturgeschichtlich widersprüchlicher Entwicklungsformen in Europa beitragen, sondern zweifellos in die Entscheidung und Legitimation eines *"revolutionären Konservatismus"* in Deutschland einwirken möchte. Der - so Michael Freund - neben Burke größte Konservative der Neuzeit hat, in der Nachfolge Proudhons als dem großen Antipoden von Marx und dem Marxismus, mit seiner "Philosophie der Arbeit" die größte bleibende Leistung für die Gegenwart hervorgebracht (S. 136), die nicht die ökonomische Kritik des Kapitalismus zur Grundlage habe, sondern, sich auf die seelischen Wirkungen der proletarischen Massenaktionen konzentrierend, Disziplin und Erziehung eines neuen heroischen Menschengeschlechts der proletarischen Produzenten fördert, die im Erwachen des modernen industriellen Menschen im faschistischen Italien und bolschewistischen Rußland eine verborgene Einheit bilden. *"Fascismus und Bolschewismus schaffen im letzten Grunde in ihren Ländern, die bisher Randgebiete der modernen und kapitalistischen Zivilisation waren, die industrielle Gesellschaft. Sollten einmal die politischen, ideologischen Überbauten des Fascismus und des Bolschewismus vergangen sein, dann wird geblieben sein, daß in beiden Ländern unter 'Disziplin und Erziehung' Lenins und Mussolinis, der industrielle Mensch, der sachlich disziplinierte, methodische Mensch entstanden ist."* (S. 254f.)

Es sei also ganz gleichgültig, ob man im Werk Sorels ein Plädoyer für den Faschismus oder Bolschewismus sehe oder nicht - obgleich Michael Freund in bezug auf den Faschismus eindeutig in Sorel den *"Samen gelegt"* sieht -, in Wahrheit kommt es darauf an, daß man in Sorels Werk eine Theorie der Industriegesellschaft zu entdecken in der Lage ist, die entgegen einer marxistisch orientierten Aufhebung des Kapitalismus im Sozialismus/Kommunismus ein Bündnis mit der ursprünglich antiindustriellen und antibürgerlichen konservativen Ideologie des 19. Jahrhunderts zustande bringt. Die Ideologie, die eine Möglichkeit der Synthese verspricht aus technisch rationaler Fortentwicklung des in einer tiefen ökonomischen Krise befindlichen Kapitalismus einerseits und der Mobilisierung und Entfesselung irrationaler Kräfte einer Massenbewegung zur Überwindung der Krisensymptome, nicht aber ihrer Ursachen andererseits, muß in der Form revolutionär, im Inhalt aber konservativ sein.

Noch ein Jahr vorher, 1931, hatte Michael Freund eine demokratische Krisenlösung anvisiert und Sorel als den *"Antipoden der Gegenrevolution"* klassifiziert und der SPD nahebringen wollen, daß *"der revolutionäre Idealismus für Sorel durchaus vereinbar war mit der 'Vernünftigkeit' einer praktisch-'reformerischen' Haltung"*.[41] Aber im Juni 1934, im Monat des Meuchelmordes an Röhm und der linken SA, bekannte er im katholischen "Hochland":[42] *"Sorel erlebt den Zwiespalt von Macht und Kultur erneut. Er gehört nicht zu denen, welche den Tag ersehnen, da in einer Orgie der Gewaltsamkeit die Kultur zugrunde geht. Gerade deshalb mag er zu den Lehrern **unserer** Zeit gehören, weil er zeigt, wie inmitten der **stoßhaften** Neubildungen der Macht und der Erneuerung der **politischen Gewalt** doch die großen Traditionen abendländischer Kultur, der freie humane Blick über die Beengtheiten des politischen Kampfes hinaus bewahrt werden können."* Und weiter heißt es: *"Sorel war zur Hinnahme der furchtbarsten Veränderungen bereit, wenn aus ihnen nur... die 'Wahrheit' hervorgehe, sei sie auch in **Höllenfeuer** gekleidet."*
Aber nicht nur an die Duldung gemahnte Freund, auch das Positive wollte genannt sein: Sorel habe *"den Ruhm des Krieges neu begründet und sah die Zukunft der Welt auf den Arbeiter und Soldaten gegründet, so wie es dann Ernst Jünger erneut verkündet hat und wie es in einem hohen Maße in die Ideologie des Nationalsozialismus übergegangen ist."*
In der Tat, Ernst Jünger, der vielgelesene Schriftsteller der Frontgeneration und Repräsentant jener Gewaltphantasien der totalen Mobilmachung, Herausgeber und Mitarbeiter von zahlreichen rechtsradikalen und nationalrevolutionären Zeitschriften, hat schon 1932 das Zukunftsbild der *"Herrschaft und Gestalt"* eines Arbeiterstaats entworfen, das sich in vielen Punkten an Sorels Sozialphilosophie anlehnt, ohne sie explizit zu erwähnen.[43]
Das bürgerliche Zeitalter als Scheinherrschaft, als *"Schauspiel der Demokratie"* war niemals auf den Deutschen zugeschnitten und geht jetzt für Jünger unwiderruflich zu Ende. Die Welt wird in ihren Grundfesten erst wieder erschüttert, wenn der Deutsche wieder erkennt, was Freiheit und Ordnung sei: *"Jeder und jedes steht in der Lehensordnung, und der Führer wird daran erkannt, daß er der erste Diener, der erste Soldat, der erste Arbeiter ist. Daher beziehen sich sowohl Freiheit und Ordnung nicht auf die Gesellschaft, sondern auf den Staat, und das Muster jeder Gliederung ist die Heeresgliederung, nicht aber der Gesellschaftsvertrag."* (S. 19)
Da das deutsche Bürgertum zur Durchsetzung einer anerkannten Herrschaft unfähig war, fiel zunächst *"dem Arbeiter die wunderliche Nebenaufgabe zu, diese Herrschaft nachzuholen"*, wie Jünger die Geschichte der deutschen Arbeiterbewegung deutet, aber zugleich erkennt sie darin wieder den ursprünglichen, unerbittlichen Gegensatz zur bürgerlichen Welt. Will der Arbeiter jetzt einen *"neuen Vorstoß"* wagen zur *"Lösung der großen Aufgaben eines neuen Zeitalters"*, dann muß er eine andere Front aufbauen, eine Arbeitsfront, die mit der Kriegsfront identisch geworden ist. Dies setzt aber voraus, daß der Arbeiter sich in einer anderen Form begreift und daß in *"seinen Bewegungen nicht mehr eine Widerspiegelung des bürgerlichen Bewußtseins, sondern ein eigentümliches Selbstbewußtsein zum Ausdruck kommt."* (S. 37) Der Arbeiter muß die Welt des 19. Jahrhunderts, des bürgerlichen Individualismus und der wirtschaftlichen Massenkämpfe, der Streiks, verlassen und ihren *"geheimen Sinn"* verstehen lernen, der darin besteht, *"die Wirtschaft auch in ihrer Totalität in den Rang einer organischen Konstruktion zu erheben"*, die der Initiative des Individuums wie der Masse entzogen ist. (S. 124)
Es ist nämlich die Technik selbst, die in der Gestalt des Arbeiters die Welt total mobilisiert und immer tiefer in den bürgerlichen Raum eindringt und ihn als *"Symbol einer übergeordneten Macht"* zerstört. (S. 206) Der Bürger ist unfähig zur Anwendung der Technik als eines seinem Dasein zugeordneten Machtwillens, wie, so Jünger, der wieder aufgewärmte Nach-

kriegsliberalismus mit seiner Unfähigkeit zu einer neuen Ordnung der Welt deutlich beweise. Aber der Geist der Verhandler, Advokaten, Geschäftemacher und Diplomaten verliere täglich an Boden. Unter der Decke des Waffenstillstands brenne die totale Mobilmachung weiter. Denn die Perfektion der Technik ist nichts anderes als der Abschluß der totalen Mobilmachung.

"Technik und Natur sind keine Gegensätze - werden sie so empfunden", schleudert Jünger den Sozialromantikern entgegen, *"so ist dies ein Zeichen dafür, daß das Leben nicht in Ordnung ist. Der Mensch, der sein eigenes Unvermögen durch die Seelenlosigkeit seiner Mittel zu entschuldigen sucht, gleicht dem Tausendfuß der Fabel, der zu Bewegungslosigkeit verurteilt ist, weil er seine Glieder zählt."* (S. 207)

Die Zersetzung des Weimarer Staates durch die bürgerliche Gesellschaft schreite voran und werde noch ausgetragen im Spannungsfeld zwischen revolutionärem Nationalismus und revolutionärem Sozialismus; aber die Wirksamkeit der revolutionären Prinzipien schleife sich über kurze Zeit ab und schmelze den Unterschied von Reaktion und Revolution begrifflich zusammen zu einem revolutionären Konservatismus. Jüngers Vision der Ablösung der liberalen Demokratie durch die *"organische Konstruktion des Staates"*, den er blasphemisch *"Arbeitsdemokratie"* bezeichnet, entspricht als soziale und politische Wirklichkeit just der Wirklichkeit des ersten totalen technischen Vernichtungskrieges. Bestimmt aber wird die *"organische Konstruktion"* durch die *"Metaphysik der Arbeitswelt"*, durch die Technik als Art und Weise der totalen Mobilmachung. *"Es kommt heute darauf an, daß man das geheime, das heute wie zu allen Zeiten mythische Gesetz errät und sich seiner als Waffe bedient."* (S. 141)[44]

Jünger konstruiert in seiner antibürgerlichen Haltung aus der Dekadenz der Bourgeoisie die heroische Vision eines Zukunftsstaates mit dem Idealtypus des in Materialschlachten gestählten Arbeiters, der den alten Gegensatz zwischen bürgerlich revolutionärer und feudalreaktionär konservativer, antiindustrieller Geisteshaltung in einer neuen Synthese von Technik und Herrschaft als organischer Einheit von Befehl und Gehorsam überwindet. Dabei funktionalisiert er Sorels asketisch-heldischen Arbeiter ebenso um wie den sozialen Mythos als einer zu Herrschaftszwecken sich zu bedienender Waffe.

Das durchscheinende Ziel Jüngers ist also nicht die Emanzipation des Menschen aus dem Kreislauf von Dekadenz und Heroismus, sondern die Konstitution einer *"planetarischen Herrschaft im imperialen Raum"* auf der Basis einer hochtechnisierten Industriegesellschaft mit neuen Herrschaftseliten. Die bei Sorel im proletarischen Generalstreik zusammengefaßte *"Intuition des Sozialismus"*, die sich auf die Vernichtung der Staatsgewalt schlechthin richtet und sich in Sprache nicht mehr fassen läßt, sondern sich im Mythos ein Gesamtbild schafft, wird im vorfaschistischen Deutschland pervertiert zum ideologischen Transmissionsriemen der Legitimation von neuer staatlicher Gewaltherrschaft schlechthin.

3. *"Revolutionärer Konservatismus"* und der *"machbare Mythos"*

Auch wenn Figuren wie Schmitt, Eschmann, Freund oder Jünger nach Hitlers Machtübernahme sich offen zum Faschismus bekannten, ja wie Schmitt gar zum Kronanwalt des Nationalsozialismus wurden, so wollten sie sich vor 1933 durchaus nicht mit dem Nationalsozialismus gemein machen. Sie verbindet z.B. nichts mit dem Antisemitismus oder mit Alfred Rosenbergs "Mythus des 20. Jahrhunderts", in dem es heißt: *"Heute erwacht... ein **neuer** Glaube: der Mythus des Blutes, der Glaube, mit dem Blute auch das göttliche Wesen des Menschen*

überhaupt zu verteidigen. Der mit hellstem Wissen verkörperte Glaube, daß das nordische Blut jenes Mysterium darstellt, welches die alten Sakramente ersetzt und überwunden hat."[45] Ihre Ideologieproduktion und darin das Anknüpfen an Sorel haben eine eher wegbereitende Funktion für den Nationalsozialismus, der selbst weder in der "Kampfzeit" vor 1933 noch als staatliches Terrorsystem ein ernstzunehmendes Interesse an Sorel artikulierte, wie es etwa Mussolini für seine Bewegung beansprucht hatte. Die wenigen Veröffentlichungen über Sorel während der NS-Zeit sollten allenfalls die gebildeten Schichten wie Lehrer oder Juristen gefühlsmäßig einstimmen in die mannigfachen Verbindungen *"der Gedankenwelt des großen Idealisten Sorel"* mit der neuen deutschen Wirklichkeit, sollten quasi die Allgemeingültigkeit der NS-Ideologie aus der intellektuellen deutschen Provinzialität in den internationalen Rang erheben und die Reihe der vagen Vorläufer der nun *"kraftvollen"* Praxis des Nationalsozialismus erweitern und zu einer geschichtlichen Beweiskette schmieden, sei es zur Erhöhung der Produktivität und Arbeitsmoral,[46] zur Begründung eines nationalen Sozialismus oder einfach zur Verherrlichung des Krieges als *"Quell schöpferischer Kräfte"* und eines allgemeinen Lobgesangs auf die Gewalt. *"Die Lehre von der schöpferischen Gewalt sind Wunschbilder (!) des Theoretikers Sorel geblieben. Ihre entscheidende politische Bedeutung liegt jedoch darin, daß hier zum erstenmal mit heiligem Ernst und leidenschaftlichem Pathos, in aufreizender Übersteigerung aufgerufen wurde zum Kampf gegen den verlogenen Parlamentarismus und eine sich aus der Aufklärung des 18. Jahrhunderts ableitende fortschrittsgläubige, rationalistische Demokratie. Ihre besondere Bedeutung liegt aber darin, daß sie wesentlich dazu beitrug, das Gedankengebäude des Faschismus zu errichten... Ein lebenslänglicher Kampf gegen Intellektualismus und Demokratie, gegen Aufklärung, Freigeisterei, Parlamentarismus, gegen jüdische Machtansprüche, Internationalismus und Fortschrittsillusion, leidenschaftlicher Einsatz für eine heroische Lebensführung, für die schöpferische Tat, für den Adel der Arbeit, für Familie, Sitte, Heimat und Boden, für Vaterlandsliebe, Religiosität und soldatische Haltung sind die hervorstechendsten Grundzüge der Lehren dieses Denkers, die auch uns heute Kernstücke unserer Weltanschauung geworden sind und uns zur Beschäftigung mit dem... Werk Sorels veranlassen sollten."*[47]
Wollte dieser Autor immerhin seine Aussagen noch auf wirkliche Texte von Sorel stützen und gar eine auf den Schulgebrauch zugeschnittene Anthologie herausbringen, so verzichtete ein anderer NS-Ideologe darauf völlig und beschränkte sich auf die Glorifizierung der endlichen Verwirklichung des Sorelschen *"Geistes"*: *"Das ist aber violence im Sinne Sorels: Klarheit, Anspannung, Mut, Aktivität zur Verwirklichung der völkischen Ordnung und im Gefüge der völkischen Ordnung, Gestaltungswille aus der irrationalen politischen Urkraft des Volkes, dem nationalen Mythus, Gewalt ist der gerade, allen Kompromissen entsagende über alle Enttäuschungen erhabene Weg des Nationalsozialismus zur Macht... Gewalt, wie sie Sorel meint, ist die eiserne Disziplin Adolf Hitlers in seiner Bewegung, die Niederschlagung der Röhm-Revolte 1934, die zugleich den nationalsozialistischen Staat als Handlung zeigt."*[48]
Wenn aber Sorel nur durch bewußte grobe Fehlinterpretationen in den deutschen Faschismus zu integrieren war, dann muß die Frage beantwortet werden, weshalb sich Teile der politischen Rechten Sorel überhaupt zunutze machen wollten und welche Funktion sein Werk für die Herausbildung einer spezifischen Ideologie, nämlich der des *"revolutionären Konservatismus"*, gespielt hat.
Die ungewöhnliche Begriffssynthese aus den Gegensätzen *"Revolution - Konservatismus"*, die durch den Schriftsteller Hugo v. Hofmannsthal 1927 in einer vielbeachteten Rede als Programm einer geistigen Erneuerung geprägt worden war,[49] fand in der wachsenden ökonomischen und politischen Krise Ende der zwanziger Jahre rasch Ausbreitung als politische Sammlungsparole rechtsintellektueller Gegner der Weimarer Demokratie. In ihr

faßt sich brennpunktartig ein spezifisches Dilemma der deutschen Geschichte, insbesondere des deutschen Konservatismus, zusammen. Denn anders als in England oder Frankreich hatte sich in Deutschland niemals ein kraftvolles liberales Bürgertum entwickelt, das in der Lage und willens gewesen wäre, durch eine eigene politische Verfassungskonzeption und eine starke revolutionäre Bewegung die überragende Stellung des Adels und der Kleinstaaten, vor allem aber die dominante Position Preußens zu brechen und einen einheitlichen Nationalstaat zu errichten. Die Abwehr der Aufklärung und der Ideen der französischen Revolution in der deutschen *"politischen Romantik"* erfolgte ideologisch durch organizistische Staatslehren und in der eindeutigen Intention, Grund und Boden als ökonomische Grundlage eines konservativ-ständischen Staatsgebildes gegen den Einfluß des industriellen Fortschritts zu erhalten. Der Begriff des Staates als eines natürlich gewachsenen, in sich nach Interdependenzen gegliederten organischen Ganzen mit einer den Organismus belebenden und sich selbst regulierenden *"Volksseele"* richtet sich gegen Volkssouveränität, Vertragstheorie, Gewaltenteilung und Zentralisierung von politischer Entscheidungsgewalt, gegen alle egalisierenden und emanzipativen rationalistischen Gesellschaftsideale. Die feudale Beschwörung der Einheit von Volk und Fürst durch eine ideologische Überhöhung des Staates zur *"Volksgemeinschaft"* sollte jede Veränderung der sozialen Institutionen, erst recht eine Revolution als einen aus menschlicher Anmaßung resultierenden Willkürakt gegen das ewige göttliche Gesetz der Geschichte mit der zwangsläufigen Folge einer terroristischen Jakobinerherrschaft erscheinen lassen.

Während sich Edmund Burke als "Stammvater" des europäischen Konservatismus auf dem Hintergrund der "glorious revolution" durchaus schon bewußt war, daß eine Gesellschaft ihren Bestand gefährdet, wenn sie unfähig wird, ihre Institutionen gemäß den Erfordernissen der Zeit zu reformieren, blieb in Deutschland das romantisch-konservative Weltbild mit seinem Anti-Rationalismus und Anti-Industrialismus von Anfang an gegen die sich wandelnde gesellschaftlich-politische Wirklichkeit bis zum 1. Weltkrieg faktisch die tragende Ideologie. Sie konnte freilich die nach 1870 verspätet einsetzende massive Industrialisierung nicht verhindern, da jede Realpolitik, zumal die Bismarcksche, sich nicht einer ideologischen Selbsttäuschung hingab, sondern den Zwecken der realen Machtverhältnisse sich anpaßte. Aber die Stärke des deutschen Konservatismus als offizieller Staatsideologie gegen die ökonomische und soziale Wirklichkeit bestand im Wesentlichen in der **Schwäche des deutschen Liberalismus**, der sich aus Angst vor dem Sozialismus hilflos der realen Machtentfaltung des Adels in Bürokratie und Militär beugte.

Es ist kaum erstaunlich, daß mit dem militärischen Desaster von 1918 die geschichtliche Nachgeburt Deutschland auch ideologisch in ihre Bestandteile zerfiel: Der eigentliche Gründer der ersten deutschen Republik war die organisierte, vom Geist des Marxschen Rationalismus und seiner Geschichtsauffassung geprägte sozialistische Arbeiterbewegung, die nunmehr Träger und Anwalt der liberalen und sozialen Demokratie werden sollte. Das konservative Bürgertum akzeptierte grosso modo die Reichsverfassung politisch solange, wie seine soziale Herrschaft nicht ernsthaft gefährdet schien. Selbst das Militär stellte sich zu Beginn in der Mehrheit auf den Boden der neuen Tatsachen. So machte der erste und bislang einzige politische Generalstreik in Deutschland für jeden sichtbar, daß auch hier der moderne Industriestaat sich ideologisch den Realitäten anzupassen begann und nur der Alt-Konservatismus seine Massen bindende Kraft endgültig zu verlieren schien.

Die Auflösung der alten gesellschaftlichen und politischen Strukturen und Ideologien hatte natürlich auch eine Verschiebung der Machteliten durch die politische Demokratie zur Folge. Vor allem die elitär-konservative Generation der jungen Frontoffiziere und der romantischen Jugendbewegung fand sich durch die Weimarer Republik in ihren Hoffnungen am meisten betrogen, da sie in ihrer antidemokratischen, nationalistischen und militaristischen Grundhaltung in der neuen Gesellschaft kaum Chancen hatte, zur neuen Elite zu avancieren. In ihrer doppelten Frontstellung gegen das Großkapital und das Industrieproletariat verkörperte sie beides, die Untergangsstimmung der zusammenbrechenden alten und die Aufbruchsstimmung einer neuen nicht-demokratischen und nicht-kapitalistischen Ordnung, die sich an den konservativen Wertidealen orientieren sollte. Ein neuer Konservatismus konnte aber nur Erfolg versprechen, wenn es ihm gelang, zum Träger all jener Hoffnungen zu werden, die nicht reaktionär sich auf die alte Gesellschaft richteten, sondern auf dem Boden der modernen Industriegesellschaft die demokratischen Errungenschaften der verschobenen proletarischen Revolution beseitigen und einen neuen "konservativen Staat" mit neuen Eliten und Legitimationen durch Schaffung eines neuen Mythos errichten würden. Es ging also darum, den Alt-Konservatismus von seinem Antiindustrialismus zu befreien und aus der Defensive in die *"revolutionäre Offensive"* zu führen. Die Konterrevolution mußte selbst ins Kostüm der Revolution schlüpfen, mußte mit irrationalistischer Ideologie auch proletarische Massen für die Beseitigung der demokratischen Ordnung binden können. Für diese Art Neo-Konservatismus eignete sich die Krisensituation Ende der zwanziger/Anfang der dreißiger Jahre hervorragend zu einer, wie Hans Freyer es nach dem ersten schockartigen Wahlsieg der Hitler-Bewegung von 1930 formulierte, *"Revolution von rechts"*.

Diese jungkonservative Generation hatte jede theoretische Scheu und Berührungsangst auch gegenüber der Arbeiterbewegung verloren und zum Teil geschichtsspekulative Theoriestükke adaptiert, die ihr freilich zu einem recht dumpfen und mystischen Hegelianismus gerieten. Aber der altkonservative Kampf gegen den bürgerlichen Rationalismus und Industrialismus erlebte in diesen Köpfen jetzt eine Transformation gegen den Rationalismus der marxistischen Arbeiterbewegung als der *"Erbin der Aufklärung"*, und zwar auf dem Boden der modernen technologisch geformten Gesellschaft. Hier liegt der **eigentliche geschichtliche Sinn** für das Interesse an Sorel. Denn nach der Dreyfusaffäre und dem Entstehen des revolutionären Syndikalismus formulierte Sorel als erster eine Theorie des proletarischen Handelns, die sich explizit gegen die Tradition des marxistischen Rationalismus wendet und auf den Mythos als dem intuitiven Kraftzentrum der Klasse rekurrierte. Er war, soweit ich sehe, bislang der einzige Theoretiker der Arbeiterbewegung, der eine konservative, pessimistisch-heroische Geschichtsauffassung mit einem positivistisch-affirmativen Technikbegriff und einer irrationalistischen proletarischen Handlungstheorie zwar zu einer Einheit, nicht aber zu einer stringenten Revolutionstheorie auf neuer Grundlage zu bringen versucht hat. Und hier macht sich, rein theoretisch gesprochen, das Defizit des Sorelschen Mythosbegriffs bemerkbar, der, wie Blumenberg feststellte, nur noch das Minimum dessen erreichte, was noch den Titel Mythos tragen konnte.[50] Und hier liegt auch der eigentliche Grund für die Möglichkeit der politischen Transformation von Sorels Theorie zum *"revolutionären Konservatismus"*. Es wird nämlich im Sorelschen Mythos keine Geschichte erzählt, sondern nur noch ein Hintergrund von Wünschen gezeichnet; damit aber wird Mythos auch als Mittel zum Betrug konstruierbar. Der soziale Mythos wird ebenso "machbar" wie der politische **Mythos des Staates**, wie er in den Köpfen der Jungkonservativen herumschwirrte. Es entstand am Ende der Weimarer Republik die widersinnige Konstellation, daß die ursprüngliche Intention Sorels, nämlich die Freisetzung der schöpferischen subjektiven Kräfte in der proletarischen Massenaktion, im Zeichen des Aufstiegs des faschistischen Terrors, wo sie schon zur Abwehr und Sicherung der Existenz der Klasse nötig gewesen wäre, sich gegen die Freiheit der Arbeiterbewegung selbst richtete. Die dem Rationalismus theoretisch verpflichtete marxistische Arbeiterbewegung vermochte ihre Kampfkraft gegen den Faschismus nicht zu entfesseln. Sie war selbst auf aktionshemmende Mythen fixiert geblieben: Die KPD auf die Sowjetunion als dem ersten Land des Sozialismus, die Sozialdemokratie auf die "Vernunft" des demokratischen Staates.[51] Die Zerstörung der demokratischen Republik fand unter dem Vorzeichen der politischen Garantie der sozialen Herrschaft des Kapitals und nicht seiner revolutionären Aufhebung in einer neuen Produktionsform statt. Die Expansion der kapitalistischen Akkumulation auf erweiterter technologischer Grundlage schien nur mehr möglich mit einer im politischen Mythos zusammengeschmolzenen konservativen Ideologie. Die "Revolutionierung" der Gesellschaft beschränkte sich auf die technologische Ausdehnung der kapitalistischen Produktion in der Absicht der "Konservierung" der sozialen Herrschaft des Kapitals.

III. Mythos und Moderne

Es wäre sicher naiv, wollte man heute aus geschichtlichem Abstand die katalytische Sorel-Rezeption in Deutschland als historisch überwundene Fehlinterpretation relativieren, die nur noch für den geistesgeschichtlich interessierten Wissenschaftler von marginalem Interesse sein könne. Das politische und soziale Strukturproblem, das in Sorels innerproletarischer Theorie-Revolte zum Ausdruck kam, ist heute ebenso virulent wie in der ersten Hälfte unseres Jahrhunderts, auch wenn sich die Formen der Selbstvergegenwärtigung erheblich verändert haben. Denn weder vermag heute die bürgerliche Soziologie empiristischer oder sozialphilosophischer Provenienz in der technologisch sich revolutionierenden Umwälzung der kapitalistischen und staatssozialistischen Gesellschaften eine sinnstiftende Krisenstrategie zu geben, noch hat der rationalistische Entwurf des "wissenschaftlichen Sozialismus" Marxscher Prägung ausreichende Glaubwürdigkeit und Überzeugungskraft für Handlungskonzeptionen in Richtung einer aus der Vernunft geborenen emanzipativen Zukunftsordnung.
Die aktuelle geschäftige Suche nach sinnstiftenden Konstituanten für die zerfallende Massenloyalität ist schier mit Händen zu greifen. Hatte der im *"revolutionären Konservatismus"* funktionalisierte Sorel der dreißiger/vierziger Jahre dazu beitragen sollen, den feudalen Konservatismus mit moderner Technologie und Großkapital ideologisch auszusöhnen und die rationalistisch-demokratischen Ansprüche der proletarischen Bewegung etatistisch zu absorbieren, so schien derselbe Sorel nach der faschistischen Barbarei im bürgerlichen Bewußtsein als ideologische Symbolfigur für die "Verherrlichung der Gewalt" herhalten zu müssen, um die eigenen aktiven Anteile am Faschismus verdrängen zu können. Durch den raschen wirtschaftlichen und wissenschaftlichen Aufschwung der Nachkriegsgesellschaft schien der Konservatismus als Vermittlungsinstanz von historischer Sinnstiftung und kapitalistischer Zukunftsgestaltung ideologisch abgesichert zu sein. Es war der vormalige Theoretiker des *"revolutionären Konservatismus"*, Hans Freyer, der 1955 in seiner "Theorie des gegenwärtigen Zeitalters" es als das wichtigste Problem der Zukunft ansah, wie die Orientierung des Einzelnen in der modernen Industriegesellschaft durch traditionsgebundene Moral ermöglicht werde, d.h. wie die Kluft geschlossen werden könne zwischen traditionsbeladenen konservativen Werten einerseits und dem raschen technologischen Wandel andererseits, der ja auch die Subjekte zu ständig neuen Herausforderungen zwinge, weil die Welt der Werte mit der kalten technologischen Wirklichkeit kaum noch in Einklang zu bringen sei.
Das Problem wurde vorübergehend mit dem *"technokratischen Konservatismus"* der *"Sachgesetzlichkeit"* beantwortet, wie er von Theoretikern wie Schelsky, Gehlen, Forsthoff u.a.

vertreten wurde. Man verschrieb sich hier dem optimistischen Glauben, daß die Faszination, die vom technologischen und wissenschaftlichen Wandel der Industriegesellschaft ausgehe, eine Art Selbstidentifikation mit der geistigen Konstitution der Rationalität bewirke, die ganze Problembereiche der Gesellschaftsgeschichte vergangener Epochen als Ballast abwerfen und in den neuen Techniken selbst heilsgewisse Zukunftshoffnung erfahren lasse. Die "rational" konstruierte, vom Wohlstand geprägte Welt schien auch bewußtseinsmäßig in greifbare Nähe gerückt. Alles sei machbar, sofern in der Industriegesellschaft auch die Sachgesetzlichkeiten des technologischen Prozesses im gesellschaftlichen Denken akzeptiert würden. Politik habe sich zu beschränken auf die systemstabilisierenden Garantien der durch Sachzwänge hervorgerufenen Rahmenbedingungen. Vernunft galt in dieser Theorie nicht mehr als kritische Instanz der Reflexion darüber, wie Gesellschaft sein solle oder sein könne, sondern nur noch als *"instrumentelle"* Vernunft der Sachgesetzlichkeit einer technokratischen Selbststeuerung.

Es ist evident, daß dabei traditionale Werte, wie sie vom Konservatismus vertreten wurden, in der gesellschaftlichen Synthesis eine eher marginale Rolle spielten. Die Sinnfrage schien für den Einzelnen in seinem konkreten Lebenszusammenhang durch die Sachgesetzlichkeit des wissenschaftlich-technischen Fortschritts selbst aufgelöst und keiner Weiterentwicklung zu bedürfen.

Allerdings war dieser optimistische Glaube an die Voraussetzungen gebunden, daß der technische Fortschritt prinzipiell unerschöpflich und seine negativen Folgen begrenzbar seien und ferner, daß das *"Sinn- und Orientierungswissen"* (Schelsky) grundsätzlich mit ihm kongruent verlaufe. Gerade diese Voraussetzungen, die auch im Bewußtsein der Gewerkschaften und der Sozialdemokratie in den fünfziger und sechziger Jahren verankert waren, verloren spätestens seit Beginn der siebziger Jahre an Glaubwürdigkeit. Die politische Protestbewegung der Achtundsechziger-Generation stellte nicht nur die Frage nach der NS-Vergangenheit (*"hilfloser Antifaschismus"*), sie konfrontierte auch zum erstenmal die erstarrte Adenauer-Ära mit neuen gesellschaftlichen Perspektiven und alternativen, sozialistischen Lebensentwürfen. Die ökonomische Krise und die von bürgerlichen Wissenschaftlern dem Kapitalismus attestierten *"Grenzen des Wachstums"* zerstörten ebenso das Vertrauen in die Selbstregulierung des Industriesystems wie die Schreckensmeldungen über die sich anbahnende ökologische Katastrophe. Der wachsende "Zukunftsdruck" war mit dem technokratischen Sinn- und Orientierungswissen nicht mehr kompensierbar. Die Welt der Produktion, der die Welt der Sinnproduktion nicht mehr standhalten kann, wird immer abstrakter.

Der heutige Konservatismus als Protagonist der neuen "technologischen Revolution" steht vor dem schier unlösbaren Dilemma, das frühere Vertrauen in die sich selbst steuernde Sachgesetzlichkeit durch gesteigerte Sinnproduktion kompensieren zu müssen und zugleich aus dem Sinn- und Orientierungswissen alle Elemente zu eliminieren, die dem Fortbestand der kapitalistischen Industrieproduktion gefährlich werden könnten, wie die Begriffe Emanzipation, Mündigkeit, Glück, Kritikfähigkeit, ja kritische Vernunft überhaupt. Aber auch jeder Appell an die Vernunft, selbst in der fetischistischen Aufspaltung in technische Rationalität und kritisches Totalitätsbewußtsein, verliert in der Erfahrung an Substanz. Nicht allein, daß die "geistig-moralische Wende" mit zielsicherer krimineller Triebenergie in tiefen Sumpf der Korruption versinkt, sondern auch, daß der Glaube an die Möglichkeit einer politischen Krisenlösung überhaupt schwindet, öffnet in der rasenden Angst, den Prozeß nicht mehr steuern zu können, auch das öffentliche Bewußtsein für die Akzeptanz machbarer Mythen. Dies ist in der gegenwärtigen weltpolitischen Konstellation nicht nur hochexplosiv, sondern ebenso auch vergleichbar mit der Weltkriegskrise nach 1918 und dem Entstehen des *"revolutionären Konservatismus"*. Auch wenn im Gegensatz dazu der heutige Neo-Konservatismus formell die parlamentarische Demokratie akzeptiert, so suggeriert er doch die politische Garantie der hemmungslosen Kapitalakkumulation im Gewand altständischer Moral-, Kultur- und Sozialvorstellungen, die von der protegierten "Modernisierung" gerade im Kern weiter zerstört werden. Es scheint hiermit kein Zufall, daß der Neo-Konservatismus im Zuge der nun verrauchenden Historiker-Debatte an politische Mythen des *"revolutionären Konservatismus"* in veränderter Form anzuknüpfen versucht, wie z.B. an den Begriff der *"Mittellage"* oder den der *"Geopolitik"*. Michael Stürmer sieht die kulturrevolutionäre Frontenlinie ganz richtig, wenn er konstatiert, daß demjenigen *"die Zukunft"* gehöre, der in der Lage sei, die *"Begriffe zu besetzen"*.

Die traditionelle Linke verliert heute zunehmend ihre alte Fortschrittsgläubigkeit und orientiert sich - noch tastend - an wertkonservativen Traditionen, die eine programmatische Neubestimmung des geschichtlichen Verhältnisses von Technik, Natur und Gesellschaft ermöglichen sollen. Der Aufschrei traditionalistischer Gewerkschafts- und SPD-Kreise gegen den Mut Lafontaines, auszusprechen was ist, tangiert weniger den Sinn oder Unsinn der Reformvorschläge Lafontaines zur öffentlichen Besoldung, als vielmehr den Zerfall tabuisierter Zonen gewerkschaftlichen Fortschrittsbewußtseins. Die "Neue Linke", seit langem Produkt dieses schleichenden Prozesses, verbündet ihre enttäuschten Revolutionserwartungen in der Ökologiebewegung mit der Technikfeindlichkeit des Alt-Konservatismus und nähert sich zuweilen gar der Ideologie der *"natürlichen Lebensweise"* an.

Durch realgeschichtlichen Verschleiß haben die großen sinnstiftenden Ideologien seit der französischen Revolution, Liberalismus, Konservatismus und Sozialismus heute ihre prägende Kraft für die Zukunft verloren. Erst langsam gewinnt die Einsicht an Boden, daß durch diese Verschiebung des politischen Koordinatensystems die ökonomischen und sozialen Kämpfe zunehmend die direkte Dimension kulturrevolutionärer Auseinandersetzungen annehmen. Der Antagonismus zwischen wachsender gesellschaftlicher Produktivkraft und schwindender Fähigkeit zur Gestaltung einer vernünftigen und humanen Sozialordnung - von der Bedrohung der selbstverschuldeten Extermination einmal ganz abgesehen - setzt heute in verschobener geschichtlicher Dimension die Frage auf die Tagesordnung, ob überhaupt sich theoretisch eine Gesellschaftsform begründen läßt, in der Vernunft und technische Rationalität ihrem Inhalte nach zu einer Einheit gebracht werden können, oder ob die Triebkraft des wissenschaftlich nicht prognostizierbaren sozialen Wollens periodisch in die Ambiguität sozialer und politischer Mythen steuert, die errungene Freiheiten leichtfertig aufs Spiel setzen.

Sorel hat durch seinen Rekurs auf den Mythos als erster den rationalistischen Rahmen der alten Arbeiterbewegung gesprengt und damit handlungstheoretisch auf die Defizite des Marxismus aufmerksam gemacht. Die Linke in Deutschland hat weder Sorel noch das von ihm artikulierte Problem ernsthaft verfolgt. Die Tatsache, daß die Rechte sich seiner manipulativ in der Konstruktion des *"revolutionären Konservatismus"* bemächtigt hat, sollte die Linke mißtrauisch machen gegen die Konstruktion eines sozialen Mythos als einheitsstiftendes Handlungsmoment. Denn auch heute noch besteht die von Max Horkheimer in seiner Kritik an Sorels Lehrer und Freund Henri Bergson formulierte geschichtliche Aufgabe, die Einheit nicht *"im Inneren zu erschauen, sondern sie im Äußeren zu verwirklichen"*.[52]

Anmerkungen

1 Vgl. hierzu den Sammelbericht von Emil Angehrn, Krise der Vernunft? Neuere Beiträge zur Diagnose und Kritik der Moderne, in: Philosophische Rundschau, 33. Jg., Nr. 3/4, 1986, S. 161-209.
2 Friedrich Engels, Ludwig Feuerbach und der Ausgang der klassischen deutschen Philosophie (1886), in: Karl Marx/Friedrich Engels, Werke (MEW), Berlin (DDR) 1957ff., Bd. 21, S. 307.
3 Karl Korsch, Karl Marx, hrsg. v. Götz Langkau, Frankfurt/M.-Wien 1967, S. 3.
4 In seinen Frühschriften hatte Marx den Akzent der proletarischen Revolution noch stärker auf die soziale Aktion als im Kern gegen den Staat gerichtet gelegt. So heißt es z.B. in der "Deutschen Ideologie": *"...müssen die Proletarier, um persönlich zur Geltung zu kommen, ihre eigne bisherige Existenzbedingung, die zugleich die der ganzen bisherigen Gesellschaft ist, die Arbeit, aufheben. Sie befinden sich daher auch im direkten Gegensatz zu der Form, in der die Individuen der Gesellschaft sich bisher einen Gesamtausdruck gaben, zum Staat, und müssen den Staat stürzen, um ihre Persönlichkeit durchzusetzen"*. (MEW, Bd. 3, S. 77) Erst nach der Niederlage der 48er Revolution und v.a. in der Periode der Auseinandersetzungen innerhalb der IAA (Internationale Arbeiter-Assoziation) richtete Marx auch praktisch sein Augenmerk ganz auf die Strategie der Eroberung der Staatsmacht durch die proletarische Partei. Für den Marxismus der II. Internationale war die Priorität der politischen Aktion unter den sonst streitenden Fraktionen Konsens und wurde selbst von solchen Spontaneitätstheoretikern wie Rosa Luxemburg geteilt.
5 Karl Marx, Inauguraladresse der Internationalen Arbeiter-Assoziation (1864), MEW, Bd. 16, S. 12.
6 Vgl. Hans J. Sandkühler/Raphael de la Vega (Hrsg.), Marxismus und Ethik. Texte zum neukantianischen Marxismus, Frankfurt/M. 1970; Eduard Bernstein, Die Voraussetzungen des Sozialismus und die Aufgaben der Sozialdemokratie, Stuttgart 1899; Bo Gustafson, Marxismus und Revisionismus. Eduard Bernsteins Kritik des Marxismus und ihre ideengeschichtlichen Voraussetzungen, Frankfurt/M. 1972.
7 Claude Willard, Geschichte der französischen Arbeiterbewegung. Eine Einführung, hrsg. v. H.G. Haupt u. P. Schöttler, Frankfurt/M.-New York 1981.
8 Thomas Nipperdey, Der Mythos im Zeitalter der Revolution, in: Geschichte in Wissenschaft und Unterricht, Nr. 6, 1987, S. 325ff; Jean-Marc Piret, Georges Sorel. Sociale mythe en politiek activisme, in: Tijdschrift voor de Studie van de Verlichting en van het Vrije Denken, Brüssel, 14./15. Jg., 1986/87, S. 157-193; Jozef van Bellingen, Georges Sorel en Carl Schmitt, in: ebd., S. 195-217; Maurice Weyenbergh, Sorel vu par Hannah Arendt et Helmut Schelsky, in: ebd., S. 219-258; Michel Charzat (Hrsg.), Georges Sorel, Paris 1986 (= Cahiers de l'Herme, Bd. 53).
9 Vgl. dazu die Angaben in den 1983 gegr. "Cahiers Georges Sorel" (Hrsg. Jacques Julliard), Bd. 1.
10 Shlomo Sand, Bibliographie des études sur Sorel, in: ebd., S. 173-206. Diese Bibliographie wurde inzwischen in den folgenden vier Heften der "Cahiers" ergänzt und jeweils auf den neuesten Stand gebracht. Die vollständigste Bibliographie der Schriften Sorels ist ebenfalls von Shlomo Sand zusammengestellt in Jacques Julliard/Shlomo Sand (Hrsg.), Georges Sorel en son temps, Paris 1985, S. 425-466.
11 Sorels Leben war insgesamt recht ereignislos. Es umspannt den Zeitraum von der Abfassung des "Kommunistischen Manifests" 1847 bis kurz vor Mussolinis sogenanntem "Marsch auf Rom" im Oktober 1922. Sorel war nicht der Typ des Draufgängers und revolutionären Abenteurers, vielmehr führte er die biedere Existenz des einsamen Grüblers. Von Beruf Brücken- und Straßenbauingenieur, verließ er 42jährig den Staatsdienst und verzichtete auf die Pensionsberechtigung, um frei und ohne innere Abhängigkeit sich als freier Schriftsteller im stillen Boulogne sur Seine in der Nähe von Paris niederzulassen. In der Regel nahm er nur einmal wöchentlich an Diskussionszirkeln, Vorlesungen oder Redaktionssitzungen in Paris teil. Seine von Hause aus konservative Grundhaltung wurde durch die Begegnung mit einer einfachen Arbeiterin durchbrochen, die bis zu ihrem Tode seine Lebensgefährtin blieb und ihn mit der proletarischen Welt in Berührung brachte. Zwischen 1892 und 1896 gehörte er zusammen mit Marx' Schwiegersohn Paul Lafargue zu den wichtigsten Propagandisten des orthodoxen Marxismus in Frankreich, schloß sich aber dem Bernsteinschen Revisionismus an und trieb von 1902 bis 1909 seine Kritik am "politischen Marxismus" im Sinne eines revolutionären

Syndikalismus radikal voran. In dieser Periode entstanden seine für unser Problem wichtigsten Arbeiten: "Über die Gewalt" und "Die Auflösung des Marxismus". Die Enttäuschung über das Abflauen der revolutionären syndikalistischen Bewegung und deren Wendung zum gewerkschaftlichen Reformismus machte Sorel kurzfristig zum halbherzigen Sympathisanten der nationalistischen, vorfaschistischen "Action française", ehe er sich im Weltkrieg wieder vollends in die politische Isolation zurückzog. Während der Revolutionszeit richtete er seine Hoffnungen auf so unterschiedliche Politiker wie Lenin, Friedrich Ebert und Mussolini und schloß sein Werk mit der berühmten Verteidigung der bolschewistischen Revolution in dem Essay "Pour Lénine" ab, der ihn allerdings mit dem wenig schmeichelhaften Titel eines *"Konfusionsrates"* ehrte, während Mussolini wiederum gesagt hat, alles was er sei, verdanke er Sorel.

12 Ich stütze mich hier vor allem auf die hervorragende Studie von Helmut Berding, Rationalismus und Mythos, München 1969, S. 24ff.
13 Georges Sorel, Le procès de Socrate, Paris 1889.
14 Berding, a.a.O., S. 51.
15 Der Einfluß der Lebensphilosophie und des Vitalismus von Henri Bergson, bei dem Sorel häufig Vorlesungen hörte, ist unverkennbar. Vgl. dazu auch Hans Barth, Masse und Mythos. Die ideologische Krise an der Wende zum 20. Jahrhundert und die Theorie der Gewalt: Georges Sorel, Hamburg 1959, S. 72ff.; Richard Vernon, Commitment and change: Georges Sorel and the Idea of Revolution, Toronto 1978, S. 50ff.; vgl. ferner die kritischen Anmerkungen von Shlomo Sand zum komplexen und schwierigen Verhältnis zwischen Sorel und Bergson in den "Cahiers Georges Sorel", a.a.O., S. 109ff., wo auch vier bislang unveröffentlichte Briefe Bergsons an Sorel abgedruckt sind.
16 Georges Sorel, Über die Gewalt. Mit einem Nachwort von George Lichtheim, Frankfurt/M. 1969, S. 141.
17 Ebd., S. 124ff. und passim. Über die Bedeutung der Dreyfus-Affäre für Sorel vgl. Ch. Prochasson, Du dreyfusisme au post-dreyfusisme, in: M. Charzat (Hrsg.), Georges Sorel, a.a.O., S. 64ff.
18 Vgl. dazu Antonia Grunenberg (Hrsg.), Die Massenstreikdebatte, Frankfurt/M. 1970.
19 Über die Gewalt, a.a.O. S. 210.
20 Ebd., S. 135.
21 Walter Benjamin, Zur Kritik der Gewalt, in: Ders., Zur Kritik der Gewalt und andere Aufsätze. Mit einem Nachwort versehen von Herbert Marcuse, 2. Aufl., Frankfurt/M 1971, S. 51f.
22 Shlomo Sand, L'illusion du politique. Georges Sorel et le débat intellectuel 1900, Paris 1985; Larry Portis, Sorel zur Einführung, Hannover 1983, überspannt den Bogen bei weitem mit seinem Versuch, Sorel zum guten Marxisten umzustilisieren.
23 Über die Gewalt, a.a.O. S. 159.
24 Jürgen Habermas, Dogmatismus, Vernunft und Entscheidung. Zur Theorie und Praxis in der verwissenschaftlichten Zivilisation, in: Ders., Theorie und Praxis, 2. Aufl., Neuwied 1967, S. 255ff.; s. auch Helmut Berding, a.a.O., S. 52.
25 *Karl Marx, Das Kapital, Bd. 1, MEW, Bd. 23, S. 85ff.:* "Der Fetischcharakter der Ware und sein Geheimnis".
26 *Marx hat diesen Zwiespalt gesehen oder zumindest geahnt, wenn er am 22. Februar 1881 an Ferdinand Domela Nieuwenhuis schreibt:* "Die doktrinäre und notwendig phantastische Antizipation des Aktionsprogramms einer Revolution der Zukunft leitet nur ab vom gegenwärtigen Kampf. Der Traum vom nah bevorstehenden Untergang der Welt feuerte die primitiven Christen an in ihrem Kampf gegen das römische Weltreich und gab ihnen Siegesgewißheit. Die wissenschaftliche Einsicht in die unvermeidbare und stetig unter unseren Augen vorgehende Zersetzung der herrschenden Gesellschaftsordnung und die durch die alten Regierungsgespenster selbst mehr und mehr in Leidenschaft gegeißelten Massen, die gleichzeitig riesenhaft fortschreitende positive Entwicklung der Produktionsmittel - dies reicht hin als Bürgschaft, daß mit dem Moment des Ausbruchs einer wirklich proletarischen Revolution auch die Bedingungen ihres... unmittelbaren, nächsten Modus operandi gegeben sein werden." *(MEW, Bd. 35, S. 161)*
27 S. dazu den Art. "Mythos/Mythologie", in: Historisches Wörterbuch der Philosophie, hrsg. v. Joachim Ritter und Karlfried Gründer, Bd. 6, Basel/Stuttgart 1984.
28 Der Großteil der politischen ebenso wie der wissenschaftlichen Literatur über Sorel nach 1945 vertritt

die Auffassung, daß der Faschismus/Nationalsozialismus die notwendige Folge der antirationalistischen und antidemokratischen Tendenz der Philosophie der Gewalt und Sorel damit ein bewußter oder zumindest ein unbewußter geistiger Wegbereiter des Totalitarismus sei. Aber auch schon in der antifaschistischen Literatur vor und während des Weltkrieges zeigt sich diese Argumentationslinie. Siegfried Marck, Der Neuhumanismus als politische Philosophie, Zürich 1938, S. 11ff.; Frank Borkenau, Sorel, Pareto, Spengler. Three Fascist Philosophers, in: Horizon, 5. Jg., Nr. 30 (Jan.-Febr.), London 1942, S. 420ff.; Hans Barth, Fluten und Dämme. Der philosophische Gedanke in der Politik, Zürich 1943, S. 203, bes. S. 241f.; Gottlieb Eisermann, Georges Sorel: Der Mythus der Gewalt, in: Einheit, 3. Jg., Nr. 5, 1948, S. 427ff., dass. unter dem Titel: Georges Sorel - der geistige Vater des Faschismus-Mythus der Gewalt, in: Göttinger Universitäts-Zeitung, 3. Jg., Nr. 13, 1948, S. 9ff. (dagegen: Walter Dadek, Sorel kein Faschist, in: ebd., Nr. 21, S. 10ff.); Eisermann hat seinen Aufsatz noch zwei weitere Male erscheinen lassen: Der Staat, Bd. 4, 1965, S. 27ff. und in: Ders., Bedeutende Soziologen, Stuttgart 1968. Irving L. Horowitz, Radicalism and the Revolt against Reason. The Social Theories of Georges Sorel, London 1961, S. 188ff.; Jack J. Roth, Sorel und die totalitären Systeme, in: Vierteljahrshefte für Zeitgeschichte, Bd. 6, 1958, S. 45ff.; mit weiteren Arbeiten über Sorel vom selben Verf.: The Cult of Violence. Sorel and the Sorelians, Berkeley 1980; Erwin Faul, Der moderne Machiavellismus, Köln-Berlin 1961, S. 226ff., bes. S. 251; Kurt Sontheimer, Antidemokratisches Denken in der Weimarer Republik, München 1962, S. 58; Wolfgang Hirsch, Philosophie und Sozialwissenschaften, Stuttgart 1974, S. 158ff.; Joseph Huber, Georges Sorel: Über die Gewalt, in: Die Zeit, Nr. 51 v. 16. 12. 1983, S. 45; Armin Steil, Die imaginäre Revolte. Untersuchungen zur faschistischen Ideologie und ihrer theoretischen Vorbereitung bei Georges Sorel, Carl Schmitt und Ernst Jünger, Marburg/L. 1984, S. 27ff.
Kritisch: Walter Adolf Jöhr, Georges Sorel. Ein Beitrag zur Geistesgeschichte und Gesellschaftsproblematik unserer Zeit, in: Schweizerische Zeitschrift für Volkswirtschaft und Statistik, Bd. 82, 1946, S. 201ff., bes. S. 222; Ernst Nolte, Der Faschismus in seiner Epoche, 2. Aufl., München 1965, S. 203; Kurt Lenk, Volk und Staat. Strukturwandel politischer Ideologien im 19. und 20. Jhd., Stuttgart/Berlin/Köln/Mainz 1971, S. 106ff.; Helmut Berding, Der politische Mythos in der Theorie Georges Sorels und in der Praxis des Faschismus, in: Kurt Kluxen/W.J. Mommsen (Hrsg.), Politische Ideologie und nationalstaatliche Ordnung. Festschrift für Theodor Schieder, München/Wien 1968, S. 239ff.; Leszek Kolakowski, Die Hauptströmungen des Marxismus. Entstehung - Entwicklung - Zerfall, Bd. 2, München/Zürich 1978, S. 173ff.; Michel Charzat, Georges Sorel et le fascisme. Eléments d'explication d'une légende tenace, in: Cahiers Georges Sorel, a.a.O., S. 37ff.; Shlomo Sand, a.a.O. (Einleitung); R.J. Jennings, Georges Sorel. The Character and Development of his Thought, London 1985.

29 Michel Prat, Georges Sorel in Deutschland, in: IWK, 13. Jg., Nr. 2, 1987, S. 157-170.
30 S. die Rezensionen von A(nton) P(annekoek) zu Georges Sorel, La décomposition du Marxisme und von Georg Eckstein zu Georges Sorel, Les illusions du progrès, in: Die Neue Zeit, 27. Jg., Bd. 1, 1908/09, S. 555 bzw. Bd. 2, S. 90ff.; Eduard Bernstein hat ohne größere Resonanz, kritisch aber wohlwollend Sorels "L'Avenir socialiste des syndicats" in: Die Neue Zeit, 16. Jg., Bd. 2, 1897/98, S. 572f. besprochen. Zwischen Juni 1897 und Dezember 1898 sind insgesamt acht Artikel zur ökonomischen Theorie und zur materialistischen Geschichtsauffassung in den "Sozialistischen Monatsheften" erschienen. Eduard Bernstein hat 1902 im Bd. III seiner "Dokumente des Sozialismus" Sorels "Thesen zur materialistischen Geschichtsauffassung", (S. 27f.) abgedruckt. Drei weitere Artikel sind 1900, 1902 und 1904 in den "Sozialistischen Monatsheften" erschienen.
31 Werner Sombart (Hrsg.), Grundlagen und Kritik des Sozialismus, 2 Bde., Berlin 1919; Robert Michels, Zur Soziologie des Parteiwesens in der modernen Demokratie. Untersuchungen über die oligarchischen Tendenzen des Gruppenlebens. Neudruck der 2. Aufl., hrsg. und mit einem Nachwort von Werner Conze, Stuttgart o.J. (1957).
32 A. Maletzki, Georges Sorel: in: Kommunistische Internationale, 4. Jg., Nr. 24/25, 1923, S. 125-151. Das Zentralorgan der KPD, Rote Fahne, übernahm am 8. Sept. 1922 den Nekrolog aus Inprekorr, 2. Jg., Nr. 176 v. 5. 9. 1922. Die sozialdemokratische Presse erwähnte seinen Tod nicht, mit Ausnahme einer kleinen Anzeige von Conrad Schmidt in den "Sozialistischen Monatsheften", 28. Jg., Nr. 23/24, 1922, S. 955.

33 In einem Brief vom 17. 1. 1924 fragte Salomon bei dem Verleger Marcel Rivière um die Übersetzung nach. Nachlaß Salomon, Nr. 978, Internationales Institut für Sozialgeschichte, Amsterdam; vgl. Michel Prat, a.a.O.
34 Der Schüler von Gustav Mayer, Ernst H. Posse, brachte 1930 die deutsche Übersetzung von "Die Auflösung des Marxismus" mit einer ausführlichen Einleitung heraus. Vgl. auch seine "Bemerkungen zur Einführung in Georges Sorels Werk 'Über die Gewalt'", in: Jahrbücher für Nationalökonomie und Statistik, 131. Jg., Nr. 6, 1929, S. 841ff.; Georges Sorel, in: Zeitschrift für Politik, 18. Jg. Nr. 11/12, 1929, S. 742ff.; Sorels 'Fascismus' und sein Sozialismus, in: Archiv für die Geschichte des Sozialismus und der Arbeiterbewegung, Bd. 15, 1930, S. 161ff.
35 Karl Korsch, Über einige grundsätzliche Voraussetzungen für eine materialistische Diskussion der Krisentheorie, in: Ders, Politische Texte, hrsg. v. Erich Gerlach und Jürgen Seifert, Köln 1974, S. 269f.
36 Jürgen Seifert, Theoretiker der Konterrevolution - Carl Schmitt 1888 - 1985, in: Kritische Justiz, 18. Jg., Nr. 2, 1985, S. 193ff.
37 *Carl Schmitt, Die geistesgeschichtliche Lage des heutigen Parlamentarismus (1923), 3. Aufl., Berlin 1961. Die Seitenangaben im Text beziehen sich auf diese Ausgabe. In einem Hinweis von 1940 zum Neudruck eines Teils dieses Aufsatzes unter dem Titel "Die politische Theorie des Mythus" in der Schrift "Positionen und Begriffe im Kampf mit Weimar - Genf - Versailles 1923 - 1939", Hamburg 1940, S. 313, bekannte Schmitt, dieser Aufsatz sei die "erste Einführung der politischen Theorien von Sorel in Deutschland" gewesen.*
38 Carl Schmitt, Der Begriff des Politischen. Text von 1932 mit einem Vorwort und 3 Corollarien, Berlin 1963, S. 26.
39 Erwin von Beckerath, Wesen und Werden des fascistischen Staates, Berlin 1927, S. 148.
40 Ernst W. Eschmann, Moderne Soziologen (II): Georges Sorel, in: Die Tat, 22. Jg., Nr. 5, 1930, S. 367ff.
41 Michael Freund, Sorel und die Gegenrevolution, in: Die Gesellschaft, 8. Jg., Nr. 3, 1931, S. 217.
42 Michael Freund, Georges Sorel und unsere Zeit, in: Hochland, 31. Jg., Juni 1934, S. 204, 206, 198.
43 Ernst Jünger, Der Arbeiter. Herrschaft und Gestalt (1932), in: Sämtliche Werke, Bd. 8, Stuttgart 1981; K.H. Bohrer, Ästhetik des Schreckens, 2. Aufl., Frankfurt/Berlin/Wien 1983, bestreitet die Abhängigkeit Jüngers von Sorels Mythostheorie aus form- und stilästhetischen Gründen.
44 *Der Erzkonservative Ernst R. Curtius, Deutscher Geist in Gefahr, Stuttgart/Berlin 1932, S. 39, hatte schon bemerkt, die jungen "Revolutionäre" um den Tat-Kreis seien klug genug, um aus Sorel den Mythosbegriff zu entlehnen, aber* "mit einem neuen Mythos ist heute wenig mehr zu gewinnen, besonders wenn dieser Mythos nicht spontan, sondern der taktischen Reflexion entsprungen ist, man müsse einen Mythos haben".
45 Alfred Rosenberg, Der Mythus des 20. Jahrhunderts, München 1934, S. 114.
46 Thomas Niederreuther, Georges Sorels Betrachtungen über die Wirtschaft, Diss. rer. pol. München 1934, S. 33f.
47 Gustav Gräfer, Georges Sorels "Illusionen des Fortschritts" und "Lob der schöpferischen Gewalt", in: Die neueren Sprachen, 44. Jg., 1936, S. 441ff., hier S. 461ff.
48 *Rainer Heyne, Georges Sorel und der autoritäre Staat des 20. Jahrhunderts, in: Archiv des öffentlichen Rechts, 29. Jg., Nr. 2 und 3, 1938, S. 286. Heyne gesteht offen, es komme gar nicht auf den Nachweis des Einflusses von Sorel auf die* "nationalsozialistische Staatsidee" *an, weil die* "Nationalsozialismus zum Teil die selbständige und unbewußt Verwirklichung des Kernes der auch im Faschismus wirksamen Ideen Sorels sein" *könne (S. 283).*
49 Hugo von Hofmannsthal, Das Schrifttum als geistiger Raum der Nation (1927), in: Ders., Ausgewählte Werke in zwei Bänden, Bd. 2, Frankfurt/M. 1957, S. 740.
50 Hans Blumenberg, Die Arbeit am Mythos, Frankfurt/M. 1979, S. 248.
51 Der sozialdemokratische Parteivorsitzende Otto Wels sagte auf dem Parteitag 1924 in Berlin, bezugnehmend auf die Vereinigung der Rest-USPD mit der SPD in Nürnberg 1922: *"Die Trennung in zwei sozialdemokratische Parteien liegt bereits wie ein böser Traum hinter uns"*, weil er fest davon überzeugt sei, daß mit der Vereinigung der beiden Parteien sich etwas ähnliches vollzogen habe wie mit der *"Vereinigung einzelner Staatswesen"* (Sozialdemokratischer Parteitag 1924. Protokoll mit dem Bericht der Frauenkonferenz, Berlin 1924, S. 64). Otto Wels sehnte den Tag herbei, wo man dem Klassengegner zurufen könne: *"Der Staat sind wir!"*
52 Max Horkheimer, Kritische Theorie. Eine Dokumentation, hrsg. v. Alfred Schmidt, Bd. 1, Frankfurt/M. 1968, S. 190.

Martin Henkel

Jürgen Kocka - ein Historiker der Nationalen Identitäts-Stiftung

I.

Mißverständnisse rühren meist daher, daß der Rezipient das Sprachspiel oder semiotische Feld, in dem allein eine Aussage sinnvoll ist, verkennt. Wenn Jürgen Habermas in dem Aufsatz, mit dem er die "Historikerdebatte" vom Zaun brach, den bekannten sozialdemokratischen Historiker Jürgen Kocka als *"liberales Alibi-Mitglied"* in der Wissenschaftlichen Kommission für das von Kanzler Kohl initiierte 'Deutsche Historische Museum' bezeichnete,[1] so war das innerhalb des semiotischen Systems, das Habermas seit mindestens 20 Jahren verwendet, durchaus sinnvoll. Wer bereits 1967 die Positionen der antiautoritären Studentenbewegung als so illiberal empfand, daß er sie als *"linksfaschistisch"* bezeichnete,[2] und wer 1986 Positionen, die durchaus innerhalb des hierzulande mehrheitsfähigen konservativ-demokratischen Spektrums liegen, vom *"Gegensatz zum demokratischen Verfassungsstaat"*[3] bestimmt sein läßt, der mag eine Position, die zwischen diesen beiden Polen, zugleich aber rechts von Habermas' eigenem Standpunkt zu finden ist, durchaus mit Fug als *"liberal"* bezeichnen. Wenn aber der (in Habermas' Sicht) nicht liberale Historiker Hildebrand diese Kennzeichnung als eine von Habermas' *"ridikülen Einschätzungen"* bezeichnet,[4] dann liegt das offenbar daran, daß er mit Habermas' Diktion unvertraut ist. Wenn dagegen Habermas in seiner Replik formuliert: *"Man fragt sich übrigens, mit welchen Maßstäben Hildebrand eigentlich hantiert, wenn er meine Einschätzung seines liberalen Kollegen Kocka als liberal nur für eine 'ridiküle Fehleinschätzung' halten kann"*,[5] dann zeigt er nicht nur, daß er unfähig ist, auch nur zwei Wörter korrekt zu zitieren,[6] sondern er täuscht auch Unverständnis vor. Natürlich weiß Habermas, daß Hildebrand die Bezeichnung *"liberal"* ablehnt, weil er sie parteipolitisch versteht, und Habermas weiß ebenso wie Hildebrand, daß Kocka eben nicht für die FDP schreibt.

Andererseits hält Habermas offensichtlich nicht viel von Kocka bzw. von dessen Mitwirkung am 'Deutschen Historischen Museum'. Wer einem anderen vorwirft, er verschaffe einem Schuldigen ein Alibi, der fordert ihn auf, dem Sieg der Wahrheit und der fälligen Bestrafung nicht mehr länger im Wege zu stehen. Kocka hat sich durch diese Schelte nicht veranlaßt gesehen, seine Position zu revidieren, er hat jedoch mehrfach gegen solche und ähnliche Kritik an seinem Engagement im 'Deutschen Historischen Museum' Bruchstücke einer Rechtfertigung vorgebracht, die darauf hinausläuft, daß durch seine Mitarbeit die *"Wissenschaftlichkeit"* des 'Deutschen Historischen Museums' gewährleistet sei, bzw. daß die Gewähr der Wissenschaftlichkeit dieses Unternehmens durch die Heranziehung des Professors Kocka sozusagen grundgesetzlich vorgeschrieben sei, worin sich die Weisheit unserer Verfassung zeige.

Die Obszönität des 'Deutschen Historischen Museums' hat Cora Stephan brillant aufgezeigt.[7] Ich will eine Facette näher betrachten: die *"Wissenschaftlichkeit"*, die Jürgen Kocka in das 'Deutsche Historische Museum' einbringt. Meine These: Kockas sozialdemokratische Geschichtsschau befreit die BRD vom Erbe des Nationalsozialismus. Das gelingt mithilfe folgender gedanklicher Konstruktion: Der Nachfolgestaat des Dritten Reiches ist legitim, weil er sich sozialdemokratisch interpretieren läßt. Die SPD verkörpert den Neuanfang 1945 und das Prinzip der Modernisierung = Rationalisierung = Wissenschaftlichkeit. Daß der Bundeskanzler den Historiker Kocka in die Wissenschaftliche Kommission für das 'Deutsche Historische Museum' berufen mußte, garantiert nicht nur dessen *"Wissenschaftlichkeit"*, sondern ist auch ein Beleg für die Tatsache, daß das von der SPD in diesen Staat eingebrachte Prinzip die Grundlage dieses Staates ist, auch wenn es zeitweilig nicht so aussieht. Indem der Staat BRD sich nur sozialdemokratisch legitimieren läßt, braucht er eine sozialdemokratische Legitimation (und damit Jürgen Kocka in der Wissenschaftlichen Kommission des 'Deutschen Historischen Museums'). Der Historiker Kocka muß nun nur noch den Beweis erbringen, daß das Wesen der Sozialdemokratie tatsächlich die Rationalisierung der deutschen Gesellschaft ist. Nur dann nämlich kann Jürgen Kocka gleichzeitig an Veranstaltungen der Spendenwasch- und Propagandaanlage 'Friedrich-Ebert-Stiftung' teilnehmen, wissenschaftliche Werke in Parteiverlagen herausbringen **und** Garant der *"Wissenschaftlichkeit"* des 'Deutschen Historischen Museums' sein.

Indem Jürgen Kocka Denkmuster aus Hans-Ulrich Wehlers Historischer Modernisierungstheorie in den Dienst sozialdemokratischer Parteipropaganda und Staatslegitimation stellt, bringt er diese Theorie auf den Begriff.

Methode, politische Funktion und wissenschaftliches Niveau der Kockaschen Geschichtsschreibung möchte ich an einem scheinbar zufälligen Zitat aufzeigen. Die Auswahl des Zitats ist nicht unfair, denn, wie sich zeigen wird, liegt gerade in der scheinbaren Beiläufigkeit die eigentliche Problematik dieses Geschichtsbildes. Zudem handelt es sich bei den im folgenden zitierten Sätzen um ein verallgemeinerndes Resümee konkreter Forschungsergebnisse, also durchaus um eine Stelle, an der grundsätzliche Überlegungen angebracht sind.

"Im Ersten Weltkrieg kam es zu umfangreichen Lebensmittelunruhen, die in ihrer nicht-klassenspezifischen Zusammensetzung, in ihrer starken Prägung durch Frauen und in ihren Formen sehr an vor- und frühindustrielle Proteste erinnerten. Andere Ausnahmen und Überlappungen wären anzuführen. Doch der generelle Trend war so, wie oben beschrieben." [8]

Wüßte man nichts über den Autor dieser Sätze und das Buch, aus dem sie stammen, könnte man dennoch einige vorläufige Feststellungen wagen:

1. Der Autor ist ein Mann. Frauen würden über die *"starke Prägung durch Frauen"* anders schreiben.

2. Der Autor hat Schwierigkeiten mit Logik, Syntax und Begrifflichkeit. Können Unruhen umfangreich sein? Oder zusammengesetzt? Gibt es industrielle Proteste? Wen erinnerten sie? Wann? Warum wären Ausnahmen anzuführen, sind es aber nicht?

3. Die letzte Frage führt darauf, daß die sprachliche Unbeholfenheit des Autors ein nicht bewältigtes gedankliches Problem aufzeigt. Hier wird verschleiert, daß die These nichts taugt. Der Autor weigert sich zuzugeben, daß der von ihm ausgemachte Trend gar nicht existiert. Die Geschichte weigert sich, die vorgefaßte Theorie zu bestätigen, und verfehlt damit ihren Zweck. Beim Versuch, die These gegen die Fakten zu verteidigen, geraten dem Autor Indikativ und Konjunktiv, Vergangenheit und Gegenwart durcheinander. Dabei gibt sich der Autor doch sichtlich Mühe, die Methoden anzuwenden, die der Journalismus zur Bewältigung unliebsamer Meldungen entwickelt hat (Historiker sind die Redakteure der Nachrichten von vorgestern!). Durch das Passiv oder durch Substantivkonstruktionen mit passivischem Sinn (Prägung durch Frauen) kann man die Frage nach dem Urheber eines Sachverhalts umgehen. Ursachen verschweigt man mit der Formel: *"Es kam zu..."* Es kam also zu Lebensmittelunruhen. *"Lebensmittelunruhen"* sind, obwohl sie *"nicht-klassenspezi-*

fisch", also wie Kraut und Rüben zusammengesetzt sind, nicht Unruhen von Lebensmitteln, also z.B. Gemüse-Aufläufe, sondern offenbar eine wenig glückliche Lehnübersetzung des Begriffs *"food riots"*. (Aus einer Anmerkung auf derselben Seite geht hervor, daß *"Bier- und Lebensmittelunruhen"* eng verwandte Phänomene sind. Man sieht die Hefe gären!) Das Stattfinden solcher Unruhen zu dieser Zeit paßt dem Autor nicht ins Konzept. Der Grund ist offensichtlich, daß es in den Jahren 1914-1918, also zu mittel-, hoch- oder spätindustrieller Zeit ("nachindustriell" kommt ja nicht in Frage), wenn es denn schon zu Protesten kommen mußte, zu Protesten hätte kommen müssen, die in ihren Formen diesem industriellen Entwicklungsstadium angemessen waren. Wenn man versucht, einen Sinn in den unklaren Äußerungen des Autors zu finden, ergibt sich, daß er vor allem klassenspezifische Zusammensetzung und starke Prägung durch Männer, wahrscheinlich auch etwas anderes als ausgerechnet Lebensmittelunruhen erwartet hätte. Das hätte im Trend gelegen. Der Erste Weltkrieg hat diesen Trend anscheinend ein wenig gestört, aber wohl nicht nachhaltig. Spätestens an dieser Stelle kann man einen weiteren Schluß ziehen:
4. Der Autor ist Sozialdemokrat.
5. Der Autor ist Anhänger der Modernisierungstheorie.
An dieser Stelle ist es wohl nicht überflüssig, sich zu besinnen, auf welche historischen Ereignisse der Autor Jürgen Kocka anspielt.
Im Winter 1916/17 haben Frauen, die nicht wußten, wie sie sich und ihre Kinder ernähren sollten, Bäckereien und Gemüsestände geplündert. Ihre Männer konnten ihren prägenden Einfluß nicht ausüben, da sie gerade klassenunspezifisch im Giftgaskrieg an der Somme beschäftigt waren, die Mehrheit der klassenspezifischen Partei SPD wahrte den Burgfrieden und erließ Durchhalteappelle. Den Modernisierungstheoretiker interessiert aber nicht der Hunger, ihn interessiert auch nicht eigentlich der Weltkrieg, sondern ihn interessiert der Wandel der Protestform, ein Wandel, dessen Gesetzmäßigkeit durch Äußerlichkeiten wie einen Weltkrieg ein wenig gestört wurde. Da Kockas Buch, dem die zitierten Sätze entnommen sind, eigentlich den Prozeß der Bildung der Arbeiter zur Klasse in den Jahren 1800 - 1875 behandelt, ist der Sinn dieses Ausblicks auf spätere Zeit folgender: Wäre nicht der Weltkrieg dazwischengekommen, dann hätte die unter der Führung der SPD vereinte Arbeiterklasse in den Jahren 1914 - 1918 sicher angemessenere Formen des sozialen Konflikts und seiner Bewältigung gewählt.
Gerade Kockas Bemühen, *"die Weberianische Verwendung eines*(!) *Marx'schen*(sic!) *Klassenbegriffs"*[9] zu etablieren, zeigt, worum es in der Modernisierungstheorie eigentlich geht: um die Befreiung der Sozialgeschichte von aller Kritik am Kapitalismus, um die Reinwaschung der SPD von ihrer antikapitalistischen Vergangenheit. *"Es muß möglich sein, von der analytischen Kraft des Klassenbegriffs zu profitieren*(!)*, ohne in die Fallen zu stolpern, die er bereit hält"*,[10] dieser hinterlistige Begriff! Eigentlich ist dieses magische *"Es muß möglich sein"* eine vorindustrielle Protestform. Kocka meint: Ich muß den bei Marx ganz anders verwendeten Klassenbegriff so mit neuem Sinn füllen, daß die unbestreitbare Tatsache, daß die SPD einmal eine Partei der Arbeiterklasse gewesen ist, nicht nur von dem Odium der Nähe zu Sozialismus und gar Kommunismus befreit wird, sondern geradezu als Modernisierungsleistung anzusehen ist.
Kocka, der ein großer Verehrer des Forschers Marx ist, von dem er aber wenig oder nichts gelesen zu haben scheint, kennt selbstverständlich nicht die Problematik des Marxschen Klassenbegriffs.[11] Er weiß nur - oder es interessiert ihn nur -, daß der Begriff etwas mit Klassenkampf und mit dem Gegensatz zwischen Lohnarbeit und Kapital zu tun hat. Die Verwendung des Begriffs "Klasse" hat überhaupt nur Sinn, wenn von mehreren Klassen die Rede ist. Von der Arbeiterklasse zu reden, macht nur Sinn, wenn von mindestens einer

anderen Klasse auch die Rede ist. Diesen Gegensatz, der den Sinn des Begriffs 'Klasse' erst konstituiert, vernachlässigt Kocka programmatisch. Das ist der Inhalt der *"Weberianischen Verwendung"* eines angeblich Marxschen Klassenbegriffs.
Natürlich leugnet Kocka nicht, daß der soziale Konflikt, daß der soziale Protest sich im 19. Jahrhundert manchmal an Löhnen und Arbeitsbedingungen entzündete. In einem früheren Werk geht Kocka sogar so weit, von den Ursachen und Folgen *"des in der Regel bestimmendsten(!) Konflikts bürgerlicher Gesellschaften auf der Stufe des Hochkapitalismus, des Konflikts zwischen Kapital und Arbeit, zwischen Bourgeoisie und Proletariat"* zu sprechen.[12] Aber erstens war das noch vor Kockas Bekehrung zum Modernisierungsdogma, und zweitens war er auch damals schon davon überzeugt, daß für die damaligen Kapitalisten *"zweifellos... nicht Profit als letzthinniges(!) Ziel obenan"* stand. Profit erstrebten sie nur *"als Zeichen und Maßstab des Erfolgs... aus Freude an der Größe ihres Werks, aus Spaß(!) an der Macht und in dem Wissen, daß sie sich so einen Namen machen konnten."*[13] D.h. aber auch, daß der *"Konflikt"* zwischen Kapital und Arbeit keineswegs der ist, den Marx meint, wenn er vom Mehrwert spricht, auch wenn Kocka, als er einmal auf mögliche Gegensätze, Spannungen und Konflikte zwischen Lohnarbeitern und Kapitalisten zu sprechen kommt, als entwaffnender Naivität anmerkt: *"Das Problem ist grundsätzlich(!) in der(!) theoretischen Literatur behandelt, insbesondere(!) bei K. Marx, Das Kapital."*[14] In der Tat, da ist dieses Problem grundsätzlich behandelt. Bei Kocka kommt keine Mehrwertproduktion, keine Ausbeutung, kein Klassenkampf vor.[15] Es ist der Konflikt als solcher, der sich seine Gegenstände sucht, unter anderem auch den Gegensatz zwischen Lohnarbeit und Kapital. Worin dieser Gegensatz bestehen könnte, ist in dieser Sichtweise eine zweitrangige Frage. Und wie die Kapitalisten nach Kocka nur aus Spaß Profit machen, so sind auch Kockas Arbeiter meistens mit ganz anderen Dingen beschäftigt als mit dem Kampf um den Preis der Arbeitskraft, wenn sie ihren Konflikt mit anderen austragen. Da gibt es Verteilungs-, Herrschafts- und Loyalitätskonflikte.
Wohlgemerkt, nicht etwa "Herrschaft", was die Frage nach der Knechtschaft stellen würde, sondern Herrschaftskonflikte; da werden nicht das Existenzminimum oder der Lebensstandard verteidigt, sondern die *"Ehre"*[16] - in Anführungsstrichen, um anzudeuten, wie lächerlich die Ehrpusseligkeit dröger Handwerker dem Historiker erscheint. Treten Arbeiter für kürzere Arbeitszeiten ein, dann nicht etwa, weil sie sich gegen Mühe und Leid der Arbeit wehren, sondern weil *"sie das Gefühl hatten, daß ihre herkömmlichen Rechte nicht respektiert wurden (z.B. ihre gewohnheitsrechtlich freien Tage)"*.[17] Die Form - daß die freien Tage nur gewohnheitsrechtlich abgesichert waren - verdrängt den Inhalt - daß es sich eben um freie Tage handelte. Einen grundsätzlichen Gegensatz gibt es nicht; die Konflikte entzünden sich an Disfunktionalitäten, die dann immer auch rasch beseitigt werden, wie etwa das "Trucksystem"[18] oder gar die Kinderarbeit: *"Sie wurde zum öffentlich diskutierten und bald(!) gesetzlich bekämpften(!) Skandal, als sie... als Fabrikarbeit auftrat."*[19] Sie trat auf! Sie wurde bekämpft! Vorbei! Ein kleines Mißgeschick.
Kocka möchte eine Klasse ohne Klassenkampf, ohne Klassengegensatz. Gegensatz zur Arbeiterklasse ist also nicht etwa die Kapitalistenklasse, sondern die Arbeiterschaft als Nicht-Klasse. (Damit erklärt sich auch der Begriff *"nicht-klassenspezifisch"* aus obigem Zitat.) *"Aber zu Beginn des 19. Jahrhunderts existierte so etwas wie eine Arbeiterklasse noch kaum."*[20] Dieser bemerkenswerte Satz gehört zur gattungsspezifischen Chaosschilderung am Beginn jeder modernisierungstheoretischen Darstellung (jedenfalls soweit sie dem Normaltyp entspricht). Mit ihm beginnt Kocka seine eigentliche Darstellung nach zwei einleitenden Kapiteln, deren zweites mit der Bemerkung schließt, den Beginn der Klassenbildung auf einen Zeitpunkt zu datieren sei unmöglich, das Ende zu datieren sei *"ähnlich schwer"* wie

unmöglich. Was ist *"so etwas wie eine*(!) *Arbeiterklasse"*? Kann etwas *"noch kaum"* existieren? Existieren Klassen überhaupt anderswo denn im gliedernden und systematisierenden Verstand? Ist der eigentliche Sinn des mißglückten und metaphysischen Satzes vielleicht in der sicher richtigen Aussage zu sehen: "Zu Beginn des 19. Jahrhunderts gab es noch nicht sehr viele Lohnarbeiter oder Industriearbeiter"? Nein, das ist offenbar nicht gemeint; Kocka meint eine ganz andere Wirklichkeit als die der Fakten. Mit dem Satz soll nur die Folie aufgezogen werden, vor der sich der Prozeß der Klassenbildung entfaltet. Die Arbeiter waren nämlich, wie sich Kocka irrtümlich erinnert irgendwo bei Marx gelesen zu haben,[21] schon immer Klasse an sich; um aber Klasse für sich zu werden, müssen sie erst allerlei Schritte unternehmen, deren Beschreibung sich Kocka angelegen sein läßt; an einem vorläufigen Ziel des Weges von der Klasse an sich zur Klasse für sich scheinen die Arbeiter mit dem Gothaer Vereinigungsparteitag 1875 angekommen zu sein. Die Schritte waren im wesentlichen: Einsicht in die gemeinsame Lage, Einsicht in die Marktabhängigkeit, beides gefördert dadurch, daß gemeinsame Lage und Marktabhängigkeit sich während des entsprechenden Zeitraums weiter ausgebildet haben. Klassenbildung ist, wie der Name schon sagt, ein Bildungsprozeß.

In der Lehrveranstaltung, die *"Klassenbildung"* vermittelt, treten verschiedene Klassenbildner auf: der Markt mit seiner Rationalität, der gemäß zu handeln gelernt werden muß und kann, die Erfahrung, und schließlich Organisationen und Bewegungen. Nach Kocka gibt es drei Bedeutungen des Begriffs "Klasse". Die *"grundsätzlichste*(!), *unterste Ebene"* ist die *"Zugehörigkeit zur Kategorie der Lohnarbeiter"*; *"innere Kohäsion und Selbst-Identifikation"* bilden die *"soziale Klasse"*; Klasse im höchsten Sinn sind die, die an *"klassenspezifischen, kollektiven Handlungen und Organisationen"* teilnehmen.[22]

Während die Klasse auf der grundsätzlichsten Ebene sich rasch ausbreitete, ging die Entwicklung auf den höheren Ebenen langsamer vor sich. Aber es läßt sich dennoch sagen: *"Im hier untersuchten Zeitraum (etwa 1800 - 1875) war der Prozeß der Klassenbildung eindeutig vorangekommen*(!). *1875 bestand eine Arbeiterklasse in viel ausgeprägterer Weise als 1800."*[23] Es soll hier nicht die bemerkenswerte Ontologie, der zufolge etwas in weniger ausgeprägter oder in ausgeprägterer Weise bestehen kann und ihr Zusammenhang mit der hegelianischen Entwicklung von "an sich" zum "für sich" untersucht werden. Wichtig ist, daß eine gesetzmäßige Entwicklung stattfindet. Abgesehen von der untersten Ebene, die unbeeinflußbar sich ausdehnt, ist ein "Vorankommen" auf dem Gebiet des Bewußtseins, der Einsicht festzustellen, und auf der obersten Ebene ist das Datum des Zusammenschlusses der Arbeiterparteien nicht zufällig gewählt. *"Der Trend war klar, und er sollte*(!) *sich in den nächsten Jahrzehnten fortsetzen, zumindest bis zum Ersten Weltkrieg."*[24] Auch wenn Kocka nicht mit dem Begriff "Modernisierung" argumentiert, so ist doch deutlich, daß er in diesem gesetzmäßigen (leider dann später durch leise Rückfälle in vorindustrielle Protestformen unterbrochenen) Vorankommen der Klassenbildung Rationalisierung und Modernisierung sieht. Einheit statt Zersplitterung, gemeinsames Lagebewußtsein statt handwerklicher Gefühle, Politik- und Kompromißfähigkeit nehmen immer mehr zu - bis der SPD im Ersten Weltkrieg die schon ziemlich in ihr geeinte Arbeiterklasse wieder abhanden kommt. Als Beispiel dafür wählt Kocka mit Bedacht nicht Parteispaltung und Revolution, sondern so etwas Atavistisches wie *"Lebensmittelunruhen"*.

Form und Funktion der Kockaschen Geschichtsmythologie werden nun deutlich. Wo Chaos war, soll Ordnung werden. Verkörperung dieses Sollens ist die Sozialdemokratie. Indem sie der schwächeren Seite Stärke durch Organisation verleiht, ermöglicht sie ein Gleichgewicht. Wird sie unterdrückt, kommt das Chaos wieder hervor. Da das aber nicht sein soll (d.h.: da gerade die Konservativen das Chaos nicht wollen), ist die Harmonie prästabiliert. D.h.: Die

Arbeiterklasse soll stark sein, damit es keine Klassenkämpfe gibt. Der klassenneutrale Staat als Garant der Ordnung gegen das Chaos braucht zu seiner Selbstwerdung nichts so sehr wie eine starke Sozialdemokratie. Nur sozialdemokratisch interpretiert und (mit)regiert ist er wirklich Staat. Diese Überzeugung eint Kocka den Parteiideologen mit Kocka dem Staatspropagandisten und Kocka dem Geschichtswissenschaftler.
Der rationale Kern dieser Mythologie ist gewiß die realistische Einschätzung der heutigen Funktion der Sozialdemokratie. Originell ist nur, daß diese zutreffende Beschreibung der SPD als eines Integrationsorgans des Staates für möglicherweise sonst nach links abdriftende Strömungen zum durchgehenden Strukturmuster der Geschichte der letzten 200 Jahre gemacht wird. Von diesem Grunddogma - es ist die historische Mission der SPD, der Bundesrepublik zu ihr selbst zu verhelfen - ausgehend, beurteilt Kocka alles, was sich dem *"Vorankommen"* in den Weg stellt, negativ, einerlei, ob es sich um einen Weltkrieg, die Studentenbewegung, die Kohlsche Wende oder linke Kritik an Habermas handelt: Alles ist im Grunde dasselbe, und das Maß für alle historischen Vorgänge ist gleichermaßen, ob sie der SPD ihre Aufgabe erleichtern oder erschweren. Folglich ist Kritik von links wie Kritik von rechts (früher hieß das: Wer die SPD kritisiert, nützt dem Klassenfeind, aber den hat Kocka ja weberianisch abgeschafft). Wenn Barbara Schäfer und Peter Schöttler Habermas' Position (die in diesem Punkt auch die Kockas ist) kritisieren[25], hält Kocka ihnen entgegen, das sei etwas, *"was man sonst eher von Michael Stürmer zu hören bekommt"*.[26] Das ist nur logisch, denn wer z.B. Kockas Tätigkeit für das 'Deutsche Historische Museum' kritisiert, will ja offenbar, daß Stürmer allein dessen Inhalte bestimmt. Dabei käme gewiß ein Bild der deutschen Geschichte heraus, das die Kontinuität zu positiv sieht und dem Neubeginn zu wenig Aufmerksamkeit schenkt.

II.

1979, zur Zeit der sozialliberalen Koalition also, wollte Kocka die BRD ausdrücklich vom *"Restaurationsvorwurf"* freisprechen. Dieser Vorwurf sei schon deshalb unberechtigt, weil die Frage *"Kapitalistische Restauration oder demokratischer Neubeginn?"* falsch gestellt sei, wie Kocka am Ende seines Aufsatzes unter dem Titel: *"1945: Neubeginn oder Restauration?"*[27] feststellt. Warum beantwortet er aber dann die falsch gestellte Frage? Weil die Antworten auf die (nach Kocka) richtige Frage: *"Kontinuität oder Neubeginn?"* sich mit dem Fortbestehen großer Teile der Verwaltung, des gesamten Beamtenapparats, der Justiz und der Eigentumsverhältnisse hätte beschäftigen müssen. Der Restaurationsvorwurf ist nach Kocka auch deshalb unberechtigt, weil er im wesentlichen auf die Reetablierung eines kapitalistischen Wirtschaftssystems aufgebaut wird. Kocka erläutert ausführlich, warum *"diese kapitalistische Kontinuität so wichtig nun auch wieder nicht ist, wenn man nach den Chancen der Demokratie in Deutschland fragt."*[28] Denn die Bourgeoisie *"hatte in Deutschland nie jene überragende Rolle gespielt, die ihr die Theorie - und die Kritik - der kapitalistisch-bürgerlichen Gesellschaft zuschreiben."*[29] Hier folgt Kocka der Tendenz sozialdemokratischer Sozialgeschichtsschreibung, die Existenz kapitalistischer Produktionsverhältnisse mit dem politischen Einfluß der reichen Leute zu verwechseln, das Kapital mit den Kapitalisten, wie auch im folgenden Satz, mit dem Kocka zeigen will, daß diejenigen, die 1945 eine Veränderung des Wirtschaftssystems forderten, ohnehin eine falsche Faschismustheorie hatten. Wenn nämlich Kurt Schumacher 1945 sagte: *"Das Monopolkapital hat Hitler zur Macht verholfen, und in seinem Auftrag hat er den großen Raubkrieg gegen Europa*

vorbereitet und geführt", dann muß ihm Kocka als Vertreter der historischen Forschung entgegenhalten: *"Daß HITLER seine Raubkriege im Auftrag der großen Kapitalisten*(!) *führte, wie SCHUMACHER hier sagt, hat die historische Forschung nicht bestätigt."*[30] Die Neuerrichtung eines parlamentarisch-demokratischen Verfassungssystems gelang nach Kocka *"auf der Grundlage einer schnell erreichten Übereinstimmung zwischen den westlichen Alliierten und fast allen politischen Kräften im westlichen Deutschland... mit einer doppelten Frontstellung: in Absetzung von der nationalsozialistischen Vergangenheit **und** von der entstehenden Diktatur östlich der Elbe."* Da Kocka aber die Funktion der Sozialdemokratie in diesem Geschehen vertritt, die eine Gleichwertigkeit der beiden "Frontstellungen" zu garantieren hatte, bedauert er: *"Leider drängte die zweite Frontstellung die erste bald sehr deutlich in den Hintergrund."*[31] (Die Frontstellung drängte - in der Kockaschen Form der Geschichtsmythologie sind häufig Abstrakta die Agenten der Weltgeschichte.)
Warum das geschah, sagt Kocka nicht ausdrücklich: Da die westlichen Alliierten bei ihm nahezu ausschließlich als Träger des demokratischen Gedankens auftauchen, hat der Vorgang nichts mit der Einbindung der BRD in die antisowjetische Allianz zu tun (die Kocka ja bejaht), und auch von der Unfähigkeit zu trauern liest man nichts. Man kann nur vermuten, daß es die zeitweilige Traditionsgebundenheit der SPD selbst war, die dieses Ungleichgewicht verursachte; allerdings führt Kocka an dieser Stelle dann doch die Kontinuität des Beamtentums ein, das nach 1945 nicht reformiert zu haben ein verhängnisvoller Fehler war. *"Zweifellos bedeutete dieser Verzicht auf klare Grenzziehungen gegenüber der nationalsozialistischen Vergangenheit eine böse Belastung und schwere Bürde für das Selbstverständnis, die politische Moral, die Autorität und die Glaubwürdigkeit dieses neuen Staates - bis heute."*[32]
Mit seiner bevorzugten Stilform in diesem Aufsatz - auf den Vordersatz, der mit *"allerdings"*, *"zwar"*, *"zweifellos"* eingeleitet wird, folgt der Nachsatz mit *"aber"*, *"jedoch"*, *"dennoch"* - macht Kocka deutlich, daß die Antwort auf die Frage *"Kontinuität oder Neubeginn?"* längst feststeht: Zwar gibt es Kontinuität, aber der Neubeginn ist das Wesentliche. Da das Wesen dieses Staates also der Neubeginn ist, können Kontinuität und Restauration nur als unwesentliche, wenn auch bedauerliche und gefährliche Ergebnisse von Fehlern und Versäumnissen eingeführt werden. Da *"der Bundesrepublik in anderer Hinsicht wichtige Neuansätze glückten"* (z.B. hat die Bundeswehr mit der Wehrmacht nichts, aber auch gar nichts zu tun; deren Geschichte *"ist zu Ende; sie gibt es nicht mehr"*[33]), stellte sich heraus, daß *"der westdeutsche Verzicht auf eine gründlichere"* Bewältigung der Vergangenheit *"nicht schädlichere Auswirkungen hatte"*.[34] Dieser an sich bedauerliche Verzicht kann also angesichts seiner Wirkungslosigkeit ruhig hingenommen werden, und so sind denn auch die verbliebenen marxistischen und klassenkämpferischen Traditionsrelikte innerhalb der SPD überflüssig: *"Und auch die traditionsreiche*(!) *Sozialdemokratie löste sich nach 1945 allmählich aus den Einschnürungen ihrer Vergangenheit"*,[35] und so gilt (1979!): *"Trotz der unterschiedlichen Zusammensetzung der beiden großen Parteigruppen* (das waren damals die CDU/CSU und die SPD/FDP!) *haben sie eine politische und soziale Integrationskraft entwickelt..., die den Erfolg dieser zweiten deutschen Demokratie miterklärt. Im Licht der Erfahrungen bis 1933 muten die häufigen Angriffe auf just diese Integrationsfähigkeit der beiden Parteien ebenso merkwürdig an wie die neuerdings spürbaren Versuche, diese erfolgreiche Tradition durch Abspaltungen und Partei-Neugründungen rechts und links zu beenden."*[36] Und noch etwas findet Kocka, Altersgenosse der Aktivisten der Studentenbewegung, merkwürdig: *"Irritierend wirken aber auch Maßlosigkeit und Intoleranz mancher Studentenproteste des letzten Jahrzehnts."*[37] Im Ganzen gesehen aber *"ist hierzulande*(!) *zum ersten Mal ein fast 'normales', den westlichen Ländern sehr ähnliches liberal-demokratisches System - zunehmend mit sozialdemokratischen Zügen"* entstanden.[38] Das also ist der Unterschied zwischen 1979 und

1986: Damals regierte die FDP mit der SPD, und die Integration war gelungen. Heute regiert dieselbe FDP mit der CDU/CSU, und da erkennt auch Kocka, daß der Verzicht auf eine gründlichere Abrechnung mit dem Nationalsozialismus, jetzt *"Verdrängungsstrategie"* genannt und der politischen Rechten angelastet (während es vorher doch die *"Frontstellung"* gegen die Diktatur im Osten war), *"gleichzeitig tiefgreifende politisch- moralische 'Kosten' hatte und mit ihr neue Glaubwürdigkeitsdefizite eingehandelt wurden, ohne die die Schärfe der Protestbewegungen der späten 60er/70er Jahre nicht verstanden werden kann und die dieses Gemeinwesen bis heute belasten."*[39] Die Kosten griffen also so tief ins politisch-moralische Portemonnaie, daß selbst Kocka jetzt nicht mehr nur irritiert ist von den maßlosen und intoleranten Protesten. Obwohl Kocka also im Grunde überzeugt ist, daß der Pluralismus hierzulande das Schlimmste verhüten wird, ist er doch angesichts der "Wende" besorgt, und so vereinen sich das liberale Alibi Jürgen K. und der pessimistischere Jürgen H. mit ihrer Unterschrift unter einem wirren, wahrscheinlich aus der Feder von Jürgen K. stammenden Manifest voller grammatikalischer, stilistischer und logischer Fehler, das, wenn es denn einen Sinn hatte, wohl zur Wahl der SPD bei der Bundestagswahl 1987 auffordern sollte.[40]

III.

39 Professoren engagieren sich:

"Wir wollen die Rechtswende verhindern."

FR 22.1.87

Mit der Bundestagswahl im Januar 1987 steht für die Zukunft der Bundesrepublik viel auf dem Spiel. Wir müssen uns deshalb einmischen, denn wir wollen den Verfall der politischen Kultur nicht länger hinnehmen:

● Wir nennen es einen sozialen Skandal, daß die gegenwärtigen Regierungsparteien die Millionen Arbeitslose und das Ausbreiten neuer Armut verschweigen.

● Wir sind besorgt, wie gering das Engagement vieler Bürger für die Verteidigung und Weiterentwicklung des Sozial- und Rechtsstaates ist, während die politische Rechte Stammtischgeschwätz propagiert und zum Maßstab ihrer Politik macht.

● Wir sind erschüttert, mit welchem Zynismus die gesteigerten Risiken der Industriegesellschaft verharmlost und die Sorgen der Bevölkerung mißachtet werden.

● Wir wollen nicht widerspruchslos die Restauration des Geschichtsbildes hinnehmen, das von der „Gnade der späten Geburt" ausgeht.

● Wir wehren uns gegen die Ignoranz von Kalten Kriegern, die erreichbare Abrüstung durch ein Festhalten an dem Irrweg der Weltraumrüstung blockieren.

● Wir können es nicht länger hinnehmen, mit welcher Kälte und auch Haß die Aktionsfähigkeit der Gewerkschaften zertrümmert werden soll.

Deshalb wollen wir nicht bloße Zuschauer der Rechtswende in der Bundesrepublik sein, die Demontage der Arbeiterbewegung kann uns nicht gleichgültig lassen! Deshalb setzen wir uns ein und streiten für die Erneuerung und Stärkung der traditionellen sozialen Bewegungen. Wenn wir ihre Irrtümer und Fehler kritisieren, dann ge-

rade in dem Wissen: Ohne sie ist Reformpolitik nicht möglich!

Es geht bei der Bundestagswahl um die Frage, ob Johannes Rau der Helmut Kohl Bundeskanzler wird. Es geht um eine grundsätzliche Entscheidung über die Zukunft unserer Republik: Der Rückfall der Nation in längst widerlegte Zustände muß gestoppt werden.

Wir wollen Gerechtigkeit statt Egoismus, wir streiten für eine neue Phase von Entspannungspolitik, wir engagieren uns für einen ökologischen und sozialen Zukunftsentwurf.

Streiten Sie mit uns!

Prof. Dr. Detlev Albers, Politologe, Bremen; Prof. Dr. Ulrich von Alemann, Politologe, Hagen; Prof. Dr. Klaus von Beyme, Politologe, Heidelberg; Prof. Dr. Walter Fabian, Publizist, Köln; Prof. Dr. Iring Fetscher, Politologe, Frankfurt; Prof. Dr. Ludwig von Friedeburg, Soziologe, Frankfurt; Prof. Dr. Werner Glastetter, Erwachsenenbildner, Bielefeld; Prof. Dr. Dieter Görs, Wirtschaftswissenschaftler, Bremen; Prof. Dr. Norbert Greinacher, Theologe, Tübingen; Prof. Dr. Jürgen Habermas, Philosoph, Frankfurt; Prof. Dr. Gerhard Himmelmann, Politologe, Braunschweig; Prof. Dr. Wolfgang Hindrichs, Erwachsenenbildner, Bremen; Prof. Dr. Urs Jaeggi, Soziologe, Berlin; Prof. Dr. Hans Robert Jauß, Literaturwissenschaftler, Konstanz; Prof. Dr. Inge Jens, Publizistin, Tübingen; Prof. Dr. Walter Jens, Professor für Rhetorik, Tübingen; Prof. Dr. Arno Klönne, Sozialwissenschaftler, Paderborn; Prof. Dr. Jürgen Kocka, Historiker, Bielefeld; Prof. Dr. Karl Krahn, Wirtschaftswissenschaftler, Bielefeld; Prof. Dr. Otto Kreye, Wirtschaftswissenschaftler, Starnberg; Prof. Dr. Rainer Künzel, Soziologe, Paderborn; Prof. Dr. Georg Lessnau, Sozialphilosoph, Dortmund; Prof. Dr. Richard Löwenthal, Politologe, Berlin; Prof. Dr. Burkart Lutz, Soziologe, München; Prof. Dr. Harald Mattfeldt, Wirtschaftswissenschaftler, Hamburg; Prof. Dr. Hans Mommsen, Historiker, Bochum; Prof. Dr. Peter Nagel, Wirtschaftswissenschaftler, Kassel; Prof. Dr. Hans G. Nutzinger, Wirtschaftswissenschaftler, Kassel; Prof. Dr. Dieter Otten, Soziologe, Osnabrück; Prof. Dr. Sven Papcke, Politologe, Münster; Prof. Dr. Heide M. Pfarr, Juristin, Hamburg; Prof. Dr. Willi Pöhler, Wirtschaftswissenschaftler, Bochum; Prof. Dr. Horst Eberhard Richter, Psychoanalytiker, Gießen; Prof. Dr. Jörn Rüsen, Historiker, Bochum; Prof. Dr. Herbert Schui, Wirtschaftswissenschaftler, Hamburg; Prof. Dr. Ursula Schumm-Garling, Wirtschaftswissenschaftlerin, Dortmund; Prof. Dr. Udo E. Simonis, Wirtschaftswissenschaftler, Berlin; Prof. Dr. Klaus Traube, Atomphysiker, Hamburg; Prof. Dr. Karl Georg Zinn, Wirtschaftswissenschaftler, Aachen

Es lohnt sich, die Rhetorik dieses tragikomischen Dokuments professoralen Halbanalphabetentums näher zu betrachten. Zunächst springt ins Auge, daß deutsche Professoren nicht zählen können. Die 39 Professoren reduzieren sich, großzügig gerechnet, auf 36 1/2. Schon die Konstruktion des ersten Satzes stimmt so wenig wie die Zahl, denn *"sich engagieren"* kann keine direkte Rede einleiten. Handelt es sich hier nur um schlechten Stil, so ist die Holprigkeit im ersten Absatz des Textes nach der Überschrift politisch begründet: Die fiktive Dramatik der Situation, für die die deutschen Professoren ja gar keine Begründung angeben können, zeigt sich in der Konstruktion *"Wir müssen..., denn wir wollen"* ebenso wie in dem trotzigen *"nicht länger hinnehmen"*, wo es doch nur darum geht, das Kreuzchen an der einen oder anderen Stelle zu machen, und nicht etwa darum, eine Bürgerkriegsarmee zu rekrutieren oder wenigstens zum Generalstreik aufzurufen. Wäre es wahr, daß *"die gegenwärtigen Regierungsparteien"* (im Unterschied zu den vergangenen?) das Ausmaß von Arbeitslosigkeit und Armut verschwiegen, dann wäre das vielleicht ein politischer Skandal; ein sozialer Skandal ist allenfalls das Ausmaß von Arbeitslosigkeit und Armut, also die *'Millionen Arbeitslosen'*.

"Die Millionen Arbeitslose" lassen darauf schließen, daß die Professoren den Arbeitsmarkt als Lotterie verstehen. Und man kann zwar vom Ausbreiten der Arme, aber nicht vom Ausbreiten von Armut sprechen. *"Wir sind besorgt, wie..."* ist ebenso falsch wie: *"Wir sind erschüttert, mit welchem Zynismus..."* Zudem werden mit diesen aufgesetzten und daher falsch konstruierten Floskeln absolute Banalitäten eingeleitet, von denen die Autoren sehr wohl wissen, daß sie ebenso auf die Politik der SPD zutrafen, bis die Wahlerfolge der GRÜNEN der SPD einen anderen Umgang mit den Ängsten der Bevölkerung nahelegten. *"Wir wollen nicht widerspruchslos die Restauration des Geschichtsbildes hinnehmen, das..."*: Wieder ist die Konstruktion danebengegangen, denn definitionsgemäß kann ein Geschichtsbild, das von der *"Gnade der späten Geburt"* ausgeht, erst geraume Zeit nach dem Ende des Dritten Reichs entstanden sein und kann daher nicht restauriert werden; alles in diesem Manifest ist unsauber gedacht. Auch hindert ja niemand die Professoren, zu widersprechen, wenn sie etwas nicht unwidersprochen hinnehmen wollen. Warum aber dann die bezahlte Zeitungsanzeige und die atemlose Dramatik? Die Hilflosigkeit der Argumentation zeigt besonders schön der folgende Satz: *"Wir können es nicht länger hinnehmen, mit welcher Kälte und auch Haß die Aktionsfähigkeit der Gewerkschaften zertrümmert werden soll."* Hier ist alles falsch: fehlende Kongruenz, Verwechslung der Genera (die Haß), verhatschte Logik (wie kann man etwas nicht mehr länger hinnehmen, was erst geschehen soll?), und vor allem ist das ausgedrückte Gefühl so offensichtlich unwahr, daß es den Autoren nicht gelungen ist, halbwegs herauszubringen, was sie eigentlich stört. Vermutlich wollen sie nicht, daß die Aktionsfähigkeit der Gewerkschaften zerstört (nein: zertrümmert) wird. Sie schieben verächtliche menschliche Haltungen (Kälte und Haß) vor, weil sie keine konkrete Aussage machen können oder wollen. Deshalb schreiben sie auch *"streiten für"*, wo Logik und Rhetorik *"kämpfen für"* verlangen. Man streitet im Turnier für eine Dame. *"Gerechtigkeit statt Egoismus"*: Ist das besser als *"Freiheit statt Sozialismus"*, *"Kartoffeln statt Kopfschmerzen"*? Am interessantesten erscheint mir der Satz: *"Der Rückfall der Nation in längst widerlegte Zustände muß gestoppt werden."* Hinter jedes Wort möchte man ein Ausrufezeichen setzen. Wahrscheinlich stellen sich die professoralen Erwachsenenbildner vor, daß man mit diesem Klippschul-Deutsch das Volk erreicht. Jedenfalls halten sie das Wahlvolk für dumm: *"Es geht bei der Bundestagswahl um die Frage, ob Johannes Rau oder Helmut Kohl Bundeskanzler wird."* Erstens "geht es" nie *"um eine Frage"*. Zweitens geht es bei einer Bundestagswahl nicht *"um eine Frage"*. Drittens geht es bei einer Bundestagswahl nicht um die Frage, wer Bundeskanzler wird. Und viertens wußte jeder außer 39 Professoren, daß es schon gar nicht darum ging, ob Johannes Rau Bundeskanzler würde.
Es geht um nichts. Mit keinem Wort sagen die Professoren, welche Politik sie erwarten, unterstützen, vorschlagen. Sie wehren sich nicht einmal gegen die Weltraumrüstung oder gegen Politiker, die Weltraumrüstung betreiben, sondern nur gegen deren Ignoranz.
Wenn sich jemand etwas bei diesem Wahlmanifest gedacht hat, dann wohl folgendes: Die "Wende" bedroht mit ihrer einseitigen Bevorzugung rechter Interpretationsmuster und

Integrationsbemühungen die Integrationskraft des "liberalen" Verfassungssystems auf der Linken. *"Streiten"* gegen die Rechte ist deshalb vonnöten, weil die SPD ihre Integrationskraft gegenüber linken Kritikern zu verlieren droht, die auf die Idee kommen könnten, an diesem Staat sei etwas zu verändern.
Das Manifest dürfte aber auch deshalb so inhaltsleer sein, weil ein Text, unter dem die Namen Jürgen H. und Jürgen K. stehen, nur ein Kompromiß sein kann; denn im Grunde sind die Positionen der beiden nicht miteinander vereinbar, wie sich auch an der verhaltenen Polemik zeigt, die sie im "Historikerstreit" gegeneinander führen.
Jürgen Habermas hat sich in selektiver Rezeption der wirklichen Tradition dieses Staates einen *"Verfassungspatriotismus"*[41] erdacht, von dem er anzunehmen scheint, daß er die bisherige Staatsdoktrin war, von der seine *"revisionistischen"* Gegner Stürmer, Nolte u.a. abgewichen seien: *"Im offiziell bekundeten Selbstverständnis der Bundesrepublik gab es bisher eine klare und einfache Antwort. Sie lautet bei Weizsäcker nicht anders als bei Heinemann und Heuss."*[42] Mit Recht ist gefragt worden: *"Warum fehlen in seiner Ahnentafel Globke, Lübke, Filbinger und Schleyer, die ja ebenfalls hochgeehrte Vertreter dieses Staates waren?"*[43] In Wirklichkeit ist es Habermas, der einen faktisch bestehenden, von sozialdemokratischen Intellektuellen aber bisher durch bewußtes oder unbewußtes Ausblenden von Teilen der Wirklichkeit geleugneten Konsens aufkündigt, verbal freilich nur. Habermas' Erregung, so gut sie gemeint sein mag, bleibt folgenlos. Der da den revisionistischen Historikern vorwirft, sie schüfen eine *"deutsch- national eingefärbte Natophilosophie"*,[44] stört sich offenbar nur an der Einfärbung. Er ist nicht gegen die Integration des westdeutschen Staates in die Nato, er ist nicht einmal gegen das Schaffen nationaler Identität. Jürgen Habermas ist für eine Interpretation des staatsbegründenden Antitotalitarismus, die mehr die antinationalsozialistische Stoßrichtung betont.
Daher fragt Stürmer Habermas zu Recht: *"Trägt der antitotalitäre Konsens der Verfassung noch, gegen die nationalsozialistische Vergangenheit gerichtet und gegen die kommunistische Gegenwart, gar gegen eine solche Zukunft?"*[45]
Kocka ist nun zwar ein entschiedener Gegner der Verharmlosung der nationalsozialistischen Verbrechen in der Geschichtsschreibung (daß der "Verzicht" auf eine gründlichere "Bewältigung der Vergangenheit" politisch keine allzu schlimmen Folgen hatte, berechtigt die Historiker keinesfalls, diese Vergangenheit nun selbst als weniger abscheulich darzustellen), aber ihn eint mit Stürmer, daß er sich ebenfalls um die Tragfähigkeit des antitotalitären Konsens Sorgen macht. Im Gegensatz zu Habermas wissen Stürmer und Kocka, daß der Beamteneid, den sie abgelegt haben, auf der antikommunistischen Staatsdoktrin und nicht auf dem fiktiven *"Verfassungspatriotismus"* aufgebaut ist.[46] Für Kocka löst sich das Problem - einerseits Gegner Stürmers und andererseits sein Verbündeter zu sein - dadurch, daß er den Methodenpluralismus zum wesentlichen Bestandteil westdeutscher Staatsdoktrin macht.
Auf einem Treffen zwischen sozialdemokratischen und DDR-Historikern im Erich-Ollenhauer-Haus im Beisein von Willy Brandt pries Kocka den westlichen Pluralismus in der Historikerdebatte als Pendant zum politischen Pluralismus unserer Demokratie: *"Die Bundesrepublik hat geschichtsphilosophische Legitimation weder nötig noch zur Verfügung. Entsprechend geringer sind die legitimatorische Indienstnahme und die gesellschaftlich-politische Bedeutung der Geschichtswissenschaft hierzulande*(!). *Ihre relative Autonomie ist vergleichsweise gesichert. Der Pluralismus von Fragestellungen, Theorien und Deutungen ist konstitutiv für das hiesige wissenschaftliche Selbstverständnis, und zu einem guten Teil auch für unsere Wissenschaftspraxis. Weder wird uns, in der Regel, die Herstellung eines einheitlichen Geschichtsbildes zugemutet, noch ist es für uns riskant, solche Zumutung, wenn sie denn auftritt, zurückzuweisen. Traditionspflege ist in der Bundesrepublik - anders als in*

der DDR - nicht eine Hauptaufgabe der Historiker".[47] Bei Habermas wie bei Kocka geht es um die Existenzberechtigung des westdeutschen Staates - wie ja übrigens auch bei ihren Gegnern. Während Habermas meint, uns stände zur Legitimation dieses Staates ein gebrochenes Verhältnis zur eigenen Geschichte an, während die rechten Historiker eine ungebrochen rezipierbare Geschichte zu schaffen versuchen, nimmt Kocka insofern eine Mittelstellung ein, als er meint, daß der *"hierzulande"* garantierte Pluralismus die endliche Niederlage der Revisionisten gleichsam mit Notwendigkeit erfolgen lassen werde.
War es in seinem Beitrag zum "Historikerstreit" vom September 1986 noch um die Abwehr einer *"Verdrängungsstrategie"* gegangen, so wird der "Historikerstreit" im März 1987 den auf Einladung der SPD angereisten DDR-Historikern geradezu als Beispiel für pluralistische wissenschaftliche Diskussion vorgestellt. *"Die angemessene Einordnung der nationalsozialistischen Diktatur in die deutsche Geschichte und - durch Vergleich(!) - in den universalgeschichtlichen Zusammenhang ist ein Dauerproblem, um das es auch im sogenannten 'Historikerstreit' ging... Diese Kontroversen dauern an, unvermeidlicherweise. Hat man in der DDR dieses Einordnungsproblem gelöst, oder hat dort der anstehende(!) Historikerstreit noch nicht stattgefunden?"*[48] Das ist natürlich eine rhetorische Frage. Jürgen Kocka weiß, was der Geschichtsschreibung der DDR ansteht: Das *"liberale Alibi-Mitglied"* der Kommission für ein historisches Nationalmuseum wünscht der DDR einen Hillgruber, einen Stürmer. Denn wie anders soll man die folgenden Sätze verstehen: *"Sowohl in der Bundesrepublik wie in der DDR scheint mit dieser nationalgeschichtlichen Akzentverschiebung die Neigung zu einer milderen, 'zustimmungsfähigeren' Sicht der eigenen(!) Geschichte verbunden zu sein. Neuere Deutungen des Kaiserreichs, die Kritik an der kritischen 'Sonderweg'-These, aber auch manche Bemühungen um die 'Historisierung' des Nationalsozialismus lassen sich als bundesrepublikanische Beispiele anführen. Die anerkennungsreiche Neubewertung Preußens und Friedrichs ('Des Großen'), Luthers und Bismarcks kann man als entsprechende(!) Beispiele auf der DDR-Seite sehen. - Wie sich in den letzten Monaten gezeigt hat, geht das zumindest in der Bundesrepublik (zumindest!) nicht ohne entschiedene Einwände ab. Die Sorge vor glättender legitimatorischer Identitätshistorie ist groß. Daß es am Ende zu einer nationalgeschichtlichen 'Entsorgung' (Habermas) der Vergangenheit wirklich kommt, ist unwahrscheinlich. Kritische Traditionen sind in der Geschichtswissenschaft der Bundesrepublik mittlerweile fest verwurzelt. Aber wie ist es in der DDR, wo positive Traditionspflege seit langem zu den anerkannten Aufgaben der Historiker zählt?"*[49]
Die Infamie (und Absurdität) der Unterstellung, die DDR-Historiker würden sich etwa einem Geschichtsbild nach Nolte, Hillgruber, Fest und Stürmer ohne entschiedene Einwände unterwerfen, war nur möglich, weil Kocka wußte, daß die korrumpierten und ihrem Staat treuen Gäste sich gegen diese Unverschämtheit mit Sicherheit nicht zur Wehr setzen würden. Kocka, der etwa Ernst Engelbergs Neudeutung Bismarcks der Relativierung des Völkermordes durch die revisionistischen Historiker gleichsetzt (*"entsprechende Beispiele"*), hat in seinem Geschichtsbild die nationalsozialistischen Verbrechen in einem Maße nivelliert, daß sie ununterscheidbar von allen möglichen historischen Ereignissen werden.
Und der DDR-Geschichtsschreibung sind andere Vorhaltungen zu machen als ausgerechnet die, den Faschismus zu positiver Traditionspflege zu verwenden!
Kocka sieht offenbar in dem vom Grundgesetz garantierten Pluralismus des Wissenschaftsbetriebes in der BRD eine ausreichende Grundlage für die Verwurzelung kritischer Traditionen(!) und bindet die Hillgruber et alios in eine demokratische Meinungsvielfalt ein, die wiederum gewährleistet, daß es keine Verabsolutierung der auch von ihm als gefährlich eingeschätzten Relativierung der nationalsozialistischen Geschichte geben wird: Konsens durch Pluralismus!

Die Tatsache also, daß es neben *"konstitutionellen Nazis"* (Rudolf Augstein) wie Nolte und Hillgruber auch sozialdemokratische Geschichtsprofessoren wie Kocka gibt, garantiert die Objektivität der westdeutschen Geschichtswissenschaft.
Und dies gilt natürlich auch umgekehrt. Dürften *"hierzulande"* die Stürmer und Nolte nicht ihre Thesen verbreiten, die Kocka entschieden ablehnt, so hätte unser Staat gegenüber der Diktatur jenseits der Elbe nicht jenes entscheidende Plus, das den sozialdemokratischen Historiker in die Reihe der nationalen Identitäts-Stifter zieht. Ohne Stürmer geht es nicht, aber ohne Kocka ebensowenig. Kocka und Stürmer bedingen sich gegenseitig, und daher sitzen sie zu Recht gemeinsam in der Wissenschaftlichen Kommission für das Deutsche Historische Museum.
Einem Kritiker repliziert Kocka: *"Vorschnell und ohne Argumente ordnet F. Th. Gatter auch das Berliner Museumsprojekt der 'Wendepolitik' und der 'Wendegeschichtsschreibung' zu. Er sollte genauer hinsehen."*[50] Dann würde er nämlich folgendes sehen:
"Regierungen mögen an historischen Museen aus politischen Gründen, aus Gründen der nationalen Identität(!) *zum Beispiel, interessiert sein und sie deshalb initiieren. Aber es würde ihnen angesichts einer funktionierenden demokratischen Öffentlichkeit sehr schwerfallen, dabei nicht einzuräumen, daß dies* (was?) *nur auf wissenschaftlicher Grundlage geschehen kann."*[51] Der Unterschied besteht darin, daß Helmut Kohl, zu dessen Beratern und Redenschreibern Michael Stürmer gehört, das Deutsche Historische Museum, das seinen Namen und seinen Standort - ausgerechnet in Berlin, und ausgerechnet direkt an der Mauer! - zufällig erhalten hat, nicht initiieren konnte, ohne Jürgen Kocka als sozialdemokratischen Garanten einer pluralistischen Geschichtsauffassung in die zuständige Historikerkommission zu berufen und damit einzuräumen, *"daß jedenfalls der Tendenz nach auch die Ergebnisse nicht-wissenschaftlicher Geschichtsbearbeitung mit der*(!) *Geschichtswissenschaft vereinbar sein müssen."*[52]
Man würde dem konservativen Lager hierzulande gewiß allzu wenig Flexibilität zutrauen, wenn man ihm die Fähigkeit bestritte, nationale Identität in einem Deutschen Historischen Museum derart darzustellen, daß die von Jürgen Kocka vertretene Geschichtswissenschaft sich damit identifizieren kann. Schließlich geht es den scheinbar gänzlich unvereinbare Ansichten vertretenden Mitgliedern der Wissenschaftlichen Kommission für das Deutsche Historische Museum, Michael Stürmer und Jürgen Kocka, ja im Prinzip um dieselbe Sache: Schaffung einer zustimmungsfähigen Vergangenheit, Legitimation des Trägers des Gewaltmonopols, Identifizierung des Museumsbesuchers mit dem Staat, um Staatsschutz.
Die Unterschiede zwischen beiden sind zwar unübersehbar, aber nebensächlich. Das Haupthindernis, das sich der Schaffung einer zustimmungsfähigen Vergangenheit in den Weg stellt, die peinliche Tatsache, daß die BRD in direkter Kontinuität zu der Mordmaschine des Dritten Reiches steht, umgehen beide auf ähnlich elegante Weise: indem sie den Staatszweck zum Maßstab machen.
Wenn der Staat sein soll, sagt der eine, dann mußte der Krieg gewonnen werden, und die Verbrechen, die in diesem Zusammenhang geschahen, werden immerhin ein wenig verständlicher. Und der andere sagt: Wenn der Staat sein soll, dann muß um seiner Integrationsfähigkeit willen der Verzicht auf eine Aufarbeitung und Bewältigung der mörderischen Vergangenheit eben hingenommen werden. Wenn der Staat sein soll - und er soll sein! - , dann braucht er eine historisch begründete nationale Identität. Solange der Staat sich Historiker hält, kann er sicher sein, daß ihm die jeweils erwünschte zustimmungsfähige Vergangenheit nach Bedarf geliefert wird. Zur Zeit heißt das Ding Pluralismus. Dafür garantiert Jürgen Kocka. Wer ihn als *"Alibi-Mitglied"* bezeichnet, tut ihm gewiß Unrecht.

Anmerkungen

1. Jürgen Habermas, Eine Art Schadensabwicklung. Die apologetischen Tendenzen in der deutschen Zeitgeschichtsschreibung, in: "Historikerstreit". Die Dokumentation der Kontroverse um die Einzigartigkeit der nationalsozialistischen Judenvernichtung, München/Zürich 1987, S. 72.
2. Nach zwanzig Jahren noch lesenswert: Oskar Negt, Studentischer Protest - Liberalismus - "Linksfaschismus", in: Kursbuch 13, 1968, S. 179ff.
3. "Historikerstreit", S. 68.
4. Klaus Hildebrand, Das Zeitalter der Tyrannen. Geschichte und Politik: Die Verwalter der Aufklärung, das Risiko der Wissenschaft und die Geborgenheit der Weltanschauung. Eine Entgegnung auf Jürgen Habermas, in: "Historikerstreit", S. 85.
5. Jürgen Habermas, Leserbrief an die "Frankfurter Allgemeine Zeitung", 11. Aug. 1986, in: "Historikerstreit", S. 97.
6. Durch seinen schlampigen und gelegentlich manipulativen Umgang mit Zitaten seiner Gegner hat Habermas es diesen ermöglicht, sich larmoyant als Opfer einer Verleumdungskampagne hinzustellen. Habermas' verständliche Erregung über die ganze Richtung entschuldigt nicht, daß er (z.B.) aus Hillgrubers Behauptung: *"Von den Hoheitsträgern der NSDAP bewährten sich manche in der Not von letzter verzweifelter Verteidigung..."* (zit. nach: Andreas Hillgruber, Jürgen Habermas, Karl-Heinz Janßen und die Aufklärung Anno 1986, in: "Historikerstreit", S. 340), deren Distanzlosigkeit gewiß schlimm ist, die Insinuation bezieht, Hillgruber gehe es *"um eine Darstellung des Geschehens aus der Sicht... der 'bewährten' Hoheitsträger der NSDAP"* (Habermas, Eine Art Schadensabwicklung, S. 64). Habermas' Verteidigung, die Umformulierung sei formallogisch korrekt (Jürgen Habermas, Anmerkung, 23. Febr. 1987, in: "Historikerstreit", S. 384), beseitigt nicht die Tatsache, daß es sich um eine verleumderische Manipulation handelt, weil Habermas' Formulierung zwar so verstanden werden **kann**, wie Hillgruber es gemeint hat, aber nicht so verstanden **wird**. Der Leser, der Hillgrubers Text nicht kennt, muß denken, Hillgruber rede nicht von den Nazis, die sich in einer bestimmten Situation bewährt haben sollen, sondern von den bewährten Nazis. In einem Leserbrief wiederholt Habermas seinen perfiden Kalauer und verstärkt ihn noch, indem er schreibt: *"Unter jenen Akteuren, mit deren Schicksalen Hillgruber sich nach eigenem Bekunden identifiziert, finden sich neben Soldaten und Zivilisten auch die 'bewährten' Hoheitsträger der NSDAP - die Anführungszeichen, die ich für diesen zitierten Ausdruck verwendet habe, schließen doch nicht aus, daß Hillgruber für die nicht so bewährten Goldfasane herbe Worte findet."* (Habermas, Leserbrief, a.a.O., S. 96). Dem Philosophen geht es offenbar nicht um die Aufklärung, sondern die Durchsetzung **seines** identitätsstiftenden Mythos.
7. Cora Stephan, Vertiefungsraum mit Zyklon B. Über die Obszönität des Deutschen Historischen Museums, in: dies., Weiterhin unbeständig und kühl, Reinbek bei Hamburg 1988, S. 135ff.
8. Jürgen Kocka, Lohnarbeit und Klassenbildung. Arbeiter und Arbeiterbewegung in Deutschland 1800-1875, Berlin/Bonn 1983, S. 157.
9. Ebd., S. 21.
10. Ebd., S. 23.
11. Typisch für Kockas Unverständnis ist die folgende Anmerkung: *"Interessant, aber zu weitgehend (!) oder doch (!) unklar die Formulierung von E.P. Thompson: '...ist Klassenkampf (im Vergleich zur Klasse) sowohl der vorgängige als auch der universellere Begriff'."* (ebd., S. 28, Anm. 18) Als Aussage über das Marxsche Denken ist Thompsons Behauptung natürlich vollkommen korrekt.
12. Jürgen Kocka, Unternehmer in der deutschen Industrialisierung, Göttingen 1975, S. 5.
13. Ebd., S. 90.
14. Kocka, Lohnarbeit und Klassenbildung, S. 139, Anm. 135. Im Literaturverzeichnis zu Kocka, Unternehmer, gibt er an: "Marx, K. und Engels, F.: Werke, Bd. 1ff., Berlin 1957ff." Der Band enthält ein falsches und zwei richtige, aber mißverstandene Zitate aus den 41 Bänden.
15. Das Wort "Klassenkampf" spielt keine Rolle. Dagegen erscheint merkwürdigerweise die leninistische "Klassenlinie" (Lohnarbeit und Klassenbildung, S. 151 und passim), worunter Kocka aber anscheinend nur eine schichtenabgrenzende Heiratsbarriere versteht.
16. Ebd., S. 47.
17. Ebd.

18 Ebd., S. 89.
19 Ebd., S. 116.
20 Ebd., S. 40.
21 Ebd., S. 26.
22 Ebd., S. 202.
23 Ebd., S. 201.
24 Ebd.
25 Barbara Hahn/Peter Schöttler, Jürgen Habermas und das "ungetrübte Bewußtsein des Bruchs", in: die tageszeitung, Nr. 2260 v. 18.7.1987, S. 15/16.
26 Jürgen Kocka, Geschichtswerkstätten und Historikerstreit, in: die tageszeitung, Nr. 2416 v. 26.1.1988, S. 13.
27 Jürgen Kocka, 1945: Neubeginn oder Restauration?, in: C. Stern und H.A. Winkler (Hrsg.), Wendepunkte deutscher Geschichte. 1848- 1945, Frankfurt/M. 1979, hier S. 166.
28 Ebd., S. 152.
29 Ebd., S. 157.
30 Ebd., S. 149.
31 Ebd., S. 162.
32 Ebd., S. 155.
33 Ebd., S. 156. Kocka zitiert hier Theodor Heuß.
34 Ebd., S. 155.
35 Ebd., S. 161.
36 Ebd.
37 Ebd., S. 168.
38 Ebd., S. 167.
39 Jürgen Kocka, Hitler sollte nicht durch Stalin und Pol Pot verdrängt werden. Über Versuche deutscher Historiker, die Ungeheuerlichkeit von NS-Verbrechen zu relativieren, in: "Historikerstreit", S. 133.
40 Anzeige in "Frankfurter Rundschau", Nr. 18 v. 22.1.1987. Daß Jürgen Kocka der Autor ist, schließe ich aus einem auffälligen Idiotismus. In Kockas Rede vor DDR-Historikern im Erich-Ollenhauer-Haus heißt es: *"...eine gesteigerte Beschäftigung mit Sozialgeschichte"*; Jürgen Kocka, Prinzipielle Unterschiede, in: Frankfurter Rundschau, Nr. 85 v. 10.4.1987, abgedruckt in: Susanne Miller/Malte Ristau (Hrsg.), Erben deutscher Geschichte. DDR - BRD: Protokolle einer historischen Begegnung, Reinbek bei Hamburg 1988, S. 26-32, hier S. 26. Im Manifest ist von *"gesteigerten Risiken der Industriegesellschaft"* (statt von von "gestiegenen" oder "erhöhten") die Rede.
41 Jürgen Habermas, Eine Art Schadensabwicklung, in: "Historikerstreit", S. 75.
42 Jürgen Habermas, Vom öffentlichen Gebrauch der Historie. Das offizielle Selbstverständnis der Bundesrepublik bricht auf, in: "Historikerstreit", S. 248.
43 Hahn/Schöttler, a.a.O., S. 15.
44 Habermas, Schadensabwicklung, S. 75.
45 Michael Stürmer, Was Geschichte wiegt, in: "Historikerstreit", a.a.O., S. 295. "Zu Recht" gestellt ist die Frage natürlich nur, wenn ein vereidigter Staatsbeamter sie einem anderen stellt.
46 Barbara Hahn und Peter Schöttler haben mit Recht auf die Widersprüchlichkeit des Begriffs vom *"ungetrübten Bewußtsein des Bruchs"*, auf dem Habermas seinen Verfassungspatriotismus aufbaut (vgl. Jürgen Habermas, Geschichtsbewußtsein und posttraditionale Identität. Die Westorientierung der Bundesrepublik, in: Ders., Eine Art Schadensabwicklung. Kleine Politische Schriften VI, Frankfurt/M. 1987, S. 161ff., hier S. 162) hingewiesen: *"...ein 'ungetrübtes Bewußtsein' hat eher etwas mit gutem Gewissen zu tun als mit selbstkritischem Geist. In diesem Sinne kann man Brüche nur dann mit 'ungetrübtem Bewußtsein' erleben und überstehen, wenn es gar keine sind."* (a.a.O., S.15) Habermas' Ausführung seines Gedankens läuft auf einen politisch begründeten Traditions-Eklektizismus hinaus: *"Nach Auschwitz können wir nationales Selbstbewußtsein allein aus den besseren(!) Traditionen unserer nicht unbesehenen, sondern kritisch angeeigneten Geschichte schöpfen."* (Habermas, Vom öffentlichen Gebrauch der Historie, S. 248) Das ist richtig, wenn a) *"wir"* eine Geschichte haben, b) *"wir"* nach Auschwitz *"nationales Selbstbewußtsein"* haben können und

Bundesrepublik, in: Ders., Eine Art Schadensabwicklung. Kleine Politische Schriften VI, Frankfurt/M. 1987, S. 161ff., hier S. 162) hingewiesen: *"...ein 'ungetrübtes Bewußtsein' hat eher etwas mit gutem Gewissen zu tun als mit selbstkritischem Geist. In diesem Sinne kann man Brüche nur dann mit 'ungetrübtem Bewußtsein' erleben und überstehen, wenn es gar keine sind."* (a.a.O., S.15) Habermas' Ausführung seines Gedankens läuft auf einen politisch begründeten Traditions-Eklektizismus hinaus: *"Nach Auschwitz können wir nationales Selbstbewußtsein allein aus den besseren(!) Traditionen unserer nicht unbesehenen, sondern kritisch angeeigneten Geschichte schöpfen."* (Habermas, Vom öffentlichen Gebrauch der Historie, S. 248) Das ist richtig, wenn a) *"wir"* eine Geschichte haben, b) *"wir"* nach Auschwitz *"nationales Selbstbewußtsein"* haben können und haben sollen, c) *"wir"* einen Maßstab haben, nach dem sich *"unsere"* Traditionen in bessere und weniger gute einteilen lassen und d) Geschichte ein Erbsenhaufen ist: "Die guten ins Töpfchen..."

47 Kocka, Prinzipielle Unterschiede, S. 27.
48 Ebd.
49 Ebd.
50 Kocka, Geschichtswerkstätten und Historikerstreit, S. 12.
51 Jürgen Kocka, Wider die historische Erinnerung, die Geborgenheit vorspiegelt, Rede auf dem Frankfurter Kongreß "Zukunft der Aufklärung", Frankfurter Rundschau v. 4.2.1988, S.10, abgedruckt unter dem Titel "Geschichte als Aufklärung?" in: Die Zukunft der Aufklärung, hrsg. v. Jörn Rüsen, Eberhard Lämmert und Peter Glotz, Frankfurt, 1988, S. 91 - 98, 92
52 Ebd.

Erhard Lucas
James Wickham
Karl-Heinz Roth

Arbeiterradikalismus und "Andere Arbeiterbewegung"

DM 4,-

zur Diskussion der Massenarbeiterthese

Bezug über die Redaktionsadresse

Geschichtswerkstatt

Die **Geschichtswerkstatt**, die Zeitschrift der Geschichtswerkstätten, verbindet theoretische Reflexion und empirische Forschungsarbeit, methodische Hinweise und Diskussion um eine neue »Geschichte von unten«. Sie erscheint dreimal im Jahr, hat jeweils 96 Seiten und kostet DM 12; im Abo DM 9 + Versandkosten. Bisher erschienen: Nr. 12, Essen – Geschmack – Kultur; Nr. 13, Nachkriegszeit; Nr. 14, Historische Feiern; Nr. 15, Juden; Nr. 16, Gewalt – Kriegstod – Erinnerung; Nr. 17, Film – Geschichte – Wirklichkeit; Nr. 18, USA Geschichte. Entdeckung.

»Geschichtswerkstätten haben einen hohen Unterhaltungswert. Sie sind ein besonders kultivierter Zweig der Freizeitgestaltung, ungefähr wie Hausmusik.«
Georg Fülberth

»Das Forschungs- und Lernpotential der Geschichtswerkstättenbewegung ist von der akademisch etablierten Geschichtswissenschaft noch nicht hinreichend wahrgenommen und aufgegriffen worden.«
Jörn Rüsen

Unterhaltungswert oder Forschungspotential – zwei Reaktionen der akademischen Wissenschaft auf eine Bewegung, deren Widerhall in der Öffentlichkeit unüberhörbar geworden ist. Wer sich ein Bild machen, wer Qualität und Vielfalt der Geschichtswerkstätten prüfen will, braucht keine Umwege.

Nr. 15: Juden – Innenansichten vergangener Lebenswelten
96 Seiten, zahlreiche Abbildungen und ein Glossar
ISBN 3-925622-32-2, DM 12,–

Nr. 15: Juden – Innenansichten vergangener Lebenswelten

Das Interesse an der Geschichte der jüdischen Bevölkerung bleibt oft auf die Frage beschränkt wie gut die Anpassung an vorherrschende Verhältnisse gelang. Die subjektive Gestaltung der Lebenswelt wird weitgehend ausgeblendet.

Der Band **Juden – Innenansichten vergangener Lebenswelten** untersucht – unter alltags- und regionalgeschichtlichen Aspekten – soziale Stellung, kulturelle Eigenheiten und Lebensweise der jüdischen Bevölkerung. Riten und Symbole sind dabei ebenso Gegenstand wie jüdische Einrichtungen und die Befragung von Zeitzeugen.

Abschneiden und einsenden an den ergebnisse-Verlag, Abendrothsweg 58, 2000 Hamburg 20

Bestellcoupon
Ich bin der neue Leser. Bitte senden Sie die **Geschichtswerkstatt** zum Jahresabonnementspreis von DM 27 (+ Versandkosten) mindestens für ein Jahr an meine Adresse. Die Lieferung soll mit Heft ...... beginnen. Eine Abbestellung dieses Abonnements ist 8 Wochen vor Ablauf möglich. Preisänderungen vorbehalten.

Datum, Unterschrift _____
Vorname, Name _____
Straße, Nr. _____
PLZ, Ort _____

Diese Bestellung kann ich innerhalb von 8 Tagen beim ergebnisse-Verlag, Abendrothsweg 58, 2000 Hamburg 20, schriftlich widerrufen. Zur Wahrung der Frist genügt die rechtzeitige Absendung meiner Widerrufserklärung (Datum des Poststempels).

Datum, Unterschrift _____

☐ Das will ich erstmal sehen. Ich lege Ihnen DM 7 (wenn möglich in Briefmarken) in diesen Briefumschlag, und Sie senden mir ein Probeheft. Danach schauen wir weiter.

Peter Kröger

Die Zweite Reichsgründung zu Worms und ihr Sendbote Bahro

Ein Idyll: Der Meister mit Ulrike Meinhof auf dem Kanapee, meditierend; im Entrée: Kurt Biedenkopf und Michail Gorbatschow, Laotse zitierend; draußen im Garten, noch sichtlich irritiert: Günther Rohrmoser, kopfschüttelnd, den Blick 'gen Horizont gerichtet. - Fasten your seatbelts, ready for take-off: Wir steigen auf zur *"Logik der Rettung"* (Stuttgart 1987, 450 S.). Reisegeschwindigkeit: Atemberaubend. Flughöhe: Nur etwas für Schwindelfreie.

Als Rudolf Bahros *"Alternative"* 1977 in der BRD erschien und - *"sehr viel mehr gekauft als gelesen"* (Bahro) - zum real existierenden Bestseller auf dem Büchermarkt avancierte, war der Verfasser in aller Munde. Mit der Beschreibung der durch die Defizite der sozialökonomischen Strukturen der DDR sich herauskristallisierenden *"neuen"* heterogenen Gesellschaftsschichten, sowie durch die Analyse der Hemmnisse bei der Entwicklung *"individueller Initiative und realer Gemeinschaftlichkeit"* (also der Effizienz der DDR-Ökonomie einerseits und der Grundstruktur der sozialen Kommunikation andererseits) hatte Bahro empfindlich am ideologischen Überbau des ersten Arbeiter- und Bauernstaates auf deutschem Boden gerüttelt. Zwei Jahre Haft handelte sich der *"scharfsinnige Seher"* (so der Klappentext seines neuen Werkes) damit in der DDR ein; alsdann begannen Bahros *"Lehr- und Wanderjahre"* im Super-Intershop BRD: Der *"unermüdliche Redner"* und *"rastlose Exbeauftragte der Universitäten Berlin und Bremen"* gab 1979 bei der im Entstehen begriffenen neuen Partei der "Grünen" seine Visitenkarte ab.

Dann muß er Arthur Miller gelesen haben: Um dem Schicksal des Handlungsreisenden Willy Loman zu entgehen, so hat es den Anschein, geht nun die Reise nach innen. Mit den Begriffen *"Anthropologische Revolution"* und *"Spiritualismus"* will uns Rudolf Bahro nun die neue frohe Botschaft verkünden. Die *"neue Unübersichtlichkeit"* (Jürgen Habermas) macht's möglich.

Halbwegs übersichtlich angeordnet sind die vier großen Kapitel in der *"Logik der Rettung"*. Zunächst möchte Bahro die *"Koordinaten der Lage"* orten, die er durch die ökologiche Apokalypse bestimmt sieht. Daß die Tendenz zum eigenen Untergang einer *"Logik der Selbstausrottung"* folgt, versucht er im zweiten Teil seiner Schrift zu belegen. Den *"kapitalistischen Antrieb"* sieht er hierbei nur noch als sekundäres Phänomen einer im Menschen selbst angelegte Deformation. Somit muß sich die *"Richtung der Rettung"*, die im dritten Teil behandelt wird, mit eben diesen menschlich-exterministischen (also dem Abgrund entgegensteuernden) Tendenzen auseinandersetzen und einen Gegenbegriff entwickeln, den Bahro mit einer *"Rückbindung an den Ursprung"* glaubt fixieren zu können. Der *"Fürst der ökologischen Wende"*, also der Träger dieser Umkehrbewegung, dem im abschließenden Teil die Aufmerksamkeit gilt, steigt in einer "Großen Koalition" all derer, die willens sind und den Mut aufbringen, der Apokalypse wirklich zu entgehen, als Phönix aus der Asche. Lassen wir uns nun auf das Nähere ein.

Wir brauchen, so Bahro in schonungsloser Offenbarung, *"einen Sprung in der Evolution des menschlichen Geistes, der bereits begonnen hat, nachdem er seit der Achsenzeit von Buddha, Laodse, Plato, Christus, Mohammed vorangekündigt war. Anthropologische Revolution meint die Neugründung der Gesellschaft auf bisher unerschlossene, unentfaltete Bewußt-*

seinskräfte". Und zur Kennzeichnung des Wesens dieser neuen Spiritualität bemüht der Meister einen Vers aus der Hymne des revolutionären Subjekts. Wir erinnern uns:

> *"Es rettet uns kein höh' res Wesen*
> *kein Gott, kein Kaiser noch Tribun*
> *Uns aus dem Elend zu erlösen*
> *können wir nur selber tun."*

Angesichts der ökologischen Krise sind somit die Ausgangshypothesen entwickelt, die da lauten:
1. So geht's nicht weiter, 2. Der Mensch muß sich ändern und zwar von innen heraus, denn: *"Geschichte ist Psychodynamik"*. Beispiele, so klärt uns der Geläuterte auf, gibt es zuhauf. Und schon geht die Post ab: *"Mir ist einmal, in einer Art rationaler Vision, Bernhard von Clairvaux erschienen: Wenn wir doch die Energien, die er mobilisierte, für die abendländische Expansion, wo sie schließlich zu Geld und Kilowatt geworden sind, mobilisieren könnten für den Rückzug aus der Sackgasse des vorwiegend materiellen Fortschritts, für die Umkehr! Denn wir haben diese Kräfte in uns, und es wird sogar noch ein Unternehmen, die Sackgasse zu verlassen, das Monstrum abzurüsten, eine Kultur der überschaubaren Lebenskreise aufzubauen. Bernhard selbst hatte mit einem Geist und Herz erhebenden Klosteraufbau begonnen - als einer Keimzelle für das Reich Gottes, und dann ging der Dämon des Machtwillens und der Eroberung der äußeren Welt mit ihm durch. Die geistliche Kraft wurde zum Vehikel dieses Elementaren Antriebsgeschehens. Mit den Templern war es dasselbe. Es reicht im Grunde bis zu Adolf Hitler."* Der Leser begibt sich auf die Suche nach einem guten Tropfen Valium, doch Rudolf der Rastlose setzt noch einen drauf: Es sei *"verhüllt, und zwar für 'rechts' wie 'links', daß die Nazibewegung u.a. auch bereits eine erste Lesung der Ökologiebewegung war, ein von allzuviel Ressentiment und Aggression überlagerter fundamentalistischer Aufruhr gegen Wissenschaft - Technik - Kapital, gegen das exterministische Industriesystem, dem sie zugleich noch wieder anheimfiel."*
Eine hübsche Gleichung: *"Ordine Nuovo"* (so nennt Bahro sein Reich der Zukunft) = Nationalsozialismus minus Rassismus minus Industriesystem. Was wohl Gramsci dazu sagen würde?
Bahro wehrt sich: Ohne die Faktoren des Spirituellen und der Intuition ließe sich keine *"Logik der Rettung"* entwickeln. Die *"Megamaschine"* (dies das von Lewis Mumford übernommene Zauberwort für den industriell-gesellschaftlichen Gesamtkomplex) sei doch gerade das Resultat verdrehter, machtorientierter Psychostrukturen im menschlichen Wesen. Der *"rationalistische Dämon"* sei unauflöslich mit den exterministischen Strukturen bestehender menschlicher Ordnungen verbunden. Da müßten die gängigen Grundauffassungen von Geschichte und die Grunddeterminanten auch des Marxismus (dem er sich ja noch immer irgendwie verpflichtet fühlt) in Frage gestellt werden. Neue Götter, neues Glück - und so kann es keinen mehr wundern, wenn Laotse, Buddha, Gorbatschow, Biedenkopf und andere so lange gequält werden, *"bis sie sich hinten reimen"*, wie es der selige Heinz Erhardt formuliert hätte, will sagen: Bis sie (wie sie da aufgereiht sind) uns (die Leser) mit dem Klostervorsteher Bahro (kein Witz, er will wirklich solch eine Stätte ins Leben rufen) versöhnen. In nomine patres: Jetzt wird meditiert.
Doch halt: Erklingt hier nicht eine alte Melodei? Sinnierte nicht auch schon ein Martin Heidegger am Hang des Feldberges über die Zerrissenheit der menschlichen Existenz im Zeitalter bodenloser industrieller Expansion mit der Folge drohender Heimatlosigkeit und der

Angst vor dem Nichts und offenbarte er nicht als Gegenstück die Selbstwerdung des Menschen 'aus eigenstem Grunde'? Wollte nicht auch schon ein Ernst Jünger Arbeiterarmeen zur Rettung des Abendlandes aufmarschieren lassen? Und nun, mutatis mutandis, Bahros Hohelied: Der von Kurt Biedenkopf aufgewärmte Ordoliberalismus zeige, so der Meister, die Richtung fortschrittlicher Ökonomie; Michail Gorbatschow weise mit seinen Reformen auch uns den Weg aus der Finsternis; und auch von Adolf Hitler, wie wir schon hörten, lasse sich soviel lernen, daß bei richtiger Lenkung menschlicher Energien auch jetzt, so kurz vor dem Abgrund, noch Unmögliches möglich gemacht werden kann.

Bahro will also Energiepolitik betreiben, in Ermangelung kritischer Differenzierungsmöglichkeiten innerhalb seines diffusen Energiespektrums erscheint der Faschismus eben als - bedauerlicherweise - übergelaufenes Thermalbad und nicht als - vorläufiger - SuperGAU deutscher Geschichte. Sowas wird dann "Enttabuisierung" genannt - Ernst Nolte hat im Historikerstreit diesbezüglich schon beachtliche Vorarbeit geleistet.

Aber vielleicht tun wir dem Meister unrecht? Immerhin werden in der *"Logik der Rettung"* kosmische Maßstäbe gesetzt - jede Kritik läuft da Gefahr, als kleinliches Gezeter in den unendlichen Weiten des Weltalls zu verpuffen. *"Es macht in diesem Punkte keinen so großen Unterschied, ob wir nun 'materialistisch' oder 'idealistisch' Monisten, d.h. von der Einheit der Welt überzeugt sind. Engels sagte, die Einheit der Welt besteht in ihrer Materialität. Da hebt er zwar unglücklicherweise den Trägheitsaspekt des Ganzen als maßgeblich hervor, aber in diesem Sinne ist dann logisch zwingend auch die Psyche materiell, sagen wir halt feinstofflich. Und der Leninsche Begriff der 'objektiven Realität' ist noch neutraler! 'Reiner Geist' wird ja wohl auch ebensowenig existieren wie 'Reine Materie', 'Reine (Antriebs-)Energie'. Das sind alles Abstraktionen, die sich auf **Aspekte** des **Universums**, des **einen** Kosmos beziehen."*

Und doch muß betont werden, daß jede kosmisch-mystifizierende Sicht der Dinge mit dem Fluch ihrer eigenen Schwerelosigkeit behaftet ist. Ein bißchen Gravitation kann da schnell alles zunichte machen. Vielleicht mag dies der Grund dafür sein, daß Bahros Schrift vom Standpunkt - sagen wir - irdischer Borniertheit betrachtet als ein so ödes Traktat erscheint. Schon der belgisch-französische Dichter Maurice Maeterlinck klagte: *"Sobald wir etwas aussprechen, entwerten wir es seltsam. Wir glauben in die Tiefe der Abgründe hinabgetaucht zu sein, und wenn wir wieder an die Oberfläche kommen, gleicht der Wassertropfen an unseren bleichen Fingerspitzen nicht mehr dem Meere, dem er entstammt. Wir wähnen eine Schatzgrube wunderbarer Schätze entdeckt zu haben, und wenn wir wieder ans Tageslicht kommen, haben wir nur falsche Steine und Glasscherben mitgebracht; und trotzdem schimmert der Schatz im Finstern unverändert."*

Man sollte von Bahros Werk nichts erwarten, was diese Einsicht erschüttern könnte. Vergessen sind die eigenen Analysen aus der *"Alternative"*, in denen die Elitenbildung (freilich damals noch auf die DDR-Gesellschaft bezogen) als Haupthindernis auf dem Weg zur 'entfalteten sozialistischen Persönlichkeit' angesehen wurde. In der *"Logik der Rettung"* heißt es dazu nur noch lakonisch-erhaben: *"Elite hin oder her, es kommt jetzt genau auf diejenigen an, die sich angesprochen fühlen, wo Christus sagt: Ihr seid das Salz der Erde, ihr seid das Licht der Welt."* Oh Lord, have mercy!

Noch einmal bäumt sich Bahro auf, wenn er auf den *"imperial-industriellen Konsens"* zu sprechen kommt. Schon Rosa Luxemburg, so bemerkt er richtig, kritisierte in scharfer Form die Haltung der SPD zur Kolonialpolitik Deutschlands, die auch den deutschen Arbeitern einen zeitweise bescheidenen Wohlstand zu sichern verhalf. Die Situation sei heute genau die gleiche: Der breite Konsens innerhalb des Zentrums (also der hochindustrialisierten, westlichen Industrienationen) könne nicht innerhalb der herrschenden sozialökonomischen Struk-

turen aufgebrochen werden. Womit Bahro dann auch gleich wieder den Boden zum neuen Spiritualismus bzw. zur Meditationsgesellschaft schlägt.
Es ist schon faszinierend, welchem Grad von Realitätsverlust er hier unterliegt. Selbst wenn man mit seiner Analyse der ökologischen Apokalypse konform geht - warum sollten wir uns denn plötzlich alle auf unsere "innere Stimme" als Korrektiv zur Megamaschine verlassen können? Was garantiert uns der Totalausstieg aus dem Industriesystem (den Bahro fordert) außer einer dem Kretinismus frönenden Hasch-mich-ich-bin-der-Frühling-Gesellschaft mit dem Meister als einschläferndem Vorbeter? Bei allen berechtigten Vorbehalten gegen die Politik der Gewerkschaften in der BRD, des vorhandenen Konsenses der Mittelmäßigkeit und der öffentlich-rechtlichen Denaturierung menschlich-kreativer Energien: Das vermeintlich gleißende Licht, das von Worms aus die weite Welt erleuchten will, erweist sich als kurzlebige Wunderkerze: Man verbrennt sich leicht die Finger, die Sicht bessert sich trotzdem nicht. Bahros "Faschismusanalyse" tappt ebenso im Dunkeln, wie der Begriff der Logik bei ihm auf den Hund gekommen ist.
Was ist dann die eigentliche Bedeutung der "neuen" Bahroschen Weltsicht? Was macht die *"Logik der Rettung"* noch lesenswert? Es ist im wesentlichen folgender Aspekt: Die Sozialwissenschaften stecken in einer Krise. Systemtheoretiker, Postmodernisten und Eklektiker aller Schattierungen geben sich ein fröhliches Stelldichein und disputieren miteinander unter dem Banner der Rat- und Reibungslosigkeit. Marxistische Positionen werden fallengelassen, wiederentdeckt neuformuliert, umgestülpt. Es herrscht eitle Geschäftigkeit, vergleichbar dem illustren Treiben auf Hamburgs Fischmarkt am Sonntagmorgen. Nur: Hier wie dort werden keine neuen "Werte" produziert - Verschiebebahnhöfe haben Konjunktur. Dieses Durcheinander steht in Beziehung zur "klassenlosen Klassengesellschaft", aus der theoretisch scheinbar nichts mehr herauszuholen ist, ganz zu schweigen von der (nötigen) Neuformulierung einer Theorie und Praxis der realgeschichtlichen Bewegung erfassenden Gesamtanalyse. Rudolf Bahros *"Logik der Rettung"* kann diese Krisensituation nicht bewältigen, vielmehr ist seine Schrift Ausdruck eben dieser Krise und insofern "beachtenswert", wenn auch manchmal nur äußerst schwer zu verdauen.
Leider ist auch ein Opfer zu beklagen. Ulrike Meinhof kann sich nicht mehr dagegen zur Wehr setzen, daß Rudolf Bahro ihr sein neues Werk widmete - das ist besonders zu bedauern. Sie kann nun wirklich nichts für dieses traurige, fünfhundertseitige Unternehmen.
Doch wollen wir versöhnlich schließen. Unser aller Friedrich Nietzsche weiß Rat: *"Das Talent manches Menschen"*, belehrt er uns, *"erscheint geringer, als es ist, weil er sich immer zu große Aufgaben gestellt hat."*

Ulrich Linse

Robert Bek-gran - ein Nachtrag

(zu Ulrich Linse/Michael Rohrwasser, Der Mann, der nicht B. Traven war. Zur Biographie Robert Bek-grans; in: "Bochumer Archiv für die Geschichte des Widerstandes und der Arbeit", Nr. 8, 1987, S. 75-98)

Die Vermutung, Bek-gran sei in Bayern Mitglied des "Wandervogel" gewesen (S. 76), hat durch einen Fund Hansjörg Viesels, Berlin, eine Bestätigung erfahren: Im Gaublatt des bayerischen "Wandervogel" "Das Rautenfähnlein der Wandervögel in Bayern", 9. Jg., 1919, stehen fünf kurze Texte Bek-grans: Wandervogel und Politik (Heft 1, S. 5f.), Den Jungen (ein Gedicht, Heft 2, S. 9), Wandervogelmüdigkeit (Heft 2, S. 20), Wandervögel und Kultur (Heft 3, S. 25f.) und Wandervogel und Philistertum (Heft 6, S. 61f.). Einen Fahrten-Bericht "Auf der Donau" fand der Verfasser im Vorgängerorgan "Wandervogel. Bayerisches Gaublatt" (4. Jg., Heft 6, Juli 1914, S. 84).
Dieser bisher früheste Text des Zwanzigjährigen beschreibt die Rückreise einer Wandervogelgruppe aus Österreich zu Schiff und spiegelt in der Naturbeschreibung Untergangsstimmung zwischen Juli-Krise und Kriegsanfang im August 1914: *"Es ist, als ob* (in Passau, d. Verf.) *der Inn zum letztenmal vor seinem Untergang all seine Schönheit der kleinen Stadt von weitem brächte. Es ist, als ob die Welt des Inn hier in der Donau versänke und das letzte Aufbäumen gegen das Geschick zeugte Passau."* Kein Hurra-Patriotismus also, sondern die Vorahnung eines Verhängnisses! Aus der Kriegszeit selbst stehen keinerlei Texte Bek-grans im gleichen Wandervogelblatt (andere Feldwandervögel schickten ausführliche Berichte und Reflexionen von der Front).
Erstes Zeichen eines Umbruchs: Der 8. Jahrgang (1918) des bayerischen "Wandervogel" wird von Willi Kelber-Erlangen herausgegeben, im 9. Jg. (1919) folgt dann die Namensänderung der Zeitschrift; der neue Herausgeber ist Kelbers Freund Gottfried Beyhl. Bek-gran gehört zu diesem Kreis (S. 80ff. unseres Aufsatzes) und wird jetzt Mitarbeiter.
Bek-grans politische Position in diesen Beiträgen: *"Ich bin Sozialdemokrat."* Der "Wandervogel" habe sich durch das Kriegserlebnis der älteren Mitglieder politisiert und radikalisiert. *"Das Alte brach zusammen morsch und faul bis ins Mark. Laßt es tot sein."* Träger des neuen *"jugendlichrevolutionären Geistes"* seien die völkisch-konservativen Wandervögel und die fortschrittlich-sozialistische Gegenrichtung. Durch diese geistige Revolution habe sich der "Wandervogel" von der bloßen Erziehungs- zur *"Kampfgemeinschaft"* gewandelt; die neutralen "Philister" gelte es abzustoßen. Das politische Spektrum der jugendlichen *"neudeutschen Kulturbewegung"* reiche nun von links bis rechts: *"Freie sozialistische Jugend, Freie Schulgemeinde, Sonnengruppen des Monistenbundes, Freiland, Freischar, Vortrupp, Fahrende Gesellen, Wehrkraftvereine, Christliche Vereine junger Männer und deutschnationale Jugendgruppen";* allein der "Wandervogel" und die Freien Schulgemeinden arbeiteten nicht nur an Detailfragen (wie Abstinenz, Bodenreform, Vegetarismus usw.), sondern am Gesamtproblem: an der *"Erneuerung des Menschen"* und an der *"Erneuerung deutscher Kultur".* Aber die *"Gestaltung des neuen Reiches"* durch *"deutsche Kultur"* und *"reines Menschentum"* könne der Wandervogel nur dann bewirken, wenn er politisch weder einseitig konservativ noch sozialistisch ausgerichtet sei, sondern in *"vollkommener Freiheit"* beiden Richtungen Raum für *"geistigen Kampf"* und praktische *"politische Betätigung"* biete. Die

neue deutsche *"Kultur kann nur durch Religion getragen werden. Alle Arbeit, Sittlichkeit, Schönheit, Freiheit will errungen sein und wird dadurch zur Religion. Der geistige, der seelische Wert des Einzelnen gibt der Kultur das Gepräge, und Menschen in diesem Sinne zu erziehen ist Sache des Wandervogels."*
Bek-gran glaubte also 1919 - wie seine Freunde (vgl. S. 81) - noch an die Möglichkeit, die Einheit des Vorkriegs-"Wandervogel" trotz politischer Polarisierung erhalten zu können, indem er die meta-politische Ebene, das geistrevolutionäre, oder wie er es auch nannte, *"religiöse"* Bestreben als verbindendes Element betonte. Er äußerte hier die damals in der Jugendbewegung weitverbreitete Utopie einer vom "Wandervogel" präfigurierten klassen- und parteiübergreifenden deutschen Volksgemeinschaft. Schon ein Jahr später war diese Hoffnung als Illusion entlarvt; 1922 schließlich suchte Kelber die Synthese von Sozialismus und Geist-Revolution bei der anthroposophischen Christengemeinschaft und Rudolf Steiners sozialer Dreigliederungslehre; Bek-gran, der "Anarchist", emigrierte im gleichen Jahr nach den Vereinigten Staaten.

Errata:

1) Zu S. 76: Entgegen der Angabe in der Kriegsstammrolle Robert Bek-grans war dessen erste Frau Marie eine geborene Schühlein (Brief des Neffen Peter Huber an Verf. Er berichtet auch, Bek-gran sei vermutlich seiner Heirat vorübergehend bei seinem Schwiegervater - Gottlieb Schühlein, Käse "en gros et en detail", Nürnberg, Theresienstraße 12 - tätig gewesen; später dann bei einem Buchhändler in Rothenburg ob der Tauber).
2) Zu S. 82: Auf der Reichsschulkonferenz von 1920 hielt Hans Alfken die flammend-jugendbewegte Rede gegen die *"toten Institutionen"* der herkömmlichen Schule (Die Reichsschulkonferenz von 1920. Ihre Vorgeschichte und Vorbereitung und ihre Verhandlungen, Leipzig 1921, S. 514f.), während Willi Kelber nüchtern die Reform-Forderungen der freideutschen wie sozialistischen Jugend für Schule und Arbeitsplatz vortrug (ebd., S. 988-990) - wirkungslos blieben beide Appelle.
3) Zu S. 86: Fritz Landshoff war nicht Teilhaber des S. Fischer Verlages (Michael Rohrwasser).

Rezensionen und Hinweise

Wolfram Wette, Gustav Noske. Eine politische Biographie, Düsseldorf: Droste Verlag, 1987, 876 S.

Das Unternehmen, eine *"politische Biographie"* des sozialdemokratischen Reichswehrministers Gustav Noske zu verfassen, weckt neugieriges Interesse. Handelt es sich doch um die Lebensgeschichte eines der umstrittensten deutschen Politiker. Hinzu kommt, daß die Studie vom bundesdeutschen sozialdemokratischen "Verteidigungs"-Minister Georg Leber veranlaßt, von einem Mitarbeiter des Militärgeschichtlichen Forschungsamtes in Freiburg i. Br. verfaßt und während der Amtszeit eines christdemokratischen "Verteidigungs"-Ministers fertiggestellt wurde. Diese brisanten Implikationen machen auf das Ergebnis neugierig. Zumal der Verfasser mitteilt, daß im Frühjahr 1984 abgeschlossene Rohmanuskript bis zum Herbst 1985 im Militärgeschichtlichen Forschungsamt *"besprochen"* wurde. Das dann vorliegende Endmanuskript konnte im Oktober 1987 publiziert werden. Der Amtschef des Militärgeschichtlichen Forschungsamtes sieht sich genötigt, in der Einführung das Erscheinen der Studie als *"Zeichen für die Verwirklichung des Grundsatzes der Freiheit der Forschung"* werten zu müssen. Diese Rahmenbedingungen sind mitzudenken, wenn man Wettes Arbeit beurteilt.

Der 1868 in Brandenburg an der Havel geborene Noske entstammt einer seit Generationen das Weberhandwerk ausübenden Familie. Er absolvierte eine Korbmacherlehre und engagierte sich früh in der gewerkschaftlichen Bewegung. Siebzehnjährig beteiligte er sich an der Gründung eines Vereins für Korbmacher, der später in die Holzarbeitergewerkschaft mündete. Sozialdemokratischer Politiker wurde er *"aus einer Art Klasseninstinkt"*, intellektuelle Reflexion war nicht seine Sache. Seine Orientierung auf *"praktische Reformpolitik"* wurde durch die Lektüre von Schriften Lassalles verstärkt, wogegen die Beschäftigung mit dem Marxschen "Kapital" während eines Gefängnisaufenthalts ohne positive Wirkung auf ihn blieb. Noske rühmte sich später, nie in einer Rede Bezug auf Marx genommen zu haben. Intellektuelle waren ihm suspekt, daher traf es ihn hart, daß ihm 1902 - er hatte es als Autodidakt zum Chefredakteur der "Königsberger Volkszeitung" gebracht - der spätere Herausgeber der linkssozialistischen Zeitschrift "Lichtstrahlen", Julian Borchardt, vor die Nase gesetzt wurde. Noske verließ Königsberg und trat in die Redaktion der Chemnitzer "Volksstimme" ein, in der auch Otto Rühle tätig war. Noskes Aufstieg in der SPD vollzog sich über die Parteipresse; als er 1906 für den Wahlkreis Chemnitz in den Reichstag einzog, entsprach er dem in der damaligen Sozialdemokratie weit verbreiteten Berufsbild *"Journalist mit Mandat"*. Seit 1905/06 war er Mitglied der Chemnitzer Stadtverordnetenversammlung; dieses Mandat hielt er 14 Jahre bis zum Eintritt in die Regierung Scheidemann inne.

Wette legt sich bereits zu Anfang seiner Studie auf eine eindeutige Klassifikation des Politikers Noske fest. Für ihn ist er ein *"keineswegs opportunistischer, sondern überzeugter deutschnationaler Sozialdemokrat preußischer Prägung"*. Zahlreiche Episoden aus Noskes Leben untermauern diese Einschätzung. Im April 1907 hielt er seine Aufsehen erregende, mit betont nationalen Tönen durchsetzte Jungfernrede im Reichstag, von der Friedrich Ebert gesagt haben soll, *"sie sei die Programmrede der deutschen Sozialdemokratie für den Weltkrieg gewesen"*. In dieser Rede, in der er die außenpolitische Schutzfunktion des Militärs bejahte, war bereits angelegt, was sich in der Folgezeit Bahn brach. Als militär- und kolonialpolitischer Experte der SPD-Reichstagsfraktion entwickelte sich Noske zum Widerpart des antimilitaristischen und internationalistischen Flügels der Partei; folgerichtig trat er 1914 entschieden für die Kriegskreditbewilligung ein. Schon vor dem 1. Weltkrieg offenbarte er

ein xenophobisches Nationalgefühl und unterschwelligen Rassismus.
Eine antisemitisch gefärbte Attacke gegen Rosa Luxemburg führte 1907 zu einem heftigen Streit mit August Bebel, der im Laufe der Auseinandersetzung den Eindruck gewann, daß Noske wesentliche Eigenschaften fehlten, *"die er als Führer des Proletariats haben sollte"*. Gleichwohl schritt Noske als Reichswehrminister mehrfach gegen antisemitische Umtriebe ein - ein Indiz für widersprüchliche Züge seines Wesens. 1912 wurde er Mitglied der Budgetkommission des wichtigen "Hauptausschusses" des Reichstags. In diesem fand sich jene Gruppe sozialdemokratischer Parlamentarier zusammen, die zu Beginn der Weimarer Republik die wichtigsten Staatsämter innehatte. Während des Krieges, in dem er als sozialdemokratischer Kriegsberichterstatter selbstzensierte Berichte von der Westfront lieferte, ergaben sich für Noske Kontakte zu vielen Militärs, die ihm später als Reichswehrminister nutzten. Sein Anfang 1916 vollzogener Beitritt zum "Arbeitsausschuß für Mitteleuropa", einem Gremium bestehend aus prominenten Vertretern der Wirtschaft und Wissenschaft, die *"einen engeren Zusammenschluß der Mittelmächte"* befürworteten, verschaffte ihm Kontakt zu bekannten bürgerlichen Politikern. Ebenfalls aus dieser Zeit gibt es Hinweise für Sympathien Noskes für Ideen, die sich mit einer Germanisierung des Ostens (*"Neu-Deutschland im Nordosten"*) beschäftigten. Ein Faktum, das seine späteren zögernden Maßnahmen gegenüber den meuternden deutschen Freikorps im Baltikum eher verständlich macht. Die Zustimmung zum Burgfrieden und zum Regierungseintritt der SPD gegen Kriegsende standen für ihn ebenfalls außer Frage; folglich war er auch im November 1918 bereit, nach Kiel zu reisen, um unter den meuternden Matrosen *"im Sinne der Vermeidung von Revolution und Revolte zu sprechen"*. Zum Auftakt seiner konterrevolutionären Befriedungsstrategien schaffte es der Zivilist Noske, sich auf äußerst fragwürdige Weise bereits am 5. November 1918 in die Position des Vorsitzenden des für die gesamte Garnison Kiel zuständigen Soldatenrates zu manövrieren. Am 7. November hatte er es bereits zum Kieler Gouverneur gebracht, in dessen Funktion er die Ausrufung einer Republik Schleswig-Holstein verhinderte. Noskes Verhalten war auf die Gewinnung von Einfluß ausgerichtet, um eine sozialdemokratische Politik durchzusetzen, die seinem Verständnis gemäß *"geordnete Zustände"* schaffe. Seine Politik stützte bereitwillig die Linie des Reichsmarineamtes, das während der Demobilmachung überstürzte Massenentlassungen vornahm, um *"aus dem überheizten, brodelnden Kessel möglichst viel Dampf abzulassen..."*. Noskes *"pragmatische Ordnungspolitik"* bedeutete in der Praxis, daß er bemüht war, den monarchistischen militärischen Eliten ihre Macht zu sichern und konsequent ein republikanisches militärpolitisches Reformprogramm boykottierte. Ansätze zu einer möglicherweise gar revolutionären Politik wurden von ihm nach Möglichkeit sofort liquidiert, während er mehr oder weniger bewußt reaktionäre Sammlungsversuche förderte - erinnert sei nur an seine verheerende Freikorpspolitik. Als er seit dem 29. Dezember 1918 die Funktion des Volksbeauftragten für Heer und Marine ausübte, verfügte er endgültig über die notwendigen Machtbefugnisse, um seine verhängnisvolle Politik durchzusetzen. Es drängt sich die Frage auf, ob Noske als Einzelphänomen zu begreifen ist oder als Repräsentant mehrheitssozialdemokratischer Politik zu betrachten ist. Bei der Beantwortung dieser Frage verwickelt Wette sich in Widersprüche. Widerspricht er am Anfang seiner Untersuchung dem Interpretationsmuster Albert Nordens, das SPD und Noske gleichsetzt, so führt er in der Darstellung der Noskeschen Politik seit seinem Regierungseintritt entschuldigend an, daß Noske die grundlegende Weichenstellung für seine Politik bereits vorfand und diese dann zielstrebig fortsetzte.
Es ist hier nicht der Ort, die Etappen der Noskeschen Militärpolitik ausführlich zu referieren - Wette liefert eine umfassende Darstellung -, es ist jedoch interessant, wie Wette die Fakten präsentiert. Auf 3 Aspekte soll hier exemplarisch das Augenmerk gerichtet werden.

So beschreibt Wette die Umstände der Ermordung Rosa Luxemburgs und Karl Liebknechts und die Verantwortung Noskes, der immerhin den Befehl zur Verhaftung führender Spartakisten und Unabhängiger erteilte, der zur "Ergreifung" Liebknechts und Luxemburgs führte. Zur Verdeutlichung des politischen Klimas führt Wette ein Hetzplakat der "Antibolschewistischen Liga" (*"Tötet Liebknecht!"*) an, erwähnt aber mit keinem Wort das am 13. Januar 1919 im "Vorwärts" erschienene Gedicht "Das Leichenhaus" von Artur Zickler, in dem bedauert wird, das weder Liebknecht noch Luxemburg unter den (400) Januartoten sind. Wette zitiert Arthur Rosenberg, der in seiner "Geschichte der Weimarer Republik" die Gewaltanwendung gegen die "Utopisten" des Januaraufstandes 1919 verteidigte, aber kritisierte, *"mit was für Truppen er* (Noske) *Gewalt anwandte"*. Wette erwähnt ausdrücklich, daß Rosenberg in den zwanziger Jahren der KPD-Reichstagsfraktion angehörte, verschweigt aber, daß die Beurteilung 1935 (!) erfolgte, nachdem er 1927 aus der KPD ausgetreten war und der SPD beigetreten sein soll.

Anfang Februar 1919 ließ Noske durch die "Division Gerstenberg" die "Unabhängige sozialistisch-kommunistische Räterepublik Bremen" liquidieren. Wette "belegt" die *"fehlende demokratische Legitimation"* des "Rates der Volkskommissare", wie sich die Bremer Regierung nannte, u.a. mit einer *"drastische(n) Niederlage"* der Linksradikalen bei den Wahlen zur Nationalversammlung im Stadtstaat. Erstaunlicherweise führt er aber in einer Anmerkung aus, daß die Kommunisten sich gar nicht an den Wahlen beteiligten. Diese Beispiele, die fortgesetzt werden könnten, offenbaren ein Dilemma Wettes. Er leugnet nicht die reaktionäre Politik Noskes, gleichzeitig suggeriert er jedoch einen Massenkonsens der Arbeiterklasse zur parlamentarischen Demokratie einerseits und eine Ablehnung der *"Restaurierung der politischen Macht des Militärs"* andererseits - eine Position, die nach Wettes Ansicht die Mehrheitssozialdemokratie repräsentiert. In dieses Bild paßt Noske nur als Einzelphänomen und nicht als Repräsentant mehrheitssozialdemokratischer Politik. Da die historischen Fakten eine solche Eindeutigkeit der Verhältnisse nicht belegen, ist gelegentlich die manipulierte Wiedergabe von Fakten vonnöten, damit die mehrheitssozialdemokratische Perspektive nicht an Glaubwürdigkeit verliert.

Um erklären zu können, daß Noske in der revolutionären Nachkriegsphase das bedeutende Amt des Reichswehrministers ausüben konnte, obwohl seine Politik nicht dem angeblich breiten Konsens der Arbeiterklasse und der MSPD entsprach, argumentiert Wette mit dem gängigen Hinweis auf die Diskrepanz zwischen Spitzenpolitikern und Partei. Diese Sichtweise wird gestützt durch die Vorgänge beim Sturz Noskes, als Ebert sich 5 Tage lang weigerte, seinem Rücktrittsgesuch stattzugeben und auch die MSPD-Reichstagsfraktion ihm nach dem Rücktrittsgesuch noch das Vertrauen bekundete.

Noskes Rücktritt als Reichswehrminister im März 1920 erfolgte auf Druck der Gewerkschaften und des MSPD-Parteivorstandes, nachdem die verheerenden Folgen seiner Politik durch den Kapp-Putsch unübersehbar geworden waren. Bereits am 3. März 1920 hatte Noske, nach mehreren erfolglosen Anläufen seiner Gegner, die Mitgliedschaft im Holzarbeiter-Verband verloren. Läßt man die skandalösen Stationen seiner Karriere Revue passieren, ist der späte Zeitpunkt seines Sturzes schwer verständlich. Noske konnte sich immer des Lobes von rechts sicher sein; nicht nur wichtige Kapp-Putschisten hätten ihn gerne als diktatorischen Reichskanzler gesehen, schon seit März 1919 war von hohen Militärs erwogen worden, ihn *"zum Regierungsoberhaupt mit starken Vollmachten zu machen"* - eine Überlegung, die auch von General Groener nachdrücklich unterstützt wurde. Nicht zuletzt "honorierten" die Nationalsozialisten seine politischen Aktivitäten nach 1933 zuerst durch eine vergleichsweise moderate Behandlung, nachdem die SPD wohl aus Wahlkampftaktik seine Reichstagskarriere beendet und ihm im Juli 1920 das "Abschiebeamt" des Oberpräsidenten der preußischen

Provinz Hannover verschafft hatte. 1938 spielte Noske eine Rolle in den Personalüberlegungen der konservativen Militäropposition gegen Hitler um die Generale Beck und Halder. Beziehungen zum "Kreisauer Kreis" bescherten ihm im Juli 1944 eine Verhaftung und 7 Monate Haft; bereits 1939 hatte er bei Kriegsbeginn kurze Zeit in Haft verbracht.

Wettes Noske-Biographie präsentiert umfangreiches Material, das sich zu einem facettenreichen und differenzierten Bild des ersten, ranghöchsten sozialdemokratischen Militärpolitikers in Deutschland zusammenfügt. Ein mehrheitssozialdemokratischer Reichswehrminister, für den die Münchener Räterepublik den *"Karneval des Wahnsinns"* darstellte, der Oswald Spenglers Ideen vom *"preußischen Sozialismus"* bewunderte, der sich mit Äußerungen in Nähe der "Dolchstoßlegende" begab und der in Freundschaft mit einem Reichspräsidenten verbunden war, der die Revolution nach eigener Aussage wie die Pest haßte, verdeutlicht, warum 1918 kein grundlegender Umbruch der gesellschaftlichen Verhältnisse in Deutschland stattfand - mit den bekannten unheilvollen Konsequenzen für die weitere deutsche Geschichte. Wettes Untersuchung liefert einen wertvollen Beitrag zum Verständnis der Geschichte dieser historischen Phase, aber nur dann, wenn man seine apologetischen Einordnungen in die mehrheitssozialdemokratische Politikperspektive kritisch problematisiert. Ansätze, diese Perspektive zu durchbrechen - das soll nicht verschwiegen werden - deuten sich gelegentlich an; daß sie nicht konsequent verfolgt werden, erklärt sich vielleicht auch aus den eingangs beschriebenen Entstehungsbedingungen.

Johannes Materna

Volker Kratzenberg, Arbeiter auf dem Weg zu Hitler? Die Nationalsozialistische Betriebszellen-Organisation. Ihre Entstehung, ihre Programmatik, ihr Scheitern 1927-1934, Frankfurt am Main/Bern/New York: Verlag Peter Lang, 1987, 344 S.

Zu den in der Beschäftigung mit dem Nationalsozialismus am wenigsten behandelten Themen, wenn nicht zu den Tabus, gehört die Frage, ob und inwieweit es den Nationalsozialisten gelang, Einbrüche in die traditionellerweise als Reservoir der Gewerkschaften und der linken politischen Parteien betrachtete Arbeiterschaft zu erzielen. Ohne Zweifel finden sich in der nationalsozialistischen Rhetorik antikapitalistische Züge und ohne Zweifel muß diese ideologische Komponente des Nationalsozialismus, wenn auch ihr spezifischer Gehalt zu hinterfragen ist, als offensichtlich für bestimmte Kreise durchaus attraktiver Aspekt ernst genommen werden. Dieser spezifisch antikapitalistische Zug in der nationalsozialistischen Ideologie hat auch seine organisatorischen Niederschläge gefunden; neben dem hinreichend bekannten und erforschten Strasser-Flügel ist dies insbesondere die "Nationalsozialistische Betriebszellen-Organisation" (NSBO), die Kratzenberg in seiner Gießener Dissertation aus dem Jahre 1985 als *"organisationsgeschichtliche(n) Ausdruck einer abweichenden Auslegung der Inhalte und Ziele des Nationalsozialismus"* verstanden haben will. In zwei Kapiteln verfolgt Kratzenberg zum einen die organisatorische Entwicklung der NSBO von ihren ersten Anfängen im Jahre 1927 bis zu ihrem schließlichen Scheitern 1934 unter Einbeziehung der diese Entwicklung begleitenden programmatischen Diskussionen, um dann eine nähere soziologische Bestimmung der Mitgliederstruktur zu geben.

Ein bestimmendes ideologisches Versatzstück des nationalsozialistischen Weltbildes war der Gedanke der Volksgemeinschaft, in der die Klassengegensätze aufgehoben und Gemeinnutz vor Eigennutz gehen sollte. Tatsächlich läßt diese Vorstellung einer Volksgemeinschaft jedoch sehr unterschiedliche Interpretationen zu. Während für die dominierende und sich schließlich auch durchsetzende nationalsozialistische Strömung der Volksgemeinschaftsgedanke nichts anderes bedeutete als der Versuch einer Stillegung jeglicher Klassenkonflikte mit dem Ziel eines im Inneren befriedeten und nach Außen aggressiven Systems, in dem Staat und Ökonomie zu einer Einheit verschmelzen sollten, bildete der gleiche Gedanke *"als Gegenthese zur bestehenden Klassengesellschaft den Kristallisationskern für die antikapitalistische Konzeption der NSBO-Theoretiker"*. Die programmatischen Zielsetzungen der NSBO liefen somit darauf hinaus, dem liberal-kapitalistischen System mit seinen egoistischen Profitinteressen eine auf die sozialen Interessen der Arbeiterschaft verpflichtete Gemeinwirtschaft entgegenzusetzen. Nicht das Kapitalverhältnis als solches wurde also in Frage gestellt, nur der individuelle Mißbrauch des Kapitals sollte in einer klassenübergreifenden *"Bedarfswirtschaft"* seine Aufhebung erfahren. Während die nationalsozialistische Führung den sozialen Aspekt dem nationalen unterordnete, sollte die angestrebte nationale Befreiung in der Sichtweise der NSBO die Voraussetzung für die intendierte soziale *"Befreiung der Arbeit"* bieten. Der Antikapitalismus der NSBO bezog seine argumentative Kraft durchaus aus einer kritischen Negation des liberal-kapitalistischen Systems unter Mobilisierung der Hoffnungen auf eine grundlegende materielle Besserstellung des Arbeiters im Verhältnis zum Kapital, sein Sozialismusverständnis allerdings reduzierte sich letztlich weitgehend auf Sozialpolitik.

Angesichts der unterschiedlichen und letztlich auch nicht in Übereinstimmung zu bringenden Interessenlagen zwischen nationalsozialistischer Führung einerseits und dem, wenn man so will, 'arbeitnehmerfreundlichen' Flügel um die NSBO andererseits, kann es nicht verwundern, daß die organisatorische Entwicklung der NSBO von Beginn an von führenden Kräften des Nationalsozialismus mit allenfalls duldendem Argwohn betrachtet wurde. Die NSBO war gezwungen, ihr Selbstverständnis zwischen zwei Alternativen jonglierend zu suchen: Zum einen, und als solches wurde sie durchaus akzeptiert, verstand sie sich als Propagandainstrument der Partei, ausgerichtet auf die spezielle Zielgruppe der Arbeiterschaft; wichtiger für ihr eigentliches Selbstverständnis dürfte aber jene *"Unterströmung gewerkschaftlichen Wollens sein, die die kurze Geschichte der NSBO durchzieht"*.

Die Anfänge der Diskussionen um eine nationalsozialistische Gewerkschaftsorganisation reichen bis in das Jahr der Neugründung der NSDAP 1925 zurück; organisatorischen Rückhalt gewannen diese Diskussionen durch die Berliner Betriebszellen-Bewegung seit 1927, die ihrerseits auf völkische Gewerkschaftstraditionen zurückgreifen konnte und im Dezember 1927 mit Johannes Engel, einem der neben Reinhold Muchow führenden Leute der NSBO, einen ersten nationalsozialistischen Betriebsrat stellen konnte. Offiziell gegründet wurde die NSBO nach lange sich hinziehenden Auseinandersetzungen erst am 1. Januar 1931. Nach einer Radikalisierungsphase im Laufe des Jahres 1932, die besonders im Verlauf des berüchtigten Streiks bei der Berliner Verkehrs-Aktiengesellschaft gezeigt hatte, *"daß sich die NSBO vom Instrument Goebbels'scher 'Hib'* (Hinein in die Betriebe)-*Propaganda zu einer Kampforganisation zur Durchsetzung ökonomischer Arbeitnehmerinteressen gewandelt hatte"*, und nach der lange erhofften Machtübernahme von Januar 1933 läutete jedoch die Gründung der "Deutschen Arbeitsfront"(DAF) am 10.Mai 1933 den Anfang vom Ende der NSBO ein. Die insgeheim von seiten der NSBO erhoffte *"Gleichschaltung der Gewerkschaften bei Übernahme des Apparates durch eine nationalsozialistische Führungsmannschaft"* erwies sich sehr rasch als trügerische Illusion und als dem Konzept der NS-Führung, das für eine eigenständige 'Arbeitnehmerorganisation' keinen Raum ließ, nicht akzeptabel. Abgesehen von dieser konzeptionellen Ablehnung dürften auch die in den ersten Monaten nach der Machtübernahme in Kreisen der NSBO - analog zu ähnlichen Tendenzen in der SA - sich artikulierenden Hoffnungen auf eine Revolution in der Revolution, die sich auch in direkten Aktionen auf Betriebsebene äußerten, sowie die seitens der verbotenen linken Organisationen unternommenen Versuche, durch Eintritt in die NSBO die Unruhe zu schüren, zur schnellen Liquidierung der immer nur geduldeten Organisation beigetragen haben. *"Die Verschränkung des gewerkschaftlichen und des propagandistischen Moments"*, so Kratzenberg resümierend, *"steht am Anfang und am Ende der Geschichte der NSBO: Diente der propagandistische Nutzen, den die Organisation der Partei erbringen konnte, zuerst als Deckmantel für die gewerkschaftlichen Absichten, die die NSBO-Funktionäre selten offen aussprachen, aber nichts desto weniger insgeheim verfolgten, so folgte zuletzt der Gegenschlag: Mit der Kompetenzbeschränkung auf die 'weltanschauliche Schulung' wurde der propagandistische Auftrag im NS-Staat gegen die Ambitionen der Betriebszellen-Führer ausgespielt."* Mit seinen Überlegungen zur soziologischen Zusammensetzung der NSBO-Mitgliedschaft kann auch Kratzenberg aufgrund der diesbezüglich außerordentlich schlechten Quellenlage und der kaum existenten Vorarbeiten *"nur einen thesenartigen, mit Vorsicht und Vorbehalten formulierten Beitrag leisten"*. Zwei Entwicklungstendenzen lassen sich jedoch näher bestimmen, wobei allerdings berücksichtigt werden muß, daß sich die Untersuchungen weitgehend auf Berlin, einen der regionalen Schwerpunkte der NSBO, beschränken: Zum einen kann man davon ausgehen, daß nach der Gründungsphase von Betriebszellen vornehmlich in Großbetrieben seit etwa 1931 eine Zunahme von Betriebszellen-Organisationen weitgehend auf Klein- und Mittelbetriebe, auf Banken, Behörden und schließlich auch auf Erwerbslosenkreise beschränkt blieb, d.h., *"daß die Ausdehnung der NSBO von wenigen Großbetrieben hin zu vielen Klein- und Mittelbetrieben ging"*. Analog läßt sich festhalten, daß in den Anfangsjahren der NSBO vielfach Angestellte und/oder Techniker den Anstoß zur Zellengründung gaben; erst später, 1931/32, stießen verstärkt Arbeiter zu den Betriebszellen-Organisationen. Allerdings, so Kratzenberg, orientierte sich die NSBO schließlich sehr stark auf Erwerbslose, so daß man fast schon nicht mehr von einer Bewegung *"'Hinein in die Betriebe', sondern hin zu den Stempelstellen"* sprechen kann. Ein *"Einbruch in die marxistische Front"*, der mit propagandistischer Absicht immer wieder betont wurde, glückte jedoch allenfalls marginal und *"wenn überhaupt, dann in den Kreisen der Erwerbslosen ein Stück weit"*. Festhalten läßt sich also, daß der soziologische Schwerpunkt der NSBO-Mitgliedschaft bei den Angestellten lag, *"während beschäftigte Arbeiter immer in der Minderheit geblieben sein dürften"*. Insbesondere drei Arbeitertypen nennt Kratzenberg, bei denen die NSBO-Propaganda auf Resonanz stieß: Zum einen Jungarbeiter, dann die 'uniformierten' Arbeiter der kommunalen und öffentlichen Betriebe sowie ein konservativer, aus der Provinz in die Stadt übergewechselter Arbeitertypus. Bestimmendes Kennzeichen dieser vielfach als *"Treibsand der Arbeiterbewegung"* bezeichneten, aus Kreisen der Arbeiterschaft stammenden Anhängerschaft des Nationalsozialismus war ein *"Mangel an Bindung und Verwurzelung"* - mit Ausnahme der 'uniformierten' Arbeiter, bei denen eine spezifische, mit ihrem Berufsprestige zusammenhängende Mentalität ausschlaggebend gewesen sein dürfte. Aber auch die desolate Gewerkschaftspolitik der KPD sowie die analoge Ausschlußpraxis der Freien Gewerkschaften dürften manchen Arbeiter in die Arme der Nationalsozialisten getrieben haben. *"Sie alle"*, so schließt Kratzenberg seine Überlegungen ab, *"Jungarbeiter, Erwerbslose, Flukturierende aus dem 'nationalen' oder aus dem kommunistischen Lager, Unorganisierte und Sezessionisten verband die Unverbundenheit."* Für sie gilt, *"daß sie aus Defiziten und Labilitäten sozialer oder politischer Orientierungen heraus zum Nationalsozialismus fanden"*. Den *"Entwurzelten"* und *"Orientierungslosen"* gab die NSBO *"eine Perspektive, ihnen bot sie sich als eine neue soziale und politische Heimat an, denn genau das war es, was jene vermißten: 'Heimat'"*.

Wolfgang Braunschädel

Hans Albert Wulf, "Maschinenstürmer sind wir keine". Technischer Fortschritt und sozialdemokratische Arbeiterbewegung, Frankfurt/New York: Campus Verlag, 1988, 228 S.

Vom neuesten Fortschritt im politisch-philosophischen Denken zeugt die seit geraumer Zeit sich verallgemeinernde Erkenntnis, daß die Gleichsetzung von Vernunft im ursprünglich aufklärerischen Sinne, verstanden als Austritt des Menschen aus seiner selbst verschuldeten Unmündigkeit, und technologischer Rationalität der eigentliche, möglicherweise zu spät erkannte und in seiner destruktiven Potenz nicht mehr aufzuhaltende Irrationalismus der Moderne (gewesen) ist. Die viel beschworene "Dialektik der Aufklärung" ist dann nichts anderes als theoretischer Ausdruck der Falle, in die der Mensch der Moderne hineingetappt ist, und aus der er, soll das Projekt der Aufklärung, so wie es in idealistischer Manier ursprünglich konzipiert war, doch noch eine Zukunft haben, möglichst schnell entkommen muß. Die Stilisierung der Technik zum säkularisierten Gott des bürgerlichen Zeitalters war aber nicht nur Ausdruck der strukturellen Logik der kapitalistischen Ökonomie; sie läßt sich in verblüffend ähnlichen Formen auch im sozialistischen Denken und in der sozialistischen Arbeiterbewegung aufweisen. So erscheint es kaum verwunderlich, wenn Hans Albert Wulf hinsichtlich der entsprechenden Diskussionen im Kontext der deutschen sozialdemokratischen Arbeiter- und Gewerkschaftsbewegung in der Zeit von der Jahrhundertwende bis zur Zerschlagung durch den Faschismus resümierend und die zentrale These seiner Arbeit zusammenfassend, feststellen kann: *"Das affirmative Verhältnis der sozialdemokratischen Arbeiterbewegung zur Rationalisierung... ist nicht auf einen 'Verrat' ihrer sozialistischen Traditionen zurückzuführen, sondern steht ganz im Gegenteil in der Kontinuität sozialdemokratischer Ideologie."* Ausgehend von einem Begriff von Technik, demzufolge diese gleichermaßen *"materialisierter Ausdruck und konstituierendes Element sozialer Verhältnisse"* ist, so daß weder die Rede von vorgeblich technischen Sachzwängen noch die von der kapitalistischen Anwendung einer im übrigen neutralen Technik Gültigkeit beanspruchen kann, hat Wulf neben sonstiger Literatur insbesondere sämtliche Jahrgänge von 16 Mitgliederzeitungen und Funktionärszeitschriften aus dem sozialdemokratischen und gewerkschaftlichen Milieu des angegebenen Zeitraums auf Beiträge hin durchgesehen, die sich mit der Problematik von Technik und Rationalisierung beschäftigen. Auch wenn *"eine in sich geschlossene sozialdemokratische Techniktheorie nicht existiert"*, läßt sich den von Wulf gewonnenen Erkenntnissen doch ein repräsentativer Charakter zusprechen, wobei die Anfänge des sozialdemokratischen Technikverständnisses weit in das 19. Jahrhundert zurückreichen und seine Auswirkungen sich in *"der nach wie vor virulenten Fortschritts- und Technikgläubigkeit von SPD und Gewerkschaften"* auch heute noch zeigen.

In insgesamt fünf Kapiteln, historische und systematische Analysen miteinander verbindend, rekonstruiert Wulf das sozialdemokratische Weltbild eines von autonomer technologischer Vernunft dominierten und gelenkten linearen Fortschritts, der sich, eingerahmt von Legalismus und idealistem Arbeitsethos, gegen alle Widerstände einen Weg durch das wilde Gestrüpp der Weltgeschichte zu bahnen weiß. Basierend auf der *"von Marx getroffene(n) Unterscheidung zwischen der Maschine und ihrer gesellschaftlichen Anwendung"*, die zu einem *"Kernstück der sozialdemokratischen Technikauffassung"* wurde, erfahren die zahlreichen im Kontext der Arbeiterbewegung - die ja immer auch mehr und anderes war als ihre gegen Ende des letzten Jahrhunderts dominant werdende sozialdemokratische Variante - entwickelten Widerstandsformen wie 'Maschinenstürmerei', Ca'canny (Leistungszurückhaltung) oder Sabotage eine eindeutige Abfuhr. Gegenüber dem viel beschworenen "Recht auf Arbeit", das in diesem Kontext nicht so sehr auf eine rechtmäßige Absicherung eines Arbeitsplatzes zielt, sondern dem Arbeiter seinen angestammten Platz als Vollzugsorgan eines sich ohnehin mit eherner Notwendigkeit durchsetzenden Geschichtsprozesses zuordnet, hat das von Paul Lafargue dagegen gehaltene "Recht auf Faulheit" nicht die geringste Chance, auch nur in Erwägung gezogen zu werden. In dieser sogenannten Emanzipation von den in sozialdemokratischer Sicht ungehobelten Widerstandsformen aus den "Flegeljahren" der Arbeiterbewegung kristallisieren sich die grundlegenden Strukturen eines sozialdemokratischen Technikverständnisses heraus. *"Für die sozialdemokratische Arbeiterbewegung war die Technik sakrosankt, nicht nur deshalb, weil sie das Produkt menschlicher Arbeit ist, sondern weil sie als potenziertes Arbeitsvermögen geeignet zu sein schien, die Menschen langfristig von der Arbeit zu befreien. Diese der deutschen Arbeiterbewegung eigentümliche Vorstellung vom Entwicklungsgang der Technik ist selbst einem an technischen Kategorien orientierten Denken verhaftet: Der geschichtliche Prozeß der Technikentwicklung wird selbst als mechanischer, maschineller Ablauf interpretiert."*

Den Rationalisierungskonzepten der Kapitalseite, für die insbesondere die Namen Frederick W. Taylor und Henry Ford stehen und die in Deutschland erstmals in den zwanziger Jahren breiter rezipiert wurden, zeigte sich die sozialdemokratische Arbeiter- und Gewerkschaftsbewegung jedenfalls in jeder Beziehung gewachsen. Während Taylors Konzept einer sogenannten "wissenschaftlichen Betriebsführung", das, allen Gerüchten zum Trotz, weder vor noch nach dem ersten Weltkrieg in Deutschland einen Siegeszug antreten konnte, in der sozialdemokratischen Gewerkschaftspresse *"vor allem wegen seiner negativen physischen und psychischen Auswirkungen im Arbeitsprozeß als Methode kapitalistischer Ausbeutung angeprangert"* und *"überwiegend kritisch und ablehnend"* behandelt wurde, stieß Henry Ford mit seinem Konzept der Fließbandfertigung auf nahezu einhellige und überschäumende Zustimmung. Ford, dessen Konzept, im Gegensatz zu Taylors auf Arbeitsintensivierung beim individuellen Arbeiter zielender Ansatz, als Methode einer kollektiven Produktivitätssteigerung verstanden wurde, galt in mancherlei Kommentaren *"als Prophet einer neuen Wirtschaftsordnung und geradezu als Wegbereiter des Sozialismus"*. Der Deutsche Textilarbeiter-Verband brachte den Unterschied zwischen Taylor und Ford in einem 1926 erschienenen Lehrbuch für Betriebsräte auf die kurze und bündige Formel: *"An die Stelle der Auspressung des Arbeiters tritt die Auspressung der Maschine." "Die Reaktionen auf das Taylorsystem einerseits und das Fordsystem andererseits"*, so Wulf, *"legen die Schlußfolgerung nahe, daß Rationalisierungsmaßnahmen von den Gewerkschaften dann akzeptiert wurden, wenn sich mit ihnen Attribute wie Planmäßigkeit, Berechenbarkeit, Wissenschaftlichkeit und Versachlichung der Produktionsabläufe verbanden."* In diesem Kontext wird *"der Begriff Rationalisierung... neben dem Begriff der Wirtschaftsdemokratie in den 20er Jahren zunehmend zum Schlüsselbegriff der wirtschafts- und gesellschaftspolitischen Zielvorstellungen der Gewerkschaften"*. Festzuhalten bleibt aber, daß sich der gewerkschaftliche Begriff von Rationalisierung von einer im engeren Sinne betriebswirtschaftlichen Rationalisierung *"in zweierlei Hinsicht (unterscheidet): Er ist zum einen weiter gefaßt, insofern er neben der rein technischen Rationalisierung die Dimension der Lohn- und Preispolitik miteinschließt; er ist zum anderen enger, insofern Methoden zur Steigerung der Arbeitsintensität ausgeschlossen sind"*.

Auch wenn bei Marx, Engels und sogar bei Kautsky das Problem der Naturzerstörung durch die fortschreitende Technisierung zumindest marginal ins Auge gefaßt wurde, hat sich in der sozialdemokratischen Arbeiterbewegung doch ein Weltbild durchgesetzt, das Gesellschaftsgeschichte mit Naturgeschichte verwechselt, dem Vernunft, Rationalität und Rationalisierung zu einem einheitlichen Prozeß geraten und das Technik gemeinhin zum *"Deus ex machina gesellschaftlichen Fortschritts"* verklärt. Indem diese sozialdemokratische Arbeiterbewegung samt ihrer apologetischen Geschichtsschreibung ganze Erfahrungsbereiche der mit anderen Zielsetzungen angetretenen und dementsprechend andere Aktions- und Organisationsformen bevorzugenden antikapitalistischen Widerstandsbewegungen im historischen Bewußtsein wenn nicht gelöscht, so doch zumindest marginalisiert hat, erscheint es angesichts des mehr als fragwürdig gewordenen Glaubens an die heilbringende Kraft der Technologie dringend notwendig - ausgehend von einer strukturellen Affinität zwischen kapitalistischer und technischer Rationalität -, den spezifisch kapitalistischen Gebrauchswert von Technik zu hinterfragen und auf diesem Hintergrund den marginalisierten und stigmatisierten Widerstandsformen - vom Maschinensturm bis zur Sabotage - eine ihren Absichten adäquate Würdigung angedeihen zu lassen. Ein Unternehmen, zu dem in den letzten Jahren schon einige Beiträge geliefert worden sind und dem Wulf mit seiner kritischen Hinterfragung einer im wahrsten Sinne des Wortes katastrophalen Technik- und Fortschrittsgläubigkeit sozialdemokratischer Provenienz einen weiteren Mosaikstein hinzugefügt hat.

Wolfgang Braunschädel

Hans-Jürgen Kornder, Konterrevolution und Faschismus. Zur Analyse von Nationalsozialismus, Faschismus und Totalitarismus im Werk von Karl Korsch, Frankfurt am Main/Bern/New York/Paris: Verlag Peter Lang, 1987, 260 S.

Karl Korsch hat in relativ kurzer Zeit die unterschiedlichsten Organisationen der Arbeiterbewegung durchlaufen. 1912 wurde er Mitglied der sozialdemokratischen Partei, kurze Zeit später in England, wo er sich einige Zeit aufhielt, Mitglied der Fabian Society; zurück in Deutschland schloß er sich 1919 der USPD an und wechselte mit deren linkem Flügel Ende 1920 zur KPD. Aus dieser wiederum wurde er 1926 ausgeschlossen und entwickelte sich in den folgenden Jahren, eingebettet in Diskussionszusammenhänge kleiner marginalisierter rätekommunistischer Gruppierungen, zu einem vehementen Kritiker sowohl der KPD als auch der Komintern und der Entwicklung in der Sowjetunion. Korsch hat die revolutionären Illusionen der frühen zwanziger Jahre mitgetragen und mitformuliert und er gehört zu denjenigen, die das Scheitern dieser Illusionen frühzeitig thematisiert und hinterfragt haben. Die endgültige Niederlage der deutschen Arbeiterbewegung manifestierte sich in der legalen Machtübernahme durch die Nationalsozialisten im Januar 1933 und dem sofort danach gezielt einsetzenden Terror speziell gegen die Organisationen der Arbeiterbewegung, der insbesondere die konfusen Illusionen der Komintern und der KPD bezüglich eines schnellen Scheiterns des faschistischen Regimes auf tragische Weise Lügen strafte. Der Faschismus in seinen unterschiedlichen Erscheinungsformen ist in der kommunistischen Arbeiterbewegung seit den frühen zwanziger Jahren immer wieder diskutiert worden; auch Korsch hat sich bereits frühzeitig zu diesem Themenkomplex geäußert, ohne jedoch eine explizite Faschismustheorie auszuarbeiten. Insofern sieht sich Hans-Jürgen Kornder in seiner Münchner Dissertation aus dem Jahre 1986 notwendigerweise gezwungen, die zum Thema Faschismus *"in verschiedenen Schriften und Artikeln getroffenen Äußerungen Korschs zusammenzufassen und systematisch auszuwerten"*.

Mitte der zwanziger Jahre, nach dem Scheitern des Revolutionsversuchs vom Oktober 1923, tauchen zum erstenmal jene Einschätzungen auf, die einige Jahre später als Sozialfaschismustheorie traurige Berühmtheit erlangen sollten. Auch Korsch spricht 1924 von der *"ihrem Klasseninhalt nach dem Hitlerschen Faschismus völlig gleichwertige(n) 'faschistische(n)' Natur der Sozialdemokraten und aller sonstigen bürgerlichen 'Demokraten'"*. Dieser Einschätzung liegt die Annahme zugrunde, daß das Verhältnis der kommunistischen Arbeiterbewegung zur bürgerlichen Weimarer Republik nur als Verhältnis von Revolution und Konterrevolution verstanden werden kann. Faschismus versteht Korsch in diesem Zusammenhang als *"die bewußte, planmäßige Gegenrevolution des Bürgertums"*, wobei die Sozialdemokratie nur als eine spezifische Fraktion auf Seiten der Gegenrevolution zu interpretieren ist. Für Korsch besteht somit im Jahre 1924 *"der wesentliche geschichtliche Gehalt des Faschismus nicht in jenen mehr oder weniger zufälligen und äußerlichen Formen"*, sondern gerade darin, daß er *"der Inbegriff aller derjenigen Formen ist, in denen die bürgerliche Klasse ihren Kampf um die Aufrechterhaltung und Wiederherstellung ihrer Klassenherrschaft in der Epoche der proletarischen Revolution führt"*. Das dieser Einschätzung zugrunde liegende Interpretationsraster wiederum basiert auf einer positiven Rezeption der Leninschen Imperialismustheorie, derzufolge der Kapitalismus in seiner monopolistischen Phase gleichzeitig sterbender Kapitalismus ist, den Kampf Klasse gegen Klasse als endgültige Entscheidungsschlacht also geradezu herausfordert.

Nach seiner Trennung von der KPD und in den Emigrationsjahren entwickelt Korsch eine differenziertere Sichtweise des Faschismus. Die nationalsozialistische Bewegung in Deutschland gewinnt jetzt eigene Konturen, zum einen als eine ganz spezifische Form präventiver Konterrevolution gegen eine Revolution, die in der Realität allerdings niemals stattgefunden hat und zum anderen als eine den besonderen deutschen Verhältnissen zu verdankende Weiterentwicklung der bürgerlichen Gesellschaft auf dem Hintergrund der ökonomischen Krise, die das endgültige Ende des liberalen Kapitalismus der freien Konkurrenz und den Übergang zu einem in staatliche Regie übernommenen monopolistischen Kapitalismus markiert. Insofern die ökonomische Krise jedoch keine deutsche Spezialität war, sondern als Weltwirtschaftskrise internationale Auswirkungen zeitigte und somit auch jeweils spezifische Reaktionen herausforderte, erweist sich der Nationalsozialismus für Korsch als eine ganz besondere Form der Krisenbewältigung, die in Beziehung zu setzen ist zu anderen, mehr oder weniger ähnlichen Formen, so z.B. zum amerikanischen New Deal. Einem durch die Krise hervorgerufenen bzw. vorangetriebenen weltweiten Monopolisierungsprozeß der kapitalistischen Ökonomien entsprechen je unterschiedliche Formen der politisch organisierten Krisenbewältigung. Grundlegend jedoch ist der nunmehr unbestrittene Eingriff des Staates in die Ökonomie, der zu strukturellen Gleichartigkeiten in Deutschland, den USA und auch der Sowjetunion führt. Auf diesem Hintergrund läßt sich der Nationalsozialismus als Modernisierungsdiktatur interpretieren, die - das kann man aus heutiger Sicht hinzufügen - mit den Boden bereitete für das sozialdemokratisch-korporatistische Regierungsmodell der Nachkriegszeit. In dieser Hinsicht kann es dann auch nicht mehr verwundern, wenn in der Historikerdebatte der letzten Jahre auch jene Sichtweise eine Rolle spielt, die zwar keine Relativierung der nationalsozialistischen Verbrechen ins Auge faßt, jedoch eine positive Zurkenntnisnahme der von der nationalsozialistischen Ökonomie in die Wege geleiteten Modernisierungsmaßnahmen im sozialpolitischen Bereich anvisiert.

Korschs Analyse der zentral gesteuerten Ökonomien interpretiert deren Entwicklungen - unter Einbeziehung der Sowjetunion - immer im Hinblick auf ihren konterrevolutionären Charakter - ein Interpretationsansatz, der Korsch, trotz ähnlicher Ansätze im Institut für Sozialforschung (Friedrich Pollock, Franz Neumann, Max Horkheimer), doch zu ganz anderen politischen Konsequenzen als diese gelangen läßt. Während Pollock z.B. dem totalitären Staatskapitalismus einen demokratischen Staatskapitalismus gegenüberstellt, beharrt Korsch auf dem revolutionär zu transzendierenden Widerspruch zwischen Kapital und Arbeit. Die staatskapitalistischen bzw. staatssozialistischen Ökonomien, gleich ob Faschismus, New Deal oder Bolschewismus, sind in dieser Sichtweise nichts anderes als unterschiedliche Varianten einer antiproletarischen Konterrevolution, als präventive Modelle einer Verhinderung der proletarischen Revolution. Korschs Interpretationsansatz hat also nicht in erster Linie den jeweiligen politischen Überbau im Auge - insofern kann sein Ansatz auch nicht mit den später entwickelten Totalitarismustheorien verwechselt werden, in denen faschistische und bolschewistische Diktaturen demokratischen Herrschaftsmodellen gegenübergestellt werden -, sondern bezieht sich auf jenen ökonomischen Prozeß, der zu einer Verschmelzung von Staat und Kapital führt und dem gegenüber die jeweiligen politischen Herrschaftsmodelle eher sekundär bleiben. Korschs gesamter theoretischer Arbeit liegt also jene auch lebensgeschichtliche Erfahrung der *"'Unfähigkeit' der revolutionären Parteien, ihrer historischen Funktion gerecht zu werden"* zugrunde. *"Korschs Bemühen war es"*, so Kornder zusammenfassend, *"das Verständnis von 'Konterrevolution' in die kommunistische Theorie- und Strategiedebatte einzubringen und sie als 'normalen' Bestandteil eines historischen Prozesses begreifbar zu machen. Dieser Prozeß ist für Korsch revolutionär, an seinem Endpunkt steht die Revolutionierung der kapitalistischen Gesellschaft. Seine Theorie der Konterrevolution ist der Versuch, das Ausbleiben der Weltrevolution zu erklären, ohne die Revolution aus seiner Theorie eliminieren zu müssen. Das Resultat ist Korschs 'negative Dialektik' der Konterrevolution: in ihr den Beweis für die Revolution zu sehen."*

Wolf Raul

Hans Schafranek, Das kurze Leben des Kurt Landau. Ein österreichischer Kommunist als Opfer der stalinistischen Geheimpolizei, Wien: Verlag für Gesellschaftskritik, 1988, 609 S.

Es kommt nicht alle Tage vor, daß einem Revolutionär der extremen Linken eine solchermaßen umfangreiche Biographie gewidmet wird, wie sie mit Hans Schafraneks Arbeit über den Österreicher Kurt Landau nach jahrelangen umfassenden Recherchen jetzt vorliegt. Dabei lassen sich die äußeren Lebensdaten Landaus in relativ wenigen Stichpunkten zusammenfassen. 1903 in Wien geboren, engagierte sich Landau schon in jungen Jahren in der österreichischen kommunistischen Arbeiterbewegung; 1921 wurde er Mitglied der KPÖ und beschäftigte sich in den folgenden Jahren vorwiegend mit Themen aus dem Bereich der proletarischen Kultur, und wurde im November 1926 wegen *"Fraktionstätigkeit"* aus der KPÖ ausgeschlossen. Auch seine Tätigkeit in der KPÖ (Opposition) währte nicht allzu lange; bereits im Mai 1928 wurde er aus dieser, sich auf Trotzki beziehenden Gruppe ausgeschlossen, u.a. weil er *"halbkorschistische, objektiv menschewistische Auffassungen"* vertrete. Der von ihm mitgegründeten Gruppe "Kommunistische Opposition (Marxistisch Leninistische Linke)", die in Wien *"nicht mehr als ein Dutzend Mitglieder* (zählte), *wovon allein die Hälfte auf die Leitung entfiel"*, war verständlicherweise keine größere Wirksamkeit beschieden. Nach einer Phase der Isolation bot sich Landau seit August 1929 ein neues Betätigungsfeld; nachdem er das Vertrauen Trotzkis gewonnen hatte, wurde er als dessen Emissär dazu ausersehen, nach Berlin zu gehen und dort, so Trotzkis damaliger Sekretär Jacob Frank (ein, wie sich später herausstellte, stalinistischer Agent), an der *"Befreiung des L.B.* (Leninbund) *von den verderblichen Einflüssen des Korschismus, Sapronowismus, Brandlerismus etc."* mitzuwirken. Die Aufgabe Landaus bestand mit anderen Worten also darin, mit Hilfe der trotzkistischen Minderheit innerhalb des im Frühjahr 1928 aus der linken Opposition der KPD heraus entstandenen Leninbundes die *"Trotzkisierung"* dieser Organisation voranzutreiben. Ein Anliegen, das, wie sich schon bald herausstellen sollte, zum Scheitern verurteilt war und nach vielfältigen Diskussionen, Auseinandersetzungen und Fraktionierungen, die an dieser Stelle nicht einmal annäherungsweise wiedergegeben werden können, im Febuar 1930 zum Ausschluß der trotzkistischen Minderheit aus dem Leninbund und einen Monat später zur Gründung der "Vereinigten Linken Opposition der K.P.D. (Bolschewiki-Leninisten)" (VLO), der deutschen Sektion der "Internationalen Linken Oppostion" (ILO) führte. Aber auch dieser *"eigentliche Beginn des organisierten Trotzkismus in Deutschland"* hatte kein Ende der Auseinandersetzungen zwischen den weiterhin bestehenden Fraktionen (wobei sich u.a. die später als stalinistische Agenten enttarnten Brüder Ruvin und Abraham Sobolevicius/Roman Well bzw. Abraham Senin hervortaten) zur Folge. Einen atmosphärischen Eindruck der offensichtlich nicht nur inhaltlichen Auseinandersetzungen gibt Landau in einem Brief an Trotzki vom 1. Mai 1930: *"Die Sitzungen arteten derart aus, daß sich kein Gasthaus fand, das uns ein zweites Mal ein Lokal für eine Sitzung geben wollte."* Bereits kurze Zeit nach der Gründung der VLO kam es nicht nur zu ersten Differenzen und schließlich zur Trennung zwischen Trotzki und Landau, der zeitweise auch deutscher Vertreter im Internationalen Büro der ILO war, sondern auch zu einer Eskalation der Auseinandersetzungen innerhalb der VLO, die ein gutes Jahr nach ihrer Gründung, im Juni 1931, zur Spaltung führte. Die dissidenten Trotzkisten um Landau firmierten weiter unter dem Namen VLO, publizierten bis zum Febuar 1933 insgesamt noch 25 nahezu ausschließlich von Landau verfaßte Ausgaben des "Kommunist" und waren an der Gründung einer "Linken Opposition der Komintern (Bolschewiki-Leninisten)" im Frühjahr 1932 beteiligt. Im März 1933 emigrierte Landau nach Paris, was zwar erschwerte Lebens- und Arbeitsbedingungen mit sich brachte, ihn aber aufgrund seiner seit Jahren gepflegten internationalen Kontakte nicht unbedingt in *"ein vollkommenes Neuland"* führte; bereits im Mai erschien die erste Nummer einer neuen Zeitung: "Der Funke. Organ des linken Flügels der KPD (Marxisten-Internationalisten)". Ein letztes Betätigungsfeld eröffnete sich Landau erst im Jahre 1936, nach der Niederschlagung des faschistischen Putschversuchs unter General Franco in Spanien. Nach seiner Ankunft in Barcelona im November 1936 arbeitete er die letzten Monate, die ihm bis zu seiner Gefangennahme und anschließenden Ermordung im September 1937 blieben, im Umkreis der POUM. Auch in Spanien richtete sich das Interesse des im organisatorischen Zirkelwesen versierten und erprobten Landau *"auf die verwirrende Sphäre der internationalen Beziehungen, genauer gesagt, auf eine intendierte 'Umgruppierung' jener Organisationen, die sowohl gegenüber dem linkssozialistischen Londoner Büro als auch dem Internationalen Sekretariat der IV.Internationale eine eher distanzierte Haltung einnahmen"*. Ein besonderes Kapitel in diesem Zusammenhang ist der Tätigkeit Willy Brandts gewidmet, der u.a. als Vertreter der Sozialistischen Arbeiterpartei bei der POUM tätig war und der Meinung Katja Landaus zufolge, die die stalinistischen Gefängnisse im Gegensatz zu ihrem Mann überlebt hat, eine äußerst fragwürdige Rolle in Spanien gespielt hat und *"nicht nur entweder ein Zuträger oder ein direkter Agent der GPU gewesen"* sei, sondern möglicherweise *"indirekt oder sogar direkt mitschuldig gewesen* (sei) *an den Vorbereitungen, die zur Entführung Landaus durch den NKVD führten"*.

Schon aus diesem eher formalen Überblick über Landaus Lebensablauf, der angesichts seiner vielfältigen und ausfernden Aktivitäten nur die wichtigsten Daten aufzählt, ist ersichtlich, daß er im Laufe der etwas mehr als zehn Jahre, die ihm für seine politischen Tätigkeiten gegeben waren, eine schier unglaubliche, aus dem historischen Rückblick gleichermaßen erstaunliche wie befremdliche Aktivität entfaltete. Schafraneks Arbeit füllt das hier gegebene Gerüst mit einem aus der Aufarbeitung vielfältigster Materialien aus zahlreichen öffentlichen und privaten Archiven sowie zeitgenössischen Publikationen gewonnenen Wissen auf. Sie ist insofern weit mehr als nur die Biographie eines linksradikalen Intellektuellen, der sich und seiner Tätigkeit nur im Kontext einer erwarteten Weltrevolution einen Sinn abgewinnen konnte, sondern im gleichen Maße auch eine außerordentlich detailverliebte analytische Beschreibung all jener Parteien, Gruppierungen, Milieus und Beziehungsgeflechte, in deren Mitte oder Umfeld sich Landau zeit seines Lebens bewegte. Der rote Faden, an dem sich diese

Arbeit entlangbewegt, ist der Ablauf von Landaus politischen Aktivitäten, die wiederum nur im Zusammenhang umfassender und komplexerer historischer Ereignisse verständlich werden. Die nahezu sechshundert Seiten lassen sich insofern nicht nur als Biographie Landaus, sondern auch als ein wichtiger, zahllose Details und Zusammenhänge aufhellender Beitrag zur Geschichte der österreichischen, der deutschen und sogar, wenn auch marginaler, der sowjetischen, französischen und spanischen Arbeiterbewegung lesen. Vor dem Auge des Lesers entfaltet sich dabei das tableau all jener Themenbereiche, die in der Zeit zwischen Mitte der zwanziger und Mitte der dreißiger Jahre die Aktivist(inn)en in den Arbeiterorganisationen aller Herren Länder bewegten: Von den Auseinandersetzungen zwischen den verschiedenen Fraktionen innerhalb der sowjetischen Kommunistischen Partei mit den entsprechenden Auswirkungen auf die zu diesem Zeitpunkt schon weitgehend von der Komintern abhängigen Kommunistischen Parteien anderer Länder, über die Auseinandersetzungen mit dem Faschismus bis hin zu den fatalen Ereignissen während des Spanischen Bürgerkrieges - Entwicklungen, in deren Zusammenhang es innerhalb der revolutionären Linken zu ungezählten Auseinandersetzungen, Fraktionierungen, Absplitterungen, Neugründungen und Auflösungen von Organisationen sowie zu unterschiedlichsten und gegensätzlichsten taktischen und strategischen Überlegungen und Entwürfen kam. Nicht zu unterschätzen ist dabei auch jene Ebene von Auseinandersetzungen, die Schafranek an einer Stelle als *"Farce persönlicher Animositäten und gekränkter Eitelkeiten"* anspricht, eine Ebene, die gerade in den Kreisen der deutschen Emigranten nicht übersehen werden kann.
Landau ist dabei gewissermaßen ein Musterbeispiel des revolutionären Kaders, der seine politischen Aktivitäten in jeder Beziehung an der Zielvorstellung der Weltrevolution ausrichtet; die Ernsthaftigkeit, in der dies geschieht, kontrastiert dabei in extremer Weise mit dem realen politischen Einfluß, den die Parteien und Gruppierungen, in deren Rahmen Landau sich betätigte, tatsächlich ausübten. Landaus entscheidender politischer Bezugspunkt war und blieb die russische Revolution mit einem daraus abgeleiteten, mystifizierenden, in diesem Falle trotzkistischen Leninismus. Insofern verkörperten sich in seiner Lebensgeschichte zum einen die *"'leninistischen' Halbwahrheiten, Inkonsequenzen und Widersprüche"*, die *"einen Gutteil seiner politischen Ideen und Aktivitäten begleiteten"* und zum anderen, *"trotz der fast unvermeidlichen Schattenseiten sektiererischer Enge... auch die Stärke, in politischer Isolation einem mehrfachen Druck standzuhalten"* und sich nicht der bedrückenden und gleichermaßen zu persönlichen wie teilweise fatalen politischen Kompromissen zwingenden Lagermentalität der großen linken politischen Organisationen zu ergeben. Landau verkörpert somit auch den Typus eines intellektuellen Revolutionärs, der in unterschiedlichster Gestalt eine lange Zeit die Auseinandersetzungen in den revolutionären Organisationen der Arbeiterbewegung prägte; dieser Typus gehört ohne Zweifel der Vergangenheit an. Mit seiner *"biographischen wie organisationsgeschichtlichen Arbeit"* hat Schafranek nicht nur ein Kapitel aus der Geschichte dieses Typus von intellektuellem Revolutionär beispielhaft herausgearbeitet, sondern hat dem, in Gestalt von Landau, auch, obwohl oder weil er sicherlich zu den Verlierern der Geschichte gehört, *"gegen die pure Evidenz der Geschichte"*, die *"ausschließlich in Kategorien 'siegreicher' Schlachten operiert, egal auf welche Weise sie erfochten wurden"* zu seinem eigenen literarischem Recht verholfen.
Wolfgang Braunschädel

Wolfgang Alles, Zur Politik und Geschichte der deutschen Trotzkisten ab 1930, Frankfurt/Main: isp-Verlag, 1987, 299 S.
Obwohl die hier anzuzeigende Arbeit bereits im Frühjahr 1978 als Diplomarbeit bei Hermann

Weber in Mannheim eingereicht wurde, erweist sich der bis auf ein ergänzend hinzugefügtes Personenregister unveränderte Nachdruck auch knapp zehn Jahre später noch als ein lesenswertes Unternehmen. Waren es zur Zeit der Abfassung der Diplomarbeit im wesentlichen nur zwei umfassendere Werke, die sich mit der behandelten Thematik befaßt hatten - zum einen Siegfried Bahnes unveröffentlichte Heidelberger Dissertation über "Trotzkismus in Deutschland 1931 - 1933" aus dem Jahre 1958, die sich allerdings weniger mit der organisatorischen Entwicklung des deutschen Trotzkismus als vielmehr mit dessen politischen Analysen beschäftigte, zum anderen Rüdiger Zimmermanns 1975 abgeschlossene und 1978 veröffentliche Dissertation über den "Leninbund", in der organisatorische Aspekte des deutschen Trotzkismus, dem Thema entsprechend, eher marginal abgehandelt werden -, so hat sich daran auch bis heute nichts Entscheidendes geändert; auch von daher ist diese nachträgliche Publikation einer schon älteren Arbeit durchaus begrüßenswert.

In insgesamt vier Kapiteln, wobei der Schwerpunkt auf den beiden mittleren Kapiteln liegt, die sich mit der Zeit von 1930 bis 1935/36 beschäftigen, rekonstruiert Alles die Geschichte des deutschen Trotzkismus von den ersten Anfängen Ende der zwanziger Jahre bis zur schließlichen Zerstreuung in der Emigration. Nachdem auf der XIII. Parteikonferenz der Kommunistischen Partei Rußlands im Januar 1924 mit der Verurteilung der Opposition um Trotzki wegen *"kleinbürgerlicher Abweichung vom Leninismus" "die eigentliche Geburtsstunde"* einer schon bald unter dem Signet "Trotzkismus" gehandelten *"internationalistischen, kommunistischen Oppositionsströmung"* geschlagen hatte, dauerte es in Deutschland noch längere Zeit, ehe sich eine spezifisch trotzkistische Strömung herauskristallisierte. Erst der im April 1928 gegründete "Leninbund" wurde zum organisatorischen Ansprechpartner Trotzkis in Deutschland; nachdem es aber bereits im Sommer 1929 zwischen der Mehrheit der Reichsleitung des "Leninbundes" und Trotzki zu Auseinandersetzungen über den sozialen Charakter des Sowjetstaates gekommen war, wurde die trotzkistische Minderheit des "Leninbundes" im Februar 1930 aus der Organisation ausgeschlossen. Die kurze Zeit später, am 30. 3. 1930 gegründete "Vereinigte Linke Opposition der K.P.D. (Bolschewiki-Leninisten)", zugleich die deutsche Sektion der "Internationalen Linken Opposition", die eine Woche darauf, am 6. 4. 1930, in Paris ein "Internationales Büro" ins Leben rief, war aber, so Alles, *"keineswegs eine einheitliche, geschweige denn eine wirklich funktionsfähige Organisation"*. Bereits ein Jahr später, im Juni 1931, kam es aufgrund langwieriger Auseinandersetzungen, die hier nachzuvollziehen zu weit führen würde, zu einer Spaltung zwischen einer minoritären Gruppe um Kurt Landau, der weiterhin, bis Anfang 1933, das bisherige Organ der Gruppe "Der Kommunist" herausgab und der in der Folgezeit offiziellen deutschen trotzkistischen Sektion, die sich mit der Zeitschrift "Permanente Revolution" ein neues Organ schuf. Beide Gruppierungen nannten sich "Linke Opposition der KPD (Bolschewiki-Leninisten)", eine gewisse, wenn auch im Gesamtkontext der damaligen politischen Ereignisse sicherlich nur marginale Bedeutung ist allerdings nur der letzteren Gruppierung zuzusprechen, von der sich Anfang 1933 nochmals eine kleinere Gruppe abspaltete. Verfügte die offizielle Sektion zur Zeit der Spaltung über ca. 150 Mitglieder, so war diese Zahl bis Ende 1932 auf ca. 600 angestiegen; als eigentliches Bindeglied der "Linken Opposition", die *"eine fast reine Arbeiterorganisation"* war, erwiesen sich die Zeitung sowie die Broschüren Trotzkis. Zurecht kann Alles schlußfolgern: *"Die eigentliche Stärke der VLO lag auf... der Analyse der Entwicklung der deutschen Situation in der Endphase der Weimarer Republik und der Kritik an der politischen Praxis des Stalinismus in Deutschland."* Dementsprechend werden nicht nur Trotzkis Faschismusanalysen, die weit über das eigentlich organisatorische trotzkistische Spektrum hinaus die Diskussionen beeinflußten, sondern auch die Interpretationen der politischen Entwicklung in Deutschland aus Sicht der "Linken Opposition" sowie insbeson-

dere das jeweilige Verhältnis der Trotzkisten zur KPO, zur SAP sowie zu den "Roten Kämpfern" in eigenen Kapiteln gewürdigt.
Mit der Machtübernahme durch die Nationalsozialisten im Januar 1933 begann - wie für viele andere linke Minderheitsgruppierungen - auch für die "Linke Opposition", die sich seit Ende Oktober 1933 "Internationale Kommunisten Deutschlands" nannte, eine Phase ihrer Geschichte, die - ganz entscheidend beschleunigt durch die weitgehende Zerschlagung ihrer innerdeutschen Widerstandsgruppen in den Jahren 1935/36 - in einem völligen organisatorischen Niedergang endete. Nach dem Weltkrieg begann eine kleine Gruppe um Georg Jungclas mit dem Wiederaufbau der deutschen Sektion der IV. Internationale und leitete damit eine neue Phase in der Geschichte des deutschen Trotzkismus ein. Die komplexen und vielfältigen Auseinandersetzungen, Trennungen und Spaltungen der Jahre zuvor, zu deren Verständnis nicht nur die Entwicklung in Deutschland, sondern auch zahlreiche andere Ereignisse - genannt seien nur die stalinistischen Prozesse in der Sowjetunion, der spanische Bürgerkrieg, die Orientierung Trotzkis auf die schließlich im Jahre 1939 erfolgte Gründung der IV. Internationale, die Entrismus-Taktik sowie die besonders unter den Bedingungen der Emigration unausbleiblichen persönlichen Querelen - herangezogen werden müssen, erfahren bei Alles eine übersichtliche und nachvollziehbare Würdigung. Der selbst gestellten Aufgabe, *"die Entwicklung einer deutschen trotzkistischen Organisation und ihr Verständnis von den damaligen gesellschaftlichen und politischen Realitäten zu rekonstruieren"*, ist der Autor gerecht geworden. Daß es sich dabei um eine weitgehend organisations- und ideengeschichtlich orientierte Arbeit handelt, scheint dem Thema angemessen, auch wenn es sicherlich von Interesse wäre, das politische Selbstverständnis der dem proletarischen Milieu entstammenden Berufsrevolutionäre einmal demjenigen der Berufsrevolutionäre intellektueller Provenienz vergleichend zu konfrontieren.

Karl Andres

Reiner Tosstorf, Die POUM im spanischen Bürgerkrieg, Frankfurt/Main: isp-Verlag, 1987, XII, 383, 174 S.
Seit Mitte der zwanziger Jahre entstanden in zahlreichen Ländern, in Opposition sowohl zur "Sozialistischen Arbeiterinternationale" als auch zur "Kommunistischen Internationale", linkssozialistische bzw. oppositionell-kommunistische Parteien und Gruppierungen, die angesichts von Faschismus und Stalinismus den revolutionären Impetus der Arbeiterbewegung aufzunehmen und weiterzuentwickeln versuchten. In Spanien war es die POUM (Partido Obrero de Unificación Marxista), die diesem Spektrum zuzurechnen ist und die in den ersten Jahren des Bürgerkrieges eine kurze Blütezeit erlebte. In insgesmt neun Kapiteln rekonstruiert Reiner Tosstorf in seiner Bochumer Dissertation die Geschichte dieser in der Literatur zum spanischen Bürgerkrieg vielfach nur am Rande abgehandelten und zudem oft in teilweise mehr als fragwürdige Interpretationsraster gesteckten Partei.
In Spanien war seit den Zeiten der I. Internationale der Anarchismus bzw. Anarchosyndikalismus die dominante Strömung der Arbeiterbewegung gewesen; die Kommunistische Partei, die sich Anfang der zwanziger Jahre aus oppositionellen Strömungen der Sozialistischen Partei und einem probolschewistischen Flügel der anarchosyndikalistischen CNT heraus entwickelte, spielte bis zu den Jahren des Bürgerkrieges nur insofern eine Rolle, als in ihrem Umfeld in den nächsten Jahren eine Vielfalt von oppositionellen Gruppierungen entstand. Ohne die äußerst verwickelte Geschichte dieser Strömungen, Gruppierungen und Parteien, die sowohl im Kontext der internationalen Diskussionen und Entwicklungen als auch im Kontext der politischen Entwicklung innerhalb Spaniens nach dem Sturz der Diktatur Primo

de Riveras im Jahre 1931 gesehen werden muß, hier nachvollziehen zu können, läßt sich festhalten, daß sich auf einem Vereinigungskongreß im September 1935 der BOC (Bloque Obrero y Campesino) und die ICE (Izquierda comunista Española) zur POUM zusammenfanden. Auch wenn nach den Auseinandersetzungen der vorhergehenden Jahre (besonders zwischen Joaquin Maurin auf der einen und Andrés Nin auf der anderen Seite) *"in vielen entscheidenden Differenzen... eine Annäherung stattgefunden hatte"*, ist doch festzustellen, daß *"der unterschiedliche Charakter beider Organisationen, zum einen die Kaderorganisation auf einer festen theoretisch-programmatischen Grundlage und zum anderen die Massenorganisation auf einer viel vageren Programmatik mit verschiedenen Tendenzen"* es mit sich brachte, *"daß die neue Organisation keineswegs homogen war"*.

Nach dieser Vorgeschichte befaßt sich Tosstorf im nächsten Kapitel mit der Zeit bis zum faschistischen Militärputsch vom Juli 1936, die für die POUM zwei wichtige Ereignisse mit sich brachte: Zum einen die Beteiligung an der bei den Februarwahlen siegreichen Volksfront und zum anderen der eben durch diese Beteiligung hervorgerufene Abbruch der Beziehungen zwischen Trotzki und den ehemaligen ICE-Mitgliedern der POUM. Der Hauptteil der Arbeit, die Kapitel vier bis acht umfassend, beschäftigt sich mit dem *"politische(n) Handeln"* der POUM im Kontext jenes Ereignisses, mit dem sie zum Zeitpunkt ihrer Gründung nicht rechnen konnte und das sie vor eine Herausforderung stellte, der sie sich aus unterschiedlichsten Gründen nicht gewachsen zeigte. Als am 19. Juli 1936 der faschistische Militärputsch von bewaffneten Arbeitern niedergeschlagen wurde, stellte sich für die organisierte Linke die Machtfrage. Während die bis dahin unbedeutende Kommunistische Partei, die aufgrund der sowjetischen Militärhilfe und insbesondere einer geschickten, bürgerliche Kräfte einbeziehenden Bündnispolitik alsbald an den Schaltstellen der Macht im republikanischen Teil Spaniens saß, nicht mehr als die Wiederherstellung einer bürgerlichen Republik anstrebte, sah die POUM, ähnlich wie die CNT, im militärischen Widerstand gegen den faschistischen Putsch zugleich den Beginn einer sozialen Revolution. *"Im Wirken und der Programmatik der POUM"*, so Tosstorf, *"kann man dabei drei Etappen unterscheiden: die Arbeiterkontrolle als unmittelbare Reaktion nach dem 19. Juli, die Kollektivierungen, als sich das Ausmaß der Revolution abzeichnete, und die Sozialisierung, um der neuen Ökonomie eine sozialistische Struktur zu geben."*

Neben der Darstellung der vielfältigen Aktivitäten und Diskussionen der POUM in den Monaten nach dem Juli 1936, die immer wieder deutlich werden läßt, daß sie auch jetzt noch keineswegs eine homogene Organisation war und alte Streitigkeiten und Differenzen immer wieder aufbrachen, sowie einem Überblick über die Diskussionen über den Aufbau einer neuen Internationale im Kontext des linkssozialistischen "Londoner Büros", in die die POUM in besonderem Maße involviert war, widmet sich Tosstorf ausführlich der bereits Ende 1936 einsetzenden Repression gegen die POUM. In einem detaillierten Nachvollzug der von den spanischen Kommunisten mit Hilfe ihrer sowjetischen Helfershelfer inszenierten Ereignisse werden alle, besonders in der parteikommunistischen Geschichtsschreibung gepflegten Mythen über eine angebliche trotzkistische Verschwörung der POUM widerlegt und in den Kontext der Politik der Kommunisten gestellt. Ein knappes Jahr nach dem Beginn des Bürgerkrieges und zu einem Zeitpunkt, als die frühen Hoffnungen auf eine soziale Revolution sich schon weitgehend zerschlagen hatten, im Juni 1937, wurde die POUM verboten. Zahlreiche Mitglieder wurden verhaftet und ermordet, u.a. Andrés Nin, und mehr als ein Jahr später kam es - analog zu den Moskauer Prozessen - zu einem Schauprozeß, der zur Farce geriet und seine eigentlichen Ziele (Todesurteile, Verurteilung der POUM als faschistische Organisation) nicht erreichte.

Mit der Illegalisierung und besonders der anschließenden Emigration, der sich Tosstorf im

Schlußkapitel seiner Arbeit widmet, setzt ein sich bis in die siebziger Jahre hinziehender Spaltungs- und Verfallsprozeß ein, der noch einmal deutlich macht, daß die Geschichte der POUM ein durch die besondere Situation des spanischen Bürgerkrieges herausgehobenes Kapitel im Kontext der linkssozialistischen Bewegungen der Zwischenkriegszeit ist, die sich nach 1945 weitgehend wieder in die großen Blöcke der Sozialdemokratie bzw. der Parteikommunisten integrierten.

Insgesamt darf man die äußerst detailfreudige und auf intensiven Recherchen beruhende Arbeit Tosstorfs wohl nicht nur als erste deutschsprachige Monographie zur Geschichte der POUM, sondern auch als einen wichtigen Beitrag zur Geschichte des spanischen Bürgerkrieges als auch zu den Diskussionen im internationalen linkssozialistischen Spektrum der Zwischenkriegszeit betrachten.

Wolfgang Braunschädel

Walter Fähnders, Anarchismus und Literatur. Ein vergessenes Kapitel deutscher Literaturgeschichte zwischen 1890 und 1910, Stuttgart: J.B. Metzlersche Verlagsbuchhandlung, 1987, 261 S.

"Was ist das für eine Literatur, die Anarchisten geschrieben haben, und wie erscheinen Anarchismus und Anarchisten in der Literatur (bestimmter) nicht-anarchistischer Autoren."
Hinter dieser Frage, der Walter Fähnders in seiner Osnabrücker Habilitationsschrift nachgeht, versteckt sich ein bisher nur in Ansätzen erforschtes Kapitel sowohl der deutschen Literatur- als auch Sozialgeschichte um die Jahrhundertwende. Die hier thematisierte Begegnung zwischen Anarchismus und Literatur muß dabei im Schnittpunkt zweier Entwicklungsstränge gesehen werden. Zum einen hatte sich im deutschen Kaiserreich, verstärkt seit der Aufhebung der Sozialistengesetze, eine quantitativ sicherlich nicht gerade bedeutende anarchistische Bewegung herauskristallisiert, die von der Klassenbasis her eindeutig proletarisch dominiert war. Zur gleichen Zeit war eine bürgerliche, wenngleich sozialkritisch orientierte Literaturopposition entstanden, die ihren literarischen Ausdruck im Naturalismus fand, gesellschaftlich aber, trotz einer zeitweisen Annäherung an die Sozialdemokratie, deren offen zur Schau getragener Antiintellektualismus für die von ihrer Führungsrolle überzeugten Literaten allerdings nicht gerade anziehend wirkte, eher isoliert war. Für diese Intellektuellen war es in einem *"Schub intellektueller Selbstnobilitierung, dem die Abkehr von der Arbeiterbewegung entsprach"* *"gerade das Epochenmerkwort 'Individualismus', das... zum allgemeinsten Nenner für sozialrevolutionäre Überbleibsel und Neuansätze avancierte"*. Die emphatische Rezeption eines zumeist allerdings reichlich eklektizistischen Anarchismusbegriffs, der sich auf Autoren gegensätzlichster Provenienz berufen konnte - von Nietzsche bis Stirner, der in jenen Jahren eine erste Wiederentdeckung erlebte - , erfuhr in der weiten Welt zwischen dem Salonanarchismus der Décadence und dem eigentlichen Arbeiteranarchismus allerdings sehr unterschiedliche Ausprägungen, deren Varianten Fähnders in den fünf Kapiteln seiner Arbeit nachspürt.

Bereits Anfang der neunziger Jahre enstanden *"in postnaturalistischen Schreibtraditionen"* mit John Henry Mackays "Die Anarchisten" (1891) und Gustav Landauers "Der Todesprediger" (1893) zwei Romane, in denen beide Autoren ihr durchaus nicht übereinstimmendes Selbstverständnis als Anarchisten in ganz bewußter Distanzierung zum Sozialismus marxistischer bzw. sozialdemokratischer Ausrichtung artikulierten. In beiden Romanen kommt aber auch die Distanz sowohl des Mackayschen Radikalindividualismus Stirnerscher Provenienz als auch von Landauers Ideal vom Künstler als Prophet und Führer zum Arbeiteranarchismus zum Ausdruck; es ist jener durchaus bürgerliche Hang zur Innerlichkeit, der den

Traditionen einer ästhetischen Erziehung verhaftet ist und *"seine Legitimation aus immanenten, ästhetisch-moralischen Kategorien der Kunst"* bezieht,der diese Strömungen des individualistischen Anarchismus charakterisiert. So ist es nicht verwunderlich, wenn die anarchistische Londoner Zeitung "Autonomie" auf Mackays "Anarchisten" nicht gerade begeistert reagierte: *"Übrigens ist es ersichtlich, daß M. sein Buch geschrieben hat, um seinen bürgerlichen Standesgenossen die Anarchie zugänglich zu machen, indem er die Möglichkeit der Beibehaltung des Privateigenthums denselben verspricht. Ob aber unsere Sache dabei gewinnen wird, wenn sie einige Anhänger in den Reihen der aufgeklärten kleinbürgerlichen Künstlerjugend zählen wird, ist für manchen Genossen zweifelhaft."*

Ganz anders als die Romane Mackays und Landauers lesen sich dann auch die im zweiten Kapitel als *"Literatur der 'individuellen Expropriation'"* vorgestellten Texte des seit 1891 in London lebenden Schweizer Schriftsetzers Conrad Fröhlich , der in den Jahren 1892/1893 fünf kurzlebige Zeitungen herausgab (Der Communist; Der Revolutionär; Die Rache; Anarchie; Der Einbrecher). *"Was sind mir Schiller und Göthe?/ Die Dichter der Bourgeoisie!/ Ich blas die feinere Flöte,/ Und hebe mich über sie"*, dichtet Fröhlich ganz ungeniert und weiß diese Distanzierung von bürgerlichen Traditionen auch gleich in Handlungsanweisungen umzusetzen: *"Plündert die Paläste, welche bis heute für euch verschlossen waren! Macht es wie die Vögel des Himmels: nehmt wo ihr findet, ladet euch zum Schmause selber ein! Plündert! Expropriiert! ... Hoch die soziale Plünderung!"* oder in Erfolgsmeldungen über entsprechende Aktionen zum Ausdruck zu bringen: *"In der ersten Nacht im neuen Jahr wurde in einer Villa, welche einem Pariser Lumpen gehört, eingebrochen und tüchtig geplündert. Bravo! Fortsetzung folgt!"* Allerdings sieht sich Fröhlich mit dieser bewußt tabuverletzenden Variante einer Propaganda der Tat eher isoliert. Seine Grenzüberschreitungen, so Fähnders, scheinen *"rasch auf unantastbare moralische und ästhetische Grenzen gestoßen zu sein, auch bei Anarchisten"*.

Ist Conrad Fröhlich mit seinen inhaltlich äußerst radikalen, stilistisch jedoch - dies trifft insbesondere für seine Lyrik zu - häufig holprigen literarischen Äußerungen eher eine Figur am Rande, so steht Erich Mühsam sicherlich im Zentrum jenes Netzes, das seinerzeit literarische Revolte und anarchistische Stimmungen miteinander verband. Zusammen mit John Henry Mackays berühmter Gedichtsammlung "Sturm" steht Mühsams anarchistische Tendenzlyrik im Mittelpunkt des dritten Kapitels, das sich mit unterschiedlichen Varianten anarchistischer Lyrik beschäftigt. Gerade im lyrischen Genre, das sich seit jeher zu agitatorischen Zwecken eignete, wie z.B. die zahlreichen von Fähnders zitierten sozialistischen und anarchistischen Adaptionen der Marseillaise beweisen, zeigen sich auch die weit verbreiteten Anbindungen an ästhetische und idealistische Versatzstücke (bildungs-)bürgerlicher Traditionen. Als diesbezüglich extreme Pole können Mackay, der sich einer idealistischen Ästhetik jenseits alles Politischen verpflichtet weiß, und der schon zitierte Fröhlich gesehen werden. In dem Maße, in dem sich anarchistische Lyrik die Vermittlung von ideellen, prinzipiellen und sich im Allgemeinen verlierenden Aussagen zum Ziele gesetzt hat, neigt sie dazu, *"die Erbschaft idealistisch-revolutionärer Metaphorik, Abstraktion und Begrifflichkeit"* aufzunehmen; solche Gedichte, so Fähnders, *"haben gleichsam einen ideellen Gesamtlyriker zum Autor"*. Einen spezifisch anarchistischen Charakter gewinnt Lyrik erst dann, *"wenn Militanz und Radikalität der anarchistischen Linie, über ihre diskursive Formulierung hinaus, ins lyrische Gefüge selbst eindringen"*, der Lyriker also vom Pathos des Allgemeinen abläßt und in den Alltag des anarchistischen Denkens und Handelns hinabsteigt. Versuche einer solchen *"'anderen' Lyrik"* diagnostiziert Fähnders - wenn auch in unterschiedlicher Qualität - bei Fröhlich und Mühsam sowie in den Texten des von Max und Siegfried Nacht 1906 in London herausgegebenen "Internationalen Rebellen-Liederbuches". *"In dem Maße"*,

so Fähnders, *"wie anarchistische Rebellen, 'Revoltierte', die ihre proletarische Bindung und Orientierung keinesfalls aufgeben, gesellschaftliche Tabus durchbrechen und hier vor allem gegen das staatliche Gewaltmonopol die eigenen Gewaltenergien setzen, verläßt ihre aufreizende Kampflyrik traditionelle Bahnen idealistisch-aufklärerischer Metaphorik."* Erich Mühsam ist auch eine zentrale Figur jener Bohème, mit der man auf Anhieb die Namen Friedrichshagen, Neue Gemeinschaft, Schwabing und Ascona, aber auch Gustav Landauers "Sozialistischen Bund" und seine eigene "Gruppe Tat" mit ihrer Idealisierung des Lumpenproletariats assoziiert. Diese Bohème mit ihrer antibürgerlichen Grundhaltung und ihren Versuchen alternativer Lebensmodelle steht im Kontext jener für das wilhelminische Zeitalter typischen bürgerlichen Fluchtbewegungen, die sich von der Reformpädagogik bis zur Freikörperkultur erstreckten. Schon in dieser weitgehend künstlerisch-literarischen Bohème, deren Selbstverständnis Gustav Landauer mit seiner Rede "Durch Absonderung zur Gemeinschaft" exemplarisch formuliert hatte, deutete sich jene Tendenz an, die erst in der Anarchismus-Rezeption der literarischen Décadence zu ihrem vollendeten Ausdruck finden sollte. Mit dem eigentlichen Arbeiteranarchismus, jenem Anarchismus, der sich in den sozialen Klassenauseinandersetzungen engagierte, hatte dies alles nicht mehr viel zu tun. Im Gegensatz zur Bohème handelt es sich bei der literarischen Décadence um eine rein ästhetische Bewegung, die einen eigenen, unverwechselbaren künstlerischen Ausdruck entwickelt. Berührungspunkte zum Anarchismus ergeben sich allenfalls punktuell, insofern sich *"elementare Grundhaltung des Dekadenten... im Haß auf die Welt der Bourgeois gründet"*. Das reale Proletariat allerdings ist jenen feinsinnigen Ästheten, die auf der Suche nach künstlichen Paradiesen ihre politische Heimat oft genug im Chauvinismus, Nationalismus oder Katholizismus (Barrès, d'Annunzio, Huysmans) finden, schlichtweg ein Greuel: *"Schon eure zahl ist frevel"*, dichtet Stefan George. Die Bürgerschreck-Attitüden der dekadenten Asozialität, die oft genug zur ästhetischen Geste gerinnen, nehmen allenfalls, *"in spezifischer Stilisierung und Enthistorisierung von anarchistischer Theorie und Praxis, deren Strategien von Anti-Bürgerlichkeit, Gesellschaftsfeindlichkeit und Zerstörungspotenz wahr, seine 'Maßlosigkeit' in Sachen des Staates und seine Radikalität in Sachen der Personalität"*. Stanislaws Przybyszewskis *"Satan ist der erste Philosoph und der erste Anarchist"* entbehrt bei aller scheinbaren Radikalität *"jeglicher sozialpolitischer und sozialphilosophischer Dimension des Anarchismus"*.
Die Frage nach dem Verhältnis zwischen ästhetischer und politischer Avantgarde, die den unterschiedlichen Ausformungen der Beziehungen zwischen bürgerlich-literarischer Opposition und anarchistischen Denk- und Handlungstraditionen letztlich zugrundeliegt, wird von Fähnders in einem Ausblick auf Walter Benjamin und Christopher Caudwell noch einmal problematisiert. Beide thematisierten in den zwanziger bzw. dreißiger Jahren das Verhältnis von Surrealismus und Anarchismus; während Caudwell der surrealistischen Herausforderung jedoch mit traditionellen marxistischen Kriterien begegnet und ihn als *"Ruine der Bourgeoisie"* diffamiert, ergeben sich für Benjamin Anknüpfungspunkte, die auch sein Selbstverständnis als melancholisch-destruktiver Intellektueller herausfordern: *"Seit Bakunin hat es in Europa keinen radikalen Begriff von Freiheit mehr gegeben. Die Sürrealisten haben ihn."* Eine Feststellung, die auch als Aufforderung zu verstehen ist.
Hingewiesen sei zum Schluß noch auf das Heft 47/49 der in der Hamburger Edition Nautilus von Lutz Schulenburg herausgegebenen Zeitschrift "Die Aktion", das unter dem Titel "Ein romantischer Rowdy. Hinweise auf Leben und Werk des Anarchisten Senna Hoy" ein Porträt dieses anarchistischen Bohèmiens von Walter Fähnders enthält. Senna Hoy hatte 1904/05 den "Kampf. Zeitschrift für - gesunden Menschenverstand. Neue Folge" herausgegeben, war Anfang 1907 nach Rußland gereist, wo er nach kurzer politischer Tätigkeit verhaftet wurde und

sieben Jahre später, Anfang 1914 einunddreißigjährig im Gefängnis starb. Neben dem Porträt von Fähnders enthält das Heft drei Texte von Hoy, darunter eine Erstveröffentlichung ("Gaben von Else Lasker-Schüler") sowie zwei unveröffentlichte Briefe Else Lasker-Schülers, die Senna Hoy Ende 1913 im Gefängnis besucht hatte, an den österreichischen Anarchisten Pierre Ramus.

Wolf Raul

Jürgen Kinter, Arbeiterbewegung und Film (1895-1933). Ein Beitrag zur Geschichte der Arbeiter- und Alltagskultur und der gewerkschaftlichen und sozialdemokratischen Kultur- und Medienarbeit, MPZ Materialien 6, Hamburg: Medienpädagogik-Zentrum, 1985, 521 S.

Kulturelle Fragen und Probleme sind in den Organisationen der deutschen Arbeiterbewegung zumeist nur am Rande behandelt worden. Das galt für Literatur und Theater, für Malerei und Fotografie, insbesondere aber für den Film, der das Licht der Welt erst erblickte, als die Freien Gewerkschaften und die Sozialdemokratie bereits zu wichtigen Faktoren im politischen Geschehen des wilhelminischen Deutschland geworden waren. Jürgen Kinter zielt mit seiner umfangreichen Dissertation erst einmal darauf ab, die historische Tradition gewerkschaftlicher und sozialdemokratischer Beschäftigung und Auseinandersetzung mit dem Medium Film wieder ins Bewußtsein zu heben; zugleich aber ergänzt und erweitert er die ideologie- und organisationsgeschichtliche Rekonstruktionsarbeit *"in alltagskultureller und kulturpraktischer Perspektive"*. Mit diesem methodischen Ansatz, den er in einem ersten Teil (*"Zur Alltags- und Kulturwende in der wissenschaftlichen Forschung"*) ausführlich diskutiert und entwickelt, geht es Kinter darum, *"dem Einfluß und Anteil des Films in der Modellierung der Sinne, in der Lebensgeschichte, im Alltags- und Organisationsleben der Arbeiterbewegung und Arbeiterschaft auf die Spur zu kommen und dabei die kulturellen Muster, die kulturelle Logik zu rekonstruieren"*. Kino und Film, in traditionalistisch verkürzter Manier auch heute noch allzuoft - ähnlich wie z.B. die Rockmusik - mit negativen Vorzeichen als Phänomene der Massenkultur abgetan, gewinnen in dieser Perspektive eine ganz entscheidende Bedeutung im Leben derjenigen, die sich in ihren Bann haben ziehen lassen - und dies nicht unbedingt nur in eskapistisch-kompensatorischer, sondern durchaus in aktiv-lebenspraktischer Absicht. Der Kulturbegriff, der hier zur Anwendung gelangt, reicht also weit hinaus über jene kulturelle Fiktion bürgerlich-idealistischer Tradition, die sich ihre höheren Weihen nur aufgrund der Ausgrenzung alltäglicher Lebensweisen hat zusprechen können. *"Arbeiterkultur"*, so spezifiziert Kinter, *"bezeichnet den Gesamtzusammenhang einer schichtenspezifischen Lebensweise, die ihren Ausdruck nicht nur und nicht vor allem in künstlerischen Ausdrucksformen der Arbeiterschaft und ihren Bildungsbestrebungen findet, sondern im sozialen und politischen Verhalten, in Wertvorstellungen und eigenen Institutionen."* Arbeiterkultur in diesem Sinne, und dies gilt auch für Kinters Forschungsbereich, ist ganz wesentlich zu unterscheiden von Arbeiterbewegungskultur, d.h. von jenem Kulturbegriff und jener kulturellen Praxis, die in den vielfältigen Organisationen der Arbeiterbewegung gepflegt wurden. Die organisierte Arbeiterbewegung verstand sich zwar als politische bzw. ökonomische Interessenvertretung des Proletariats, ihre kulturellen Wertmuster bezog sie jedoch aus dem Fundus der deutschen Klassik, die ihr zur Scheidegrenze zu jeglichen massenkulturellen Phänomenen wurde. Gemessen an den hehren Idealen dieses kulturellen Erbes erschien die moderne Unterhaltungsindustrie, gleich in welchen Ausprägungen, als *"Unkultur"*, als *"Schmutz und Schund"*; angesagt waren die *"Veredelung"* des Arbeiters, die *"Hebung der ästhetischen Bildung"* und die *"Besitzergreifung vom Tempel der Kultur"*. Ein im klassischen Sinne idealistisches Programm, das weder der Lebensrealität des Proletariats noch den sich seit Ende des letzten Jahrhunderts rapide entwickelnden neuen Massenmedien angemessen war. Während die realen Arbeiter(innen) in zunehmendem Maße zu Rezipienten der modernen Massenmedien wurden, verharrten ihre organisierten Interessensvertreter weitgehend in ihren angestammten Positionen: Ein Prozeß, der in entscheidendem Maße dazu beitrug, daß die kulturellen Arbeiterorganisationen nach ihrer Zerschlagung während der Zeit des Nationalsozialismus auch in der Nachkriegszeit keine Rolle mehr spielen konnten. Tatsächlich war die "Lagermentalität" der organisierten Arbeiterbewegung, jene Tendenz, das Leben *"von der Wiege bis zur Bahre"* in einem organisatorischen Netz zu verflechten, für die darin Involvierten ein entscheidender Aspekt der Identitätsstiftung und -bewahrung; in dem Maße jedoch, in dem man sich von wichtigen Entwicklungen der gesellschaftlichen Realität abschottete, mußte man nach und nach gewahr werden, daß man, entgegen allen Ansprüchen, diesen Entwicklungen nicht mehr gewachsen war.

In zwei chronologisch strukturierten Hauptteilen (1895-1917; 1918-1933), unterteilt in 31 bzw. 36 Kapitel, läßt Kinter die unterschiedlichsten Aspekte, die das Verhältnis zwischen Arbeiterorganisationen und Film bestimmten, Revue passieren. Bereits die Frühzeit des Films war durch jene Dichotomie gekennzeichnet, die auch für die nächsten Jahrzehnte zum bestimmenden Merkmal der Beziehung der sozialdemokratischen Arbeiterbewegung zum Film werden sollte. Während der frühe Film, insofern er *"den kollektiv-kommunikativen, komsumtiv-ästhetischen und sozialkritischen Bedürfnissen der proletarischen Schichten in den Großstädten"* entsprach, von diesen mit Emphase rezipiert wurde, reagierten die Ideologen der Arbeiterbewegung - in nahezu vollkommener Übereinstimmung mit bürgerlichen Pädagogen und Volksbildungsinstitutionen - mit schlichter Arroganz oder entschiedener Ablehnung. Erst als die wachsende Faszination und Anziehungskraft des Films auch für die entschiedensten Ignoranten nicht mehr zu übersehen war, gleichzeitig die Zahl der Kinos, besonders in den Großstädten, immer mehr anstieg und sich damit ein ganz neuer Industriezweig etablierte, sah man sich zu entsprechenden Reaktionen genötigt. Durchaus typisch ist eine Resolution der Freien Jugend Kölns vom September 1910, die *"in der Mehrzahl der heute bestehenden Kinematographen-Theater eine schwere Schädigung der geistigen und moralischen Bildung der Jugend"* zu erblicken glaubte. In bewahrpädagogischer Absicht - auch hier weitgehend in Übereinstimmung mit analogen bürgerlichen Unternehmungen - bemühte man sich, den *"Schmutz- und Schundfilms"* mit kunsterzieherischen Strategien der kulturellen Veredelung beizukommen. Mit kritischem Interesse rezipierte man die bürgerliche Kinoreformbewegung, die zum Teil auf Zustimmung stieß, zum Teil als Herausforderung zu entsprechenden Gegenunternehmungen (Gewerkschaftskinos) verstanden wurde. Entscheidend aber ist, daß in der Vorkriegszeit, basierend auf der grundlegenden Irritation durch das neue Medium Film, Alternativen *"nicht in einer Umgestaltung oder einem veränderten Gebrauch des Mediums gesucht"* wurden.

Nach 1918 sollte sich dies zumindest in Ansätzen ändern. Während in den ersten Nachkriegsjahren noch Fragen der Zensur, der Filmgesetzgebung und zeitweise auch die Frage einer Sozialisierung der Filmindustrie die Diskussionen bestimmten, begannen Mitte der zwanziger Jahre die Auseinandersetzungen um ein eigenes Filmschaffen. Auch wenn in den folgenden Jahren eine ganze Reihe von Spiel- und Dokumentarfilmen produziert wurden, neue Distributionsformen zur Anwendung gelangten und neben inhaltlichen auch filmästhetische Fragestellungen ins Blickfeld gerieten: *"Der Kinobesuch behielt jedoch bis in die 30er Jahre bei einem großen Teil der politisch aktiven Arbeiterschaft einen negativen Beigeschmack und nahm in der Hierarchie der kulturellen Legitimitäten und Praktiken der Arbeiterbewegung einen untergeordneten Platz ein."* An der grundlegenden, aus der Vorkriegszeit tradierten Dichotomie änderte sich letztlich nur wenig: Zwischen der Wertschätzung, die der Film beim proletarischen Publikum weiterhin genoß, und den mittelständischen Wertvorstellungen, die von den Ideologen und Theoretikern der Arbeiterorganisationen propagiert wurden, gab es kaum ernsthafte Vermittlungsmöglichkeiten. Insofern bietet der Film - als Faszinosum auf der einen und kulturelles Schreckgespenst auf der anderen Seite - ein exemplarisches Beispiel für die divergierenden kulturellen Muster und Handlungsstrategien, die die materiale Arbeiterkultur einerseits und die ideologisch überhöhte Arbeiterbewegungskultur andererseits voneinander trennten.

Kinters Versuch, *"die Rolle des Films im Spannungsfeld von Arbeiterkultur und Arbeiterbewegungskultur"* gleichermaßen historisch zu rekonstruieren wie auch inhaltlich-systematisch zu bestimmen, beleuchtet nicht nur ein wichtiges Kapitel aus der Geschichte des Films, sondern auch einen wichtigen und bisher nur wenig beleuchteten Ausschnitt aus der Geschichte der deutschen Arbeiterbewegung; bedauerlich bleibt allenfalls, daß Kinter sich nahezu ausschließlich auf die Diskussionen im Kontext der Sozialdemokratie und der Gewerkschaften beschränkt und die analogen Auseinandersetzungen im Umfeld der KPD außer acht läßt.

Wolfgang Braunschädel

Holger Jenrich, Anarchistische Presse in Deutschland 1945 - 1985, Grafenau-Döffingen: Trotzdem Verlag, 1988 273 S.
Hermann Rösch-Sondermann, Bibliographie der lokalen Alternativpresse, München/ New York/London/Paris: K. G. Saur Verlag, 1988, 156 S.
Im ersten Heft der "Schwarzen Tinte", des Bulletins des anarchistischen Dokumentationszentrums in Wetzlar (heute Anarchiv), erschienen im Januar 1979, war eine etwa zweihundert Titel umfassende Bibliographie *"Deutsche libertäre Presse 1945-78"* veröffentlicht worden, die zum ersten Mal einen Überblick über diesen in der größeren Öffentlichkeit so gut wie nicht zur Kenntnis genommenen Teil der Presselandschaft gab. In der als Band 6 der Reihe Libertäre Wissenschaft erschienenen Münsteraner Dissertation von Holger Jenrich über die anarchistische Presse im Nachkriegsdeutschland und in der Bundesrepublik ist die den Band abschließende *"Bibliographie der anarchistischen Presse in Deutschland von 1945 bis 1985"*, sicherlich ganz wesentlich mitbedingt durch das zwischen den beiden Veröffentlichungen liegende Jahrzehnt, auf mittlerweile 343 Titel angewachsen. Wenig geändert hat sich jedoch an der Einschätzung der Wirksamkeit der jeweils aufgelisteten Periodika. Während Horst Stowasser in seinem die Bibliographie in der "Schwarzen Tinte" ergänzenden Essay "Potemkinsche Blätter?" resümierend feststellt, *"daß unter allen diesen 200 Zeitschriften keine ist, die eine Massenauflage erreichte, die einen propagandistischen Wirkungsgrad erreichte, die irgendwie an den Fundamenten der Gesellschaft rüttelte oder einen entsprechenden Einfluß ausübte"*, geht Jenrich mit den Objekten seiner bibliographischen Begierde noch herber ins Gericht. Von *"Dilettantismus"* ist die Rede, von *"Wirkungslosigkeit"*, von einer *"fatale(n) Unprofessionalität der meisten Blätter"* und von *"einem Teufelskreis aus produktionstechnischen Mängeln, journalistischer Unterqualifikation, Arbeitsüberlastung und finanziellen Engpässen"*. *"Der Anarchismus wie seine Presse"*, so resümiert Jenrich, *"waren und sind in unserem Land ohne Bedeutung, ihre hervorragenden Merkmale sind unprofessionelle Organisation, politische Isolation, personelle Unterbesetzung und finanzielle Unbeweglichkeit."*

Abgesehen von diesen eher negativen Einschätzungen hinsichtlich Wirkungsgrad und professioneller Gestaltung erweist sich die von Libertären aller Richtungen im Laufe von vierzig

Jahren geschaffene Presse als ungemein vielfältig und in inhaltlichem Sinne als durchaus bemerkenswert. Jenrich hat - nach einem einleitenden Kapitel, in dem er einen eher kursorischen Überblick über die anarchistische Presse in Deutschland von den Anfängen im Vormärz bis 1945 gibt - die Geschichte der anarchistischen Presse in der BRD, analog zur Entwicklung der anarchistischen Bewegung, in drei Phasen unterteilt: *"Die erste (1945 - 1965) kennzeichnet den Wiederaufbau der vom Faschismus zerschlagenen deutschen anarchistischen Bewegung, die zweite (1965 - 1975) die Wiederentdeckung des Anarchismus im Rahmen der Studentenbewegung, die dritte (1975 - 1985) die Einbettung anarchistischer Theorie und Praxis in die wachsende alternative Bewegung in der Bundesrepublik."* Während in der Zeit bis Mitte der sechziger Jahre sowohl das, was an anarchistischer Bewegung nach der Zerschlagung durch den Faschismus noch übrig geblieben war wie auch die entsprechende Presse eindeutig von Altanarchisten dominiert war, die ihre ersten politischen Erfahrungen noch in den zwanziger und frühen dreißiger Jahren gemacht und den Faschismus überlebt hatten (erwähnt seien hier nur Willy Huppertz als langjähriger Herausgeber der "Befreiung", die als langlebigste Zeitschrift des Nachkriegsanarchismus von 1948 bis 1978 erschien, Rudolf Oestreich, Otto Reimers, Alfred Leinau, Fritz Linow, Carl Langer, Alfred Weiland), lassen sich im Kontext der aufkommenden Studentenbewegung erste Schwerpunktverlagerungen festmachen. Zum einen werden seit Ende der sechziger Jahre die weitgehend verschütteten Traditionen des Anarchismus, Anarchosyndikalismus und Rätekommunismus in vorwiegend studentisch-intellektuellen Kreisen wieder aufgearbeitet, zum anderen läßt sich beobachten, daß in den sich verbreiternden Alternativbewegungen der siebziger und achtziger Jahre Selbstverwaltungsvorstellungen anarchistischer Provenienz auch praktisch Bedeutung gewinnen. Diese Entwicklung, die Ausbreitung originär anarchistischer Vorstellungen jenseits der im engeren traditionellen Sinne anarchistischen bzw. anarchosyndikalistischen Organisationen, findet ihren Niederschlag auch in der von Jenrich in aller Breite bibliographierten Presse. Ungefähr ein Drittel der von ihm bibliographierten Titel stellt Jenrich sowohl hinsichtlich ihrer inhaltlichen Ausrichtung als auch ihrer jeweiligen Geschichte in mehr oder weniger kurzen, unterschiedlich befriedigenden Texten vor. Über manche der von ihm vorgelegten Einschätzungen und Einordnungen ließe sich streiten; so sind z.B die "Autonomie", besonders die "Neue Folge", sowie "wildcat" sicherlich nicht dem anarchistischen bzw. anarchosyndikalistischen Lager zuzurechnen - beide beziehen sich eindeutig auf einen hierzulande Anfang der siebziger Jahre aus Italien importierten operaistischen, d.h. eindeutig marxistischen Ansatz. Auch der undogmatisch maoistische "Funke" aus Hamburg, der übrigens nicht 1973 eingestellt wurde, sondern immer noch erscheint, ist sicherlich nicht dem anarchistischen Spektrum zuzurechnen. Abgesehen von solchen Fragen der Einordnung, deren Schwierigkeit ohne Zweifel nicht zuletzt mit der erwähnten Ausdehnung anarchistischen Ideengutes über im engeren Sinne anarchistische Organisationen hinaus zusammenhängt, lassen sich in den bibliographischen Angaben auch eindeutige Fehler aufzeigen. So ist die "direkte aktion" der Hamburger Abspaltung von der "Freien Arbeiter Union" nicht mit der Nummer 25 eingestellt worden, sondern mindestens bis zur Nummer 35 erschienen.

In Anbetracht solcher Kritikpunkte, die hier nicht über Gebühr betont werden sollen, bleibt dann zu guter Letzt doch ein eher zwiespältiger Eindruck: Positiv erscheint auf jeden Fall, daß eine solche bibliographisch-inhaltsanalytische Arbeit überhaupt vorliegt und somit zumindest ein weitgehend brauchbarer und handhabbarer Überblick über das breite Spektrum der libertären Presse der Bundesrepublik geboten wird. Negativ anzumerken bleibt, daß sich bei näherem Hinsehen doch eine ganze Reihe von Ungenauigkeiten, Detailfehlern und teilweise auch fragwürdigen Einordnungen finden.

Gleichermaßen als Ergänzung wie als Erweiterung von Jenrichs Arbeit läßt sich die "Bibliographie der lokalen Alternativpresse" von Hermann Rösch-Sondermann lesen. Anzusiedeln ist die mittlerweile auch schon als historisch zu betrachtende Alternativbewegung zwischen der Ende der sechziger, Anfang der siebziger Jahre einsetzenden Gründung von marxistisch-leninistischen Kaderparteien und -gruppierungen einerseits und dem Ende der siebziger Jahre einsetzenden und Mitte der achtziger Jahre als geglückt zu betrachtenden Aufstieg der "Grünen" andererseits. Die Alternativbewegung steht dabei in der Tradition jener Strömungen der Außerparlamentarischen Opposition, die nicht in neoleninistischen Parteigründungen aufgegangen ist. Neben der *"radikal antidogmatisch(en) und antizentralistisch(en)" "Ablehnung des autoritären, maoistischen und leninistischen Teils der Studentenbewegung"*, die sich vielfach in Organisations- und Theoriefeindlichkeit äußert, steht die *"direkt(e) Weiterführung und -entwicklung von der antiautoritären, spontaneistischen und anarchistischen Linie der Studentenbewegung"*. Konsequenterweise konstatiert auch Rösch-Sondermann, analog zu Jenrich, *"ein Fortwirken anarchistischen Denkens in der Alternativbewegung"*. Nicht von ungefähr entwickelt sich der Begriff "Autonomie" zu einem zentralen Begriff der Alternativbewegung, die mit dem Berliner Tunix-Treffen vom Januar 1978 (nicht 1977, wie Rösch-Sondermann schreibt!) einen Höhepunkt ihrer Entwicklung erreicht: Subjektive Betroffenheit und Ich-Bezogenheit werden zu Grundhaltungen einer sich immer stärker differenzierenden und entmischenden Bewegung, deren Engagement dementsprechend vor keinerlei gesellschaftlichen und politischen Problembereichen Halt macht. Das die unterschiedlichsten Teilbereiche (u.a. Ökologiebewegung, Friedensbewegung, Frauenbewegung, Wohngemeinschaftsbewegung, Jugendzentrumsbewegung, Landkommunenbewegung) verbindende Dritte, so Rösch-Sondermann, *"läßt sich als gemeinsame Wertorientierung, als Ideologie, die jedoch nicht in sich geschlossen oder theoretisch abgesichert ist, als ein System alternativer Kultur bezeichnen"*. Dieses tendenziell geschlossene, jedoch wohl kaum in Reinform existente, alternative Lebensmilieu, verbunden mit einem System alternativer Gegenökonomie, entwickelt sich zu einer "Nischenkultur", deren systemtranszendierende Vorstellungen sich jedoch zumeist als Illusionen erwiesen haben. *"Der Beitrag, den die alternative Protestbewegung damit zur gesellschaftlichen Entwicklung leistet, ist nicht etwa als potentiell systemtranszendierender Ansatz, sondern als überfällige Modernisierung zu kennzeichnen."* Auch wenn man dieser Einschätzung in ihrer Allgemeinheit nicht zustimmen mag, Tatsache bleibt wohl, daß auch der überlebende Rest der Alternativbewegung von dem sinnstiftenden Modell eines erweiterten Kulturbegriffs, wie er mittlerweile quer durch alle politischen Fraktionen wirksam geworden ist, eingeholt zu werden droht.

Der Vielfältigkeit der realen Bewegung entsprechend läßt sich auch die auf Gegenöffentlichkeit zielende Presse, die diese Bewegung hervorgebracht hat, schon nach wenigen Jahren kaum noch überblicken. Die von Rösch-Sondermann erfaßte lokale Alternativpresse erfaßt nur einen Teilbereich aus dem Kontext der Alternativbewegung heraus entstandenen Pressevielfalt, wobei mit den 930 erfaßten Titel nicht einmal für diesen Teilbereich ein Anspruch auf Vollständigkeit erhoben werden kann. Mitverursacht ist diese desolate Situation durch die nur bruchstückhafte Überlieferung und die entsprechende Bestandslage. Die größte Sammlung der bundesdeutschen Alternativpresse, das aus dem Redaktionsarchiv des von 1973 - 1981 erschienenen "Informationsdienst zur Verbreitung unterbliebener Nachrichten" hervorgegangene "ID-Archiv", ist in der Zwischenzeit, da sich hierzulande trotz vielfältiger und langwieriger Anstrengungen kein Träger gefunden hat, dem Amsterdamer "Internationalen Institut für Sozialgeschichte" angegliedert worden. Mittlerweile sind aber auch andere Institutionen dazu übergegangen, sich verstärkt um die Sicherung der in Frage kommenden Periodika zu kümmern, so die "Bibliothek der sozialen Demokratie/Bibliothek der Friedrich-

Ebert-Stiftung", die vor einigen Jahren den Bestand der aufgelösten Bonner "Arbeitsgruppe Alternativpresse" übernommen hat oder das neugegründete Duisburger "Archiv für alternatives Schrifttum in NRW", das bereits einen ersten "Zeitschriften-Bestandskatalog" herausgegeben hat. Erwähnt werden soll bei dieser Gelegenheit, das das "ID-Archiv" in Fortsetzung der insgesamt neun zwischen 1976 und 1983 erschienenen Verzeichnisse 1986 ein "Verzeichnis der Alternativ-Presse" und 1989 ein wiederum aktualisiertes "Verzeichnis der Alternativmedien" (unter Einbeziehung von Radioinitiativen und Videogruppen) herausgegeben hat. Für die von ihm bibliographierte lokale Alternativpresse konstatiert Rösch-Sondermann drei Entwicklungsphasen: Auf eine *"Inkubationsphase"* der Jahre 1973 - 1977 folgen die *"Blütezeit"* der Jahre 1976 - 1980 und die durch die Entstehung der "taz" und der grünen Parteipresse mitbedingte *"Krisenphase"* der Jahre 1979 - 1983. Schon in der ersten Phase haben sich die beiden grundlegenden Modelle der lokalen Alternativpresse herauskristallisiert: Zum einen das "Volksblatt", das auf eine aufklärerische Öffentlichkeitsarbeit zielt, zum anderen das Szeneblatt, das eher Ausdruck der Binnenkommunikation der Alternativbewegung ist. Aber auch hier muß betont werden, daß diese eher idealtypische Konstruktion sich in der Realität der alternativen Presselandschaft in einer nur mit Schwierigkeiten in eine Ordnung zu bringenden Vielfalt niederschlägt. Vom Anspruch her war die lokale Alternativpresse ökonomisch unabhängig, selbstverwaltet, wobei Hierarchien und Arbeitsteilung aufgehoben werden sollten, auf Betroffenenberichterstattung hin orientiert und von der politischen Tendenz her basis- und radikaldemokratisch. Auch wenn in der Realität von diesen Ansprüchen sicherlich mancherlei Abstriche zu machen sind, läßt sich diese *"Presse als Sprachrohr einer Bewegung beschreiben, die auf die Überwindung der kapitalistischen Gesellschaft zielt"* und somit *"gemeinsam mit der Arbeiterpresse in der Tradition der demokratischen Gegenöffentlichkeit des Vormärz und der Revolution von 1848/49"* steht. Von daher ist es nur konsequent, wenn Rösch-Sondermann feststellt, *"daß die wissenschaftliche Aufarbeitung der Protestbewegungen der siebziger und achtziger Jahre oder aber regionalgeschichtliche Arbeiten wesentlich auf diese Quellengattung werden zurückgreifen müssen"*. Anzumerken bleibt abschließend, daß die Bochumer "Sumpfblüte" weder von Jenrich noch von Rösch-Sondermann erfaßt worden ist.

Wolf Raul

Als eine der rührigsten Gruppierungen der seit Anfang der achtziger Jahre expandierenden lokalen und regionalen Geschichtswerkstätten und historischen Arbeitskreise hat sich die "Berliner Geschichtswerkstatt e.V." erwiesen. Seit 1987 erscheint im Berliner Dirk Nishen Verlag, nach und neben zahlreichen sonstigen Publikationen aus dem Umkreis der Geschichtswerkstatt, eine eigene Buchreihe, in der bisher fünf Bände publiziert worden sind: **Landgang in Berlin. Stadtgeschichte an Landwehrkanal und Spree** (Band 1, 1987, 204 S.); **Die Rote Insel. Berlin-Schöneberg. Bruchstücke zu einer Stadtgeschichte** (Band 2, 1987, 202 S.); **Der Wedding - hart an der Grenze. Weiterleben in Berlin nach dem Kriege** (Band 3, 1987, 251 S.); **"Das war 'ne ganz geschlossene Gesellschaft hier". Der Lindenhof: Eine Genossenschafts-Siedlung in der Großstadt** (Band 4, 1987, 234 S.) ; **Sackgassen. Keine Wendemöglichkeit für Berliner Straßennamen** (Band 5, 1988, 143 S.). Die Bände 2,3 und 4 sind im Zusammenhang mit Ausstellungen im Rahmen der 750-Jahr-Feier Berlins entstanden, der zuerst erschienene Band ist Resultat der Arbeit der Gruppe "Historische Stadtrundfahrt mit dem Schiff" und der bisher letzte, fünfte Band widmet sich den in einer größeren Öffentlichkeit nur selten zur Kenntnis genommenen Bemühungen, auch in der Umbenennung von Straßennamen *"wenigstens teilweise Vergangenheitsbewältigung auch*

im Stadtbild sichtbar werden zu lassen".
Die nahezu hundert Beiträge in den fünf Bänden bieten in ihrer Fülle ein beeindruckendes Panorama jener methodischen Ansätze, die sich unter dem Sammelbegriff einer "Geschichte von unten" längst zu einer auch von professionellen Historikern anerkannten Konkurrenz zur eher selbstgenügsamen akademischen Geschichtsschreibung entwickelt haben. Diese Variante von Geschichtsschreibung versteht sich konsequenterweise als Beitrag zu einer radikaldemokratischen Öffentlichkeitsarbeit, die aus der Aufarbeitung und Reflexion historischer Ereignisse nicht zuletzt *"Erkenntnisse und Orientierungen für die aktuellen Auseinandersetzungen in Politik und Gesellschaft"* gewinnen will, wie es in einem Informationsblatt der "Berliner Geschichtswerkstatt" heißt. Ausgangspunkte für eine Geschichtsforschung in diesem Sinne sind jene Orte und Ereignisse, die nicht zuletzt das Alltagsleben der sogenannten kleinen Leute bestimmten und die bisher nicht oder kaum für Wert befunden wurden, einer näheren Betrachtung unterzogen zu werden. Eine solche Geschichtsschreibung will, indem sie in unterschiedlicher Weise an die Öffentlichkeit tritt (in diesem Fall durch das eher traditionelle Mittel der Ausstellung und das sicherlich unkonventionelle Mittel einer Dampferfahrt über Berlins Wasserstraßen), Erinnerungs- und gleichzeitig Lernprozesse initiieren, in gewisser Hinsicht wohl auch Identitäten schaffen, allerdings gerade nicht im Sinne abgeschlossener und in sich ruhender Weltbilder, sondern im Sinne der Befähigung zur Reflexion der durch zahlreiche Brüche und Kontinuitäten gekennzeichneten je eigenen Herkunft. Die Geschichtsschreibung, wie sie in den fünf Bänden präsentiert wird, begibt sich vor Ort, in den Stadtteil, in die Siedlung, und dort wieder bis in die ansonsten gehüteten Privatbereiche der Wohnungen; sie ist von daher auch angewiesen auf die Mitarbeit der vor Ort Lebenden, auf deren Erzählungen, auf die Zurverfügungstellung von gemeinhin nicht in Archiven gesammelten Materialien und Dokumenten, insbesondere Fotos, die oft genug präzise Eindrücke von Ereignissen und Örtlichkeiten verschaffen, wie sie in der schriftlichen Mitteilung nur annäherungsweise erreicht werden können.
Gleich, ob hinter dem Mythos vom roten Wedding nach der Lektüre der entsprechenden Texte ein komplexes Bild widersprüchlicher Erfahrungs- und Lebensweisen hervorscheint, ob der Alltag und die Wohn- und Lebensverhältnisse im Schöneberger proletarischen Wohnquartier, der *"roten Insel"*, Konturen gewinnen, ob den nachbarschaftlichen und arbeiterkulturellen Verflechtungen in der 1918 bis 1920 gebauten genossenschaftlichen Siedlung Lindenhof nachgespürt wird, ob den Orten und Plätzen, an denen die Schiffahrt über Spree und Landwehrkanal vorbeiführt, eine Geschichte gegeben wird, oder ob nachgefragt wird, welches historische Bewußtsein sich hinter der Benennung von Straßen und Plätzen verbirgt: Immer geht es darum, vielfach sicherlich auch mit einem leicht nostalgischen, wenn auch nicht verklärendem Blick in die Vergangenheit, *"demokratische, antimilitaristische und antifaschistische Traditionslinie(n)"* vor Ort aufzuspüren und für die Gegenwart und Zukunft fruchtbar zu machen.

Ein langer Erscheinungszeitraum war ihr nicht beschieden; vom 3. Januar 1886 bis zum 13. Juni 1886 erschienen insgesamt nur 24 Ausgaben, dann wurde sie verboten: **Die Staatsbürgerin. Organ für die Interessen der Arbeiterinnen und der Central-Kranken- und Begräbniß-Kasse für Frauen und Mädchen in Deutschland**, als *"erste deutsche proletarische Frauenzeitschrift"* herausgegeben und redaktionell betreut von Gertrud Guillaume-Schack und jetzt, herausgegeben und erläutert von Hartwig Gebhardt und Ulla Wischmann, als *"originalgetreuer Nachdruck der ersten Arbeiterinnenzeitschrift Deutschlands"* wieder zugänglich gemacht (München/New York/London/Paris: K.G. Saur Verlag, 1988, 55, 114S.).

In ihrem den Reprint einleitenden Vorwort rekonstruieren Hartwig Gebhardt und Ulla Wischmann das politische Wirken Gertrud Guillaume-Schacks. Geboren im November 1845 als viertes Kind adliger Eltern, war Gertrud Guillaume-Schack Ende der siebziger Jahre mit der sogenannten Sittlichkeitsfrage in Berührung gekommen, hatte 1880 den diesbezüglich engagierten "Deutschen Kulturbund" gegründet und näherte sich seit etwa 1884 zunehmend der Sozialdemokratie an. Im Kontext der 1885 stattfindenden Reichstagsverhandlungen über Beschränkung von Frauenarbeit und Arbeitsschutzgesetze für Frauen erweiterte Gertrud Guillaume-Schack ihr Betätigungsfeld und war Mitbegründerin des am 15. März 1885 in Berlin gegründeten "Vereins zur Vertretung der Interessen der Arbeiterinnen", dem eine ganze Reihe ähnlicher Vereinsgründungen an anderen Orten folgten. Daß Gertrud Guillaume-Schack mit ihrem Engagement zur Zeit der Sozialistengesetze das Interesse der Polizei auf sich zog, ist keine Frage; aber auch bei den Genossen von der Sozialdemokratie stieß ihre Tätigkeit nicht auf ungeteilte Zustimmung. So kollidierte ihr Versuch, *"der von Männern beherrschten Öffentlichkeit eine eigene, von den Interessen der Arbeiterinnen und überhaupt der 'Frau des Volkes' bestimmte Öffentlichkeit entgegenzustellen"* und ihre sich dabei artikulierende *"feministische Grundhaltung in etlichen Punkten mit sozialdemokratischen Anschauungen"*. Mit der "Staatsbürgerin", die sich, so Gebhardt und Wischmann, *"nicht auf das Berichten und Referieren"* beschränkte, sondern *"auch ein aktives und organisierendes Element im Kampf der Arbeiterinnen"* war, schuf Gertrud Guillaume-Schack eine *"Chronik proletarischen Frauenlebens in den achtziger Jahren des 19. Jahrhunderts"* sowie *"politischer Unterdrückung und sozialen Elends und des Aufbegehrens und Kämpfens der Arbeiterinnen gegen Verhältnisse, die nicht nur von der Klassenlage bestimmt wurden, sondern auch vom Herrschaftsanspruch der Männer, auch der der eigenen Klasse"*. Gertrud Guillaume-Schack wurde noch im Juli 1886, einen guten Monat nach dem Verbot der "Staatsbürgerin", aus dem Großherzogtum Hessen ausgewiesen und emigrierte über Zürich nach London, wo sie *"politische und persönliche Kontakte auch zu liberalen, feministischen und anarchistischen Kreisen aufnahm bzw. fortsetzte"*, *"offen Sympathien für den Anarchismus bekundete"* und am 20. Mai 1903 verstarb. In Deutschland war die ehemalige *"Führerin der Frauenbewegung"* zu dieser Zeit schon fast vergessen; nur ihre ehemalige Mitkämpferin Marie Hofmann widmete ihr in der "Gleichheit" einen ausführlichen Nachruf.

In Heft 7 des "Bochumer ARCHIV" hatte Christoph Bartels in seinem Beitrag "Schieferdörfer im Linksrheingebiet" am Beispiel zweier Dörfer der Vordereifel, Müllenbach und Laubach, auf die in der historischen Forschung so gut wie nicht beachtete Geschichte des Schieferbergbaus in einer ländlichen Region aufmerksam gemacht. Mittlerweile liegt die diesem Aufsatz zugrunde liegende Dissertation als Buch vor (**Christoph Bartels, Schieferdörfer. Dachschieferbergbau im Linksrheingebiet (1790-1929)**, Pfaffenweiler: Centaurus-Verlagsgesellschaft, 1986, 370 S.).
Nach einem einleitenden ersten Teil, in dem die Region Eifel-Hunsrück mit ihrem Schieferbergbau vorgestellt, die Techniken des Schieferbergbaus beschrieben, die Verwertungsmöglichkeiten von Schiefer erläutert sowie das staatliche skizziert Bergrecht werden, folgt im zweiten zentralen Teil der Arbeit die detaillierte Beschreibung und Analyse der historischen Entwicklung des Schieferbergbaus vom Ende der kurtrierischen Zeit bis zur Weltwirtschaftskrise (1790-1929), wobei auch hier der Schwerpunkt auf die schon genannten Dörfer Müllenbach und Laubach gelegt wird. Im dritten Teil, verallgemeinernden Betrachtungen gewidmet, reflektiert Bartels das Verhältnis der Schieferbergarbeiter zur Politik, das kulturel-

le Umfeld der Schieferbergarbeiter sowie spezifische Besonderheiten des Bergarbeiterlebens. Drei Grundzüge, so Bartels, prägen das politische Verhalten der Schieferbergarbeiter: *"Distanz zur 'großen Politik', Zurückweisung der Einflußnahme von außen und der Wille zur gemeinsamen und selbständigen Lösung von Existenzproblemen."* Erklärungsansätze für spezifische *"Individual- und Sozialverhaltensweisen"* von Bergarbeitern sucht Bartels nicht in den vielfach beschworenen überkommenen Traditionen des Bergbaus oder in der zumeist bäuerlichen Herkunft der Bergarbeiter, sondern in den besonderen *"Naturverhältnissen"*, unter denen die Bergarbeit unter Tage vonstatten geht und die ganz eigene Solidargemeinschaften zur Folge hat. Abgeschlossen wird die mit viel Spannung zu lesende Arbeit mit einem vierten dokumentarischen Teil, der u.a. noch einmal einen Überblick über die einzelnen Schiefergruben bei Müllenbach und Laubach gibt.

Als erster Band der "Forschungsberichte des Hamburger Instituts für Sozialforschung" liegt die Berliner Dissertation **Betriebliche Sozialpolitik als Familienpolitik in der Weimarer Republik und im Nationalsozialismus. Mit einer Fallstudie über die Firma Siemens, Berlin** von **Carola Sachse** vor (Hamburg 1987, 625 S.). Angesiedelt im Schnittpunkt von Analyse des nationalsozialistischen Herrschaftssystems, historischer Frauenforschung und historischer Familienforschung versteht Carola Sachse ihre Arbeit als Darstellung *"betrieblich-sozialpolitische(r) Maßnahmen und Leistungen, die die Durchsetzung bestimmter familialer Lebensformen intendierten oder beförderten, die sich in aller Regel ungleichmäßig auf verschiedene Beschäftigungsgruppen erstreckten, die fast immer mit häuslich-familialen Arbeitszuweisungen an Frauen einhergingen und die innerfamilialen Machtverhältnisse beeinflußten"*. Im ersten Teil rekonstruiert die Autorin die historische Entwicklung betrieblicher Sozialpolitik von ihren ersten Ausprägungen im Kaiserreich über die konzeptionellen Neubegründungen zur Zeit der Weimarer Republik bis zu ihrer betont rassistischen Ausformung im Nationalsozialismus. Die Fallstudie des zweiten Teils beschäftigt sich mit der betrieblichen Sozialpolitik bei Siemens zwischen 1918 und 1945, wobei betriebliche Lohnpolitik, Wohnungsbau, Gesundheitswesen, Freizeitgestaltung und der Versuch zur Schaffung einer *"neuen Arbeitnehmerfamilie"* ins Blickfeld geraten. Die mit dem Ziel einer umfassenden Erfassung der Lohnabhängigen angetretene betriebliche Sozialpolitik wurde, so läßt sich mit der Autorin resümieren, *"zur institutionellen Verknüpfung der familialen Produktion und betrieblichen Konsumtion der Arbeitskraft unter der Regie des modernen Mangements"*.

Im Band **Soziale Bewegungen, Jahrbuch 3: Armut und Ausgrenzung, hg. von Heinz-Gerhard Haupt u.a.**, (Frankfurt/New York: Campus Verlag, 1987, 230 S.) untersuchen verschiedene Autoren in knappen Beiträgen die Auseinandersetzungen der organisierten Arbeiterbewegung und anderer sozialer Bewegungen *"mit den Problemzusammenhängen von Arbeitslosigkeit - Armut - Armutspolitik"*. So widmet sich Michael Grüttner in seinem Beitrag dem *"Leben in Bewegung"* der mobilen Arbeiter während der Industrialisierung, Anselm Faust setzt sich mit den Bewältigungsstrategien der Freien Gewerkschaften im deutschen Kaiserreich auseinander und Arne Andersen beschreibt die Erwerbslosenpolitik der KPD in den frühen dreißiger Jahren unter besonderer Berücksichtigung der Bremer Situation. Ulrich Billerbeck fragt: "Massenarbeitslosigkeit: Ein Tor zur Freiheit?" und rückt ein verändertes Arbeitsethos von Arbeitern angesichts drohender Arbeitslosigkeit ins Blickfeld. Weitere Beiträge, von denen Volker Ullrichs Nachlese zur jüngsten "Historiker-Debatte" in der BRD zu erwähnen ist, und einige Rezensionen bilden den Abschluß des Jahrbuchs.

Hamburger Zustände nennt sich das vom "Verein Hamburg-Jahrbuch e.V." herausgegebene und im ersten Band vorliegende **Jahrbuch zur Geschichte der Region Hamburg** (Hamburg: Junius Verlag, 1988, 269 S.). Für zahlreiche außerhalb des etablierten Wissenschaftsbetriebes arbeitende Personen und Gruppen, so die Herausgeber(innen), gibt es kaum oder zumindest nur wenige Möglichkeiten, die Ergebnisse ihrer historischen Forschungen zu publizieren; eine Feststellung, die ebenfalls für Autor(inn)en der zahlreichen universitären Arbeiten unterhalb des Dissertationsniveaus Gültigkeit hat. Diese Zustände zu ändern sowie an dem in offiziösen Publikationen gepflegten wohlausgewogenen Bild der Hamburger Geschichte zu kratzen, soll Sinn und Zweck des Jahrbuchs sein. *"Wir wollen ein Organ schaffen für Beiträge, in denen Vorgänge, Strukturen und Interessen beschrieben und analysiert werden, die Hamburgs politische, wirtschaftliche, stadtlandschaftliche und kulturelle Entwicklung geprägt und die heutige Realität der Region beeinflußt haben. Der Blick hinter die Kulissen politischer und ökonomischer Entscheidungsprozesse ist dabei ebenso von Interesse wie die Lebensverhältnisse der Bevölkerung und ihr Wandel. Geschichte soll auf diese Weise in ihrer Bedeutung für uns, unsere Zeit und unsere Probleme verstehbar werden."* Zum festen Bestandteil des Jahrbuchs gehört ein Serviceteil, der nicht nur die jeweils neuesten Staatsexamens- und Magisterarbeiten zur Geschichte Hamburgs auflistet, sondern insbesondere auch aktuelle Forschungsprojekte von Geschichtswerkstätten u.ä. vorstellt. Im Hauptteil enthält die vorliegende erste Ausgabe des Jahrbuchs insgesamt sieben Aufsätze, in denen die Vielfalt der möglichen Themen bereits zum Ausdruck kommt. Von besonderem Interesse ist sicherlich der Aufsatz von Heidi Heinzerling über "Anarchisten in Hamburg. Beiträge zu ihrer Geschichte 1890 - 1914", der von Ereignissen berichtet, die bisher weitgehend vergessen waren und den in Polizeiarchiven schlummernden Schätzen entrissen werden mußten. Daneben stehen u.a. Texte über die "Rolle und Entwicklung der Hamburger Polizei 1919 - 1952" (Norbert Steinborn), über unpublizierte proletarische Lyrik von Hamburger Arbeitern und Arbeiterinnen aus den dreißiger Jahren (Christa Hempel-Küter), das Hamburger Hiobshospital in der frühen Neuzeit (Helmut Puff) und über "Senta Meyer-Gerstein. Eine Hamburger Jüdin in der Emigration" (Charlotte Ueckert-Hilbert).

Dokumente hinterlassen immer einen schrecklich objektiven Eindruck. Die von **Werner Abelshauser** und **Ralf Himmelmann** herausgegebene Dokumentensammlung **Revolution in Rheinland und Westfalen. Quellen zu Wirtschaft, Gesellschaft und Politik 1918 - 1923** (Essen: Klartext Verlag, 1988, 259 S.) arbeitet mit eben diesem Effekt. Irgendwie will der Band nach all den Forschungen der vergangenen Zeit zu den revolutionären Auseinandersetzungen der Jahre zwischen 1918 und 1923 und der darin implizierten Folgen für das Schicksal der Weimarer Republik so etwas wie ein Resumee liefern. Ausgehend von einem bei Richard Löwenthal ausgeliehenen *"'Anti-Chaos-Reflex' von industriellen Bevölkerungen in Krisenzeiten"* stellen die Herausgeber erst einmal fest, daß *"das rheinisch-westfälische Industriegebiet weder im November 1918 zur Avantgarde der revolutionären Bewegungen zählte, noch nach der Niederschlagung des Kapp-Putsches und des darauffolgenden Bürgerkrieges zum Brennpunkt weiterer Aufstände gegen das Militär und die Reichsregierung geworden ist"*. Einmal abgesehen davon, daß angesichts des brutalen Terrors von Militär und Freikorps gegen die Revierbevölkerung die letzte Bemerkung allenfalls als Zynismus angesehen werden kann, verfügen die beiden Herausgeber über ein reichlich simples Modell von Ursprung und Verlauf sozialer Bewegungen. Im Herbst 1918 waren es *"Marinesoldaten aus dem Kieler Epizentrum der Revolution"*, die *"an Rhein und Ruhr... den Zusammenbruch der* *alten Ordnung auslösten"* und im Frühjahr 1919 waren es, man ahnt es schon, *"anarchistische Minderheiten"*, die die *"wilde"* Hamborner Streikbewegung auslösten, während Linksradikale schon mal *"ihr terroristisches Regime"* ausübten oder sich mit *"putschistische(n) Aktionen"* oder *"bewaffneten Putschversuchen"* abgaben. Daß die kommunistische "Union der Hand- und Kopfarbeiter" und die Syndikalisten von der "Freien Arbeiter Union" in den nächsten Jahren über einen steigenden Einfluß bei den Betriebsrätewahlen im Ruhrbergbau verfügten und 1924 insgesamt 41,6 % der Stimmen erhielten, muß dann irgendwie doch noch mit den Arbeitern zusammenhängen: Schon während des Krieges allerdings war die soziale Befriedungsstrategie des Militärs mit der Annäherung zwischen Kapital und Gewerkschaften in ihrem tieferen Sinn für die Arbeiter *"so nicht erkennbar"* und angesichts der später nicht durchgeführten Sozialisierung des Ruhrbergbaus fehlte es der Arbeiterschaft an *"der theoretischen Einsicht in die ordnungspolitische Notwendigkeit dieser Maßnahme"*. Im Gegensatz zu dem offensichtlich beschränkten Wahrnehmungsvermögen der Arbeiter fehlt es den Herausgebern jedenfalls nicht an der *"ordnungspolitische(n) Einsicht"* in die Notwendigkeit einer entsprechenden Auswahl und Strukturierung ihrer Dokumente: In drei Kapiteln (Vom Weltkrieg zur Stabilisierung der Weimarer Republik; Die Gewerkschaften und die "Errungenschaften" der Revolution; Zur materiellen Lage der Arbeiterschaft) kann man sich sowohl Teileindrücke von den damaligen Geschehnissen als auch einen Eindruck von der *"ordnungspolitische(n)"* Gestaltungsfähigkeit historischer Forschung verschaffen.

Mit dem Band **"Macht Geschichte von unten. Handbuch für gewerkschaftliche Geschichte vor Ort"** (Köln: Bund-Verlag, 1988, 344 S.) legt **Manfred Scharrer** das Ergebnis eines zweijährigen Forschungsprojektes beim Bildungswerk des Deutschen Gewerkschaftsbundes vor. Angetreten war das Projekt mit den Aufgaben *"1. herauszufinden, welche Gruppen und Personen im gewerkschaftlichen Rahmen örtliche Geschichte aufarbeiten und aufgearbeitet haben; 2. zu versuchen, einen Diskussionszusammenhang der Projekte untereinander herzustellen, einen Erfahrungsaustausch zu organisieren; 3. fachliche Beratung anzubieten und 4. gegebenenfalls neue Geschichtsgruppen zu initiieren."* Scharrers Anliegen ist es zum einen, aufgrund der von ihm im Laufe von zwei Jahren gemachten Erfahrungen *"die Bedeutung einer Geschichte von unten im DGB"* zu verorten, darüber hinausgehend aber auch "einen verallgemeinernden Vorschlag für eine von den Gewerkschaften gestützte Geschichte von unten zu entwickeln". Neben dem wohl als Abschlußbericht zu verstehenden Text Scharrers enthält der Band eine knapp zwanzigseitige Bibliographie sowie einen umfangreichen zweiteiligen dokumentarischen Anhand, der Selbstdarstellung von unterschiedlichen Arbeitskreisen sowie Berichte und Thesen enthält, die bis auf zwei Ausnahmen bereits in den insgesamt acht Rundbriefen des Forschungsprojekts abgedruckt waren.

Herausgegeben von der Vereinigung der Verfolgten des Naziregimes/Bund der Antifaschisten, Kreisverband Bochum, ist als Heft 3 der "Schriftenreihe zur antifaschistischen Geschichte Bochums" unter dem Titel **Widerstand und Verfolgung in Bochum und Wattenscheid** ein alternativer Stadtführer zur Geschichte der Jahre zwischen 1933 und 1945 erschienen (Münster: WURF Verlag Norbert Eilinghoff, 1988, 64 S.). *"Mit dem Stadtführer"*, so heißt es im Vorwort, *"wird an Stätten in Bochum erinnert, die während des Faschismus Orte des Terrors, der Verfolgung, aber auch des Widerstandes waren."* Die graphisch ansprechend aufgemachte, mit zahlreichen zeitgenössischen und aktuellen Fotografien versehene Broschüre gibt in insgesamt acht Kapiteln, angefangen von *"historische(n) Stätten* *der Arbeiterbewegung in Bochum und Wattenscheid"* über *"die Verfolgung und Vernichtung der Juden"*, *"Spuren des Widerstandes und der Verfolgung"* bis zu heutigen *"antifaschistische*(n) *Aktionen und Kundgebungen"* nicht nur einen lesenswerten Überblick über das damalige Geschehen, sondern vermittelt dem Leser und Betrachter auch einen Eindruck davon, daß trotz der baulichen Sanierungen der Nachkriegszeit auch heute noch zahlreiche Gebäude und Plätze an die Ereignisse jener Zeit erinnern.

Texte zur Arbeiterbewegung

A. Brandenburg

Theoriebildungsprozesse in der deutschen Arbeiterbewegung

1835 - 1850

SOAK-Verlag

DM 12,-

Bezug über die Redaktionsadresse

208 S. *Germinal* DM 22,-

Walter L. Bernecker :"Reiner" oder "syndikalistischer" Anarchismus? Zum Spannungsverhältnis libertärer Organisationen in Spanien
Hans Schafranek/Werner Wögerbauer : "Nosotros, Agentes Provocados." Anmerkungen zur Geschichte der "Amigos de Durruti"
Sabine Behn/Monika Mommertz : "Wir wollen eine bewußte weibliche Kraft schaffen." Mujeres Libres - anarchistische Frauen in Revolution und Widerstand
Reinhold Görling : "Weil ich die Monotonie eines faschistischen Europa nicht aushalten will..." (Vorbemerkungen zu einem Zeitungsinterview mit Carl Einstein aus dem Jahre 1938)
Sebastià Gasch : Einige sensationelle Erklärungen von Carl Einstein
Ulrich Linse/Michael Rohrwasser : Der Mann, der *nicht* B. Traven war. Zur Biographie Robert Bek-grans
Michael Buckmiller : Anmerkungen zu Heinz Langerhans und seinem Bericht über das "Buch der Abschaffungen" von Karl Korsch
Heinz Langerhans : Das Buch der Abschaffungen. Bericht über nachgelassene Aufzeichnungen von Karl Korsch
Andreas Müller : Anarchosyndikalisten und Nationalsozialisten in Mengede in der Frühphase der Weimarer Republik
Manfred Grieger : "Der Betreuer muß der von den Ausländern anerkannte Herr sein." Die Bochumer Bevölkerung und die ausländischen Arbeiter, Kriegsgefangenen und KZ-Häftlinge 1939 - 1945
Willy Buschak : Kellner im Widerstand
Rezensionen und Hinweise

Bestellungen und Abonnements über die Anschrift der Redaktion.